气候变化
所致损失损害责任之国际法机制

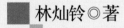 林灿铃◎著

QIHOUBIANHUA

SUOZHI SUNSHI SUNHAI ZEREN ZHI
GUOJIFA JIZHI

中国政法大学出版社

2023·北京

本书为国家社科基金重点项目的研究成果

本书出版得到"中央高校基本科研业务费专项资金"资助
（supported by "the Fundamental Research Funds for the Central Universities"）

作者简介

　　林灿铃　男，1963 年 9 月生，法学博士，福建周宁灵凤山人，留学归国，现为中国政法大学教授、博士生导师、国际环境法研究中心主任，同时兼任中国国际法学会理事、中国环境科学学会环境法学分会副会长等职。主要研究领域为：国际法、国际环境法、国家责任法、环境伦理学、国际关系学、国际政治学等。代表作有《国际法上的跨界损害之国家责任》《跨界损害的归责与赔偿研究》《国际环境法》《环境伦理学》《荆斋论法——全球法治之我见》《国际环境立法的伦理基础》等。近年来主持"突发工业事故跨界影响的国际法理论与实践""跨界损害问题的归责与赔偿研究""国外应对气候变化法所涉重点问题识别和研究""跨国界大气污染问题的国际条约与规则研究""国际环境立法的伦理基础研究""大气污染国家间协同治理机制研究""气候变化所致损失损害责任之国际法机制研究"等国家级和省部级科研项目数十项。在国内外发表《论跨国界环境污染的国家责任》《现代国际法的主体问题》《国际社会的整体利益与国际犯罪》《浅析个人在国际法上的地位》《论国际法不加禁止行为所产生的损害性后果的国家责任》《环境问题的国际法律调整》《国际法的"国家责任"之我见》《环境保护与国际立法》《儒学与当今世界主题》《儒学于当今世界之圭臬论》《工业事故跨界影响的国际法分析》《跨界水资源开发利用的国际环境法原则》《国际环境法之立法理念》《侨民保护之国际法理论的发展》《论国际环境法在当代国际关系中的地位和作用》《气候变化与中国法制对策》《边境地区环境问题的法治之道》《论侨民保护的特殊情势管辖权》《环境伦理之于国际环境立法》以及《气候变化所致损失损害补偿责任》等学术论文百多篇。

内容提要

　　"帕劳提案"——各国是否有法律责任确保其领土上的任何排放温室气体的行为不会危害其他国家——提出了"气候变化所致损失损害责任"问题，自 2012 以来成了每年联合国气候变化大会的博弈焦点，成了应对气候变化国际环境立法的一个热点和难点。本项目成果以"气候变化所致损失损害"之特点及其法律属性为切入点，采取定性、实证、比较、提炼以及归纳和演绎、分析与综合等研究方法，在通过探索现行国际立法趋势以及相关国家实践，在借鉴已有研究成果的基础上，重视案例分析和理论探源，围绕最具代表性与重要性的国际条约的内容，回归条约本身，深入解读条款，将论证引入纵深服务于现实，理论联系实际，揭示问题实质的同时提出对策和建设性意见，探求解决"气候变化所致损失损害责任"问题的进路，就构建"气候变化所致损失损害责任的国际法机制"——救助机制、资金机制、技术支持机制、信息公开机制、防灾减灾机制、磋商机制以及中国的立场与贡献等进行严密论证，为解决"气候变化所致损失损害责任"问题、构建"气候变化所致损失损害责任之国际法机制"提供了理论依据和解决路径，并为促进国际环境立法、完善国家实践提出了独立见解，为中国参与国际气候立法之外交谈判提供理论依据和智库支撑。

Abstract

The Palau Proposal: whether states have a legal duty to ensure that any greenhouse gas emissions on their territory do not harm other states raises the question of liability for loss and damages caused by climate change. It has become the game focus of the annual United Nations Climate Change Conference since 2012. This issue has become a hot and difficult point in international environmental legislation to address climate change. The outcomes of this project begin with analysis of characteristics of loss and damage caused by climate change and its legal attribute, with adoption of qualitative, empirical, comparative, refining, inductive and deductive, analytical, and comprehensive research methods. It explores the current international legislative trends and relevant national practices, draws on existing research results, and give special attention to case analysis. The study focuses on the most representative and important international treaties, regresses the treaties by elaborating the articles in depth, brings the argumentation into depth to serve the reality, connects theory with practice, reveals the essence of the problem while proposing countermeasures and constructive opinions, explores the way forward to solve the problem of liability for loss and damage caused by climate change, and proposes a solution to the problem of liability for loss and damage caused by climate change. The study also provides rigorous arguments on the construction of an international law mechanism for liability for loss and damage caused by climate change—salvage mechanism, financial mechanism, technical support mechanism, information disclosure mechanism, disaster prevention and mitigation mechanism, consultation mechanism, and China's position and contribution. It provides a theoretical basis and a solution to the problem of liability for loss and damage caused by climate change and the construction of an international law mechanism on this regard. Meanwhile, it provides independent insights for promoting international environmental legislation and improving national practices and pencils a theoretical basis for China's participation in diplomatic negotiations on international climate legislation. It also provides theoretical basis and intellectual support for China's participation in diplomatic negotiations on international climate legislation.

▢ 前　言

　　气候变化乃是人类失德所致！

　　尽管对于气候变化的质疑从未间断，至今如此。但，不论是海平面上升，还是珠峰长草，地球环境的一系列剧变，都是在提醒我们："气候变化"不是杞人忧天，而是一个不争的实实在在的现实。

　　"霍乱""非典""新冠"等疫病威胁生命，蝗灾侵吞食物，山火洪灾毁灭住所，森林消失，土地荒漠化……这些必然引发一系列更加剧烈的连锁反应，长此以往，整个生态包括我们人类，必将面临更为多舛的未来！毋庸讳言，我们正在品尝着曾经认为与我们是遥不可及的苦难！当下，我们所面临的生态环境问题，其规模之大、范围之广、程度之深超出了人类史上任何一个时期，且问题依然层出不穷，尤以"气候变化"为甚。温室气体的大量排放导致气候变化，气候变化导致高温热浪、山火频发、飓风海啸、极地冰川溶化、海平面上升、四季失调等诸多致使人类生存和发展面临极其不利影响的损失损害，这一切已经对人类的生存与生产造成严重灾难并成为导致贫困和严重阻滞人类社会发展的重要因素……气候变化所致损失损害的规模和速度，已经远远超出了一个民族、一个国家或是一个社会群体的控制能力！

　　如此的多灾多难，正是大自然给我们的忠告：倘若我们依然执迷不悟，不反躬自省，如果我们再不携起手来，采取行动，未来，这些频繁的灾难将成为地球的常态。然而，从1995年第一届联合国气候变化大会至今，已经将近30年，围绕"气候变化"的"应对之策"与"责任承担"，国际社会磋商也好谈判也罢，却一直对抗、胶着、僵持，甚至打击，从未停止，一年又一年，一次又一次，全世界的国家元首、政府首脑抑或是他们的代表、特别代表围坐一起，表现得为全人类未来忧心忡忡、痛心疾首，颇有胸怀世界、先天下之忧而忧之状，以博得众声喝彩。然而，事实是，一年年一次次的高谈阔论，却丝毫没有阻止气温的继续上升，"气候变化所致损失损害"越来越严重，而"气候变化所致损失损害责任"却谁都不愿承担！

面临灭顶之灾的太平洋岛国帕劳总统托里比翁在 2011 年 9 月的联合国峰会上呼吁联大向国际法院寻求咨询意见"以确定各国是否有法律责任确保其领土上的任何排放温室气体的行为不会危害其他国家"，[1]并强调"现在是我们确定国际法规则在气候变化方面的含义的时候了"。由此，如何有效应对气候变化，如何解决气候变化所致损失损害责任问题，如何真正有利于人类摆脱生存危机……这个人类共同的世界性课题摆到了我们面前。

2013 年 11 月，《联合国气候变化框架公约》第十九次缔约方会议（COP19）设立了关于气候变化所致损失损害的国际机制——华沙机制，以期处理与气候变化相关的损失损害问题，包括发展中国家特别容易受到由于气候变化所产生的不利影响而导致的极端事件和缓发事件。"华沙机制"的出台，可以认为是直面"气候变化"国际社会所取得的共识。

无论过去、现在和将来，于人类社会的发展进步而言，国际社会既存在着现行的和潜在的冲突，也存在着互相合作。应对气候变化并不是为了保护地球，因为地球并不需要人类保护，人类是在保护自己，本着对子孙后代负责任的态度，我们必须立即采取行动，以解决"气候变化"这一人类生存危机。各个国家，不管分歧有多大，但共同应对气候变化，应该是最没有分歧的合作领域。唯此，世界才能应对气候变化这场危机。毕竟，我们只有一个地球。这是全人类共同的危机，需要全人类共同努力，携手减排，信守承诺，一起担责。故而，"华沙机制"的共识，即"气候变化所致损失损害责任的国际法机制"这一国际法新课题的研究意义不仅在于健全国际法上的国家责任制度以促进国家责任理论的发展与完善，更关乎人类社会的可持续发展和生态文明建设。所以，"气候变化所致损失损害责任的国际法机制"这一课题首

---

〔1〕　林灿铃："气候变化所致损失损害补偿责任"，载《中国政法大学学报》2016 年第 6 期。

先需要解决的是"气候变化所致损失损害责任"的理论问题，即气候变化所致损失损害责任的法律属性。进而结合"华沙机制"就促进对解决"气候变化所致损失损害责任"行动的支持、完善《联合国气候变化框架公约》下现有实体相关工作的协调、相关专家和利益相关方的会议、推动相关信息的开发、编辑、分析、综合和审评、提供减缓和适应气候变化技术指导和支持、针对如何在《联合国气候变化框架公约》内外推进各方的参与、行动和协调，从国家环境义务切入，结合气候变化所致损失损害的责任形式，就气候变化所致损失损害责任之救助机制、资金机制、技术支持机制、信息公开机制、防灾减灾机制、磋商机制等进行深入探讨并提出建议。最后重点论证中国在积极参与国际气候变化立法中的卓越贡献，并为中国解决气候变化所致损失损害责任问题提供理论指导和实务咨询，为中国进一步参与国际事务、树立良好国家形象、争取国际话语权提供理论支撑。

由于地球大气一体及大气环流作用决定了气候变化问题自始即是国际问题。我们处在一个大变动、大交流、大发展的时代，东西方文化的碰撞、互动实属必然，绝不应该非黑即白、非此即彼。[1]正如《〈联合国气候变化框架公约〉巴黎协定》（以下简称《巴黎协定》）序言所指出的：我们应当承认气候变化是人类共同关注的问题，必须加强《联合国气候变化框架公约》所述的温室气体的汇和库，注意到在采取行动处理气候变化时关于"气候公正"的某些概念的重要性。尤其是对气候变化所致损失损害严重后果的相关立法研究，[2]诚如《巴黎协定》所言：气候变化影响相关损失和损害华沙国际机制应受作为《巴黎协定》缔约方会议的《联合国气候变化框架公约》缔约方会议的领导和指导，并由作为《巴黎协定》缔约方会议的《联合国气候变化框架公约》缔约方会议决定予以加强。[3]

诚如联合国政府间气候变化专门委员会第二工作组于2022年3月发布报告指出，全球有33亿到36亿人正生活在气候脆弱性很高的热点地区，应对

---

〔1〕 林灿铃："国际环境法之立法理念"，载高鸿钧、王明远主编：《清华法治论衡》（第13辑），清华大学出版社2010年版，第199页。

〔2〕 参见《巴黎协定》"序言"。

〔3〕 参见《巴黎协定》第8条第2款。

气候变化带来的损失与损害已经刻不容缓。[1]最新气候科学已经证明，全球升温的每个小数点都很重要，我们需要共同探讨气候变化对人类的巨大挑战。气候变化大会、气候协定、救助机制、资金机制、技术支持机制、防灾减灾机制、信息公开机制、磋商机制以及为机制建立执行委员会和能力建设等，其初衷无不以应对气候变化为基点以维护人类的可持续生存和经济社会的可持续发展。

---

[1]　参见 2022 年 2 月 28 日联合国政府间气候变化专门委员会（IPCC）第六次评估报告（AR6）第二工作组报告《气候变化 2022：影响、适应和脆弱性》。

目　录

CONTENTS

第一章

气候变化所致损失损害及其责任属性

气候变化是人类当前面临的关乎生死存亡的重大危机。自太平洋岛国帕劳共和国总统约翰逊·托里比翁（Johnson Toribiong）于 2011 年 9 月的联合国大会上呼吁联大向国际法院寻求咨询意见"以确定各国是否有法律责任确保其领土上的任何排放温室气体的行为不会危害其他国家"以来，"气候变化不利影响的损失损害国际机制"成为历次联合国气候变化大会上发达国家与发展中国家的博弈焦点，[1]成为当前应对气候变化国际环境立法的一个热点和难点问题。

第一节　气候变化——人类共同课题

引起"气候变化"的原因极其复杂，既有自然因素，更有人为因素和社会经济发展等因素。气候变化不仅是一个环境问题，也是法律、政治、社会、经济和文化问题。气候变化的不利影响[2]严重阻碍了部分国家或地区实现可持续发展。同时，气候变化无法由一个或几个国家和/或地区来解决。

一、气候变化及其所致损失损害

《联合国气候变化框架公约》将"气候变化"定义为除在类似时期内所观测的气候的自然变异之外，由于直接或间接的人类活动改变了地球大气的组成而造成的气候变化。[3]气候变化产生的影响是多方面的，其所产生的损

---

〔1〕　林灿铃："气候变化所致损失损害补偿责任"，载《中国政法大学学报》2016 年第 6 期。

〔2〕　"气候变化的不利影响"是指气候变化所造成的自然环境或生物区系的变化，这些变化对自然和管理下的生态系统的组成、复原力或生产力，或对社会经济系统的运作，或对人类的健康和福利产生重大的有害影响。参见《联合国气候变化框架公约》第 1 条第 1 款。

〔3〕　参见《联合国气候变化框架公约》第 1 条第 2 款。

失损害后果也是极其严重的。

（一）气候变化的影响

人类温室气体的大量排放将会引起温室效应，导致全球气候变暖及一系列的生态变化，这种变化波及地球上的每个角落，没有任何一个国家可以避免。[1]气候变化的不利影响表现为：不仅给人类社会经济发展造成巨大损失损害，也给人类健康带来难以估量的严重后果，而且，所造成的损失损害之严重后果往往是难以修复且不可逆转的。

根据政府间气候变化专门委员会（Intergovernmental Panel on Climate Change, IPCC）[2]的报告，气候变化产生的影响是多方面的，如全球增温将加速海平面上升进而改变海洋环流和海洋生态系统，因而造成重大的社会经济后果，还严重影响地球自然生态系统，造成某些适应于新气候的物种的生产率增加，而另一些则减少，甚至可能灭绝。由此导致的物种分布和数量变化的结果将会使生态系统结构重塑。而在某些地区害虫的突然蔓延和火灾等事件出现的频率增加，这也将使得生态系统变化更加复杂化。最为糟糕的是气候变化对人类能源、运输、工业农业、居住环境、人类健康和大气质量的严重影响，从而使人类直面生存与发展的危险。此外，气候变化对季节性雪盖、冰和永冻层的影响也不容忽视，永冻层（目前占北半球陆地面积的20%至25%）在今后40年至50年内可能出现重大衰退，在永冻层上的解冻层（活动层）的厚度将预期增大，以及永冻层向较高纬度和较大高度退却，这些都可能导致包含永冻层的这些地区内的地形不稳定、侵蚀和滑坡。[3]因此，生态系统发生重大变化的同时必然导致人造建筑物、设备的完整性遭到严重破坏，从而给人类的生存环境和社会经济发展造成毁灭性破坏，最终导致地球生态系统严重失衡的同时对人类生产生活乃至生存产生致命影响。

概而言之，气候变化的影响是极其广泛和深远的。

首先，由于气候系统的特性，气候变化要求人们现在就采取行动以应对长期且不确定的威胁。根据 IPCC 的说法，将减缓行动推迟到 2030 年以后，

---

[1] 林灿铃："气候变化所致损失损害补偿责任"，载《中国政法大学学报》2016年第6期。

[2] 政府间气候变化专门委员会由世界气象组织和联合国环境规划署于1988年创建，至今已经出版了六次关于气候变化的评估报告以及许多与此有关的特别报告和技术报告等。

[3] 参见《联合国政府间气候变化专门委员会第一次评估报告》。

将会使《巴黎协定》的温控目标面临巨大挑战[1]，除非立即、迅速和大规模地减少温室气体排放，否则将升温限制在接近 1.5 摄氏度甚至是 2 摄氏度将是无法实现的。[2]此外，许多国家现在都不太愿意采取代价高昂的行动，以避免未来可能造成的伤害。从国内政治的角度而言，以美国为代表的短期选举周期迫使政府优先考虑消除贫困、能源获取和经济发展等紧迫问题，而不会倾向于气候变化等看似长期的问题。

其次，气候变化影响到一个国家国内政策的各个方面，如能源、农业、交通、城市规划等，这些领域皆具巨大的经济利益。因此，许多国家被气候变化这一议题卷入了国内政治的变迁中。例如，在美国，气候变化已经成为一个高度党派化的问题，两个政党中若有一个政党公开质疑气候变化的科学性，便会使其国内气候立法行动几乎成为不可能，并对美国可以加入的国际协议的种类进行限制。

再次，气候变化致使诉求不同的国家集团形成。各国在财富、温室气体排放状况以及社会和自然系统的暴露度和脆弱性等方面存在着巨大差异，利害关系不同的国家集团很难达成应对气候变化的国际协议。对气候变化问题负有主要责任的国家，并不是那些将受到最不利影响的国家，因而此类国家采取行动进行救济的动机并不紧迫。例如，处于气候变化影响最前沿的小岛屿国家有充分的理由积极采取行动，而石油输出国组织（Organization of the Petroleum Exporting Countries，OPEC）的成员在经济上依赖化石燃料，人均温室气体排放量较高，但其成员却总是"有理由"不采取行动。[3]

最后，气候变化促使人们不得不正视道德考量。当人类的行动计划不体现任何伦理，并且人类的实际行为不能反映道德的紧迫感时，我们不会获得有意义的结果。[4]因为伦理所蕴含的内在价值是法律生成的基石。立法只有正确体现、反映一定的伦理并符合道德价值取向和要求，才能获得社会普遍

---

[1] Daniel Bodansky, Jutta Brunnée, Lavanya Rajamani, *International Climate Change*, LawOxford University Press, p. 3.

[2] 参见 2022 年《联合国政府间气候变化专门委员会第六次评估报告》。

[3] Daniel Bodansky, Jutta Brunnée, Lavanya Rajamani, *International Climate Change*, Law Oxford University Press, p. 4.

[4] 裴广川主编：《环境伦理学》，高等教育出版社 2002 年版，第 3 页。

认同，进而成为社会生活中真正起作用的行为规范。[1]环境伦理是国际应对气候变化立法的基石，人类需要清醒地认识到保护环境的实质是保护人类自身，而非保护环境。因而需要从环境伦理的角度出发，基于最根本的道德考量，制定合理的气候政策和公平的气候立法，以推进气候变化国际立法的不断完善。

（二）气候变化所致损失损害

气候变化所产生的不利影响亦即损失损害包括但不限于海平面上升、珊瑚死亡、冰川融化、海洋环境改变、疫病肆虐、物种灭失，以及农业生产不稳定性增加、其他气候灾害发生可能性增加、影响人类健康、影响人类繁殖等问题。而且，由气候变化引起的各种损失损害之间会相互影响、相互作用。例如，全球平均气温的上升会加剧冰川融化，冰川消融会破坏极地物种栖息地，破坏极地生态环境，也会给人类社会带来原本封存于冰川之中的细菌和病毒，而这些陌生微生物的威胁可能是人类目前难以面对和解决的。气温上升、冰川融化又会导致海平面上升，进而淹没土地、侵蚀海岸、破坏沙滩。气候变暖会增加蒸发消耗，到21世纪中叶，阿姆河、印度河、恒河等国际跨界河流域可能面临严重的水资源短缺问题，到21世纪末，亚洲国家的干旱可能会增加5.20%，淡水资源短缺的形势将会加剧。[2]干旱发生频率和强度的增加，将加重草地土壤侵蚀，进而加深荒漠化趋势。政府间气候变化专门委员会调查结果显示，由于气温升高和干旱，全球1/4的自然土地出现了更长的火灾季节，且自20世纪80年代以来，人为造成的气候变化导致美国西部被野火烧毁的面积增加了一倍。[3]气温升高将导致病虫害加剧致使原有的农作物减产，继而影响原有的农业生产布局和结构，更会导致化肥和农药使用的增加，继而引发新的环境恶化，例如土地盐碱化等，并将对粮食供应和粮食价格产生不利影响。近期的气候极端事件，如热浪、干旱、洪水、热带气旋和野火等，显示了自然生态系统和人类社会在气候变化面前的脆弱性，正如政府间气候变化专门委员会所述：气候相关极端事件如热浪、干旱、洪水、热带气旋和野火所产生的影响说明一些生态系统和许多人类系统针对当前的

---

[1] 林灿铃、杜彩云：“环境伦理之于国际环境立法”，载《比较法研究》2019年第6期。

[2] 参见2022年《联合国政府间气候变化专门委员会第六次评估报告》。

[3] 参见2022年《联合国政府间气候变化专门委员会第六次评估报告》。

气候变率存在着显著脆弱性和暴露度。气候变化于暴露区而言，所造成的破坏程度不仅取决于极端气候本身，还取决于暴露区的暴露度和脆弱性，暴露度和脆弱性高的地区，气候灾害的发生频率往往较高。此外，气候灾害可能加剧一些地区原有的暴力冲突和压力，影响生计（特别是贫困人口），从而进一步降低当地对气候变化不利影响的适应能力。同时，气候变化会影响人体健康，热浪冲击下心脏、呼吸系统疾病发病率增加，对气候变化敏感的传染性疾病，如疟疾和登革热等，传播范围亦有可能增加。更有甚者，由于气候变化导致海平面上升引发的岛屿淹没、海岸洪水和海岸侵蚀等不利影响，还会使原住居民的居住环境丧失或致使原本居住环境不再具备居住条件，进而引发原住居民流离失所等问题。

综上所述，"气候变化所致损失损害"指的是由人类直接或间接的活动改变了地球大气组成造成的气候变化导致的所有国家（包括排放者）和地区以及国家管辖范围以外地区遭受的损失和损害。

（三）小岛屿国家的存亡

气候变化的影响不仅是我们现在所看到和感受到的，它还具有极其可怕的潜在影响。正如政府间气候变化专门委员会所述，任何预测的气候变化的影响必须根据我们现在这个变化着的世界来考察。预计的人口爆炸将对土地利用以及以此为基础的能量、淡水、粮食和住房等需求产生严重影响。这些影响随着国民收入和发展速度的不同而逐个国家和地区地变化着。在许多情况下，最严重的影响发生在已经受到威胁的地区，主要是发展中国家。[1]

国际法意义上的国家须具备四个要素：居民、领土、政府和主权。这四个要素同时具备是国际法意义上的国家产生和存在的必要条件。作为构成国家的基本要素之一，领土具有重要的意义。这种意义包括社会和政治两个方面。就其社会意义来看，领土是国家的物质基础，领土为民族的生存和发展提供了必要的自然条件；而就其政治意义来看，领土是国家行使权力的空间，国家在本国领土内可以充分独立而无阻碍地行使其权力，排除一切外来的竞争和干涉。[2]因此，作为国家赖以存在的物质基础和居民生存、活动以及国家行使权力的范围，任何国家都必须拥有一定的领土，至于领土面积的大小、

---

〔1〕　参见《联合国政府间气候变化专门委员会第一次评估报告》。
〔2〕　参见周鲠生：《国际法》（上册），商务印书馆1976年版，第325页。

国家边界是否完全划定以及国家领土在地理上是否完全连接在一起，并不影响国家的存在和地位。然而，当完全失去国土或"沉没"以后，国家还能成其为国家吗？又抑或还是原来的国家吗？

在烟波浩渺的太平洋上，有一个属于热带海洋性气候、由一串璀璨的"明珠"构成一年四季风景如画的美丽岛国，面积只有 26 平方公里，总人口不过 1.1 万人，她的名字叫图瓦卢。科学家普遍预测全球气温上升 2 摄氏度到 3 摄氏度，格陵兰岛上的冰盖就会全部融化，全球海平面就将至少上升 7 米，图瓦卢这个美丽的"世外桃源"沉没于大洋之中只是时间问题。由于面积小、资源基础薄弱、对自然灾害的高敏感性、较低的经济弹性和有限的人力及技术能力，小岛屿发展中国家（Small Island Developing States，SIDS）极易遭受气候变化的影响。而小岛屿国家每年的二氧化碳排放量不到全球排放量的 1%，他们并未对气候变化造成太大的影响，当然并不排除稻草效应。如果海平面继续上升，像基里巴斯、马尔代夫、马绍尔群岛、帕劳等国家将不再适合人类居住，与图瓦卢一样，其他小岛屿国家也将流离失所。[1] 摆在人类面前的客观现实是，不论帕劳或其他小岛屿国家做什么也不能阻止全球温室气体上升的浪潮。因此，我们需要每一个国家都参加进来，建立健全应对气候变化的国际法制，否则不能抗击气候变化，更无法应对气候变化所致损失损害的严重后果。

二、"帕劳提案"

基于小岛屿国家对全球温室气体总排放量的极低贡献性及其极易遭受气候变化不利影响的特性，包括帕劳共和国在内的二十几个小岛屿国家联合提出"帕劳提案"，坚持对其所遭受的气候变化所致损失损害享有合法追索权，并主张在跨界损害责任制度范畴内解决此问题。

（一）"帕劳提案"产生的历史背景

帕劳共和国是一个岛国，位于西太平洋关岛以南 700 多英里处，其陆地面积只有 459 平方千米，2019 年人口为 1.8 万人，帕劳共和国的洛克群岛是太平洋最纯净的海洋生态系统之一，是免遭工业污染的最后净土。新冠疫情发生前，帕劳共和国经济保持增长。旅游业是帕劳共和国的支柱产业之一，

---

〔1〕 林灿铃："气候变化所致损失损害补偿责任"，载《中国政法大学学报》2016 年第 6 期。

占国内生产总值约 50%。

早在"帕劳提案"提出之前，国际社会就已经开始关注帕劳共和国等小岛屿国家的可持续发展问题。1992 年里约联合国环境与发展大会通过的《21世纪议程》视小岛屿国家为独特的群体，提出对小岛屿国家的发展利益进行维护，1994 年 4 月 25 日至 5 月 6 日实施《21 世纪议程》的第一次全球会议在巴巴多斯举行，会议出台了关于小岛屿发展中国家可持续发展的《小岛屿国家共同行动纲领》。

2002 年 9 月 20 日，帕劳共和国副总统在纽约举行的联合国大会第 57 届会议上指出，最近举行的可持续发展问题世界首脑会议表明，人们对解决绝大多数国家的发展需要非常缺乏承诺。关键国家未能重新实现里约热内卢地球峰会的目标也同样令人失望。这些事态表明，这种善意和团结显然仅限于那些最关心发达国家的事项。在可持续发展方面缺乏进展也强烈表明，发达国家仍然认为帕劳共和国等发展中国家仅仅是国际社会的象征性成员，而不是可行的伙伴。该机构的某些成员在基本环境问题上的立场也表明，全球团结仅限于那些与发达国家大国有关的领域。那些已经享受并继续享受最高生活水平的联合国成员已经这样做了，并继续以牺牲我们地球环境的完整性为代价这样做。幸运的是，大多数发达国家，包括日本和欧盟的主要工业化国家的政府，已经认识到其责任，并支持唯一可行的应对气候变化不利影响的办法——《〈联合国气候变化框架公约〉京都议定书》（以下简称《京都议定书》）中体现的"没有遗憾"的哲学。现在是时候结束那些逃避责任、逃避《京都议定书》的发达国家对那些最容易受到气候变化不利影响的国家命运的无情漠视了。

2003 年 9 月 30 日，帕劳共和国副总统在纽约举行的联合国大会第 58 届会议上指出，全球化也会带来风险。资源枯竭、人口快速增长、环境破坏、非典等新型传染病、普遍腐败、不受控制的难民移民——所有这些问题都对每个国家的安全产生了越来越重大的影响。如果全球经济不稳定或市场崩溃，国家经济将遭受损失，而如果其他国家不加入《京都议定书》，就不能保护如帕劳这样陷入挣扎的小岛屿国家。环境保护是我们所关心的一个主要问题。今天关于环境和自然资源的决定会影响每个国家的安全。环境威胁不分国界，如气候变化、平流层臭氧消耗、引入有害的植物和动物物种、过度捕捞鱼类和获得其他自然资源，以及危险化学品和废物的跨国流动等都直接威胁到世界上每个人的健康和经济福祉，会对每个国家的安全和福祉构成长期危险。而对帕劳来说，最直接的危险是海平面的上升。

2005 年 1 月 10 日至 14 日，2000 多名来自 40 多个小岛屿国家的代表在毛里求斯的路易港就审查关于《小岛屿发展中国家可持续发展行动纲领》执行情况举行国际会议并形成会议最终成果文件——《毛里求斯宣言》。《毛里求斯宣言》重申了《小岛屿国家共同行动纲领》指导小岛屿发展中国家实现可持续发展的基础作用，重申了《里约热内卢宣言》和《21 世纪议程》等相关联合国会议和首脑会议的成果文件对小岛屿发展中国家实现可持续发展的协助作用，重申了小岛屿发展中国家的公认脆弱性依然令人严重关切，除非采取紧急措施，否则这种脆弱性会持续增长。[1]

对气候变化所具有的潜在性问题和安全影响，通过 2007 年 4 月安理会就气候变化与能源、安全之间的内在关系进行首次辩论以来，人们有了深刻的认识。联合国秘书长 2009 年的报告确认，海平面上升对一些小岛屿国家构成"最严重的安全威胁"，一些国家可能在"未来 30 年内消失"，虽然完全被海水淹没尚需许多年，世界各区域海平面上升的情况也有所不同，但这不仅仅是未来的风险，也是今天的现实：一些小岛屿国家的情况已经非常严重，必须下令疏散现有的常住人口。[2]

2008 年在联合国大会第 62 届会议上，帕劳共和国提交了一项决议草案，要求安理会遵守联合国宪章，并继续积极审议气候变化的安全影响。同年 4 月，小岛屿国家联盟（Alliance of Small Island States，AOSIS）向长期合作行动问题特设工作组提出处理损失和损害的建议，具体如下：通过保险帮助特别脆弱的发展中国家处理日益频繁和严重的极端天气事件带来的资金风险；通过复原措施处理不可避免的气候变化所致损失和损害的影响，如海平面上升，陆地海洋温度的增加和海洋酸化；通过风险管理措施来支持风险评估和风险管理。[3]

2008 年以来，对小岛屿发展中国家而言，气候变化问题关乎国家生死存

---

〔1〕 刘中民等：《国际海洋环境制度导论》，海洋出版社 2007 年版，第 101~103 页。

〔2〕 联合国秘书长的报告"环境变化和它可能对安全产生的影响"，载 http：//www. un. org/en/ga/search/view_ doc. asp？symbol＝A/64/350 最后访问日期：2021 年 9 月 1 日。

〔3〕 Alliance of Small Island States（AOSIS），*Proposal to the AWG-LCA Multi-Window Mechanism to Address Lossand Damage from Climate Change Impacts*, p. 1.

亡，因此小岛屿国家和最不发达国家（Least Developed Countries，LDCs）集团是损失与损害问题最积极的推动者，他们认为发达国家有责任与义务提供资金与技术援助，因此建议将损失与损害问题作为与减缓问题和适应问题并列的第三要素，成为新协定的支柱，在《联合国气候变化框架公约》下建立包括保险、恢复与赔偿、风险管理组成的应对与气候变化问题相关的损失与损害问题"多窗口机制"。[1]

2011 年 9 月 22 日，帕劳总统约翰逊·托里比翁在联合国大会第 66 届会议上提出了三种有害的跨界损害类型：第一，全球渔业的现状以及过度捕捞给渔业资源造成了威胁；第二，无法量化的核辐射将大量进入帕劳领土；第三，人类遭受气候变化的影响极其严重——气候变化带来了生死存亡的威胁，这也是跨界损害问题。约翰逊·托里比翁强调："就在我发言时，人们正遭受气候变化的影响。随着我们的珊瑚死亡、海岸侵蚀和水位上升，人们感到无助和绝望。传统上，我们会恳求神的干预。但是这不是来自上面（神）的问题。它是人为的。而且它引起了以跨界损害问题为典型的生存威胁。今天，我遗憾地说我们离（达成）解决方案还差得很远。明年将是《联合国气候变化框架公约》签署 20 周年。但是我们取得进展了吗？海平面上升而排放继续有增无减。我们仍然没有一个有约束力的协议。今年 7 月，太平洋小岛屿发展国家联合起来向安理会提出应对气候变化安全威胁的适度、可实现和审慎的建议。但是我们的声音却被其他国家的优先事项淹没了。我只能同意这样的观点：一些国家不承认气候变化对安全的明确影响是'可悲的'。"[2]

鉴于此，约翰逊·托里比翁呼吁联合国大会根据《联合国宪章》第 96 条向国际法院寻求咨询意见，以明确"各国是否有法律责任确保其领土上的任何排放温室气体的行为不会危害其他国家"。[3]"帕劳提案"几乎获得了所有小岛屿国家的支持，尽管国际法院的咨询意见并没有法律约束力，但约翰逊·托里比翁认为国际法院的咨询意见将就所有国家都必须承担的责任给予

---

〔1〕 马欣等："《联合国气候变化框架公约》应对气候变化损失与危害问题谈判分析"，载《气候变化研究进展》2013 年第 5 期。

〔2〕 参见帕劳共和国总统约翰逊·托里比翁在联合国大会第 66 届会议上的讲话（2011 年 9 月 22 日）。

〔3〕 Statement by the Honorable Johnson Toribiong President of the Republic of Palau to the 66th Regular Session of the United Nations General Assembly.

小岛屿国家指导。

托里比翁于 2012 年 2 月 3 日再次重申他在 2011 年 9 月在联合国峰会上的呼吁，再次强调国际法院咨询意见对于小岛屿国家的重要性，他强调随着像帕劳这样的小岛屿国家被淹没，小岛屿国家独特的语言、历史和文化也会被淹没，作为第一个对气候变化引起的安全问题发出警报的国家，帕劳对于 IPCC 建议小岛屿国家采取移民的措施明确表示不予考虑。多数小岛屿国家也不采纳移民的建议，他们积极呼吁各国采取措施减少温室气体排放，同时对气候变化所致小岛屿国家的损失和损害进行赔偿。

（二）"帕劳提案"的核心观点

"帕劳提案"的提出并不是偶然的，在应对气候变化的国际谈判过程中，帕劳共和国等小岛屿国家针对气候变化所致损失损害一直都在主张自己的诉求。尽管约翰逊·托里比翁的"帕劳提案"在问题认识的实质上并不准确，但于国际法而言应该说还是具有积极意义的，首先该提案涉及国际法院咨询管辖权的程序问题且十分清楚国际法院咨询意见的重要性，更主要的是该提案提出了一个国际法之国家责任理论发展的新问题——气候变化所致损失损害责任问题。对此，可以从以下两个方面进行分析：

第一，"帕劳提案"涉及国际法院的咨询管辖权问题。国际法院是联合国的主要司法机关，联合国每一会员国为任何案件之当事国者，承诺遵行国际法院之判决。[1]国际法院的管辖权包括诉讼管辖权和咨询管辖权。国际法院的咨询管辖权主要面向联合国相关机关且仅就法律问题发表咨询意见，同时，国际法院有拒绝发表咨询意见的权利。一般而言，国际法院受理的咨询案件主要涉及国际组织及其行使职能方面的法律问题。如果要求发表的咨询意见不符合国际法院的司法性质或违背指导其作为法院开展活动的基本规则，或者提出的请求超出了提出机关的权限，那么国际法院就可以拒绝发表咨询意见。[2]1993 年，世界卫生组织（World Health Organization，WHO）根据其章程向国际法院提交关于核武器合法性的咨询申请（WHA46/40 号决议）——在战争或其他武装冲突中使用核武器，鉴于对人类健康和环境的影响，依照国际法规定，国家是否违反其所应承担的国际法义务？国际法院以 11 票对 3

---

〔1〕 参见 1945 年《联合国宪章》第 14 章第 93 条、第 94 条。

〔2〕 邵沙平主编：《国际法院新近案例研究（1990—2003）》，商务印书馆 2006 年版，第 531 页。

票认为世界卫生组织在要求提供咨询意见的申请书中提出的问题，不属于该组织依宪章所确定的活动范围，法院不能给出咨询意见。[1]还有，与国际法院的判决不同，国际法院的咨询意见没有约束力，特殊情况除外。[2]

第二，从法理上看，"帕劳提案"请求明确"各国是否有法律责任确保其领土上的任何排放温室气体的行为不会危害其他国家"，并认为"气候变化所致损失损害"属于"跨界损害"。[3]所以，"帕劳提案"再三强调并重申"小岛屿国家不会放弃合法的追索权"。"帕劳提案"于2011年提出后，2012年，再次重申了国际法院咨询意见的重要性和确定相应法律责任的迫切性。此后，帕劳共和国等小岛屿国家一直强调气候变化对小岛屿国家的威胁在不断加重，并一再重申小岛屿国家不会放弃合法的追索权，且不断强调小岛屿国家人民的人身损害、财产损害都属于跨界损害的赔偿范围。同时，还提出应特别关注环境损害问题，因为环境损害给小岛屿国家旅游资源的合法利用等带来的价值贬损是难以估量的，并强调不容忽视的还有小岛屿国家独特的历史、语言、文化，这些不排除属于"文化遗产"的范围，如果造成损失往往也是难以估算的。因此，不仅仅是要建立一个损失损害赔偿机制，而且在此之前必须考虑如何努力预防造成这样的损失，如果小岛屿国家最终被淹没，那么一切事后救济的措施都将是没有任何实际意义的。

"帕劳提案"所阐述的事实——气候变化不利影响对小岛屿国家所致损失损害是客观存在的，但"帕劳提案"依据"国际法院以及《联合国海洋法公约》的相关条款确认，根据国际习惯法各国有义务确保其管辖范围内的行为不影响其他国家的环境"而认为"'气候变化所致损失损害'属于'跨界损害'"却是张冠李戴，文不对题。"跨界损害"是国家管辖或控制下的活动造成国家管辖或控制范围以外地区的损害，而"气候变化所致损失损害"则是包括受害国在内的所有国家的行为共同导致的包括受害国在内的所有国家和全人类共同承受的损失损害。虽然小岛屿国家是其中首当其冲的受害者，但这并不能否定其对于气候变化所致损失损害的致害因素，更不能依据跨界

---

[1]　邵沙平主编：《国际法院新近案例研究（1990—2003）》，商务印书馆2006年版，第518页。

[2]　在几种特殊情况下，咨询意见具有约束力。例如，涉及《联合国外交特权及豁免公约》和联合国与美国签订的东道国协定的咨询意见。

[3]　参见"帕劳提案"之"人类遭受气候变化的影响极其严重——气候变化带来了生死存亡的威胁——这也是跨界损害问题"。

损害责任理论要求其他国家对其承担国家责任（详见下文"'帕劳提案'的解读"）。

三、"华沙机制"

鉴于应对气候变化的紧迫性以及"帕劳提案"问题的尖锐性和复杂性，2013年11月，联合国气候变化华沙大会经过复杂而艰难的谈判，出台了旨在为最脆弱国家和地区应对气候变化带来的极端气候提供帮助并处理气候变化不利影响所带来的相关损失和损害的"华沙机制"。"华沙机制"是应对气候变化的一个新的里程碑，标志着人类应对气候变化进程又上了一个新台阶。

（一）"华沙机制"的缘起

20世纪中叶以来，经济、人口、发展、环境开始成为涉及所有国家和各种文明，即关系到整个地球的问题，尤其是气候变化问题，更是最为显著的环境问题中的问题。

气候变化是一个破坏稳定的因素，由其导致的气候危机是20世纪中叶以来人类面临的最大挑战之一，是涉及国际关系和国家外交政策的各个不同领域的全球性问题。由气候危机导致的地缘政治后果十分严重，可对国家的外交政策产生重大影响。由于世界各国资源禀赋的不同，南北发展的差异，不同利益的国家集团对于气候变化问题从各自的利益出发产生了意见分歧，从而展开了围绕各自本身利益的争夺世界主导权的气候外交活动。因此，气候外交——包括与气候变化有关的所有外交参与——成了世界各国外交政策与外交事务的核心。在这个意义上，气候外交包括使用外交工具来支持国际气候变化应对机制的雄心壮志和运作，要求在全球战略层面制定适当的风险评估和风险管理战略以减轻气候变化风险对和平、稳定和繁荣的负面影响。此外，气候外交意味着在外交对话、公共外交和外部政策工具中，优先考虑与世界各地的合作伙伴采取气候行动，以及利用气候变化问题推进其他外交政策目标，如建立信任与和平或加强多边主义等。这包括双边接触伙伴国家，并提出采取更雄心勃勃的气候行动的理由。通过考虑交叉问题，气候外交解决了气候变化对安全与稳定的影响。尽早应对气候变化的安全风险需要一个强大的合作伙伴网络，包括民间社会和私营部门的代表。国际环境和气候外交、双边环境合作以及环境政策可以促进对话和建立信任，从而促进区域稳定。

尽管气候外交没有普遍的定义，[1]其外交形式却有双边外交、多边外交和气候峰会等。如2014年11月，中美两国元首宣布，他们打算在巴黎合作通过一项协议，并表示各自国家将为减少温室气体排放采取具体行动。此份世界范围内两个最大排放国之间的双边协议被誉为在巴黎气候峰会上借助一项协议的通过来改变气候游戏规则。而多边外交的主要论坛是《联合国气候变化框架公约》及其议定书的谈判。气候峰会[2]则是最为公众熟悉的气候外交形式，即每年一次（除2020年外）的联合国气候变化大会。联合国气候变化大会，虽然精心策划但不是每一次都能取得成果，有时甚至是倒退，但还是凝聚了国际社会的期望且吸引了公众对气候外交进程的极大关注，也取得了虽不甚理想但也称得上是推进人类历史进程的相应的成绩。

在气候外交成为国家之间利益博弈新焦点、国际关系主旋律的背景下，早在1972年人类环境会议后的1979年于瑞士日内瓦召开的第一届世界气候大会[3]上，作为一个备受关注的问题气候变化被第一次纳入了会议议程。随后，荷兰在气候外交上表现出极其积极的态势，于1989年11月主持召开了关于大气层污染和气候变化的69国环境部长会议，为取得就防止地球表面升温而采取二氧化碳的减少排放进行国际合作做出了努力。

IPCC于1990年9月首次发表的评估报告认为"人为持续的温室气体排放将导致气候变化"，并就此提出为防止地球温暖化应缔结国际条约的建议。同年10月29日于日内瓦召开以"全球气候变化及相应对策"为主题的第二届世界气候大会[4]讨论了关于削减二氧化碳排出量的可能性等问题，该会议的科技小组通过了发达国家至2008年能够削减二氧化碳排出量的20%的宣言。本次会议呼吁出台一个应对气候变化的框架公约以着力推动国际社会应对气候变化进程。以此为契机，1990年，联合国大会成立了"政府间气候变

---

〔1〕　欧盟委员会在政治层面定义了四个气候外交的标准：①致力于气候政策中的多边主义，特别是执行《巴黎协定》；②应对气候变化对和平与安全的影响；③加快国内行动，提高全球雄心壮志；④通过宣传和外联加强国际气候合作。

〔2〕　即联合国气候变化大会，于1995年起每年在世界不同地区轮换举行。

〔3〕　第一届世界气候大会由世界气象组织发起于1979年2月12日至23日在瑞士日内瓦举行，会议主题为"气候变化与人类"。

〔4〕　第二届世界气候大会于1990年10月29日至11月7日在瑞士日内瓦举行，会议由世界气象组织、联合国环境规划署、联合国教科文组织、联合国粮农组织及国际科学联盟理事会等机构共同发起和组织，会议主题是"全球气候变化及相应对策"。

化谈判委员会"。这两届世界气候大会对促进世界应对气候变化领域的国际合作，特别是促成《联合国气候变化框架公约》的出台发挥了重大影响。

联合国于 1991 年开始了制订《联合国气候变化框架公约》多边国际谈判。于此《联合国气候变化框架公约》开始起草时，小岛屿国家联盟[1]强调了气候变化所致损失损害，并提议设立一个作为集体共担方案以赔偿受害者损失的国际保险池。1992 年 5 月 9 日各国达成合意，并于 6 月在里约热内卢召开的"联合国环境与发展大会"上将《联合国气候变化框架公约》开放签署，《联合国气候变化框架公约》最终以不明确二氧化碳削减目标的具体数字，但明确发达国家责任而达成妥协。

《联合国气候变化框架公约》于 1994 年 3 月 21 日生效，1995 年《联合国气候变化框架公约》第一次缔约方会议（COP1）在德国柏林举行，会议通过的《柏林授权》[2]要求为全球减排行动制定具体的"议定书"。呼吁通过量化排放限制和减排目标的谈判确立自上而下的监管方式，并且只要求发达国家进行谈判，而明确排除了发展中国家对任何新承诺的谈判。[3]

1997 年 12 月《联合国气候变化框架公约》第三次缔约方会议（COP3）在日本京都举行。经过三年谈判，国际社会第一个具有法律约束力的温室气体量化减排国际文件——《京都议定书》[4]在《联合国气候变化框架公约》第三次缔约方会议（COP3）上通过。其主要内容是采用"自上而下"总量控制的路径，对主要工业国家设置了六种温室气体的减排幅度和减排时间表，并促使发达国家作出各自的量化减排承诺。与此同时，《京都议定书》建立了一套灵活机制为发达国家完成减排目标提供了基于市场的规则，确立了联合履约机制、温室气体排放权交易机制和清洁发展机制。[5]

2000 年 11 月，《联合国气候变化框架公约》第六次缔约方会议（COP6）未能达成预期的协议。2001 年 3 月，美国政府宣布退出《京都议定书》。第六届会议续会于 2001 年 7 月在德国波恩召开，续会取得一些成果，同意为从

---

〔1〕 小岛屿国家联盟（Alliance of Small Island States，AOSIS）是一个低海岸国家与小岛屿国家的政府间组织，成立于 1990 年，其宗旨是加强小岛屿发展中国家在应对全球气候变化中的声音。

〔2〕 UNFCCC/CP/1995/7/Add. 1.

〔3〕 UNFCCC/CP/1995/7/Add. 1.

〔4〕 UNFCCC/CP/1997/7/Add. 1.

〔5〕 UNFCCC/CP/1997/7/Add. 1.

大气中吸收或储存碳的广泛活动提供信贷，包括林业和农业管理，并同意设立气候变化基金（Special Climate Change Fund, SCCF）、支持适应行动的最不发达国家基金（Least Developed Countries Fund, LDCF）以及《京都议定书》适应基金（Adaptation Fund, AF）。

2005年2月16日，《京都议定书》生效，2005年11月，《联合国气候变化框架公约》第十一次缔约方会议（COP11）于加拿大蒙特尔市举行，会议最终达成包括启动《京都议定书》第二阶段温室气体减排谈判的40多项重要决定，此次会议成果即"控制气候变化的蒙特尔路线图"。

2007年12月在印度尼西亚巴厘岛举行的《联合国气候变化框架公约》第十三次缔约方会议（COP13）上通过了《巴厘岛路线图》，确定了"双轨"谈判，[1]以加强《联合国气候变化框架公约》的执行，并决定推动一个全面进程，以在《联合国气候变化框架公约》下达成一致的结果，这一结果需涵盖气候变化问题的所有方面，包括减缓、适应、资金和技术等问题。

2008年12月，《联合国气候变化框架公约》第十四次缔约方会议（COP14）发布的《发展中国家的风险管理机制——来自气候变化的直接影响》报告认为，国际机制包括保险机制以及其他形式的风险分担机制即非保险机制，例如，为适应提供直接融资以减轻缓发性气候变化的影响，如应对海水入侵；解决突发事件，如建筑堤坝；服务没有保险机构的地区；在某些情况下提供一个低成本的选择性的保险措施作为灾后资金；从贫穷国家分配气候影响负担等。[2]

2010年《联合国气候变化框架公约》第十六次缔约方会议（COP16）于墨西哥坎昆召开，本届会议就第十五届哥本哈根会议没有完成的议题继续谈判。虽然本届会议仍然没有解决2012年后的全球温室气体减排责任分配与向发展中国家提供的绿色气候基金（Green Climate Fund, GCF）问题，但形成了附件一国家承诺的特设工作组以及《联合国气候变化框架公约》长期合作行动特设组的决议，此番举措在一定程度上有利于发达国家与发展中国家在国际气候治理行动中重新恢复信任与合作。

---

〔1〕 一方面，签署《京都议定书》的发达国家要履行《京都议定书》的规定，承诺2012年以后的大幅度量化减排指标；另一方面，发展中国家和未签署《京都议定书》的发达国家（主要指美国）则要在《联合国气候变化框架公约》下采取进一步应对气候变化的措施。

〔2〕 UNFCCC/TP/2008/9, p. 9.

2011 年 11 月 28 日至 12 月 9 日,《联合国气候变化框架公约》第十七次缔约方会议（COP17）于南非德班召开，会议在"双轨制"和"并轨"谈判问题方面产生了巨大争议，虽然，会议决定将实施《京都议定书》第二承诺期，并启动绿色气候基金，然而，由于加拿大宣布退出，日本和俄罗斯宣称不准备接受《京都议定书》第二承诺期。因而，国际社会应对气候变化的后续谈判的不确定因素陡然增加。

2012 年 11 月 26 日至 12 月 7 日,《联合国气候变化框架公约》第十八次缔约方会议（COP18）于卡塔尔多哈召开。多哈会议最具争议的问题之一就是由小岛屿国家和最不发达国家主张推动的解决气候变化所致损失损害的机制。小岛屿国家联盟认为小岛屿国家面临着海平面不断上升和不可避免的风险，在缺乏更强有力的减缓承诺和适应资金的情况下一些补偿手段变得至关重要。[1]最不发达国家[2]也提出了根据目前较低的缓解目标，可能的气温上升将对最不发达国家造成广泛的甚至是生死攸关的损失和损害威胁，鉴于损失和损害的预期规模及其与减缓和适应方面的国际进展之间的联系，需要采取战略性、永久性、更制度化和协调一致的应对措施。会议报告明确"为了应对气候变化所致损失损害而加强国家和地区适应能力的措施和方针"决定于下届会议设立一个新的国际机制。

《联合国气候变化框架公约》第十九次缔约方会议（COP19）暨《京都议定书》第九次缔约方会议于 2013 年 11 月 11 日至 23 日在波兰华沙召开，大会决定推进《巴厘岛路线图》，并在第二十一届会议之前通过所有的缔约方适用的议定书，而且通过了包含减缓行动的信息通报、增加技术及资金支持等多项程序性事项以确保缔约方开展行动。大会决定设立一个诸如国际机制之类的体制安排，即气候变化影响相关损失和损害华沙国际机制（Warsaw International Mechanism on Loss and Damage，WIM，即"华沙机制"），并确定了该机制的相应职能，如进一步加强对包含缓发事件在内的气候变化影响的认识，加强相关利害关系方之间的对话以及加强资金、技术方面的行动和支持等。"华沙

---

〔1〕 Statement delivered by Nauru on behalf of The Alliance of Small Island States（AOSIS）.

〔2〕 最不发达国家（Least Developed Country，LDC）是指经联合国认定的极易受到经济和环境冲击的影响在可持续发展方面面临严重的结构性障碍的低收入国家。2021 年联合国贸易和发展会议发布的年度报告表明，根据联合国社会发展委员会制定的"人均国民收入、人力资产以及经济脆弱性"三个标准，目前仍有 46 个国家属于最不发达国家。

机制"设置在坎昆适应框架之下，处理特别易受气候变化不利影响的发展中国家与气候变化影响相关的损失和损害问题，包括极端事件和缓发事件的影响。本届会议开启了德班平台实质性谈判，为 2015 年新协议的签署奠定了基础。

至此，气候外交的一大成就——构建"气候变化所致损失损害责任的国际机制"构想出台。

（二）"华沙机制"的主要内容

"华沙机制"在《联合国气候变化框架公约》之下发挥作用，以全面、综合和一致的方式，推动执行处理与气候变化不利影响相关的损失和损害的方针，其职能主要是：

（1）增进对处理与气候变化不利影响（包括缓发事件影响）相关的损失和损害的全面风险管理办法的认识和了解，方法是通过便利和促进：①采取行动解决在对处理与气候变化不利影响相关的损失和损害方针的了解和专门知识方面的差距，包括在第 3/CP.18 号决定第 7（a）段所述各方面；②收集、分享、管理和使用相关数据和信息，包括按性别分列的数据；③提供概述，说明在采取各种办法处理损失和损害的方针方面的最佳做法、挑战、所获经验和教训。

（2）加强相关利害关系方之间的对话、协调、统一和协同，方法是：①领导、协调并酌情监督评估和执行《联合国气候变化框架公约》之下处理与气候变化不利影响相关的极端事件和缓发事件引起的气候变化影响相关损失和损害的方针；②促进所有相关利害关系方、《联合国气候变化框架公约》之外各机构、机关、进程和倡议之间的对话、协调、统一和协同，以期促进相关工作和活动的合作与协调；

（3）加强包括资金、技术和能力建设等方面的行动与支持，以处理与气候变化不利影响相关的损失和损害，使各国能够按照第 3/CP.18 号决定第 6段采取行动，包括通过：①就处理与包括极端事件和缓发事件的气候变化影响相关的损失和损害的方针提供技术支持和指导；②提供信息和提出建议，供缔约方会议在提供有关减少损失和损害风险的指导意见、必要时在处理损失和损害问题时考虑，酌情包括向《联合国气候变化框架公约》资金机制经营实体提供信息和提出建议；③便利调动和确保专门知识、加强支助、包括资金、技术和能力建设支助，以加强现有方针，必要时便利拟定和执行额外的方针，处理与气候变化影响相关的损失和损害，包括极端气候事件和缓发事件的影响。

在履行以上所述职能时，"华沙机制"将开展包括召集专家及利害相关方会议、支持处理损失损害的行动、提供技术指导与支持、协调改善《联合国气候变化框架公约》下现有机构的相关工作等活动。此外，"华沙机制"还请相关国际和区域组织、机构和程序酌情纳入处理气候变化影响的措施，探索并加强尤其是在特别易受伤害的发展中国家处理气候变化不利影响相关损失和损害方面的协同；请各缔约方通过联合国并酌情通过其他相关机构、专门机构和进程，促进各级处理与气候变化不利影响、包括极端事件和缓发事件的影响相关损失和损害方针的一致性；进一步请缔约方加强并酌情发展区域和国家级别的机构和网络，尤其是在特别易受伤害的发展中国家，以便用国别驱动的方式加强执行相关处理损失和损害的方针，鼓励相关利害关系方之间的合作和协调，改进信息的流动；请发达国家缔约方按照决定，向发展中国家缔约方提供资金、技术和能力建设。[1]

"华沙机制"的成员范围主要是《联合国气候变化框架公约》的缔约方，"华沙机制"设立执行委员会，执行委员会在缔约方会议的指导下行使职能并对缔约方会议负责，指导履行《联合国气候变化框架公约》规定的职能，缔约方会议请执行委员会通过附属机构每年向缔约方会议提交报告，并酌情提出建议。

"华沙机制"的实质是对《联合国气候变化框架公约》第4条的国际实施，它不是惩罚性的、对抗性的赔偿机制，也不是基于公平原则处理小岛屿国家因气候变化所致损失损害的补偿机制。"华沙机制"建立在坎昆适应框架内，是基于国际合作加强小岛屿各国脆弱的适应能力的国际机制。《巴黎协定》第8条[2]要求"华沙机制"受《联合国气候变化框架公约》缔约方会议的领导和指导，强调在国际合作的基础上酌情通过"华沙机制"加强理解、行动和支持。因此，《巴黎协定》并没有对"华沙机制"的法律性质作出规

---

〔1〕 FCCC/CP/2013/10/Add.1, pp.6-7.

〔2〕《巴黎协定》第8条第1、2、3款规定："1.缔约方认识到避免、尽量减轻和处理与气候变化（包括极端气候事件和缓发事件）不利影响相关的损失和损害的重要性，以及可持续发展对于减少损失和损害的作用。2.气候变化影响相关损失和损害华沙国际机制应作为《巴黎协定》缔约方会议的《公约》缔约方会议的领导和指导，并由作为《巴黎协定》缔约方会议的《公约》缔约方会议决定予以加强。3.缔约方应在合作和提供便利的基础上，包括酌情通过华沙国际机制，在气候变化不利影响所涉损失和损害方面加强理解、行动和支持。"

定。但是，《巴黎协定》第 8 条并非不涉及任何义务。根据该条规定，"华沙机制"强调的是在气候变化所致损失损害方面加强理解、行动和支持，强调在多个领域提供合作。这实际上确定了《巴黎协定》缔约方在所涉气候变化所致损失损害责任之各领域的国际合作义务，强调通过履行国际合作义务、建立健全气候变化所致损失损害责任相关国际法机制以有效处理气候变化之不利影响。

第二节　气候变化所致损失损害特征与国际法新课题

气候变化所致损失损害的原因是各国的温室气体排放行为，每一个国家既是造成损失损害后果的行为者，同时也是受害者。因此，气候变化所致损失损害责任便具有了迄今为止国际法之国家责任理论所无法囊括的特殊内涵，是国际法研究的一个新课题，是对国际法之国家责任理论发展的一大挑战。

一、"帕劳提案"的解读与气候变化所致损失损害特征

就造成不利后果的法律性质而言，"气候变化所致损失损害"并非"帕劳提案"所言属于"跨界损害"的范畴，因而无法适用跨界损害责任。在造成损失损害的范围、施害和受害主体、后果承担等方面，气候变化所致损失损害存在显著区别于国内法和国际法中已有的其他损失损害的特征。

（一）"帕劳提案"的解读

如前文所述，2011 年 9 月 22 日，帕劳共和国总统约翰逊·托里比翁在联合国大会第 66 届会议上提出了三种有害的跨界损害类型：……第三，人类遭受气候变化的影响极其严重——气候变化带来了生死存亡的威胁，这也是跨界损害问题。如果依照"帕劳提案"将气候变化所致损失损害视为"跨界损害"，以"跨界损害"的理论为支撑进行索赔，不仅无法实现，且不符合国际法理论，于法理不通。

我们必须明确，所谓"跨界损害"，是指国家管辖或控制下的活动造成该国管辖或控制范围以外的其他国家领土或其管辖或控制范围的以及"公域环境"的损害。[1]它具有以下特征：首先，"跨界损害"之损害必须是人类的

---

〔1〕　林灿铃：《跨界损害的归责与赔偿研究》，中国政法大学出版社 2014 年版，第 7 页。

行为所致，且其后果是物质的、数量的或是有形的；其次，行为的有形后果所造成的损害的"重大"性；最后，行为的有形后果具有明显的跨界性。"跨界性"是指一项活动所产生的有形后果已经超越行为所在国国界，给行为国领土以外的区域造成损害的情况。[1]

深入分析气候变化所致损失损害可知，导致损失损害等气候变化不利影响的行为性质与跨界损害相同，均来自国际法不加禁止的行为，即直接或间接由人类活动排放温室气体改变地球的大气组成而导致的气候变化，这一点已成为国际社会的共识。但就其损害后果看，可以是有形的，也可能是无形的。气候变化所致损失损害是难以计算损害数量的，包括实际的和潜在的，主要体现在生命、财产、环境、旅游资源的利用价值上，因受害的小岛屿国家数量众多、衡量标准不统一而难以估计实际损失。另外，跨界损害之跨界性，指的是行为的有形后果在于行为国之外，而气候变化所致损失损害的跨界性，更准确地说应当是全球性，因为这一损失损害的范围不只是某一个或某一些国家和地区，大气的流动性决定了气候变化所致损失损害的后果遍及所有国家和国家管辖以外的地区。跨界损害责任的要旨是使行为国对其国际法不加禁止行为给其他国家或地区造成的损害承担赔偿责任，而气候变化所致损失损害中的行为国之行为毫无例外地导致包括其自身在内的所有国家和地区遭受损失损害。[2]气候变化所致损失损害的行为国和受害国具有重合性，所有受害者同时也是温室气体排放者，即导致气候变化损失损害后果的行为者。而在跨界损害中两者是可以区分的。如果采取赔偿的方式处理气候变化所致损失损害，就赔偿的主体难以达成一致意见。[3]可见，气候变化所致损失损害与跨界损害具有根本的区别。跨界损害是国家管辖或控制下的活动造成国家管辖或控制范围以外地区的损害，而气候变化所致损失损害则是包括受害国在内的所有国家的行为共同导致的包括受害国在内的所有国家和全人类共同承受的损害。虽然小岛屿国家是其中最直接的受害者，但这并不能否定其对于气候变化所致损失损害的致害因素，更不能依据跨界损害责任理论要求其他国家对其承担国家责任。显而易见，将"气候变化所致损失损害"

---

〔1〕 林灿铃：《国际法上的跨界损害之国家责任》，华文出版社 2000 年版，第 51~53 页。

〔2〕 林灿铃："气候变化所致损失损害补偿责任"，载《中国政法大学学报》2016 年第 6 期。

〔3〕 林灿铃："气候变化所致损失损害补偿责任"，载《中国政法大学学报》2016 年第 6 期。

视为"跨界损害"的"帕劳提案"的论断是错误的。

（二）气候变化所致损失损害特征

气候变化所致损失损害的最大特征是其综合全球性。这种全球性表现于气候变化所致损失损害的损失和损害范围、施害和受害主体、责任承担等各个方面的全球性，这也是气候变化所致损失损害显著区别于国内法和国际法中已有的其他损失损害的特征。

第一，气候变化所致损失损害的范围是全球性的。气候变化所致损失损害并非由某一个或某一些国家和地区引起和产生之后，再影响或致害国外某一个或某一些国家和地区以及国家管辖之外的区域。大气的流动性决定了气候变化所致损失损害的范围不只局限于某一个或某一些国家和地区，气候变化所致损失损害的后果遍及所有国家和国家管辖以外的地区。[1]

第二，气候变化所致损失损害的主体存在重合。行为国既是施害国，也是受害国。造成气候变化所致损失损害的行为国，不是单方面的施害国或者受害国，行为国之行为毫无例外地导致包括其自身在内的所有国家和地区遭受气候变化损失损害。尽管某些特定的国家，例如小岛屿国家，由于其特殊的地理位置及其他相关条件，受到气候变化所致损失损害的表现更为突出、明显和紧迫，但毋庸置疑的是，这些国家的排放行为也是引起气候变化整体后果的组成部分，它们也是造成气候变化所致损失损害的行为国，而不单单只是受害国。据此，有人认为气候变化所致损失损害属于一种集体性和累积性的损害也不无道理，所谓"集体性"意味着每一个国家都是气候变化损害的加害国，同时每一个国家又都是气候变化损害的受害国，各国之间的区别只在于加害与受害的程度不同；"累积性"则意味着任何气候变化损害后果都是由各国温室气体排放的累积效果所导致的，任何单一国家的温室气体排放都不足以导致上述损害。[2]

第三，导致气候变化不利影响和损失损害的是人类活动。气候变化的成因很复杂。由于人类活动，例如，焚烧化石燃料等行为产生了大量的二氧化碳等温室气体，以及砍伐森林等行为减少了温室气体的吸收，导致地气系统吸收与排放的能量不平衡，温室效应紊乱，造成全球气候变暖，进而产生了

---

〔1〕　林灿铃："气候变化所致损失损害补偿责任"，载《中国政法大学学报》2016年第6期。

〔2〕　龚宇："气候变化损害的国家责任：虚幻或现实"，载《现代法学》2012年第4期。

相关的损失损害。

第四，气候变化所致损失损害的行为性质是国际法不加禁止的行为。具体而言，这些行为或活动既包括类似排放温室气体这样的直接行为，也包括砍伐森林而影响地气系统辐射平衡这样的间接行为。这些行为并不违反国际法规则和原则，因此不具有违法性。

第五，气候变化所致损失损害的后果，既可以是有形的也可以是无形的，既可以是直接的也可以是间接的。一方面，气候变化所致损失损害的后果，包括淡水短缺、珊瑚死亡、海平面上升、自然灾害的增多、海洋环境的改变以及生物多样性的损失等有形的、直接可见的后果，这些有形后果使得一些小岛屿国家处在极不稳定的状态，加之小岛屿国家陆地资源有限，甚至已经危及小岛屿国家的存亡。[1]另一方面，气候变化所致损失损害的后果，还包括农业生产不稳定性增加、其他气候灾害发生可能性增加、各种疾病疫病发生可能性增加、人类健康隐患增加等无形的、非直接可见的后果，这些无形后果使得自然环境、社会产业和居民生活面临新增的风险和危险。另外，值得注意的是，气候变化所致的流离失所问题，是一种有形后果，同时又可能是气候变化所致的直接后果或间接后果。在气候变化所致流离失所的问题中，一种是由于气候变化，例如热浪冲击，直接导致了炎热干旱地区的居住环境不再具备原有的居住条件，从而造成流离失所问题的有形的、直接的损失损害。另一种是由于气候变化引起居住环境恶化，例如海平面上升淹没居住地，环境变化致使原有居住环境完全丧失，从而导致流离失所问题的有形的、间接的损失损害。

第六，气候变化所致损失损害具有长期性和持续性特点。现有理论中的损失损害法律事实，例如国际不法行为、跨界损害和跨界影响，通常能够通过停止侵害、赔偿、补偿等方式，立即或在一段时间内，对损失损害中的责任和后果进行厘定和解决。然而，气候变化所致损失损害则不然。

第七，气候变化所致损失损害的后果由全人类共同承担。由于行为国和受害国在主体上重合，又由于此种损失损害行为不具有违法性，且损失损害的范围具有全球性，因此其后果不是由某一个或某一些国家来承担，而是包括受害国在内的所有国家和全人类共同承受。

---

〔1〕 林灿铃：“气候变化所致损失损害补偿责任”，载《中国政法大学学报》2016 年第 6 期。

二、国家责任理论的发展及其新挑战

作为国家之间行动准则和规范的国际法，所反映的理应是保护全世界各个国家共同利益的法律制度，国际法关于国家责任的各项规范，构成了一种特殊的国际法律制度。[1]国家责任理论的发展迄今经历了"传统国家责任""跨界损害责任"和"跨界影响补偿责任"的发展过程。这一过程充分体现了科技发展的高速、人类活动领域的扩大、人类环境破坏的加剧、国际关系的日益复杂等对国际环境法的不断发展与完善提出的时代诉求。因而，面对气候变化所致损失损害的严重后果，我们应以新的发展目光对国际法的国家责任理论重新加以审视，取得新的认识和突破，以促进气候变化所致损失损害责任中"国家责任"职能的完善，使得温室气体排放所导致气候变化的损失损害救济机制得到进一步发展与充实。

（一）传统国家责任

在国际法学史上，受近代国际法之父——格劳秀斯"无过失即无责任"观点的影响，传统国家责任理论影响深远，即认为"过失"是国家责任的法律基础，认为只有在国家有"过失"或"故意"的主观因素下从事的不当行为，才承担责任。[2]传统国家责任是以过失责任为基础的，按照过失来确定危险活动主体的责任，要求由原告承担举证责任。在过去相当长的时期，国家责任研究的内容集中于国家违反对外国人的生命及其财产等待遇方面的义务的后果。[3]国家责任被理解为只涉及对外国侨民人身和财产的保护责任。如1930年在国际联盟主持下召开的海牙国际法编纂会议上对国家责任下的定义是："如果由于国家的机关未能履行国家的国际义务，而在其领土内造成对外国人的人身或财产的损害，则引起该国的国家责任。"[4]这反映了西方国家在当地国保护其殖民活动和投资利益的需要。针对这种理论，发展中国家提出了"卡尔沃主义""德拉果主义"等反对大国滥用外交保护的理论。[5]"卡

---

〔1〕　林灿铃："论国际法不加禁止行为所产生的损害性后果的国家责任"，载《比较法研究》2000年第3期。

〔2〕　王铁崖总主编：《中华法学大辞典——国际法卷》，中国检察出版社1996年版，第252页。

〔3〕　林灿铃：《国际法上的跨界损害之国家责任》，华文出版社2000年版，第27页。

〔4〕　转引自王献枢主编：《国际法》，中国政法大学出版社1995年版，第117页。

〔5〕　林灿铃：《国际法上的跨界损害之国家责任》，华文出版社2000年版，第27~28页。

尔沃主义"是著名的阿根廷外交家和国际法学家卡尔沃在 1885 年出版的《国际法：理论与实践》一书中提出的，即"在一国定居的外国人，肯定应享有和国民相同的受保护的权利，但他们不能要求更多的特权。"此后，在拉丁美洲国家与外国人签订的合同中往往加入了"卡尔沃条款"，即在合同中明确规定外国人一方放弃本国的外交保护，不得就合同争端请求本国的外交保护，不允许外侨本国将争端诉诸国际法院或仲裁，外国人同本国人一样只能接受当地司法管辖。[1]

对于卡尔沃条款，不论在理论上还是实践上都存在争议。正如王铁崖先生所认为的，"卡尔沃主义"使传统国家责任理论的局限性受到普遍的批评。[2]卡尔沃条款在对于强调属地管辖权、反对外国人的特权地位以及反对西方国家滥用外交保护权等方面，是具有进步意义的。[3]"德拉果主义"以"卡尔沃主义"为理论基础，即关于外国人受到损失提出的金钱上的要求，该外国的武装干涉或外交干涉，都是不能容许的。[4]此主张源于 1902 年，英国、德国和意大利的舰队从海上封锁委内瑞拉并迫使其履行"国际义务"时，阿根廷外交部长德拉果向美国国务院发出照会，提出一个国家不履行支付外国人持有的公债的义务时，该外国人的本国不得使用武力索债。"德拉果主义"成为《国际联盟盟约》《巴黎非战公约》《联合国宪章》等一系列视战争为违法的潮流的起点，成为现代国际法关于和平解决争端、禁止使用武力等基本原则的一个内容。[5]联合国国际法委员会 （International Law Commission，ILC）在纠正反映过去时代资本输出国力图保护其海外投资和侨民利益的法律要求和主张的错误中发挥了重要作用。[6]该委员会从 1963 年开始研究和编纂由于其国家不法行为而产生的一般责任规则，最终实现了国家责任制度发展的转折。[7]1996 年 7 月 12 日，联合国国际法委员会圆满完成了《国家责任条款

---

〔1〕 林灿铃：《国际法上的跨界损害之国家责任》，华文出版社 2000 年版，第 28 页。

〔2〕 王铁崖主编：《国际法》，法律出版社 1995 年版，第 128 页。

〔3〕 王铁崖总主编：《中华法学大辞典——国际法卷》，中国检察出版社 1996 年版，第 329 页。

〔4〕 林灿铃：《国际法上的跨界损害之国家责任》，华文出版社 2000 年版，第 29 页。

〔5〕 林灿铃：《国际法上的跨界损害之国家责任》，华文出版社 2000 年版，第 30 页。

〔6〕 林灿铃：《国际法上的跨界损害之国家责任》，华文出版社 2000 年版，第 30 页。

〔7〕 林灿铃：《国际法上的跨界损害之国家责任》，华文出版社 2000 年版，第 2 页。

草案》的一读。[1]该草案打破了传统国家责任范围的局限性，把国家责任从原来的仅指外国侨民的人身和财产遭受损害所引起的国家责任扩展到包括一般国际不法行为和国际罪行的所有国际不当行为的国家责任。[2]

（二）跨界损害责任

当今，世界科学与技术的发展突飞猛进，给人类社会的发展以巨大推动，这是令人鼓舞的。世界各国为了确保经济的繁荣与发展，确保社会的安全与稳定，无不致力于高科技的研究和应用。但与此同时，它给国际社会也带来了不少困扰和危险，给人类社会带来了各种各样的损害。[3]近年来，国际上连续发生的由现代工业和科技活动引起的灾难性事故，例如，核电厂发生泄漏、爆炸事故对邻国造成核污染；空间物体失控而坠入他国境内造成人身、财产的损害以及环境的污染；油轮在海上发生事故，造成大面积海域的油污，严重影响海洋生态资源或渔业；跨界水资源的污染以及大面积的工业酸雨，等等，无不令人震惊而引起国际社会的关切。[4]所有这些都涉及国际法的国家责任问题，致使国际法上的国家责任问题再次成为国际社会普遍关注的焦点。1973年，联合国国际法委员会决定在完成对国家的国际不当行为产生的责任的研究之后，进行对所谓违宪责任的研究和编纂工作，也可以同时但分开进行对这两个专题的研究。[5]1994年，国际法委员会一读暂时通过了《关于国际法不加禁止的行为所产生的损害性后果的国际责任》的部分条款草案及其评注。[6]该草案虽然没有正式通过，但已成为第一个全面而系统地规定跨界损害后果责任的国际文件。

环境是影响人类生存和发展的各种自然因素和社会因素的总和。随着全球环境意识的增强，跨界损害问题已从局部的、区域性的具体法律问题发展成为带有普遍性的国际法问题。《关于国际法不加禁止的行为所产生的损害性后果的国际责任》条款草案对跨界损害所作的定义是："'跨界损害'是指在

---

　　[1]　联合国大会第51届会议补编第10号（A/51/10）：《国际法委员会第48届会议工作报告》，第94页。

　　[2]　林灿铃：《国际法上的跨界损害之国家责任》，华文出版社2000年版，第34页。

　　[3]　林灿铃："论跨界损害的国家责任"，中国政法大学2000年博士学位论文，第2页。

　　[4]　林灿铃："论跨界损害的国家责任"，中国政法大学2000年博士学位论文，第2页。

　　[5]　参见《联合国国际法委员会年鉴》（1973年）第2卷，第169页。

　　[6]　林灿铃："论跨界损害的国家责任"，中国政法大学2000年博士学位论文，第29页。

起源国以外的一国领土内或其管辖或控制下的其他地方造成的损害，不论有关各国是否有共同边界。"[1]但是，这个定义并没有考虑到国家管辖范围以外的区域，如公海、两极地区等，如果造成对诸如公海等不属于任何国家主权范围或任何国家所管辖或控制范围外的损害是否也要承担责任？从"跨界损害"之"界"的空间范围上讲，"跨界损害"的定义不仅应包括在一国境内进行的对另一国产生有害影响的典型活动或对一国领土内或其管辖或控制下的其他地方造成的损害，而且还应包括对"全球公域"以及如外层空间那样的"人类共同财产"的环境损害。[2]但国际法并不绝对禁止产生跨界损害，各国在本国境内进行各种合法活动时会相互影响，只要没有达到"重大"程度，就被认为是可以容忍的。而且环境破坏所造成的损害影响往往有一个逐渐累积的过程。因此，并不是所有的跨界损害都一概而论必须承担损害赔偿责任。[3]国际法委员会的观点表明：为了把这一专题限制在一个可以处理的范围内，应该排除金融、社会经济或类似领域的国家政策可能造成的跨界损害。限制这些条款之范围的最有效的方法是规定这些活动须产生跨界实际后果，并产生严重损害。[4]

对于"跨界损害"的特征，首先，"跨界损害"的后果是物质的、数量的或是有形的，而且，其损害必须是人类行为所致。换言之，损害必须对一些方面有实际破坏作用，这些破坏作用必须能以实际和客观的标准衡量。国际法委员会强调了"跨界损害"的"有形后果"，[5]认为跨界损害必须是活动的"实际后果"造成的，排除了金融、社会经济或类似领域的国家政策可能造成的跨界损害；其次，行为的有形后果所造成的损害的"重大"性。当然，关于"重大"一词的含义，并非没有含糊性，但一般可以这样理解："重

---

〔1〕 参见联合国大会第 51 届会议补编第 10 号（A/51/10）：《国际法委员会第 48 届会议工作报告》第 211 页。《关于国际法不加禁止的行为所产生的损害性后果的国际责任》条款草案第 3 条 b 项。

〔2〕 林灿铃、吴汶燕主编：《国际环境法》，科学出版社 2018 年版，第 104 页。

〔3〕 林灿铃："论跨界损害的国家责任"，中国政法大学 2000 年博士学位论文，第 36 页。

〔4〕 参见联合国大会第 51 届会议补编第 10 号（A/51/10）《国际法委员会第 48 届会议工作报告》，第 208 页。

〔5〕 参见联合国大会第 51 届会议补编第 10 号（A/51/10）《国际法委员会第 48 届会议工作报告》第 202 页：《关于国际法不加禁止的行为所产生的损害性后果的国际责任》条款草案第 1 条。

大"的程度超过"察觉"，但不必达到"严重"或"显著"的程度；[1]最后，行为的有形后果具有明显的跨界性。"跨界性"是指一项活动所产生的有形后果已经超越行为所在国国界，给行为国领土以外的区域造成损害的情况。准确而言，这里所说的"界"乃是领土界线、管辖界线和控制界线。[2]

跨界损害的国家责任是以严格责任为基础的。严格责任是指活动主体或活动管理者即使采取了必要的安全措施和尽到了注意义务，还是对第三者造成了损害性结果，则无论有无过失都应承担损害赔偿责任。严格责任具有三大基本特征：一是严格责任不提过错，行为与损害之间的因果关系就足以导致责任人的赔偿责任；二是如果仅按过失责任来确定危险活动主体的责任，对受害者是不公平的，并会对社会造成不良后果；三是举证责任倒置，过失责任是由原告承担举证责任，而严格责任的举证责任转由被告承担，即课予被告证明本身没有过失的义务。当然，被告如能证明事故的发生是由于不可抗力或第三者的行为等自己完全无法控制的原因所造成的话，则可以免除责任。[3]

传统国家责任与跨界损害责任的区别在于：首先，二者的责任性质不同。传统国家责任的性质是国家的国际不当行为，即国家行为的国际不当性，一般表现为一国对其所负国际义务的违反；跨界损害责任的产生主要取决于跨界损害事实的发生，而非导致跨界损害行为的不法性。其次，传统国家责任的构成要件之一是违背了国家所应当承担的国际义务；而跨界损害责任并不以行为国违背国际义务为要件。

跨界损害责任与传统国家责任二者又具有极其密切的内在联系。其一是跨界损害责任源于传统国家责任，二者的目的都是在于确定国际法主体对其行为的后果所承担的国际法律责任。跨界损害责任与传统国家责任都是国际法上的"国家责任"制度的有机组成部分。其二，跨界损害责任是传统国家责任的补充和完善。现代科技的高速发展催生了更加多样的跨界损害活动，

---

　　[1]　参见联大第51届会议补编 第10号（A/51/10）：《国际法委员会第48届会议工作报告》第202页；《关于国际法不加禁止的行为所产生的损害性后果的国际责任》条款草案第1条评注。

　　[2]　参见联大第51届会议补编 第10号（A/51/10）：《国际法委员会第48届会议工作报告》第208页；《关于国际法不加禁止的行为所产生的损害性后果的国际责任》条款草案第2条评注。

　　[3]　林灿铃："从康菲漏油事故看重大环境损害的归责与赔偿"，载《中国社会科学报》2011年第10期。

由于这些活动本身并不是国际法所禁止的，其引起的损害性后果依传统国家责任得不到满意解决，于是，跨界损害责任制度应运而生，其目的和作用是作为传统国家责任的补充和发展，进一步地完善传统国家责任理论，而非削弱传统国家责任制度。当然，跨界损害责任与传统国家责任之间的内在联系并不能否认跨界损害责任的独立性。正如王铁崖先生所言：国家责任与国际赔偿责任（跨界损害责任）已作为两个不同的国际法概念被普遍接受。[1]

(三) 跨界影响补偿责任

"跨界影响"指的是由于工业事故导致在另一国家管辖范围内或在事故发生地国管辖或控制范围以外地区造成的严重影响。[2]何谓"工业事故"？当前并没有普遍性国际公约就此作出统一的界定，具有普遍效力、直接调整工业事故跨界影响的国际条约也不存在。唯一涉及这一问题的仅有欧洲经济委员会于1992年通过并于2000年生效的《工业事故跨界影响公约》。根据《工业事故跨界影响公约》第1条第1款的规定，"工业事故"是指任何涉及危险物质的活动过程中发生的突发性事件，这些活动过程包括：①发生在一设施中的活动，如生产、使用、储存、操作或处理过程；②受第2条第2款(4)规制的任何运输过程。[3]此外，理解这一定义可参考1993年第80届国际劳工大会通过的《预防重大工业事故公约》第3条第(d)项："重大事故"一词，系指在重大危害设置内的一项活动过程中出现的突发性事件，诸如严重泄漏、失火或爆炸，涉及一种或一种以上的危害物质，并导致对工人、公众或环境造成即刻的或日后的严重危害。[4]有鉴于此，工业事故可定义为"工业生产活动过程中发生的意外事故"，"意外"指的是不可预见性，"生产活动"则包括生产、使用、储存、操作或处理、运输等过程。何谓"跨界影响"？若按照欧洲经济委员会《工业事故跨界影响公约》的规定，"跨界影响"指的是发生于一缔约方管辖范围内的工业事故在另一缔约方管辖范围内造成的严重影响。[5]而所谓"影响"，则指由一工业事故对下述方面除其他外造成的任何直接或间接、即刻或滞后的不利影响：①人类、动物、植物；②土壤、

---

[1] 王铁崖主编：《国际法》，法律出版社1995年版，第163页。

[2] 林灿铃："工业事故跨界影响的国际法分析"，载《比较法研究》2007年第1期。

[3] 参见《工业事故跨界影响公约》第1条第1款。

[4] 参见《预防重大工业事故公约》第3条。

[5] 参见《工业事故跨界影响公约》第1条第4款。

水、空气和景观；③第①项与第②项要素间的相互作用；④物质资产和文化遗产，包括历史遗迹。[1]

工业事故跨界影响与传统国家责任有着重大区别。传统国家责任是指当一个国际法主体从事了违反国际法规则的行为，或者说，当一个国家违反了自己所承担的国际义务时，在国际法上应承担的责任。苏联著名的国际法学者童金教授指出，国际法律责任是指"国际法主体由于违反国际法律义务而引起的法律后果"。[2]苏联另一国际法学者科热夫尼科夫更强调国家责任的法律后果，他在其主编的《国际法》中强调：对法律秩序的破坏，引起相应的国际法主体责任。这种责任既在给其他主体造成物质损害的场合，又在虽未造成直接的物质损害，但是侵犯了一个或数个国际法主体权利的情况下产生。正因为如此，对国际法律责任的产生来说，典型的是，与其说是造成物质损害的事实本身，不如说是违法行为（违法行为既可能是不当行为又可能是不当之不行为的结果），即非法侵犯国际法主体的政治或物质权利。[3]简言之，国家责任是"国家对其国际不法行为所承担的责任"[4]或"一国对其国际不法行为的责任"。[5]可见，国家责任的成立，必须具备违反国际法规则和可归责于国际法主体这样两个要件，即必须满足主观要件和客观要件。所谓主观要件，是指一不当行为可归因于国家而被视为该国的国家行为。是否可归因于国家的判断标准是国际法而不是某一国家的国内法。国家责任的主观要件意味着只有违反国际义务的行为是可归因于国家而引起国家责任。客观要件则是指国家有违无论是基于国际条约还是国际习惯的国际义务的行为或不行为。那么，"跨界影响"是否有违国际环境法所确立的"尊重国家主权和不损害国外环境"这一习惯原则呢？这一国际环境法基本原则可表述为："根据《联合国宪章》和国际法原则，各国拥有按照其本国的环境与发展政策开发本国自然资源的主权权利，并负有确保在其管辖范围内或在其控制下的活动不致损害其他国家或在各国管辖范围以外地区的环境的责任。"[6]显然，这一原

---

〔1〕　参见《工业事故跨界影响公约》第1条第3款。

〔2〕　[苏] 童金主编：《国际法》，邵天任译，法律出版社1988年版，第204页。

〔3〕　[苏] Ø.И科热夫尼科夫主编：《国际法》，刘莎等译，商务印书馆1985年版，第105页。

〔4〕　[英] J.G.斯塔克：《国际法导论》，赵维田译，法律出版社1984年版，第238页。

〔5〕　联大第51届会议补编 第10号（A/51/10）：《国际法委员会第48届会议工作报告》第95页；《国家责任条款草案》第1条。

〔6〕　林灿铃："工业事故跨界影响的国际法分析"，载《比较法研究》2007年第1期。

则无法适用于工业事故跨界影响。因为"生产活动"是包括生产、使用、储存、操作或处理、运输等过程,"工业事故"并非生产活动。"生产活动"不包括国家本身也不愿发生的意外事故。这一点使得工业事故造成的跨界影响与1931年特雷尔冶炼厂仲裁案及法国大气层核试验案产生了本质差别。在特雷尔冶炼厂仲裁案中,提炼矿物质时排放含硫烟雾的活动就是其生产活动的一部分;在法国大气层核试验案中,法国在波利尼亚上空进行大气层核试验造成放射性微粒回降,这种微粒回降也是空中核爆炸活动的组成部分。所以,特雷尔冶炼厂仲裁案和法国大气层核试验案都是行为本身造成跨界损害,无疑应适用"尊重国家主权和不损害国外环境"原则,而"工业事故跨界影响"则完全不同,"事故"不同于"活动"。[1]

此外,工业事故跨界影响与跨界损害责任也存在明显区别。跨界损害责任是指国家为其管辖或控制下的活动造成国家管辖或控制范围以外地区的环境损害而承担的赔偿责任。由于该活动虽然造成损害性后果,但其本身并非国际法所禁止,因此也被称为"国际法不加禁止行为所产生的损害性后果的国际责任"。所谓"国际法不加禁止",包含两方面的情况:一是国际法文件规定对此种行为不加任何限制,即不加禁止而允许的;另一种是国际法文件对此种行为没有明文规定禁止也没有明文规定允许。[2]跨界损害责任制度的特点是只要行为者所实施的行为与损害结果之间具有因果关系即可判定其承担损害赔偿责任。而工业事故之"跨界影响"之"影响"则是由于工业事故所导致的直接或间接、即刻或滞后的不利影响。"跨界损害"是指在国家管辖或控制下的活动造成国家管辖或控制范围以外地区的环境损害,具有行为的有形后果所造成的损害的重大性以及其后果是物质的、数量的或是有形的等特征。[3]可见,工业事故跨界影响与跨界损害具有完全不同的特征。此外,工业事故是工业生产活动过程中发生的事故而非行为者所实施的行为。所以,工业事故所导致的跨界影响也不是国家管辖或控制下的活动所造成的跨界损害。因此,工业事故跨界影响也无法适用"跨界损害责任制度"。

(四)国际法的新挑战

正如帕劳总统约翰逊·托里比翁2011年于联合国大会要求联大向国际法

---

〔1〕 林灿铃:"工业事故跨界影响的国际法分析",载《比较法研究》2007年第1期。

〔2〕 林灿铃:《国际法上的跨界损害之国家责任》,华文出版社2000年版,第144页。

〔3〕 林灿铃:《国际法上的跨界损害之国家责任》,华文出版社2000年版,第46~53页。

院请求发表咨询意见"明确各国是否有法律责任确保在其管辖和控制的地区排放温室气体而不损害国外环境"所言，这不仅是一个需要国际法加以解决的焦点问题，也是国际法研究的热点和难点问题。尽管至今对此问题尚无答案，国际法院迄今亦未就此问题发表咨询意见，但国际法研究对此问题却是不能回避的。实际上，气候变化所致损失损害问题一直以来就备受国际社会的关注。联合国大会和《联合国气候变化框架公约》及其《京都议定书》缔约方会议等对该问题也是在一直努力的。

2007年气候大会通过的成果文件《巴厘岛行动计划》要求缔约方考虑特别脆弱的发展中国家应对气候变化不利影响相关损失与损害的方法与策略。[1]2008年在《联合国气候变化框架公约》第十四次缔约方会议（波兹南会议COP14）上，小岛屿国家联盟首次提出应对气候变化损失与损害的多窗口机制。[2]发展中国家在不断凝聚共识的过程中逐渐意识到应加强国际合作以应对气候变化损失损害问题，终于在2010年的《坎昆协议》[《联合国气候变化框架公约》第十六次缔约方会议（COP16）成果文件]中决定建立一项旨在考虑特别脆弱的发展中国家应对气候变化不利影响相关的损失与损害方法的工作计划，[3]正式在国际气候变化制度构建过程中展开帮助发展中国家应对损失与损害的多边谈判。

而联合国大会则于2009年6月3日在其第63届会议上通过了大会决议63/281——"气候变化和它可能对安全产生的影响"。该决议重申《联合国气候变化框架公约》是应对气候变化的重要工具，确认气候变化的全球性质，要求所有国家根据其共同但有区别的责任、各自的能力以及社会和经济条件，尽可能广泛地开展合作，一起作出适当有效的国际反应，重申《小岛屿发展中国家可持续发展行动纲领》《毛里求斯宣言》和《关于进一步执行小岛屿发展中国家可持续发展行动纲领的毛里求斯战略》，回顾《2005年世界首脑会议成果》，深为关切气候变化所产生的不利影响，邀请联合国有关机构，酌

---

〔1〕　UNFCCC. Decision 1/CP. 13. Bali Action Plan［EB/OL］. 2007 http://unfccc. int/resource/docs/2007/cop13/eng/06a01. pdf#page = 3.

〔2〕　AOSIS submission. Multi－window mechanism to address loss and damage from climate change impacts［EB/OL］. 2010. http://unfccc. int/files/kyoto_ protocol/application/pdf/aosisinsurance061208. pdf.

〔3〕　UNFCCC. Decisionl/CP. 16. http: //unfccc. items/6005. php The Cancun Agreements［EB/OL］. 2010 int/meetings/cop_ 16/cancan_ agreements/.

情根据各自的任务，进一步努力审议和处理气候变化问题，包括它可能对安全产生的影响。[1]2011年《联合国气候变化框架公约》第十七次缔约方会议（COP17）出台的《德班协议》为了对气候变化所致损失损害问题进一步加深认识，要求政府间组织、利益相关方和缔约方就三个主题领域开展讨论：一是评估与气候变化不利影响相关的损失和损害风险，以及该领域的现有知识；二是应对与气候变化不利影响相关的损失和损害；三是《联合国气候变化框架公约》在加强执行与应对气候变化不利影响中的作用，并形成建议供第十八次缔约方会议（COP18）审议。

2012年，损失与损害问题升温，该年3月，政府间气候变化专门委员会发布了《管理极端事件和灾害风险推进气候变化适应》的特别报告，明确过去50年全球极端气候事件呈增加趋势，且未来气候相关的损失损害还将继续严重，并提出了降低气候风险的相关管理建议，为气候变化不利影响的损失与危害问题及其解决提供了相应的科学依据。[2]此后于多哈举行的COP18成为巴厘岛路线图谈判的终点而转向德班平台的谈判，以小岛屿国家联盟和最不发达国家为代表的发展中国家意在气候变化不利影响损失与损害谈判中寻求突破。多哈会议期间根据《德班协议》对损失与损害相关的三个主题领域举行了一系列国际研讨会，在《联合国气候变化框架公约》下形成了综合报告，加深了《联合国气候变化框架公约》谈判各方对损失与损害问题的认识。[3]此外，以美国为首的发达国家和以小岛屿国家联盟为核心的发展中国家就气候变化所致损失与损害问题展开了激烈的斗争，双方就是否在《联合国气候变化框架公约》下建立应对损失与损害的国际机制展开了拉锯式谈判，最终美国和小岛屿国家联盟均作出妥协，《多哈协议》决定在《联合国气候变化框架公约》第十九次缔约方大会（COP19）上设立应对损失与损害的机构安排。[4]英国

---

〔1〕 UN/A/RES/63/281, pp. 1~2.

〔2〕 IPCC. Managing the risks of extreme events and disasters to advance climate change adaptaion〔R/OL〕. 2012 http://www. ipcc. ch.

〔3〕 UNFCCC Secretariat. Report on the expert meeting on assessing the risk of loss and damage associated with the adverse effects of climate change〔EB/OL〕. 2012 http://unfccc. int/documentation/documents/advanced_ search/items/6911. php.

〔4〕 UNFCCC. Decision 1/CP. 18. Agreed outcome pursuant to the Bali Action Plan〔EB/OL〕. 2012 http://unfccc. int/resource/docs/2012/cop18/eng/08a01. pdf#page=3.

《卫报》评论《多哈协议》为穷国的损失损害援助扫清了道路。[1]

2012 年 12 月 21 日，联合国大会第 67 届会议通过 "《关于进一步执行小岛屿发展中国家可持续发展行动纲领的毛里求斯战略》的后续行动和执行情况大会" 的 67/207 号大会决议。大会决议提出需要通过加强风险评估和建立预警系统等途径推动发展减少灾害风险的区域和国家能力，并促进受自然灾害影响地区的重建和恢复，包括为此进一步落实国际商定的减少灾害风险框架，即《2005—2015 年兵库行动框架：加强国家和社区的抗灾能力》。该决议主要关注小岛屿国家的可持续发展，在气候变化的背景下，风险评估和灾害预警显得尤其重要。帕劳提出确定相应的法律责任以确保各国在其管辖和控制的地区排放温室气体而不损害国外环境。虽然还未真正确立这种法律上的权利义务关系，但是风险评估和灾害预警系统的建立是对国际环境法中"尊重国家主权和不损害国外环境"原则的实施。[2]

2013 年 12 月 27 日，联合国大会第 68 届会议通过 "《关于进一步执行小岛屿发展中国家可持续发展行动纲领的毛里求斯战略》的后续行动和执行情况" 的 68/238 号大会决议。大会决议指出为帮助小岛屿发展中国家保持在执行《小岛屿发展中国家可持续发展行动纲领》和《关于进一步执行小岛屿发展中国家可持续发展行动纲领的毛里求斯战略》以及实现可持续发展过程中形成的势头，应采取积极且具体的行动解决小岛屿国家的气候脆弱性问题，并强调迫切需要寻找进一步解决问题的方案以协调一致方式应对小岛屿发展中国家面临的主要挑战；决议指出尽管小岛屿发展中国家资源基础有限，但已表明促进可持续发展的决心，并为此在国家和区域两级调集资源，欢迎国际社会提供长期合作和支助，从而为帮助小岛屿发展中国家在克服自身脆弱性方面取得进展和支持其可持续发展努力发挥了重要作用，并呼吁加强联合国系统对这些国家的支持。[3]

2013 年华沙气候大会之前，强台风 "海燕" 对菲律宾的袭击催生了关于气候变化所致损失损害国际机制的进一步谈判。[4]2013 年 11 月 22 日，菲律

〔1〕　Havey F. Doha climate change deal clears way for damage aid to poor nations［EB/OL］．2012 http://www. guardian. co. uk/environment/2012/dec/08/doha-climate-change-deal-nations.

〔2〕　UN/A/RES/67/207, pp. 2~5.

〔3〕　UN/A/RES/68/238, pp. 2~4.

〔4〕　林灿铃："气候变化所致损失损害补偿责任"，载《中国政法大学学报》2016 年第 6 期。

宾代表团团长因"海燕"造成的死亡人数升至 5209 人的惨重损失而宣布"绝食"，直至看到气候大会取得实质性进展。气候大会谈判的最后一天，经过妥协，最终达成一份各方都不满意但都能够接受的关于气候变化所致损失损害的草案，初步表示同意在《坎昆协议》内建立"旨在为最脆弱国家和地区应对气候变化带来的极端气候提供帮助"的"与气候变化影响相关的华沙损失与损害国际机制"，即"华沙机制"，但，该机制不具有实质性承诺。[1]

联合国大会第 69 届会议于 2014 年 11 月 14 日通过《小岛屿发展中国家快速行动方式》（《萨摩亚途径》）的第 69/15 号大会决议，大会决议强调气候变化和海平面上升对小岛屿发展中国家及其实现可持续发展的努力构成重大危险，重申小岛屿发展中国家特有和特别的脆弱性，同时要求所有国家尽可能开展最广泛的合作，坚持《联合国气候变化框架公约》的各项目标、原则和规定，并再次强调气候变化不利影响的全球性，重申公约缔约方大会关于长期气候融资的决定，以及气候融资在解决气候变化方面的重要性，期待绿色气候基金投入全面运作并实现初始资本化，包括迅速实施其初步筹资进程，同时要考虑该基金在向发展中国家输送新的、额外的、充足的以及可预测的金融资源方面发挥着关键作用，并将促进在国际和国家两级公私两方面的气候融资。敦促发达国家缔约方增加技术、金融和能力建设方面的支持，以使发展中国家缔约方能增强减轻影响方面的长远规划和适应行动。重申《联合国气候变化框架公约》缔约方大会决定在其 2015 年 12 月在巴黎举行的第二十一次缔约方会议（COP21）上通过一项议定书，作为《联合国气候变化框架公约》下又一项具有法律约束力且适用于所有缔约方的法律文书或商定成果，从 2020 年起生效并付诸实施。在实施"华沙机制"方面，决议强调 2015 年巴黎气候变化大会即将形成的对所有缔约方具有法律约束力的协议的重要性，重申损失和损害华沙国际机制的重要性，要求落实并使该机制投入运作，以全面、包容和战略性方式处理特别易受气候变化不利影响的发展中国家，包括小岛屿发展中国家气候变化影响相关损失和损害，重点强调资金、技术和能力建设的重要性。[2]

---

〔1〕 参见联合国气候变化华沙会议成果文件"与气候变化影响相关的华沙损失与损害国际机制"。

〔2〕 UN/A/RES/68/15, pp. 1~5.

气候变化是人类活动排放温室气体的后果已确认无疑，虽然发达国家是主要的温室气体排放国，但是怎样确定具体的责任国家？用什么标准来衡量"排放大国"？是确定一个所有国家都适用的标准，例如，每年二氧化碳排放量占全球总量的40%以上的国家是二氧化碳的主要排放国，应当对受损害的小岛屿国家承担气候变化的国家责任，还是将发达国家与发展中国家的标准分开计算？又由谁来制定这样一个标准？再者，如果某小岛屿国家如帕劳就气候变化所致损失损害而向排放大国要求气候变化跨界损害赔偿，[1]那么应该如何认定气候变化所致损失损害的责任属性？如前所述，气候变化所致损失损害并非"帕劳提案"所指"跨界损害"，这就意味着气候变化所致损失损害并不适用跨界损害责任，也不适用传统国家责任，[2]更不适用"赔偿"。因为，赔偿带有惩罚性，是对行为主体违法行为承担的一种法律责任，赔偿以损害的实际发生为条件，以金钱赔偿为原则，以恢复原状、返还财产等方式为辅。于气候变化所致损失损害责任而言，所有受害者同时也是导致损失损害后果的行为者，视同"跨界损害"而确定赔偿主体显然是于法无据的。毋庸置疑，"气候变化所致损失损害责任"和"气候变化所致损失损害责任的国际法机制"已经成为国家气候外交的核心问题，成为联合国气候变化大会的焦点和难点，成为国际法的一个新领域、新挑战。

第三节 气候变化所致损失损害责任之法律属性

直面气候变化所致损失损害后果的严重性，作为地球生物圈中的人类，对气候变化问题的认识，必须对以往的知识和经验不得不加以重新修正和重新安排，从而使人们真正懂得国家和人类社会是相互依存的。

---

[1] See Johnson Toribiong's statement on the General Assembly in 2011: ……Third, Mr. President, as I speak, people are suffering from the impacts of climate change. As our corals die, shores erode and waters rise, people feel helpless – and hopeless. Traditionally, we would appeal for divine intervention. But this is not a problem from above. It is man–made. And it poses an existential threat that exemplifies the issue of Trans–boundary Harm.

[2] 传统国家责任指的是当一个国际法主体从事了违反国际法规则的行为，或者说，当一个国家违反了自己所承担的国际义务时，在国际法上应承担的责任。简言之，是"国家对其国际不法行为所承担的责任"。参见周忠海主编：《国际法》（第2版），中国政法大学出版社2013年版，第133页。

一、气候变化所致损失损害责任的特殊性

气候变化所致损失损害责任是指温室气体排放主体（包括遭受气候变化所致损失损害者）为气候变化所致损失损害所承担的国际法责任。正是因为气候变化所致损失损害的行为者和受害者具有重合性，受害者同时也是温室气体排放者。因而，气候变化所致损失损害责任具有了与以往的国际法之国家责任形式所不同的特殊之处。它既不适用传统国家责任，也不适用跨界损害责任，更不适用跨界影响补偿责任，而具有其自身的特殊性。

第一，气候变化所致损失损害责任与传统国家责任不同。气候变化所致损失损害责任的产生不是由国际不法行为引起，而是由人类的温室气体排放行为所引起的。

第二，气候变化所致损失损害责任不同于跨界损害赔偿责任。"跨界损害责任"之要旨是使行为国对其国际法不加禁止行为给其他国家或地区乃至"公域环境"造成的损害承担国际赔偿责任。而"气候变化所致损失损害"中的行为者之行为毫无例外地导致包括其自身在内的所有国家和地区遭受损失损害。气候变化所致损失损害的行为者和受害者具有重合性，所有受害者同时也是温室气体排放者，即导致气候变化损失损害后果的行为者。

第三，气候变化所致损失损害责任不同于工业事故跨界影响补偿责任。气候变化所致损失损害是指包括受害国在内的所有国家的温室气体排放行为导致的对气候变化的不利影响。工业事故是工业生产活动过程中发生的事故而非行为者所实施的行为。气候变化所致损失损害是排放者自身的排放行为而不是突发的工业事故所引起。可见，气候变化所致损失损害与工业事故跨界影响存在根本区别：跨界影响补偿责任的起因在于突发性工业事故，而气候变化所致损失损害责任则是包括受害国在内的所有国家的温室气体排放行为所导致。

综上所述，基于"气候变化所致损失损害"的特性，其所适用的责任制度应是传统国家责任、跨界损害责任、工业事故跨界影响补偿责任之外的另一合乎其特性的责任——"气候变化所致损失损害国家补偿责任"。

二、气候变化所致损失损害的责任实质

随着人类社会的不断发展和进步，国际关系越来越复杂，国家责任问题

在纷繁复杂的国际关系中也呈现出其本身的复杂性。

气候变化问题的特殊之处在于所有国家都既是温室气体的"源",也是温室气体的"汇"和"库",但遭受气候变化不利影响的无一例外也是所有国家。更为复杂的是遭受气候变化不利影响的程度与对气候变化的贡献量却关系不大而完全取决于地理因素,就像小岛屿国家因为气候变化而遭受严重威胁,甚至是灭顶之灾,却并不是因为小岛屿国家排放了更多的温室气体才导致如此结局。面对如此不公平的现实,"帕劳提案"所提出的气候变化所致损失损害后果应该由谁来承担责任呢?从国家责任制度的发展来看,根据气候变化所致损失损害后果和温室气体排放行为之间的因果关系,所有的温室气体排放行为者都应该承担气候变化所致损失损害后果。亦即,既然所有国家都存在温室气体的排放行为,那么在不考虑量的多少,只考虑问题性质的情况下,所有国家都应该承担气候变化所导致的损害性后果,这一特征也是气候变化所致损失损害和跨界损害的根本区别。[1]因而,世界各国应该秉持"人类一体"之理念,共同致力于解决气候变化所导致的损失损害问题。可见,气候变化所致损失损害责任的实质实为人类的"共同责任"。

"共同责任"的确立,既是对历史和现实的承认,也是指导各国参与应对气候变化事业的一项重要基础。共同责任首先强调的是责任的共同性,即在地球生态系统的整体性基础上,各国对保护气候系统的稳定都负有共同的责任。共同责任要求发展中国家不以经济发展水平低、科学技术落后、专业人员匮乏等为由,逃避、推脱自己所应当承担的责任。[2]当然,于气候变化所致损失损害责任中强调共同责任并不意味着"平均主义"。发达国家应对气候变化承担主要责任(如《京都议定书》所列承担减排义务的附件一国家),并有义务帮助发展中国家参与保护气候系统稳定,或对气候变化所致损失损害的遭受损失者进行补偿,并以优惠的非商业性条件向发展中国家提供气候友好技术。

"共同责任"意味着世界各国都应当无一例外地参与到应对气候变化的全人类共同事业中。因为应对气候变化抑或是有效解决气候变化所致损失损害问题的工作,超出了各国分别采取有效防护措施的范围。如果不是全球一体,

---

〔1〕 林灿铃:《跨界损害的归责与赔偿研究》,中国政法大学出版社2014年版,第8~9页。

〔2〕 林灿铃:《国际环境法》,人民出版社2004年版,第82~83页。

只靠一国或数国控制其本国温室气体的排放，是不起作用的。由于空气和气候的全球相互依赖性，各地区自行决定的对策是不解决问题的。即使把各地周密的决定全部加在一起，仍然不能起到有效的保护作用，何况各地的周密决定本来不过是大胆的乐观假设而已。[1]应对气候变化这种全球性的问题，显然需要人类一体所有国家共同的决策和全球的关心。这需要协调一致的权力去进行监测和研究工作，需要一个全新的全球性的责任制度，以控制温室气体的排放，并对气候变化所致损失损害责任制订出新的国际法机制。

为了保护气候系统的稳定，有效解决气候变化所致损失损害问题，使人类能够可持续生存和可持续发展，仅靠少数几个国家（不论发达国家还是发展中国家）的努力是无法奏效的，因此，我们（包括发展中国家和发达国家）必须一起承担起保护气候系统稳定的共同责任。

三、气候变化所致损失损害的责任形式

当前，遭受气候变化所致损失损害严重后果有如帕劳这样的小岛屿国家能否利用《联合国气候变化框架公约》及其议定书以寻求气候变化所致损失损害的赔偿呢？答案是不可能。小岛屿国家依据《联合国气候变化框架公约》及其《京都议定书》寻求损害救济时，可以考虑的方法便是要求缔约国履行相关义务，如果缔约国违反条约规定，那么将产生相应的国家责任。但问题恰恰就是《联合国气候变化框架公约》及其《京都议定书》乃至《巴黎协定》皆以"建立机制以促进执行和遵守本协议"而缺失追责机制。[2]可见，《联合国气候变化框架公约》和《京都议定书》乃至《巴黎协定》与小岛屿国家的现实要求相距甚远，要据此来追责实在是难以实现。[3]

当然，联合国大会、安全理事会以及其他相关机构可请求国际法院发表

---

〔1〕 ［美］芭芭拉·沃德、勒内·杜博斯：《只有一个地球——对一个小小行星的关怀和维护》，《国外公害丛书》编委会译校，吉林人民出版社 1997 年版，第 17 页。

〔2〕《巴黎协定》第 15 条规定："1. 兹建立一个机制，以促进执行和遵守本协定的规定。2. 本条第 1 款所述的机制应由一个委员会组成，应以专家为主，并且是促进性的，行使职能时采取透明、非对抗的、非惩罚性的方式。委员会应特别关心缔约方各自的国家能力和情况。3. 该委员会应在作为《巴黎协定》缔约方会议的《公约》缔约方会议第一届会议通过的模式和程序下运作，每年向作为《巴黎协定》缔约方会议的《公约》缔约方会议提交报告。"

〔3〕 林灿铃："气候变化所致损失损害补偿责任"，载《中国政法大学学报》2016 年第 6 期。

咨询意见。[1]鉴此，小岛屿国家可以请求联合国大会就有关气候变化的法律问题请求国际法院发表咨询意见。但，国际法院的咨询意见不具有法律拘束力，而且该咨询意见只能回答合法性问题，而不能向受损害国提供赔偿措施，故遭受气候变化所致损失损害的国家亦无法依此而得到救济。[2]

虽然，关于争端的解决，《京都议定书》和《巴黎协定》都规定比照适用《联合国气候变化框架公约》第14条[3]可将争端提交国际法院和/或按照将由缔约方会议尽早通过的、载于仲裁附件中的程序进行仲裁，但迄今在国际法院直接从气候变化损害角度要求侵权赔偿的诉讼并未出现。

现代国际社会，凡涉及环境保护、和平与发展之当代世界主题时，任何问题都会被高度国际化，特别是基于气候变化所致损失损害责任问题，更是理所当然地需要国际共同合作方可解决。

有鉴于此，为了于气候变化所致损失损害责任制度中贯彻落实国际合作原则，对于气候变化所致损失损害问题，应建立全新的国际法机制，特别是应将气候变化所致损失损害责任纳入国际法之国家责任范畴给予考虑和安排。于气候变化所致损失损害后果而言，温室气体排放之行为主体应承担国际法责任——国家补偿责任。补偿带有补充性，是一种例外责任，既可以在损害发生前，也可以在损害发生后，意在为因公共利益而遭受特别损失者提供补救，以体现法之公平精神。建立并完善气候变化所致损失损害国家补偿责任的重大意义就在于防患于未然与事后救助。当然，基于"共同责任"建立健全气候变化所致损失损害国家补偿责任制度，应特别注重以下两个方面：

第一，在气候变化所致损失损害国家补偿责任制度中应确立气候变化损失损害求偿之"责任集中于国家"原则。国家是"尊重和保障人权"的主体，气候变化所致损失损害的补偿主体应为国家。究其原因，一方面在于产

---

〔1〕 参见《联合国宪章》第96条。

〔2〕 林灿铃："气候变化所致损失损害补偿责任"，载《中国政法大学学报》2016年第6期。

〔3〕《联合国气候变化框架公约》第14条"争端的解决"规定："1. 任何两个或两个以上缔约方之间就本公约的解释或适用发生争端时，有关的缔约方应寻求通过谈判或它们自己选择的任何其他和平方式解决该争端。2. 非为区域经济一体化组织的缔约方在批准、接受、核准或加入本公约时，或在其后任何时候，可以交给保存人的一份文书中声明，关于本公约的解释或适用方面的任何争端，承认对于接受同样义务的任何缔约方，下列义务为当然而具有强制性的，无须另订特别协议：（a）将争端提交国际法院，和/或（b）按照将由缔约方会议尽早通过的、载于仲裁附件中的程序进行仲裁。……"

生气候变化不利影响后果的诸多活动都是在国家的授权、管辖、监督和管理之下进行的；另一方面在于造成气候变化损失损害的源头往往是不特定的，所有国家都是温室气体的排放者。实行责任集中原则，将补偿责任集中于国家，不仅可以有效解决受害人的求偿对象问题，还可以促进责任主体更加审慎地防范风险。鉴于此，基于"共同责任"构建以国家为主导的包括受影响国在内的责任共同体是气候变化所致损失损害补偿责任的主体在政治合作、安全保障方面的要求，这就要求以生态命运共同体为组织载体来推进、构建气候变化所致损失损害国家补偿责任制度。

第二，以"共同责任"为基础的气候变化所致损失损害国家补偿责任往往涉及巨额补偿费用，因此，应对责任加以适当限制。例如，在跨界损害责任领域，法律对赔偿责任规定的责任限度主要体现于两个方面：一是对受害者的损害索赔请求权实行时效制度；二是限定损害赔偿的范围和最高赔偿数额。许多涉及跨界损害的国际环境公约对赔偿总额作出了一定限制，有些公约对赔偿设定了最高限额，有些公约则设定了最低赔偿限额，还有些公约根据自身特点，以不同标准，划分不同的赔偿限额档次。气候变化所致损失损害国家补偿责任也应该设定限额，在一定程度上平衡气候变化不利影响受害者和其他温室气体排放者之间的利益，在填补受害者损失损害的同时，保护其他温室气体排放者的利益，否则将会导致国家补偿责任制度的崩溃。

毋庸置疑，气候变化所致损失损害国家补偿责任只是解决气候变化问题的第一步，在此基础上加强全球合作，进一步切实有效地实行减排，从根本上解决气候变化问题，才是我们追求的最终目标。

四、气候变化所致损失损害责任的归责原则

"国际法不加禁止行为"往往给行为国带来经济效益和技术进步，却又给其他国家以及国家管辖和控制范围以外地区带来巨大的潜在危险。此种情况下，起源国享受高危活动带来的巨大利益，其他可能受到损害的国际法主体却要为此类活动带来的风险"买单"，这是有失公平的。当前，气候变化的不利影响是在所难免的，气候变化所致损失损害的后果由谁来承担，这就是归责；为什么由其承担，承担的依据就是归责原则。[1]从气候变化所致损失损

---

[1] 林灿铃：《跨界损害的归责与赔偿研究》，中国政法大学出版社 2014 年版，第82~83 页。

害责任的性质及其发展趋势看，单一的归责原则无法满足其复杂性，其归责原则应是多元的，使之既能适应气候变化所致损失损害责任的复杂性及其发展变化，又能为完善气候变化所致损失损害责任的国际法机制所需而进一步实现对遭受气候变化损失损害者的救济提供更大更加灵活的空间。

一是利益均衡原则。不同主体之间的权利经常发生冲突，这种权利碰撞在环境保护领域尤为明显。在气候变化所致损失损害责任中，利益均衡作为一项原则可以为不同主体提供一种正当性方法论，是协调利益冲突的基础性原则。"法律是被用来调和相互冲突的自由或被用来使自由的价值同社会秩序相抵触的目的达成均衡。"[1]利益均衡原则可以填补法律规定的不足之处，有助于真正地实现实质正义，并能够对不同主体的利益进行全面评估、分析而防止法律规则适用的僵化，从而更好地解决争端。在气候变化所致损失损害补偿中适用利益均衡原则应有特定的前提和具体的要求。首先，要存在法律规定不明确或者与情理冲突之处；其次，需要有明确的利益冲突；最后，存在冲突的利益应当都是合法的。[2]

二是风险与收益协调原则。"使用自己的财产不得损及他人"的国际法原则的基本含义是指为了应对各种复杂多样的跨国层面的问题，以及各国的合法权益之间的矛盾冲突，一个国家在合法行使自己的主权尤其是领土主权时，不能损害他国的主权及其利益和国际社会的整体利益。[3]自"风险社会"理论被提出以来，"风险"一词成为解读当代社会的关键概念。风险与收益协调原则是从风险与收益的视角来分析如何建立良好的责任机制。风险和收益是多种多样的，问题的关键是如何在多种多样的风险和收益中作出合理的权衡和协调。

三是公平正义原则。法乃善良与公正的艺术。公平正义的内涵体现为：社会中各种收益和风险、权利和责任应该得到公正的分配，犹如"天平的平衡"。在气候变化所致损失损害责任中强调公平正义原则，旨在强调受害者同

---

〔1〕［美］E.博登海默：《法理学：法律哲学与法律方法》，邓正来译，中国政法大学出版社1999年版，第284页。

〔2〕林灿铃：《跨界损害的归责与赔偿研究》，中国政法大学出版社2014年版，第91~92页。

〔3〕所谓"国际社会"，即指"所有的国家或全人类"；所谓"整体利益"，并非指各国兼有之利益，而是特指不能够将其分配给哪一个特定国家的，是各国之间不可分的"集体利益"。参见林灿铃：《荆斋论法——全球法治之我见》，学苑出版社2011年版，第13页。

时也是温室气体排放者，实质上就是要实现行为主体和同为行为主体的受害者利益的合理分配，以实现对气候变化所致损失损害先期受害者所遭受的损害的补偿（补救），充分体现了国际法在实践中肯定公平正义原则的态度。

四是损失损害分担原则。损失损害分担原则是指遵循特定的法律基础和责任序位对气候变化受害者的损失损害进行分担的原则。在气候变化所致损失损害责任中，基于"共同责任"，首先要确立的是分担损失损害的多重主体。因为导致气候变化不利影响结果的行为主体是所有国家，包括遭受气候变化不利影响结果的受害国，同时，由于各国的发展水平不同，对气候变化的贡献率不同，对气候变化所致损失损害责任所承担的份额自然不能相同；其次，应明确气候变化所致损失损害分担的目的应是使气候变化所致损失损害的受害者获得合理补偿，其终极价值是建立和维护环境正义和环境秩序；最后，气候变化所致损失损害分担原则应充分考虑各方的成本和利益，突破迄今国际法上的国家责任理论以及超越法律的惩罚性功能，力求实现各方利益的平衡。总之，损失损害分担原则不是为了行使矫正正义，而是为了实现分配正义，是把关注的重心和起始点放在对气候变化所致损失损害的受害者的补偿上，放在使遭受气候变化所致损失损害的受害者恢复其幸福生活和发展的权利方面。[1]

五、气候变化所致损失损害责任的意义

根据《联合国气候变化框架公约》的定义，"气候变化"是特指由于直接或间接的人类活动改变了地球大气的组成而造成的气候变化，不包含气候的自然变率。[2] 2022 年，IPCC 第六次评估报告指出，若要将全球变暖控制在不超过工业化前 1.5 摄氏度以内，需要全球温室气体排放在 2025 年前达到峰值，并在 2030 年前减少 43%，在 21 世纪 50 年代初实现全球二氧化碳净零排放；而如果要将全球变暖控制在不超过工业化前 2 摄氏度以内，则需要在 2025 年前达峰，并在 2030 年前减少 1/4，大约在 21 世纪 70 年代初实现全球二氧化碳净零排放，即"碳中和"。[3]

〔1〕 参见林灿铃：《跨界损害的归责与赔偿研究》，中国政法大学出版社 2014 年版，第 131 页。
〔2〕 参见《联合国气候变化框架公约》第 1 条第 2 款。
〔3〕 参见 2022 年《联合国政府间气候变化专门委员会第六次评估报告》。

就气候变化问题而言，能够减慢并最终抑制大气中的温室气体密度的增长从而将气候变化及其负面影响减少到最低的最有效方法，就是对温室气体排放进行限制。所以，"减缓"是根本，"适应"是补充。"减缓（Mitigation）"是指"为减少温室气体的排放源或增加温室气体的汇而进行的人为干预"，〔1〕即限制温室气体净排放，〔2〕从而阻碍气候变化的进程和幅度。"减缓"直指气候变化问题之根本，是积极举措，其措施从根本上说就是增"汇（指从大气中清除温室气体〔3〕、气溶胶或温室气体前体的任何过程、活动或机制）"、减"源（指向大气排放〔4〕温室气体、气溶胶或温室气体前体的任何过程或活动）"和建"库（指气候系统内存储温室气体或其前体的一个或多个组成部分）"。因而，无论从气候变化谈判进程来看，还是从应对气候变化的本质意义上讲，应对气候变化的第一要义应当是积极减缓气候变化，即必须大幅度、实质性地减少温室气体"源"的排放和加强"汇"的吸收或者"源"与"汇"二者并举，这样才有可能将气候变化的速率降下来，避免不可逆转的灾难式气候突变。而"适应（Adaptation）"是指"针对实际的或预计的气候及其影响进行调整的过程。〔5〕具体是指通过增加人类或生态系统顺应气候变化能力的方式来降低气候变化的不利后果，其本质在于通过增强适应能力以降低脆弱性。即采取各种行动来帮助人类社会和生态系统应对不断变化的气候条件，旨在为降低自然系统和人类系统对实际的或预计的气候变化影响的脆弱性而提出的倡议和采取的措施。〔6〕'适应'是被动的，在人类系统中，适应是力图缓解或避免危害或利用各种有利机会。在某些自然系统中，人类的干预也许有助于适应气候变化及其影响。"〔7〕"适应"意味着我们必须为已经发生和即将发生的气候事件调整行为模式、生活方式、基础建设、

---

〔1〕　政府间气候变化专门委员会：《气候变化 2014 综合报告》，政府间气候变化专门委员会 2014 年版，第 142 页。

〔2〕　净排放即总排放量减去由"汇"（例如森林）的吸收量。

〔3〕　"温室气体"指大气中那些吸收和重新放出红外辐射的自然和人为的气态成分。

〔4〕　"排放"指温室气体和/或其前体在一个特定地区和时期内向大气的释放。

〔5〕　始于 2010 年 11 月 29 日至 12 月 11 日的《联合国气候变化框架公约》第十六次缔约方会议（COP16）最终通过得《坎昆协议》，该协议第一次公开将"适应气候变化"与"减缓气候变化"放到了同等重要的位置。

〔6〕　林灿铃："气候变化所致损失损害补偿责任"，载《中国政法大学学报》2016 年第 6 期。

〔7〕　政府间气候变化专门委员会：《气候变化 2014 综合报告》，政府间气候变化专门委员会 2014 年版，第 142 页。

法律规范、政策与制度。可以将各种类型的"适应"加以区分，如预期性适应和反应性适应，个人适应和公共适应，自动适应和有计划的适应。当然，由于对"适应"的支持不足，一些与气候变化相关的损失损害在持续发生。在个人或家庭层面，这些不足可能包括缺乏信息、技能或资源。在国家或国际层面，不适当的治理结构也可能会阻碍人们采取行动，再加上缺乏财政资源，则会构成不可逾越的障碍。[1]总之，"适应"体现出的是被动听任、随遇而安、得过且过，以"适应"处之。果真如此的话，那我们的子孙后代有一天恐怕真的要生活于"水世界"[2]了。

倘若已遭灭顶再行救济则毫无意义。2019年11月，汹涌的潮汐袭击意大利的威尼斯，这座美丽而浪漫的水上城市陷入潮水之中，许多著名古迹被水淹没，当地约有一半的街道、建筑遭遇水淹，幼儿园紧急停课，人们被迫涉水出行。据威尼斯市政公布的消息，最高水位达1.87米，此次水灾导致约60艘船只严重受损，两名威尼斯佩莱斯特里纳岛的居民死亡。[3]美国纽约曼哈顿地区也时刻处在气候变化导致的危险边缘，2011年的飓风"艾琳"曾经侵袭了这个地区，给该地区民众生活带来极大影响，照此情形下去，50年内曼哈顿就可能变成一片汪洋。可见，由气候变化带来的损失损害不仅给人类健康和社会经济造成巨大损失，而且在许多情况下是无法恢复和不可逆转的。

气候变化给整个人类带来的不利影响是极其严重的。如果任由现状发展，到21世纪末，气温将至少升高3.6摄氏度。全球气温变暖导致珊瑚的生长速度减慢甚至大量死去，被珊瑚礁托起来的由太平洋上的"九颗闪亮明珠"[4]组成的小岛屿国家图瓦卢也会因此而"下沉"。

正如帕劳总统托里比翁所言：……不承认气候变化对安全的明确影响是"可悲的"。[5]2022年6月16日，小岛屿国家、最不发达国家和立场相近发展中国家（LMDCs）等缔约方集团于德国波恩召开的《联合国气候变化框架

---

〔1〕 Maxine Burkett: *Loss and Damage*, CLIMATE LAW 4 (2014), pp. 119~130.

〔2〕 美国1995年的科幻片《水世界》：公元2500年，由于地球两极冰层融化，世界变得汪洋一片，人们只有在水上生活。

〔3〕 2019年11月14日人民网-国际频道。

〔4〕 位于太平洋上的小岛屿国家图瓦卢由九个环状珊瑚小岛组成，被誉为太平洋上的"九颗闪亮明珠"。

〔5〕 参见帕劳共和国总统约翰逊·托里比翁在联合国大会第66届常会上的讲话（2011年9月22日）。

公约》第五十六次附属机构会议（SB56）开幕时反复强调应将气候变化所致损失与损害作为谈判的优先事项，呼吁在《联合国气候变化框架公约》第二十七次缔约方会议（COP27）之前制定针对损失与损害的融资机制（Loss and Damage Finance Facility），圣地亚哥网络（Santiago Network）应尽快取得实质进展。非正式资商的主持人敦促各方尽快形成能够在 COP27 被采用的、关于圣地亚哥网络机制安排的案文，包括理事机构的职权范围。小岛屿国家联盟代表于该会议上也就关于"气候变化所致损失损害"的谈判进展进一步强调："气候变化所致损失损害问题由来已久。我们来到这里是为了谈判，而不是为了教育。气候变化所致损失与损害问题谈判进程已经脱节，进展太过缓慢。"[1]可以想象，如今，我们所面临的现实有多么的严峻，在环境问题上，尤其面对全球气候变化，我们应该深刻认识到大气山川的污染并不以人为国界为限，我们必须确立"只有一个地球"和"全球环境一体化"理念，我们必须超越民族、文化、宗教和社会制度的区别，育养环境保护的全球意识，秉持"以人类整体利益为价值尺度"的立法理念，立足于"共同责任"和"预防原则"，致力于减缓温室气体的排放，共同应对气候变化这一危及人类生存与发展的世纪危机，建立以救助机制、资金机制、技术支持机制、信息公开机制、防灾减灾机制、磋商机制等气候变化所致损失损害责任的国际法机制。此乃避免产生越来越多的"气候难民"，避免人类遭受灭顶之灾的唯一选择。

毋庸置疑，气候变化所致损失损害责任属性的明确与相关国际法机制的确立必将是国际环境法理论的突破与国际环境法律制度的进一步完善。

---

〔1〕"气候治理进程追踪｜波恩第 56 届附属机构会议观察"，载 http://www.thjj.org/sf，最后访问日期：2022 年 6 月 26 日。

由于气候变化所产生的不利影响，其所致损失损害使得人类的生存环境面临严峻考验。气候变化所致损失损害与其他环境问题不同，由其导致的严重后果具有全球属性，直接影响人类赖以生存的物质基础。正是由于这一导致人类存亡的气候变化所致损失损害的特殊性，其不利后果无法依靠某个国家或组织加以解决而需全人类的共同努力。因而，基于只有一个地球、人类一体、命运共同体的理念建立健全气候变化所致损失损害责任之救助机制当属国际法应有之义。

第一节　国家环境义务

权利与义务是对立统一的，国家具有环境权利，就必然存在与之相对应的环境义务。而且，在环境领域，由于全球生态环境的整体性，仅强调环境权利是无法实现保护生态环境的目的的。所以，国家作为国际关系中的主要主体，课予国家环境义务，直接要求其作为或者不作为才是人类社会发展当前阶段实现环境保护并遏制环境恶化的最佳途径。

一、国家环境义务的界定

国家是指定居在一定领土空间上并在一个独立自主的政权组织领导下的人的集合体。国家具有居民、领土、政府和主权四个要素。其中，居民是国家的基本要素，领土是国家赖以存在的物质基础；政府是政权组织，主权是国家的根本属性。[1]其中，"主权"包含权利的同时更重要的还包括义务和责任，即对内尊重所有人的尊严和基本权利，对外尊重别国的主权。可见，

----

〔1〕　参见周忠海主编：《国际法》（第3版），中国政法大学出版社2017年版，第56~57页。

国家不仅具有保护本国人民福祉的义务，还需要履行国际社会所赋予的义务，即国家承担着对其国民和国际社会的双重义务。必须明确，国家作为国际关系中最重要的行为主体，其承担义务（责任）的意义非常重要，国家不仅保护国民生命和安全并须增进国民之福祉，国家还须向国际社会承担义务。这既是国家宪法的要求，也是国际法律秩序的要求，标志着国家对国内、国际重大事件的义务（责任）的主体意义，在特殊情势下国家应履行对本国国民、国际社会（他国）和人类整体的保护和救助义务。

诚然，在国际法的发展历程中，国际法中的许多问题都是以国家意志和国家利益为导向的。如常设国际法院1927年在"荷花号案"里就提道："国际法调整独立国家之间的关系。因此，拘束国家的法律规则来源于国家自身的自由意志，这些意志要么体现在国际条约之中，要么反映在对普遍接受的法律原则的使用之中。"[1]直至现在，仍有许多学者坚持这种观点，[2]认为国际社会只存在一种横向的法律关系，国际法的权利与义务只能是双边的，国际法只不过是两个或多个国家之间的合意。这种自利是以国家主权为核心的利益观。传统国际法认为，国家仅对可以明确证明源于国家的违法行为所引起的损害承担国际法上的责任。然而，随着科学技术的发展，人类生产力水平的飞速提高，人类活动的范围早就超越了一国边界，所产生的不利影响与严重后果不仅跨越国界甚至跨越地球，最明显的莫过于片面追求生活水平的提高大量排放温室气体而导致气候变化所带来的严重后果。然而，又有谁能够意识到：任何一个国家的温室气体排放，都可能成为"最后一根压死骆驼的稻草"而导致气候变化损失损害，气候变化所致损失损害又祸及本身呢！

当然，限于人类社会发展的当前阶段，主权原则是调整国际关系的国际

---

〔1〕　Case Concerning The S. S, "Lotus", Series A. –No. 10, Judgment of 7th September 1927, p. 18.

〔2〕　普罗斯珀·韦伊（ProsperWeil）在一篇发表于1983年的文章中热烈地为上述主张辩护："国家同时是国际法的制定者和承受者，像昨天一样，今天的国际法也不可能存在某种'国际民主'，在这种民主中，代表了多数国家的意志被认为可以以全体国家的名义发言，并由此被赋予权利将该种意志强加于其他的国家。"See ProsperWeil, "Towards Relative Normativity in International Law", 77 Am. J. Int'l L, 413（1983），p. 420. 1989年，美国国际法学者亨金·路易斯（Louis Henkin）在海牙国际法学院的演讲中说："根据传统的原则，一个国家只受得到其自身同意的国际法规则的约束。"See Louis Henkin, "Politics, Values and Functions: International Law", *The Hague Academy Collected Courses*, Vol. 216, Issue IV（1989），p. 45.

法中的一项基本原则，各个国家必须尊重其他国家的主权，相互之间地位平等，各自独立。这项原则适用于国际关系的各个领域，当然也适用于国际环境领域。即国家当然地享有对环境与资源开发和利用的自由，但国家在对各自管辖范围内的环境资源行使主权时，应承担尊重他国主权的义务，同时对环境承担相应的义务，保证这种开发利用活动不致损害国外环境，更不应对包括自身在内的人类整体造成损害。

人类从过去、现在直至未来，都要共同生活在这个唯一的地球上。地球生态系统是一个整体，每一个人每一个国家都可能是生态系统的破坏者，也可能是生态环境损害的受害者。当然，或许发生在我们身边的某些环境破坏、环境污染难以让我们感受到整个人类都是该破坏环境、污染环境行为的受害者，为追求生活水平的提高强调国内生产总值（GDP）的高能耗、高污染更不会使人联系到生存危机。然而，全球性的环境危机（诸如淡水资源的匮乏、土地荒漠化、气候变化等）的出现，足以让我们感受到人类包括我们自身前景乃至生死存亡的茫然与无措。皮之不存，毛将焉附！生态环境关乎人类的生存与发展，倘若不能摆脱环境危机，人类的生存就失去了基础，人类社会的发展就是子虚乌有。所以，为保护环境，为人类的可持续生存与发展，作为国际关系最主要主体的国家绝不能置身于环境义务之外，更不能无视自己本身就是人类整体的组成部分这一客观现实。

国家是人类社会发展到一定阶段才出现的产物，尽管不能否认国家对其管辖范围内的环境资源享有权利，国家固然可以对其管辖范围享有主权权利，但是环境危机的转移以及全球生态系统的破坏并不会因国界而受到限制。环境保护不仅关系到当代人的生存利益，还关系人类整个种群的延续问题。因此，环境义务是每个人每个国家都不可免除的义务，不仅是为了让自己这一代人能够生活在良好的环境中，还为了让人类种群能够继续延续下去，并且让自己的后代也能够享受良好的生存环境。尤其于气候变化所致损失损害而言，其后果所涉及的是所有国家、整个人类——包括当代与后世。因而，国家的环境行为必须受到制约，必须课予国家相应的国家环境义务，以此达到保存保护人类生存环境并实现人类社会可持续发展的目标。

每一个人都希望自己生活之处山清水秀、政通人和、海晏河清、民富国强！而绝没有人愿意所居是空气污浊、地荒水脏、满目疮痍、山河破碎之所！国家是人的居所，国家最基本的职能就是保障所居之人具有所适之所！于人类整体而言，只有一个地球，地球是人类共同的家园，人类是一个命运共同体！鉴于人类社会发展的现阶段，无论是关乎国内事务还是国际事务，国家都是最主要的主体。概言之，国家环境义务，就国际法而言包括两个方面，一是禁止实施国际不法行为侵害国外环境；二是防止实施国际法不加禁止行为损害国外环境。就国内法而言，国家需要通过立法保证国民在有利于身心健康的环境中生活，这是国家环境义务的国内维度，是国家对于本国国民应当承担的环境义务。就命运共同体而言，不因自己的环境行为导致包括自身在内的人类整体遭受损害。总之，国家不仅在国际法上承担环境义务，承担双边和多边条约、国际习惯以及国际强行法所课予的义务，同时于国内法上承担对本国国民的环境义务。换言之，国家环境义务是指国家根据国际条约、国际习惯、一般法律原则以及国内法等应当承担的保护环境的义务。

二、国家环境义务的类型

面对如跨界大气污染和气候变化所致损失损害、"非典"和"新冠"等严重疫病、恐怖活动、政局动荡等特殊情势给世界带来的严峻挑战，国家应以国际法为圭臬起到主导、促进和协调的积极作用。鉴于环境问题的全球性及其对人类社会的重大影响，国家环境义务可分为三类：一是对国际社会（他国）的国家环境义务；二是对国民的国家环境义务；三是对人类整体的国家环境义务。

（一）对国际社会（他国）的国家环境义务

20 世纪 60 年代以来，环境问题受到广泛的重视，国际社会对环境问题高度关注，并采取了越来越多的措施以预防或避免环境问题的爆发。由于各种环境问题具有超越国界和影响全球的性质，因此，各种国际环境议题通过谈判磋商，就国家的环境权利义务缔结国际条约以实现保护环境的目的。

国家作为国际关系中最主要的主体，其必须承担基于国际关系准则而产生的国际义务。国家的国际义务可划分为双边和多边义务两大类。其中，双边义务指的是一国对另一国应当承担的义务，在国际环境领域，这主要表现为两国签订的双边环境协定和双边贸易协定中关于环境的条款所赋予的环境义务；而多边义务则是指一国对某个特定国家群体和整个国际社会的共同利益承担的义务，于环境领域而言，它们主要表现为国家缔结的多边环境协定中所规定的环境义务。[1]此外，国际组织、国际会议的宣言与决议以及贸易协定中的环境章节也课予国家相关的国际环境义务。

涉及环境的国际条约很早就已经出现了，如1867年的《英法渔业公约》和1882年的《北海过量捕鱼公约》以及1887年的《在奥匈和意大利领土上消除动物流行病危险的公约》，等等。这些国际条约主要是为了解决拥有共同边界的国家之间的资源利用或者是病虫传染等问题而制定的。而最近几十年由于人类生存环境的快速恶化，以保护环境为目的、约束国家环境行为的国际环境条约之数量，出台之速度，当是不胜枚举，史无前例。

国家国际环境义务的双边条约的目标是通过在环境领域的国际合作寻求环境问题的妥善解决并协调两国之间的共同行动。在此方面，我国与数十个国家签订了环境合作协定，诸如《中国和保加利亚环境合作协定》《中韩环境合作协定》以及《中日环境保护合作协定》，等等。这些双边条约无一例外都就双方在环境领域合作的相关环境义务进行了规定。

由于环境问题愈演愈烈，范围越来越大，以致出现人类生存危机。为了能够更好地解决全球性环境危机，国际社会普遍参与的"多边环境协定（Multilateral Environmental Agreements，MEAs）"以其特殊的方式课予国家环境义务，即以"框架公约+议定书"以及在议定书后添加附件形式的三重结构并通过缔约方会议就国家的国际环境义务作出规定。最为显著的便是《联合国气候变化框架公约》及其《京都议定书》和议定书的附件，在考虑各国经济发展程度以及自然环境条件存在差异的情况下，要求各成员共同承担不同程度的应对气候变化的责任并切实履行相关国际环境义务。

随着全球投资自由化进程的加速趋势，国家固然能在国际投资中取得经济上的发展，但同时也要重视投资活动对环境造成的负面影响。在意识到国际投资对环境带来的负面影响之后，许多国家都在国际（双边与多边）贸易（投资）协定中加入有关环境保护的条款或环境章节，在投资与贸易协定中将环境因素作为一项重要因素加以考量，对环境问题进行详细甚至是严苛的规定，为贸易（投资）协定缔约方设定相应的环境义务。

此外，随着国际关系的发展和国际组织数量的不断增多，国际组织在现代国际关系中的作用也日益增强，尤其在国际环境领域所发挥的作用是不容

---

〔1〕 林灿铃："环境法实施的立法保障"，载《比较法研究》2016年第1期。

忽视的。许多国际组织通过的决议或宣言体现了国际社会保护环境的共同信念，为各国国内环境立法、为环境领域的争端解决、为促进国际环境条约的缔结等提供了指导。历史上很多学者认为国际组织的决议和宣言属于建议的性质，不具有法律拘束力，有的学者则认为可视为"准立法"的性质。[1]但由于国际组织如联合国的作用日益增强，我们对国际组织的宣言与决议所具有的法律意义应该进行客观分析，尤其是国际环境领域。根据国际环境法的实践，有的国际宣言和决议是具有法律约束力的，例如《斯德哥尔摩人类环境宣言》（1972年）和《约翰内斯堡可持续发展宣言》（2002年），等等。这些法律文件，往往获得各国一致通过或大多数国家的通过，它们创立了事实上得到各国或多数国家认可的国际环境法原则、规则和制度。还有国际组织依据国际条约所作出的决定，这类法律文件的效力源自国际条约，是国际条约效力的具体体现，如国际捕鲸管制委员会依据《国际捕鲸公约》所出台的《关于禁止商业性捕鲸的决定》（1982年）、《防止倾倒废物和其他物质污染海洋的公约》（1972年）的成员国协商会议于1985年制定的《关于禁止对海洋倾弃核废料的决定》《濒危野生动植物物种国际贸易公约》的缔约国大会于1989年制定的《禁止非洲象牙产品贸易的决定》，[2]等等。可见，这些国际法律文件具有直接的立法效力，将直接产生具有约束力的国际法律规则。如塔姆斯认为，国际组织决议"可以最方便地被看作国际法的一个单独渊源。……因为，如果不承认适用一项决议不同于一项公约这一点的话，将是不切实际的"。戈布雷哈纳则称，联合国大会的决议作为国际法的一种渊源，为国际法律关系提供了新的趋势，并且是创造国际合作的唯一可以想象的论坛。苏联的一些国际法学者持有类似的见解，他们认为国际组织决议这一国际法渊源没有总是得到足够的重视，而这一渊源的作用和重要意义是无比巨大的。[3]

综上所述，国家对国际社会（他国）承担环境义务的法律依据就是国际条约、国际习惯以及国际组织和国际会议的决议等，亦即国际环境法的主要渊源。

---

〔1〕　李浩培：《国际法的概念和渊源》，贵州人民出版社1994年版，第132页。
〔2〕　林灿铃：《国际环境法》（修订版），人民出版社2011年版，第136页。
〔3〕　转引自周忠海等：《国际法学述评》，法律出版社2001年版，第91~92页。

(二) 对国民的国家环境义务

1972 年 6 月 5 日《斯德哥尔摩人类环境宣言》明确"人类应当有权居住在有益健康的环境并应当对未来世代的人承担保护环境的责任"原则（第 1 条）。这一原则在 1992 年里约热内卢环境与发展大会上得到了重申。《非洲人权与民族权宪章》(1981 年)[1]、《美洲人权公约补充议定书》(1988 年)[2]以及《奥胡斯公约》(1998 年)[3]等国际法律文件也都体现了人类应当享有美好环境的权利和国家有义务改善国民的生存环境等内容。可见，国家所承担的国际法上的环境义务应体现于各国国内立法之中。即国家除了在国际法层面承担环境义务，还需在国内法层面对本国国民承担环境义务。所以，为了履行国际环境义务，国家在制定国内法时应当借鉴国际法的相关原则、制度和措施，将国家在国际法上承担的环境义务以立法的形式加以明确，这是各国切实承担国际环境义务的体现。[4]以中国为例，为了积极承担国际环境义务，加强环境保护领域的国际合作，我国先后缔结和参加了诸多国际环境条约，如《保护臭氧层维也纳公约》及其《蒙特利尔议定书》，还有《联合国气候变化框架公约》及其《京都议定书》和《巴黎协定》，还有《生物多样性公约》及其《卡塔赫纳生物安全议定书》，以及《关于在国际贸易中对某些危险化学品和农药采用事先知情同意程序的鹿特丹公约》《关于持久性有机污染物的斯德哥尔摩公约》等国际环境条约，并建立了相应的国内履约机构，开展了相应的国内立法活动。[5]同时，我国也十分重视推动与周边国家或相关地区的合作，积极参与区域合作机制的建设并高度重视建立有效的区域性共同防治污染环境保护机制，积极开展环境保护领域的双边合作，先后与美

---

〔1〕《非洲人权与民族权宪章》(African Charter on human and peoples' rights) 是"非洲统一组织"于 1981 年制定的，于 1986 年 10 月 21 日生效，是非洲国家在人权和民族权保护方面迈出的重要一步，对于促进非洲国家民族问题的解决、社会的稳定与发展以及推动区域人权与民族权保护机制的发展均有重要意义。

〔2〕《美洲人权公约补充议定书》，又称《圣萨尔瓦多议定书》，于 1988 年 11 月 7 日美洲国家组织大会通过，是一份关于经济、社会和文化权利的美洲人权公约补充议定书。

〔3〕 该公约全称是《在环境问题上获得信息公众参与决策和诉诸法律的公约》(Convention on Access to Information, Public Participation in Decision - making and Access to Justice in Environmental Matters)，1998 年 6 月 25 日，于联合国欧洲经济委员会第四次部长级会议上通过，是环境信息公开制度发展的里程碑。

〔4〕 林灿铃："环境法实施的立法保障"，载《比较法研究》2016 年第 1 期。

〔5〕 林灿铃："中国环境立法之必然趋势"，载《绿叶》2010 年第 9 期。

国、日本、加拿大、俄罗斯等40多个国家签署了双边环境保护合作协议或谅解备忘录，与10多个国家签署了核安全合作双边协定或谅解备忘录。[1]

民惟邦本。[2]国家应以"民本位"为基础，重视民生，例如发生重大疫情时，对病例所在场所或该场所内的特定区域的人员实施隔离措施，在隔离期间，政府应当对被隔离人员提供生活保障。[3]可见，因重大疫情防控需要而实施封控隔离时给封控区域被隔离的居民提供生活保障，是国家政府的法定义务和责任，得到生活保障则是国民的法定权利。毋庸置疑，保障本国国民享有在良好环境中生存和生活、接受阳光普照、呼吸清洁空气、饮用清洁的水、观赏怡人的风景以及平等、合理地利用环境资源的权利，让每个人都能享受"有尊严和福利的生活环境"并为了"保护和改善这一代和将来的世世代代的环境"，理所当然是国家对其本国国民所应承担的环境义务。目前，包括美国、俄罗斯、韩国、菲律宾等发达国家和发展中国家在内的150多个国家在宪法中明确了国民享有良好环境的权利。许多国家的宪法明确将环境保护作为国家的义务或目标，其中，阿根廷、巴西、哥伦比亚、保加利亚、南非、韩国和葡萄牙等41个国家的宪法都是在确认了环境权的前提下，明确规定了环境保护的国家环境义务或目标。[4]我国确立保护环境是国家的基本国策，[5]明确环境立法目的是为保护和改善环境，防治污染和其他公害，保障公众健康，推进生态文明建设，促进经济社会可持续发展，[6]强调国家的任务是采取有利于节约和循环利用资源、保护和改善环境、促进人与自然和谐的经济、技术政策和措施，使经济社会发展与环境保护相协调。[7]

当然，基于各国立法中的规定，许多学者针对环境立法目的这一问题展

---

〔1〕　林灿铃："环境法实施的立法保障"，载《比较法研究》2016年第1期。

〔2〕　参见《尚书·五子之歌》。

〔3〕　《中华人民共和国传染病防治法》第41条第1、2款规定："对已经发生甲类传染病病例的场所或者该场所内的特定区域的人员，所在地的县级以上地方人民政府可以实施隔离措施，并同时向上一级人民政府报告；接到报告的上级人民政府应当即时作出是否批准的决定。上级人民政府作出不予批准决定的，实施隔离措施的人民政府应当立即解除隔离措施。在隔离期间，实施隔离措施的人民政府应当对被隔离人员提供生活保障；被隔离人员有工作单位的，所在单位不得停止支付其隔离期间的工作报酬。"

〔4〕　林灿铃："环境法实施的立法保障"，载《比较法研究》2016年第1期。

〔5〕　参见《中华人民共和国环境保护法》第4条第1款。

〔6〕　参见《中华人民共和国环境保护法》第1条。

〔7〕　参见《中华人民共和国环境保护法》第4条第2款。

开了所谓"一元论"与"二元论"之争。前者坚持环境立法的唯一目的就是保护人类健康（也有人认为是促进经济发展）；而后者认为，环境立法的目的首先是保护环境，其次才是保障人类健康和促进社会经济的发展。其实，人类的生存、良好的环境和经济的发展是相辅相成、休戚相关的。倘若基本生存都无法保障，就很难顾及环境保护，而当生活水平达到一定高度时，对舒适且优美环境的需求自然而然就会产生。因而，人为地将环境保护、人类健康和经济发展割裂开来或排列先后次序，都是毫无意义甚至是错误的。它们应该完美地统一于环境立法所要追求和实现的目标之中。

（三）对人类整体的国家环境义务

传统国际法认为国际社会中的国际法关系是双边的，只不过是两个或多个国家之间的合意。然而，随着两次世界大战的结束，国际社会成员开始逐渐意识到，国际社会存在某种普遍的、关涉全人类福祉的利益，如和平与安全。[1]早在 1945 年的纽伦堡审判与 1946 年的东京审判中，就已经出现了对国际社会整体的义务的相关思想。可以看出，当时国际社会就已经出现了保护国际社会共同享有的和平与人性尊严的思想。

1953 年，赫西·劳特派特（Hersch Lauterpacht）在向联合国国际法委员会（International Law Commission，ILC，以下简称"国际法委员会"）提交的报告中指出："条约不纯粹因与国际习惯法不一致而被认定为非法或无效，还必须与可以被视为构成国际公共政策原则（international public policy）的国际法最高原则一致。这些原则显然不仅限于已经被普遍认可的打击海盗和禁止侵略等法律规则，它们得构成对国际道德（international morality）规则的表述，因其极度令人信服，国际法院将它们视为被文明国家所普遍承认的一般法律原则的一部分。"[2]根据他的主张，国际公共政策原则构成对国际道德规则的表述，而国际道德恰恰关涉的是国际社会整体的利益，可以理解为"对人类整体义务"的思想萌芽。

马耳他常驻联合国代表阿维德·帕多于 1967 年 8 月 17 日在向第二十二届联合国大会提交的"帕多提案"中主张"国家管辖范围以外的海床洋底及其资源"为"人类共同继承财产"，后经联合国大会通过一系列有关规定"人

---

〔1〕 参见《联合国宪章》第 1 条。
〔2〕 *ILC Yearbook*（1953），vol. II, at 154.

类共同继承财产"原则的决议，确认了"国际海底及其资源为全人类共同继承之财产"，任何国家和个人不得将该地区的任何部分或其资源据为己有。此后，"国际海底区域及其资源是人类的共同继承财产"原则得到了国际社会的普遍赞同。

1970 年 2 月 5 日，国际法院在"巴塞罗那电车、电灯和电力有限公司案（比利时诉西班牙）"第二阶段的判决中首次正式且明确提出了"对一切的义务（obligations *erga omnes*）"，[1]国际法院认为外国法人或自然人进入一国领土之后所应享有的受该国保护的权利是关涉所有国家的，该权利所对应的义务属于"对一切的义务"。同时，国际法院还列举了一些这样的义务，"例如，在当代国际法中，这种义务产生于宣告侵略行为和灭绝种族行为为非法和有关人的基本权利的原则和规则，包括免受奴役和种族歧视。其中一部分权利已经成为一般国际法的一部分，而另一部分权利被国际法律文件赋予了全球或是准全球（quasi-universal）的性质"。[2]澳大利亚和新西兰在 1974 年起诉法国的核试验案中，均以对国际社会整体的义务作为起诉的法律依据之一，而且均希望证明禁止在大气层进行核试验是一项正在形成的国际习惯，而且该习惯与国际法院在"巴塞罗那电车、电灯和电力有限公司案"中阐述的义务具有相同的法律属性。[3]

1993 年著名的"盖巴契科夫-拉基玛洛水坝案（匈牙利诉斯洛伐克）"是国际法院第一次被请求直接考虑环境与经济发展的案件。该案的纠纷源于匈牙利和捷克斯洛伐克共和国就开发利用"布拉迪斯拉发和布达佩斯之间的多瑙河的水资源"所签订的协议。该案涉及条约法与国家继承等重要问题，但是具有深远意义的当属国际法院副院长斯里兰卡籍法官卫拉曼特雷（Weeramantry）在审判阶段的独立意见书里以国际法内部体系的视角论述了"对一切的义务"的相关问题。他认为："在此类争端的当事方之间，存在一个非常重要的概念性问题，这个问题关涉所谓的违反了对世界上其他方的权利或

---

〔1〕 Case Concerning Barcelona Traction, Light and Power Company, Limited（Belgium v. Spain），(Second Phase)，Judgment, *ICJ Reports*（1970），Para. 33.

〔2〕 Case Concerning Barcelona Traction, Light and Power Company, Limited（Belgium v. Spain），(Second Phase)，Judgment, *ICJ Reports*（1970），Para. 34.

〔3〕 Marizo Ragazzi, *The concept of International Obligations Erga Omnes*, Clarendon Press 1997, p. 179.

义务。法院的传统职责是在当事方之间作出裁决，在此基础上，本院会作出符合当事方之间公平与正义的裁决。这一程序很大程度上是抗辩式的。而这对于具有'对一切'（*erga omnes*）特征的权利与义务难以实现正义——至少在具有深远影响且不可逆转的环境损害案件中确实如此。我之所以提及这个问题是因为它迟早会在国际环境法领域中自我呈现，并且因为（尽管对于实际作出的判决而言并不是必不可少的）本案的事实以一种极为尖锐的方式提醒我们对其予以关注。"[1]随后，他还指出，在我们踏进"国际社会整体的义务"领域，基于个体公平与程序合法性的规则也许已经不够用了，日益凸显的重大生态问题正要求我们对此进行深思。国际环境法需要脱离国家的个体利益这个封闭圈，将人类整体的利益作为关注的焦点。[2]

综上，国家对人类整体的义务，其目的是维护人类基本道德价值和国际社会共同的利益。从国际实践来看，这种义务涉及两大类事项，一类是基于人道主义的基本考量而确定的义务，如为了反侵略、反奴隶和反种族灭绝而存在的义务；另一类则是指环境领域的国家义务，如大气层核试验、海洋污染和气候变化所致损失损害等。我们必须明确的一点是，人类是大自然的一部分，人类的物质世界完全是以人类对自然环境的开发和利用为基础的，换言之，离开自然环境的物质支撑，人类将无法存续下去。但是，人类在开发和利用自然环境的同时，其活动反过来也对自然环境的物质循环造成了影响，并且在人类关注环境问题之前，人类肆意破坏环境的行为就已造成了严重的环境污染，破坏了生态环境，严重影响了人类的生存，也阻碍了社会的发展。如今，我们所面临的由全体人类共同作用结果的气候变化就是地球上任何一个国家都无法回避的问题。近年来，各种严重环境事件的频发以及气候变化所致损失损害让人们越来越深刻地认识到保护地球环境的重要性，感受到稳定气候系统的关键性。而这些关乎人类生死存亡的环境问题的解决，仅凭某个或某些国家或国际组织的努力是远远不够的。这需要法律——国内法与国际法——的介入，更需要站在人类整体的角度去应对，尤其于气候变化所致损失损害后果而言，国家环境义务必须包括对人类整体（包括自身）的义务，

[1] Case Concerning Gab č íkovo-Nagymaros Project (Hungary/Slovakia), Separate Opinion of Vice-President Weeramantry, p. 115.

[2] Martin Dixon & Robert Mc Corquodale, *Cases & Materials on International Law*, 4th edition, Oxford University Press, 2003, p. 465.

建立健全气候变化所致损失损害责任之救助机制。

国家需要树立和深化以人为本、文化和谐、可持续发展的理念，以构建和巩固人文的、和谐的国内法治，不断推进国际法治。国际法至今经历了从斗争走向合作，从合作走向互利，从共赢走向多赢的漫长历程，这是人类社会发展的必经之路。当然，在这一漫长历程中人类也经受了数不胜数的曲折与坎坷，即便到如今，依然有为了一己之利而"退出《京都议定书》""拒绝《巴黎协定》"的固持环境保护的单边主义者。然而，历史不再被当成民族史来理解和研究，而是被看成人类史，当然也包含民族史但又超越了民族史。在国内法与国际法互动过程中致力于国内法治和国际法治的建设与发展，使世界各大文明精华真正体现于国际法治，作为法律保障，不断推进人类社会的和谐发展，这是我们在 21 世纪应当承担的历史重任。

第二节　救助对象与救助方式

正如《世界人权宣言》所言："鉴于对人类家庭所有成员的固有尊严及其平等的和不移的权利的承认，乃是世界自由、正义与和平的基础。"[1]就建立健全气候变化所致损失损害责任之救助机制而言，国家需要转变狭隘的利益观，形成应对气候变化所致损失损害的救助共识，秉承男女与大小各国平等权利之信念，[2]树立人类一体、以人为本、一方有难八方来援的理念，并基于当前国际应对气候变化所致损失损害的国际环境立法及实践现状，在《联合国气候变化框架公约》体系下进一步明确国家环境义务，确定救助机制的具体法律依据、内容和方式等，为国际社会开展及时、有效的救助行动提供制度保障，不断推进国际法治进程向前发展。

一、救助对象

气候变化影响着每一个国家的生存发展，关乎着每一个人的生死存亡。全球大气一体及其环流作用决定了气候变化所致损失损害自始即是全球性的环境问题，任何国家都无法建立专属于自身的环境防线以防止此种损失与损

---

〔1〕　参见《世界人权宣言》"序言"。

〔2〕　参见《联合国宪章》"序言"。

害的发生。同样，任何个体也都无法置身事外免于承担此种损失损害带来的不利后果。基于国家所应承担的对本国国民、国际社会（他国）以及对人类整体的环境义务，在气候变化大背景下全球各国不仅应对遭受气候变化所致损失损害的本国国民进行救助，亦应对遭受损失与损害的其他国家提供救助。

（一）对他国的救助

面对气候变化所致损失损害，没有国家可以幸免于难。鉴于小岛屿发展中国家与最不发达国家经济和科技发展水平较低，自然环境较为脆弱，抵御灾害的能力较差，难以采取有效的措施预防、限制和减轻气候变化所致损失损害。灾害发生后，亦由于经济基础薄弱和科技水平较低等因素导致无法应对损失损害的发生，故，气候变化所致损失损害对于这些国家造成的不利后果最为严重。当然，即使是经济和科技发展水平较为发达，资源基础较好，抵御灾害能力较强的发达国家与部分发展中国家，这些自身的优势也并未完全转化为抗击气候变化所致损失损害的有效屏障，同样深受气候变化所致损失损害的困扰。历史上，欧洲地区多次遭受极端热浪，造成大量人员伤亡，美洲地区更是频繁遭受飓风的侵袭，导致大面积基础设施被毁，人员伤亡惨重，许多人被迫流离失所。伴随着全球气候变化的加剧，气候变化所致损失损害对全球各国的影响将会愈发严重。显然，应对气候变化所致损失损害已经使各个国家难以"各自为营"。

毫无疑问，气候变化与自然和人为因素的结合有关，且有证据证明，其可归因于人为因素的证据有所加强。[1]每个国家在社会生产活动中皆产生温室气体，就当前全球应对气候变化进程而言，任何国家排放温室气体的行为都会进一步加剧全球气候变化的程度，进而提高气候变化所致损失损害产生的风险。地球环境是一体的，各国可划分出彼此之间的国界，却无法将各自的环境分割开来，实际上，国家在同一个地球环境中生活，保护地球环境免遭破坏是全球所有国家的共同责任。气候变化已构成严重威胁人类持续生存和可持续发展的国际环境问题，该问题的解决不存在短期内通向成功的捷径，而需要各国长期和共同的努力。2019 年，荷兰最高法院在环保组织 Urgenda[2]诉荷

---

〔1〕 IPCC, *AR6 Climate Change* 2021——*The Physical Science Basis（Summary for Policymakers）*, p. 10.

〔2〕 总部位于荷兰的非政府间国际组织 Urgenda 旨在加快向重点使用可再生能源的循环经济可持续发展社会转型。参见 https://www.urgenda.nl/en/home-en/.

兰政府案中支持了荷兰地方法院的判决，认为荷兰应当承担其作为《联合国气候变化框架公约》缔约方的共同责任，该公约的目标是将大气中温室气体的浓度保持在可以防止人类活动破坏气候系统的水平，每个国家都对自己的份额负责。这意味着一个国家不能因其与其他国家相比排放范围相对有限，采取减排措施与否对全球气候变化影响较小，就试图逃避自身所应承担的历史责任。[1]每一个国家既是全球气候变化的始作俑者，也因全球气候变化深受其害，此乃气候变化较之以往的侵权行为和跨界损害行为的不同之处。1992年《里约环境与发展宣言》指出，"国际社会应尽一切努力帮助受灾国家"（原则18），这就意味着，像应对气候变化这样的全球性问题，仅寄希望于部分国家有所作为是不起作用的。"当国家能力有限时，区域框架和国际合作应支持国家层面的行动，并有助于建设国家能力、支持发展计划、防止流离失所、援助和保护受流离失所影响的国民和社区，并找到持久的解决办法。"[2]任何国家都有可能成为下一个遭受气候变化所致损失损害严重威胁的受害者。所以，需要所有国家开展有效行动参与到全球应对气候变化进程中，对遭受灾害的国家进行救助。

气候变化所致损失损害往往以灾害的方式将气候变化的严重后果展现在人类面前，这些严重后果形式多样，包括海平面上升、极端气候、资源短缺和物种锐减，等等。灾害的严重程度、发生频率以及灾害的规模都随着气候变化的逐步加剧而陡然上升，原本正常的气候现象摇身一变成为气候灾害，原本百年一遇的灾害变成了百年数遇，甚至在短短数年内发生多次灾害，原本地区性的灾害逐步发展为国家性的灾害，一次又一次地证明人类在气候灾害面前的脆弱渺小。对于灾害的严重程度，人们总选择对一些内容的量化进行说明，例如，灾害的规模、发生的时间频率、灾害造成的直接经济损失和伤亡人数，灾后恢复和重建的时间长度以及困难程度等。一方面，此种量化数据促使与以往的灾害形成比较，提升公众的防范意识和应对等级。另一方面，应当明确当灾害超出国家承受能力时，如何有效应对此种情势并对他国提供救助。总的来说，当气候变化所致损失损害造成资源短缺，国民流离失

---

〔1〕　*Urgenda Foundation v. The State of the Netherlands*, ECLI：NL：HR：2019：2007, Summary of the Decision.

〔2〕　The Nansen Conference, *Climate Change and Displacement in the 21st Century*, 2011.

所被迫迁徙，灾后短期内无法恢复生活秩序时，国际社会应对相关受灾国家和/或人群提供救助。

首先，应对因气候变化所致损失损害造成资源短缺的国家进行救助。1994年《建立一个更安全的世界的横滨战略：预防、预备和减轻自然灾害的指导方针及其行动计划》指出，"由于贫困、自然资源和土地资源减少，……，人类的生计面临着越来越大的威胁"。气候变化所致损失损害后果的多样性决定了其对人类生存发展造成的威胁既可能导致国家领土消亡，也可能导致人类生存所需资源短缺。第一，资金短缺。资金是应对气候变化的重要基础之一，也是灾后救助必不可少的资源之一。气候变化所致损失损害往往造成巨额的经济损失，缺乏充足的资金将使受灾国家寸步难行。2005年《2005—2015年兵库行动框架：加强国家和社区的抗灾能力》指出，鉴于最不发达国家在灾害应对和恢复方面的脆弱程度较高、能力相对不足，应将资金援助作为应对灾害的有效和可持续手段。同时，为降低非洲人民在灾害面前的脆弱性，需要通过资金援助加强非洲国家的应对能力。因此，对于因气候变化所致损失损害造成资金短缺的国家应当进行及时救助。第二，灾后生存所需资源短缺。1998年《日内瓦部长宣言》指出，根据联合国政府间气候变化专门委员会（Intergovernmental Panel on Climate Change，IPCC）的评估报告，气候变化将对许多生态系统和社会经济部门，包括食品供应和水资源产生重大且常常是不利的影响。无论气候变化所致损失损害后果为何，无疑都会在一定时间内造成受灾国家生存所需资源大规模减少甚至灭失。对于受灾国家灾后生存所需的水、粮食、工具、机器、医疗物品和建材房屋等必要资源，他国应尽快为受灾国家提供资源救助。

其次，应对因气候变化所致损失损害造成人员伤亡和流离失所的国家和/或人群进行救助。流离失所是气候变化所致损失损害的不利后果之一，意味着人们原有的居住环境因遭受破坏导致在一定时间内不适宜继续生存。人类有权生活在一种能够过尊严和福利的生活环境中，享有自由、平等和充足的生活条件的基本权利。[1]对此，在灾害发生时亦应对个人生命安全提供保障并对流离失所者进行妥善安置。1990年通过并生效的《非洲儿童权利和福利宪章》第23条规定，各国应采取"一切适当措施"，确保寻求或持有难民身

---

[1] 参见 1972 年《联合国人类环境宣言》第 1 条 "原则"。

份的儿童以及因"自然灾害"等原因而在国内流离失所的儿童，能够"在享有本宪章和缔约国加入的其他国际人权和人道主义文书中规定的权利方面得到适当的保护和人道主义援助"。2015 年《2015—2030 年仙台减少灾害风险框架》在其"预期成果和目标"中指出，应更明确地以人及健康和生计为重点，力求在未来 15 年内大幅减少生命和人员等方面的损失。人类的血肉之躯在灾害面前是不堪一击的，正因如此，为确保人的生命安全，当气候变化所致损失损害情势造成人员伤亡和/或流离失所时，应对其进行救助。1998 年，飓风"米奇"造成洪都拉斯、危地马拉和巴拿马等多个国家大量人员伤亡；2000 年，"艾林"龙卷风席卷非洲南部，给莫桑比克带来严重生命损失。对此，《联合国气候变化框架公约》第四次和第六次缔约方会议（COP4、COP6）分别通过决定，认为应在最易受打击的国家采取行动减轻气候变化所产生的不利影响，请国际社会立即向受灾国家提供救助。针对发生灾害时对人们生命保护的要求也得到了国际法委员会的认可。2016 年国际法委员会在《发生灾害时的保护人员条款草案》第 4 条指出，在发生灾害时，人的固有尊严应得到尊重和保护。可见，在发生灾害时的人员保护方面，人的尊严被视为在提供救济援助和减少灾害风险的背景下采取的任何行动的重要考量因素。

最后，应对因气候变化所致损失损害造成缺乏灾后复原力的国家进行救助。灾后复原力是国家预防、限制和减轻气候变化所致损失损害造成的不利后果的重要能力之一。灾后复原可使受灾国家尽快恢复社会生产秩序，为受灾国家国民的正常生活提供必要资源。反之，灾后复原力的缺失将进一步扩大气候变化所致损失损害的不利影响，意味着气候灾害的消减只能依靠自然因素的作用而无法进行人为的干预，亦无法进一步提升抗灾能力，这对遭受严重气候灾害的国家而言无疑是雪上加霜。同时，诸如最不发达国家的灾后复原能力本身较弱，若遭受灾害后未能得到他国的救助，后果只得是任由灾害在其国内肆虐。2011 年《2011—2020 十年期支援最不发达国家行动纲领》也确认灾后复原力对于最不发达国家的重要性，认为根据最不发达国家发展政策和战略努力实现的目标就包括"建设最不发达国家抵御自然灾害的复原力，以减少灾害风险"。因此，对于遭受气候变化所致损失损害但缺乏灾后复原能力的国家亦应进行救助。

（二）对国民的救助

基于国家对本国国民的环境义务，国家作为保护和改善国民生存环境的义务承担者，致力于为国民提供具有充分保障和适宜的生存环境，使国民有尊严地生活在健康和谐的环境中。可见，国家为履行自身义务向国民提供适宜的生存环境时，不论是由于自然因素还是人为因素造成的环境灾害，国家都应采取积极措施防止灾害的发生并在灾后将其对国民的影响降至最低。当灾害已经发生的情况下，应采取切实有效的措施尽可能减少环境灾害对国民的影响。1992 年《工业事故跨界影响公约》第 11 条规定，如发生工业事故或面临其迫切威胁，缔约方应确保尽快并运用最有实效的措施以控制事故影响并将之最小化。1997 年《乏燃料管理安全和放射性废物管理安全联合公约》[1]和 2019 年欧盟通过的《欧洲绿色协议》皆宣告"应保护人们的健康和福祉免受环境相关风险的影响，为今世和后代提供一个健康和繁荣的地球"。

当气候变化所致损失损害对国民的生命健康造成巨大冲击和不利影响时，国家应首先保障国民的生命和财产安全，在灾害发生后对生命和财产安全受到威胁的国民进行救助，以达到保护本国国民生命和财产安全的目的。这亦体现于应对气候变化的相关国际法律文件中。例如，2010 年《坎昆协议》强调，在所有涉及气候变化的行动中，缔约方应充分尊重人权。对此，2015 年《巴黎协定》作了进一步肯定。[2]2021 年《欧洲气候法》在序言中规定，欧盟和成员国的气候行动旨在保护人类和地球、福利、繁荣、经济、健康、粮食系统、生态系统的完整性和生物多样性，以抵御气候变化的威胁。国民凭借个人力量无法阻挡气候变化所致损失损害的侵袭，鉴于国家对其国民所应承担的环境义务，国家也就成为气候变化所致损失损害发生时对其国民提供救助的主要义务履行者和首要责任承担者，"有积极的义务减缓气候变化，并确保所有人都有必要的能力适应其后果"。[3]此外，2011 年 6 月 5 日于"21 世纪气候变化与流离失所问题南森会议"上通过的应对气候变化的《南森原则》亦对国家在气候变化所致损失损害情势下责任者的地位进行了肯定。其第 2 条规定，"国家负有保护其人民的首要责任，并特别关注最易受气候变化

---

〔1〕 该公约第 1 条指出：公约的目标是包括防止在乏燃料或放射性废物管理的一切阶段都有防止潜在危害的有效防御措施，以便在目前和将来保护个人、社会和环境免受电离辐射的有害影响。

〔2〕 2015 年《巴黎协定》在序言中承认：气候变化是人类共同关心的问题，缔约方在采取行动应对气候变化时，应当尊重、促进和考虑它们各自对人权和健康权等权利的义务。

〔3〕 联合国人权高级专员办事处：《关于人权和气候变化的常见问题》（概况介绍第 38 号），2021 年。

和其他环境危害影响和受其影响最大的人群的特殊需求"。

国家在气候变化所致损失损害客观情势下对本国国民的救助活动，本质上是当国民的生命权和财产权等基本权利遭受气候变化所致损失损害的威胁甚至侵害时，国家通过实施救助确保其国民的生命和财产安全的行为。在相关国家实践中，目前已有国家通过判决的方式肯定了此种救助行为的正当性和合法性。

在环保组织 Urgenda 诉荷兰政府案中，原告 Urgenda 认为荷兰政府在应对气候变化方面采取的某些行为是非法的，这些行为导致气候变化缓解不足从而危及国民的生命健康，并援引《欧洲人权公约》第 2 条和第 8 条作为国家对其国民进行救助的法律依据之一。欧洲人权法院认为，每个缔约国根据《欧洲人权公约》第 2 条规定主要承担三项义务：第一，避免任何人受到非法杀戮的义务；第二，调查任何可疑死亡原因的义务；第三，在特定情况下，采取积极手段避免任何可预见的人员伤亡的义务。[1]荷兰地方法院在 2015 年的判决中指出，在环境方面，《欧洲人权公约》第 2 条适用于某些危害环境甚至是危及人类生命健康的活动，从理论上讲，即使没有出现生命损失，该条也可以适用，还可以要求国家在其国民的生命权受到与国家无直接关系的人员或活动的威胁时采取措施予以保障。法院认定，国家的积极义务可适用于危险活动的背景下，国家承担的义务程度取决于危险活动的危害性和生命损失风险的可预见性等因素，因此，可以要求国家采取措施，防止因危险活动或自然灾害造成的生命权的侵害。[2]而对于《欧洲人权公约》第 8 条关于隐私权的规定，法院则进一步确认，国家有义务向公众通报环境风险。荷兰地方法院的观点得到了海牙上诉法院的认可，2018 年，海牙上诉法院在其作出的判决书中对此进行了更为具体的阐释。根据《欧洲人权公约》第 2 条和第 8 条的内容，如果相关利益尚未受到影响，但由于行为或自然事件而有受到影响的可能性，则视为构成对这些利益中的一项或者多项的未来侵犯。对此，如果国家知道存在真实且迫在眉睫的威胁，则需适当采取预防措施，尽可能地防止其国民遭受侵害，这适用于所有可能违反这些条款中的公共和非公共

---

〔1〕　Bernadette Rainey, Pamela McComick, Clare Ovey, *Jacobs, White, and Ovey: The European Convention on Human Rights* (Eighth Edition), Oxford University Press, p.56.

〔2〕　*Urgenda Foundation v. The State of the Netherlands*, ECL: NL: RBDHA: 2015: 7196.

的活动。[1]此外，欧洲人权法院也曾在奥尼尔迪斯诉土耳其案（Oneryaldiz v. Turkey）和布达耶娃诉俄罗斯案（Budayeva & Ors v Russia）中基于国家当局没有采取保护生命免受已知和迫在眉睫的环境危害风险的救助行动，从而认定遇难者的生命权受到侵犯，认为《欧洲人权公约》第2条的规定包括缔约国采取适当措施保护其管辖范围内的人员生命的积极义务，[2]国家在自然或环境灾害中的作为或不作为构成对《欧洲人权公约》第2条所确立的积极救助义务的违反。[3]

2019年荷兰最高法院的判决同样支持了上述观点。荷兰最高法院认为，如果相关人员的生命存在真实和直接的遭受迫害的风险并且有关国家意识到该风险的存在，则有义务采取适当措施。其中，"真实的和直接的风险"应当理解为既真实又迫在眉睫的风险，这种"直接"也并非指必须在短时间内发生的紧迫性，而是要求所涉风险直接威胁到相关人员即可。[4]关于《欧洲人权公约》第8条的规定，根据现有判例，当环境危害对一个人的生活产生直接后果并且这种后果足够严重时，即使人的生命健康尚未因此种危害而受到现实威胁，国家也有义务根据该条规定采取合理和适当的措施保护个人免受此种直接后果带来的各种潜在威胁。荷兰最高法院表示，《欧洲人权公约》第2条和第8条提供的保护不限于特定的人，而应为遭受环境威胁地区内的所有居民提供保护。

在另一个国民起诉政府的案件中，国家应对遭受气候变化所致损失损害的国民进行救助的观点也得到了支持。2017年，尼泊尔国民帕达姆·巴哈杜尔·斯雷斯塔（Padam Bahadur Shrestha）起诉尼泊尔政府，认为政府未能充分解决气候变化问题，包括原告在内的每个尼泊尔国民皆受到气候变化所致损失损害的威胁，这将导致巨大的环境灾难，导致原告无法拥有健康和清洁的环境，并使其生命健康处于危险之中。法院对此引用了国际环境法中的可持续发展原则，认为气候变化所致损失损害具备相当程度的不可逆转和永久

---

[1] *Urgenda Foundation v. The State of the Netherlands*, ECL：NL：RBDHA：2018：2610.

[2] ECtHR 28 March 2000, no. 22492/93（Kiliç/Turkey），para. 62, and ECtHR 17 July 2014, no. 47848/08（Centre for Legal Resources on behalf of Valentin Câmpeanu/Romania），para. 130.

[3] Cf. ECHR, Guide on Article 2 of the European Convention on Human Rights（version 31 August 2019），nos. 9, 10 and 31-37 and the ECtHR judgments mentioned there.

[4] *Urgenda Foundation v. The State of the Netherlands*, ECLI：NL：HR：2019：2007.

性，严重威胁今世后代的生存发展，因此国家应为其国民提供相应的安全保障。与之相关的国际环境法成为法院审理该案的重要法律依据，法院援引1992年《联合国气候变化框架公约》及其《京都议定书》和《巴黎协定》，认为国家应当遵守上述公约的规定并作出相应的国家承诺。

国家负有保护其领土上的人员和财产免受灾害影响并采取减少灾害风险措施的主要责任。[1]国家在气候变化所致损失损害的客观情势下对本国国民进行救助不仅是国家对国民的国家环境义务的必然要求，也是国家对人类整体的国家环境义务的侧面反映。正如前述，法院在审理相关案件中往往将相关的国际环境法律规范作为考量的依据，这就要求国家遵照国际环境法的规定，改善人类生活质量，保护人类的健康，促进国际经济的发展和人类社会的进步，从环境保护的角度，最终建立一个人类可持续生存的社会。[2]总的来说，国家对本国国民实施救助行为的本质在于保障其国民的生命健康安全及其财产权利等基本权利。无论气候变化造成了何种程度的损失与损害，国民的生命健康遭受威胁即是国家对其进行救助的开端，亦是衡量国家对其国民实施主动、充分和有效救助行为与否的判断标准。

二、救助方式

遭受气候变化所致损失损害是任何国家都难以避免的。由于各国在自然禀赋和社会基础等方面存在的巨大差异，导致各国在气候灾害承受力和复原力等方面亦存在很大差异。减缓、适应、技术和资金是国际应对气候变化的四大支柱，其中，减缓是关键，资金是基础。"减缓"的事前预防措施的实施当属国际应对气候变化的重中之重，包括资金筹集等的事前救助亦构成气候变化所致损失损害之国际救助的关键方式。但于人类社会发展的当前现实而言，气候变化所致损失损害在今后相当长的时期是客观存在的，故而，遭受气候变化所致损失损害后的相互救助当是不容忽视的国际法要旨。

（一）事前救助

预防原则，是国际环境法的一项基本原则，旨在采取各种预防性手段和措施，对有可能损害环境的物质或行为进行管控，从而防止环境损害的发生。

---

〔1〕 ［2013］NZIPT 800413.

〔2〕 林灿铃：《国际环境法》（修订版），人民出版社2011年版，第45页。

鉴于气候变化所致损失损害对人类社会造成的严重不利影响，应对该问题的最佳方式即以预防原则为指导原则采取积极的事前预防措施以避免损害性行为或事件的发生，最大限度地避免产生潜在的不利影响。预防原则是气候变化所致损失损害所采取的事前救助的内在逻辑基础，这就要求各国对于遭受气候变化所致损失损害的其他国家采取事前救助，为受灾国家提供必要的资金和技术等国际支持，强化符合救助条件的受灾国家的复原能力。

国际应对气候变化之资金机制（以下简称"资金机制"）是对受灾国家施以国际救助的关键所在，缺乏充足的资金将使相关救助行动的开展寸步难行。历次气候变化谈判会议都将涉及资金机制的相关问题视为各气候集团博弈的焦点。当前，为应对气候变化所设立的资金机制主要由四大基金组成，分别是由全球环境基金作为经营实体负责运作，2001 年《联合国气候变化框架公约》第七次缔约方会议（COP7）通过的《马拉喀什协议》决定设立的最不发达国家基金（Least Developed Countries Fund, LDCF）和气候变化特别基金（Special Climate Change Fund, SCCF），2008 年《京都议定书》第四次缔约方会议设立的适应基金（Adaptation Fund, AF）和 2009 年《联合国气候变化框架公约》第十五次缔约方会议（COP15）通过的《哥本哈根协议》决定设立的绿色气候基金（Green Climate Fund, GCF）。总的来说，对他国实施的事前救助主要包括对具体项目的救助、支持国家适当缓解行动以及促进国家自主贡献方案的落实三种类型。

1. 具体项目的救助

根据 2001 年《马拉喀什协议》的规定，气候变化特别基金为适应工作、技术转让、能源与运输等内容的管理和帮助依赖矿物燃料发展中国家限制温室气体排放的活动、方案和措施提供资金。2006 年内罗毕气候大会在决定中对气候变化特别基金所支持的领域提出了更为具体的要求。第一，在国家层面，提升经济高度依赖矿物燃料及能源产品消耗的能源效率；第二，向他国提供技术促进经济多样化；第三，向他国提供使用低碳燃料技术，减少温室气体排放；第四，向他国提供先进燃料技术，支持技术创新；第五，根据国情向他国提供无害能源使用技术。时至今日，在由气候变化特别基金提供支持的 87 个项目中，增强国家气候变化减缓能力和抵御能力的项目超过 30 个，包括温室气体的捕获和储存、清洁能源的使用、管理技术转让以及增强抵御气候变化及其造成的极端气候事件的能力等多种类型。

　　绿色气候基金是为实现《联合国气候变化框架公约》治理目标而设立的专项基金，也是世界上最大的气候基金，所有发展中国家皆可获得基金提供的资金支持。并且基金尤为关注特别容易遭受气候变化所致损失损害影响的国家，旨在支持发展中国家管控温室气体的排放，减缓气候变化的进程和适应气候变化带来的影响。绿色气候基金向他国提供的事前救助主要体现在促进发展中国家提升减缓能力和抵御能力，为发展中国家提供资金用以支持国家缓解行动、低碳减排技术的开发与转让以及相关能力建设等方面的发展。

　　首先，绿色气候基金提供资金救助支持低碳减排技术的开发与转让的具体项目。非洲萨赫勒地区国家极易遭受气候变化造成的损失与损害，同时，这些国家经济发展水平落后，由于缺乏资金导致电力供应严重不足。对此，2021 年，绿色气候基金对布基纳法索、乍得、马里、毛里塔尼亚和尼日尔五国进行资金救助，挖掘其丰富的太阳能资源作为发电能源，降低这些国家对化石燃料的依赖，提升其减缓气候变化的能力。[1]同样，在此前的 2020 年，基金向海地提供资金救助，帮助海地南部目前没有电网的社区建立太阳能电网，在实现电力供应的同时替代传统的柴油发电机，增加低碳技术的使用。[2]同年，由于气候变化的影响，斐济原有的水利发电系统无法稳定供应，绿色气候基金向斐济提供资金救助，帮助其克服资金、技术和土地有限的障碍，建立光伏发电系统，促进该国农业生产，减少该国因气候变化导致的损失与损害。[3]此外，绿色气候基金还帮助发展中国家获得减少森林退化、促进森林恢复、增加森林面积相应技术，以此提升国家温室气体减排能力，进而实现减缓能力的建设。

　　其次，绿色气候基金提供资金救助促进提升国家抵御气候灾害的能力。越南沿海地区受到频繁的洪水和风暴的影响，每年约有 6 万所房屋受损或被毁，对当地造成了巨大的经济影响，尤其在农业和渔业领域面临着极高的灾害影响风险。2016 年，绿色气候基金通过抗灾住房、红树林种植和恢复以及系统化气候风险评估，加强了越南沿海地区的灾害抵御能力。[4]除了通过基

　　〔1〕　GCF, *FP*178: *Desert to Power G5 Sahel Facility*, 2021.

　　〔2〕　GCF, *SAP*013: *Scaling Smart, Solar, Energy Access Microgrids in Haiti*, 2020.

　　〔3〕　GCF, *SAP*016: *Fiji Agrophotovoltaic Project in Ovalau*, 2020.

　　〔4〕　GCF, *FPO*013: *Improving the resilience of vulnerable coastal communities to climate change related impacts in Viet Nam*, 2016.

础设施建设的方式强化国家的灾害抵御能力，还可以通过对国家自然资源管理的方式达到抵御灾害的目的。萨尔瓦多位于中美洲干旱走廊，是世界上最容易受到气候灾害影响的国家之一，面临着巨大的水资源压力。2018年，绿色气候基金对该国提供了资金救助，不仅帮助当地改善了供水系统，亦有效提升了建设可持续管理自然资源的能力，促进提升了当地抵御气候灾害的能力。

2. 支持国家适当缓解行动

除了上述内容，绿色气候基金还利用资金开展国家适当的缓解行动（Nationally Appropriate Mitigation Actions，NAMA）的发展中国家提供救助。2007年《巴厘岛行动计划》指出，为实现《联合国气候变化框架公约》的目标，决定加强缓解气候变化的国家行动，包括利用资金、技术和能力建设支持发展中国家开展国家适当的缓解行动。国家适当的缓解行动，是发展中国家在可持续发展背景下为促进温室气体减排，以可衡量、可报告、可核查的方式自愿采取的政策、计划和项目，主要包括森林恢复和保护，绿色能源对传统能源的代替，废物处理和基础设施建设与改造等。实际上，国家适当的缓解行动与传统接受资金救助的减缓项目存在一定的区别。

首先，国家适当的缓解行动接受的资金救助的来源并不局限于国际应对气候变化的四大基金。2010年《坎昆协议》决定，建立国家适当的缓解行动登记册，便于资金、技术和能力建设救助与这些行动相匹配，同时决定，发达国家应为发展中国家开展国家适当的缓解行动提供资金等方面的救助。《联合国气候变化框架公约》第十八次缔约方会议（COP18）重申，请发达国家、全球环境基金和绿色气候基金、多边、双边以及其他捐助方，向发展中国家提交的国家适当的缓解行动提供支持。其次，国家适当的缓解行动并不拘泥于制定缓解项目，而是包括有助于温室气体减排同时满足国家发展需求的任何行动。国家适当的缓解行动既包括温室气体减排的特定项目或措施，也包括长期减排的政策、战略和研究计划。最后，国家适当缓解行动的开展包括国家和个人两个层面。从国家层面来看，国家可以向《联合国气候变化框架公约》缔约方会议正式提交文件，宣布有意以与其能力相称并符合其国家发展目标的方式减少温室气体排放。而从个人层面来看，体现为旨在帮助国家实现其减缓目标的具体行动或行动团体对该行动的参与。

国家适当的缓解行动不仅充分体现了发展中国家的自身国情，为本国提供了适合的减缓路线，亦增强了国家提升缓解能力的雄心。通过资金与技术对国家适当的缓解行动的支持达到对发展中国家施以救助的目的，成为气候变化所致损失损害事前救助的重要内容，截至 2021 年 9 月 30 日，国家适当的缓解行动登记册共包含 191 个适当缓解行动条目，旨在寻求支持以准备或实施或获得认可。[1]

3. 促进国家自主贡献方案的落实

"国家自主贡献"的概念源于 2013 年华沙气候变化大会上提出的一种"自下而上"的减排承诺机制。[2] 此次会议决定争取通过一项法律文件"启动或加强拟作出的承诺的明晰度、透明度及对此种承诺的理解的方式，在缔约方会议第二十一次会议[3]之前尽早通报这些承诺"。2014 年利马气候大会再次请各缔约方尽早通报本国拟作出的自主贡献，并对国家自主贡献需要提供的基本信息提出了详细要求。2015 年《巴黎协定》要求发达国家与发展中国家根据共同但有区别的责任和能力差异对气候变化的减缓实行国家自主贡献，并就"国家自主贡献机制"（Nationally Determined Contributions，NDCs）作了具体规定（第 4 条），与《京都议定书》规定的承担减排任务的主体不同，国家自主贡献机制要求发展中国家与发达国家同为应对气候变化承担减排责任的主体。

根据 2021 年《〈巴黎协定〉之下的国家自主贡献》报告，目前，192 个缔约国中已提交 165 份国家自主贡献。实际上，多数发展中国家制定的国家自主贡献方案都需要资金救助。据统计，截至 2018 年，发展中国家提交的 154 份国家自主贡献方案中，有 86%（138 份）提出了明确的资金需求，包括印度、印度尼西亚等经济体量较大的发展中国家，也包括最不发达国家以及小岛屿国家等受气候变化影响最大的国家。[4] 要求发展中国家为应对气候变化作出贡献，首先需要向这些国家提供救助增强其减缓气候变化的能力，以期实现已制定的国家自主贡献方案。国际社会同样认识到了这一问题，因此，

---

〔1〕 UNFCCC, *Operation of the registry of nationally appropriate mitigation Actions*, FCCC/CP/2021/INF. 1, 2021.

〔2〕 张焕波等：《〈巴黎协定〉——全球应对气候变化的里程碑》，中国经济出版社 2017 年版，第 46 页。

〔3〕 即 2015 年巴黎气候大会。

〔4〕 洪祎君等："基于发展中国家自主贡献文件的资金需求评估"，载《气候变化研究进展》2018 年第 6 期。

2015 年《巴黎协定》规定，发达国家应考虑到发展中国家的需要，尤其是特别易受气候变化所致损失损害与能力严重受限的发展中国家的需要，提供规模更大的资金向发展中国家提供救助。此外，还包括通过资金救助落实技术开发与转让，加强这些国家的能力建设，以便开展行之有效的应对气候变化行动。

（二）事后救助

气候变化是关乎人类生死存亡的国际环境问题，无一国家能独善其身。对此，全球各国应坚持人类一体的理念共同致力于解决气候变化所致损失损害问题。各国应对气候变化行动的开展不仅要从源头上减缓温室气体的排放和增强抵御灾害的能力，还应注重气候变化所致损失损害的事后救助。当气候变化对人类社会造成的损失与损害无法在短时间内避免或改变时，应对遭受气候变化所致损失损害的受灾国家提供物资和安置受灾人群，帮助受灾国家提升适应气候变化的能力。2001 年《马拉喀什协议》指出，全球环境基金、气候变化特别基金与《京都议定书》下的适应基金应对包括开展适应评估、适应相关培训和适应技术转让等多种适应活动的支持。同时，考虑到最不发达国家的适应能力有限，设立最不发达国家基金作为救助这些国家的专项基金。而国家为获得气候资金的资助，需要依据本国实际情况制定相应的国家适应行动方案或计划。与此同时，对有违事前预防原则而未尽到预防义务所导致的气候变化损失损害，气候诉讼是事后救助不可或缺的救助途径（详见后文）。

1. 国家适应行动方案

为执行《联合国气候变化框架公约》第 4 条第 9 款对最不发达国家提供资金和技术转让的行动，《马拉喀什协议》规定通过最不发达国家基金支持国家适应行动方案。[1] 作为最不发达国家获得该基金支持的前置程序，国家适应行动方案（National Adaptation Programme of Action，NAPA）是一种适用于最不发达国家根据已经观察到的气候变化对本国的影响现状而设计的方案，旨在通过评估国家对气候变化所致损失损害的脆弱性，确定最不发达国家适应气候变化最为紧迫和直接的需求，侧重消除气候变化已经造成的损害或影响，并在无法应对时寻求替代方案。例如，孟加拉国于 2008 年制定国家适应

---

〔1〕 See Decision 7/CP. 7：Funding under the Convention.

行动方案，将本国遭受气候变化影响以及脆弱性的现状纳入方案中，制定了国家适应气候变化的框架，旨在优先考虑促进生命和生计的安全以及保障和减少自然灾害风险的活动。又如群岛国家圣多美和普林西比，该国制定国家适应行动方案，以适应气候变化的各种影响的活动为基础制定和实施项目，保护国民生命健康、基础设施和环境，将适应目标和措施纳入国家政策和各个部门的发展目标之中。但国家适应行动方案亦存在一定的短视之处。首先，国家适应行动方案是为解决国家当下最紧急的情势和最需要的救助制定的方案，着眼于短期内的适应行动，对于未来长期的适应计划缺乏考量，对于真正提升最不发达国家适应能力的作用十分有限；其次，最不发达国家基金通过该方案仅对最不发达国家进行资金和技术的救助，受助对象范围局限。从《联合国气候变化框架公约》制定之初便强调发展中国家参与应对气候变化行动需要获得资金与技术等多方面的支持，国家适应行动方案仅适用于最不发达国家无疑限缩了受助范围，多数发展中国家无法通过该方案接受相应救助，不利于国际应对气候变化进程的不断向前发展。

2. 国家适应计划

2010 年《坎昆协议》提出了加强适应行动的战略，认为适应是所有国家面临的一项共同挑战，为降低发展中国家的脆弱性迫切需要采取对这些国家适应行动的支持。因此，决定订立新型程序，使最不发达国家凭借前期制定国家适应行动方案所积累的经验确定其中期和长期适应的需求，从而拟订和实施与国家适应行动方案具有明显差异性的国家适应计划（National Adaptation Plans，NAPs），二者的差异性表现为：一是受助对象不同。通过国家适应行动方案获得救助的国家仅限于最不发达国家，受助对象范围较为限缩。而国家适应计划的制定主体不仅包括最不发达国家，还包括广大发展中国家，受助范围有所扩大。二是时间规划不同。与国家适应行动方案关注国家短期需求不同的是，国家适应计划侧重于发展中国家与最不发达国家中长期的适应需求和规划，是一个具有持续性、渐进性和迭代性的计划，更加具有科学性和合理性。三是行动目标不同。国家适应行动方案的形式主要包括列举清单，注重本国适应行动紧迫和现实的需要，缺乏长远的战略构想。而就国家适应计划而言，国际社会更希望通过该计划建设受助国家的适应能力和复原力，减少对气候变化所致损失损害的脆弱性，并将适应计划纳入国家不同部门和不同层级现有的方案、政策和战略中。最后是救助内容不同。根据 2015 年巴黎气候大会作出的决定，最不发达国家制定、更新和执行国家适应行动方案的方式主要包括提供资金、促进技术转让、提升公众对气候变化问题的认识和加强气象与水文服务。而对国家适应计划提供支持的方式则更为多样，除资金与技术的救助外，包括制定技术指南、开展研讨会和培训活动、提供技术咨询与技术文件以及开展区域交流等。[1]

各国认识到，必须扩大制定和实施全面的国家适应计划，显著推进适应能力和复原力建设。在缓慢起步后，发展中国家越来越重视国家行动方案的制定和实施，目前，154 个发展中国家中已有 126 个国家正在制定和实施国家行动方案。[2]为加快发展中国家强化自身适应能力的步伐，资金机制为发展中国家提供了更为有力的资金救助，绿色气候基金、最不发达国家基金和气候变化特别基金共同为发展中国家提供用于国家适应计划制定和执行的资金，同时，其他双边、多边和国内渠道也为发展中国家推进国家适应计划作出了贡献。[3]

第三节　应对气候变化小岛屿国家的自我救助

小岛屿国家所遭受的气候变化不利影响是国际社会公认的于全球范围内最为严重的，自然灾害肆虐、海平面上升等问题对小岛屿国家构成了紧迫的生存威胁，气候变化所致损失损害使小岛屿国家面临极其严峻的挑战。由于体制能力欠缺、财政资源有限以及面对系统性冲击的高度脆弱性使这些挑战更加严峻。[4]然而，鉴于气候变化所致损失损害责任的特殊性，虽然小岛屿国家的温室气体排放贡献很小，但于应对气候变化这一人类共同事业中，小岛屿国家亦需积极行动切实履行其环境义务并进行积极的自我救助。

---

〔1〕　See Decision 5 /CP. 17：National Adaptation Plans.

〔2〕　UNFCCC Least Developed Countries Expert Group, *National Adaptation Plans* 2020：*Progressing in the formulation and implementation of NAPs*, 2021.

〔3〕　See Decision 7 /CP. 25：National Adaptation Plans.

〔4〕　See "About Small Island Developing States", UN-OHRLLS, https://www.un. org/ohrlls/content/about-small-island-developing-states.

一、小岛屿发展中国家

1987 年 4 月 11 日，马尔代夫群岛遭遇多年来最高海潮的侵袭，首都马累 1/3 地区都受到严重洪水的影响，导致瑚湖尔岛国际机场、出入港口、燃料码头等基础设施受到破坏。尽管没有出现人员伤亡，但房屋被毁导致大约 300 人被疏散或无家可归，除首都马累外更有 16 个岛屿遭受了洪水的影响。[1]同年 7 月和 9 月，马尔代夫群岛再次发生的海潮灾害使得全世界认识到"地势低洼"与"天赋资源奇缺，经济基础薄弱"的小岛屿国家需要国际社会特别的援助。[2]

1989 年 11 月 14 日至 18 日，在马尔代夫首都马累举行的海平面上升问题小岛屿国家会议[3]上通过了《全球气候变暖海平面上升问题马累宣言》，强调了低海岸线小岛屿国家因气候变化而面临的海平面上升的紧迫威胁，决定成立跨加勒比海、南太平洋、地中海和印度洋区域的行动组织，为小岛屿发展中国家就气候变化问题在联合国及其机构中发声。[4]小岛屿发展中国家和小岛屿国家联盟便在这一背景下应运而生。

小岛屿发展中国家和小岛屿国家联盟是代表小岛屿国家利益的最为重要的两大组织。其中，小岛屿发展中国家由面临特殊社会、经济和环境脆弱性问题的 38 个联合国成员国和 20 个非联合国成员国或联合国区域委员会准成员组成。[5]这些国家中，几内亚比绍、海地、基里巴斯、圣多美和普林西比、

---

〔1〕 参见联合国赈灾组织 87/0793 号报告。

〔2〕 See U. N. Doc. A/RES/42/202.

〔3〕 本次会议在澳大利亚政府的资助下，由马尔代夫政府主持召开，与会的有包括安提瓜和巴布达、塞浦路斯、斐济、基里巴斯、马尔代夫、马耳他、毛里求斯、特立尼达和多巴哥、瓦努阿图在内的 14 个小岛屿国家的代表以及来自世界各国的观察员和参与者。

〔4〕 See U. N. Doc. A/C. 2/44/7.

〔5〕 其中属于联合国成员国的 38 个国家分别为：安提瓜和巴布达、圭亚那、新加坡、巴哈马、海地、圣基茨和尼维斯、巴林、牙买加、圣卢西亚、巴巴多斯、基里巴斯、圣文森特和格林纳丁斯、伯利兹、马尔代夫、塞舌尔、佛得角、马绍尔群岛、所罗门群岛、科摩罗、密克罗尼西亚联邦、苏里南、古巴、毛里求斯、东帝汶、多米尼克、瑙鲁、汤加、多米尼加、帕劳、特立尼达和多巴哥、斐济、巴布亚新几内亚、图瓦卢、格林纳达、萨摩亚、瓦努阿图、几内亚比绍、圣多美和普林西比。20 个非联合国成员国或联合国区域委员会准成员国家为：美属萨摩亚、库克群岛、新喀里多尼亚、安圭拉、库拉索、纽埃、阿鲁巴、法属波利尼西亚、波多黎各、百慕大、瓜德罗普岛、圣马腾、英属维尔京群岛、关岛、特克斯和凯科斯群岛、开曼群岛、马提尼克岛、美属维尔京群岛、北马里亚纳联邦、蒙特塞拉特。

所罗门群岛、东帝汶和图瓦卢同时也是联合国确定的最不发达国家。[1]小岛屿发展中国家主要致力于为成员实现可持续发展制定统一的行动纲领，在资金、技术和人才等多方面为小岛屿国家谋求更多的国际支援；而小岛屿国家联盟则由 39 个小岛屿与低地沿海发展中国家组成，成立于 1990 年第二次世界气候大会，[2]其成员均为小岛屿发展中国家。自成立以来，小岛屿国家联盟在国际应对气候变化、可持续发展谈判进程中代表其成员的利益，扩大国际上相对弱势环境的小岛屿国家被边缘化的声音。团结在一起的小岛屿国家在世界舞台上扮演了超越其体量的重要角色，在温室气体减排谈判等方面促成了历史性的全球共识。[3]

就两大组织的成员范围而言，小岛屿发展中国家覆盖的成员范围大于小岛屿国家联盟，代表了更加广泛的主体的利益。虽然，小岛屿发展中国家成员包括 20 个非联合国成员国或联合国区域委员会准成员，但其中多数尚未取得独立地位，不是主权国家，在行动上不具有完全的独立性，但不可否认的是这些成员同样受到了气候变化所导致的最为严重的不利影响，并为自身的生存发展积极行动。因此，为更好地对小岛屿国家的自我救助进行全面审视，本书所称的小岛屿国家指的是小岛屿发展中国家的所有成员。

小岛屿国家之间国情差异巨大，在自然条件和社会状况等方面都有着显著的差别，[4]但在应对气候变化问题上，小岛屿国家面临着诸多同样的挑战。在自然条件方面，所有的小岛屿国家基本上都位于赤道两侧，地处热带且多

---

[1] See "About Small Island Developing States", UN-OHRLLS, https://www.un.org/ohrlls/content/about-small-island-developing-states.

[2] 小岛屿国家联盟 39 个成员以其所在地理位置分为三个部分，其中加勒比海地区的 16 个成员分别为安提瓜和巴布达、巴哈马、巴巴多斯、伯利兹、古巴、多米尼克、多米尼加、格林纳达、圭亚那、海地、牙买加、圣基茨和尼维斯、圣卢西亚、圣文森特和格林纳丁斯、苏里南、特立尼达和多巴哥；太平洋地区的 15 个成员分别为库克群岛、密克罗尼西亚联邦、斐济、基里巴斯、瑙鲁、纽埃、帕劳、巴布亚新几内亚、马绍尔群岛、萨摩亚、所罗门群岛、东帝汶、汤加、图瓦卢、瓦努阿图；非洲、印度洋的 8 个成员分别为佛得角、科摩罗、几内亚比绍、马尔代夫、毛里求斯、圣多美和普林西比、塞舌尔、新加坡。

[3] See "About Us", AOSIS, https://www.aosis.org/about/.

[4] 以国土面积为例，面积最小的瑙鲁仅有 21.1 平方公里，面积最大的巴布亚新几内亚领土面积 46.28 万平方公里，另有 310 万平方公里的海洋专属经济区，而在人口方面纽埃本土人口仅 1630 人，而多米尼加人口则超过了 1000 万人（外交部 2020 年统计数据）。此外，小岛屿发展中国家在人种、语言、宗教信仰方面也有显著区别。

为岛国，全年平均气温高、降水多，易受飓风等自然灾害侵袭，并且国土面积狭小、海拔低的地理条件也使得气候变化导致的海平面上升问题显得更加致命。根据联合国政府间气候变化专门委员会于 2019 年出具的《气候变化中的海洋和冰冻圈特别报告》，在高排放情景下，2100 年全球平均海平面将升高 0.84 米，2300 年全球平均海平面将上升 2.3 米至 5.4 米。[1] 以图瓦卢和马尔代夫为例，其全境海拔均在 5 米以下，若不对当前温室气体排放加以限制，至 2300 年，这两个小岛屿国家将会完全淹没在海平面之下。在社会条件方面，经济上，由于小岛屿国家面临人口规模小、远离国际市场、地理位置偏远、运输成本高、易受外来经济冲击以及海洋陆地生态系统脆弱等不利因素，因此缺乏经济选择，特别容易受到气候变化及生物多样性丧失的不利影响；[2]人口上，截至 2020 年，所有小岛屿国家总人口为 6500 万人左右，略低于世界人口的 1%，在应对气候变化问题上的人才储备状况十分严峻；政治上，几乎所有的小岛屿国家都是随着民族解放运动在第二次世界大战之后才取得自治、独立建国的，20 个非联合国成员国或联合国区域委员会准成员国家多数尚未取得独立地位，为英国、法国、美国、荷兰等国家的海外属地，总体而言力量薄弱。

　　1992 年在巴西里约热内卢举行的联合国环境与发展大会上，小岛屿国家的特殊地位在《里约环境与发展宣言》[3]和《21 世纪议程》[4]以及《联合国气候变化框架公约》[5]等重要文件中得到国际社会的确认。小岛屿国家作为最易受到环境损害，尤其是气候变化引起的海平面上升等气候灾害影响的国家的特殊地位自此得到公认，为其取得国际社会的广泛支持奠定了基础，也拉开了小岛屿国家单独或集体自我救助行动的序幕。

---

〔1〕　IPCC：*Special Report on the Ocean and Cryosphere in a Changing Climate*，https：//www. ipcc. ch/srocc/，B. 3. 1–B. 3. 3.

〔2〕　See About Small Island Developing States，UN–OHRLLS，https：//www. un. org/ohrlls/content/about-small-island-developing-states.

〔3〕　《里约环境与发展宣言》原则 6："发展中国家，特别是最不发达国家和那些环境方面最易受到损害的发展中国家的特殊情况和需要，应给予特别优先的考虑。在环境和发展领域采取的国际行动也应符合各国的利益和需要。"

〔4〕　《21 世纪议程》第 17 章 G 节："小岛屿的可持续发展。"

〔5〕　《联合国气候变化框架公约》序言规定："……地势低洼国家和其他小岛屿国家、拥有低洼沿海地区、干旱和半干旱地区或易受水灾、旱灾和沙漠化影响地区的国家以及具有脆弱的山区生态系统的发展中国家特别容易受到气候变化的不利影响，……"

二、应对气候变化小岛屿国家的行动

由于不利的自然地理条件和经济社会发展状况，小岛屿国家所面临的乃是由气候变化所带来的最为迫切的生存威胁。所以，作为气候变化所致损失损害的最大受害者，小岛屿国家在应对气候变化中表现出了更多的忧虑和积极性。

（一）小岛屿国家的外交呼吁

气候变化为小岛屿国家带去了最直接、最紧迫的生存威胁。从远期看，气候变化所致海平面上升问题的影响看似缓慢却为小岛屿国家的长期发展蒙上了不可磨灭的阴影。图瓦卢、马尔代夫等小岛屿国家面临海平面上升后被从地图上彻底抹去的命运，淡水资源受盐水入侵威胁问题随海平面上升进一步恶化，生物多样性受自然环境变化影响遭到不可逆的损害等问题使小岛屿国家的前景看起来一片黯淡。从近期看，自然灾害频发已经对小岛屿国家产生了致命的影响。2017 年 8 月的飓风哈维（Hurricane Harvey）、9 月的飓风厄玛（Hurricane Irma）以及同月接踵而至的飓风玛利亚（Hurricane Maria）席卷了加勒比海地区，摧毁了该区域的小岛屿国家的通讯、能源和交通基础设施、家庭、卫生措施和学校，使本就处在欠发达状态的小岛屿国家更加难以前进。正是在这样严峻的生存压力下，小岛屿国家在《联合国气候变化框架公约》及其议定书的谈判过程中始终坚持着较高的要求。

早在 1992 年《联合国气候变化框架公约》出台后，小岛屿国家即对《联合国气候变化框架公约》第 4 条第 2 款（a）项和（b）项所规定的附件一国家应达成的减缓目标是否充分表达了担忧，基里巴斯时任总统塔特罗·铁安纳奇（Teatao Teannaki）表示："《公约》缺乏在一个确定时间表内稳定和减少二氧化碳的明确共识，这对小岛屿发展中国家而言是十分令人沮丧的。"[1] 1994 年，小岛屿国家联盟便编写了《联合国气候变化框架公约减少温室气体排放议定书草案》（以下简称《草案》）提交气候变化框架公约委员会第十一届会议和 1995 年《联合国气候变化框架公约》第一次缔约方会议（COP1）审议。《草案》的主要目标在于强化附件一国家的二氧化碳减排义务，要求附件一国家明确其他温室气体排放的目标和时间表，并对二氧化碳和其他温室

---

[1] U. N. Doc. A/CONF. 151/26/Rev. 1（Vol. III），pp. 208~217.

气体减排提出了附件一国家在 2005 年做到二氧化碳的排放量较 1990 年水平降低至少 20% 的要求，远高于《京都议定书》承诺要求的 5%。[1] 小岛屿国家的这一愿景随着《京都议定书》的出台而正式宣告破灭，对此小岛屿国家表示了强烈不满。[2]

2009 年，小岛屿国家联盟向《联合国气候变化框架公约》秘书处提交了就《京都议定书》可能修改内容的意见，较《草案》更加激进，要求"附件一国家，无论是否为《京都议定书》缔约方，都必须在 2020 年之前将其排放量比 1990 年的水平至少减少 45%。附件一缔约方，无论是否为《京都议定书》缔约方，都必须在 2050 年之前将其排放量减少到 1990 年水平的 95% 以上"。[3] 同年，格林纳达代表小岛屿国家联盟向《联合国气候变化框架公约》秘书处提交了"小岛屿国家联盟关于《京都议定书》的存续及缔结《哥本哈根协议》和加强执行《联合国气候变化框架公约》的提案"，补充要求附件一国家在 2013 年至 2017 年承诺期内较 1990 年水平减排 33%。2010 年，小岛屿国家联盟更进一步要求温室气体排放应于 2015 年达到峰值，全球二氧化碳排放总量应在 2050 年削减 85% 以上，非附件一国家的排放也应当于 2020 年取得重大改变。[4] 2011 年，小岛屿国家联盟向《联合国气候变化框架公约》第十七次缔约方会议（COP17）提交意见，认为全球平均气温相较于工业化前水平上升 1 摄氏度对小岛屿国家来说即可造成重大影响，将全球平均温度控制在 1.5 摄氏度的缓解措施，尽管可以显著降低海平面的上升速度，但无法完全停止海平面上升，对小岛屿国家的居民生存环境和生态系统都构成了严重挑战。[5] 瑙鲁代表小岛屿国家联盟也再次提出了关于修正《京都议定书》的提案。

---

〔1〕　U. N. Doc. FCCC/CP/1995/Misc. 1, p. 67.

〔2〕　特立尼达和多巴哥代表在《联合国气候变化框架公约》第三次缔约方会议（COP3）上以小岛屿国家联盟代表的名义发言："《京都议定书》达成的是一个折衷的案文，所议定的削减指标并不足以回应科学的信息，……从道德上来说，是引人质疑的。……小岛屿国家联盟的期望受到了重大的挫折。"萨摩亚代表小岛屿国家联盟在《联合国气候变化框架公约》第四次缔约方会议（COP4）上发言中再次表达了《京都议定书》确定的目标相对于小岛屿国家面临的巨大挑战是不够的，小岛屿国家联盟的妥协精神导致《联合国气候变化框架公约》在制度方面没有取得足够的进展。

〔3〕　U. N. Doc. FCCC/KP/AWG/2009/MISC. 7, p. 21.

〔4〕　U. N. Doc. FCCC/AWGLCA/2010/MISC. 2, p. 60.

〔5〕　U. N. Doc. FCCC/ADP/2012/MISC. 1, p. 44.

2015 年《巴黎协定》通过以前，小岛屿国家联盟的代表多次在德班加强行动平台问题特设工作组会议上表达对《巴黎协定》的期望，其中最重要的便是一如既往地要求将全球平均气温升高控制在相较于工业化前水平的 1.5 摄氏度以下。小岛屿国家联盟的要求在《巴黎协定》中依旧没能落实，仅作为尽可能达成的建议性目标出现在《巴黎协定》的文本当中，因此在《巴黎协定》生效后，小岛屿国家联盟继续就全球平均气温升高 1.5 摄氏度可能造成的不可逆转的损失向国际社会进行呼吁。[1]

小岛屿国家处在气候变化影响的第一线，对气候变化所致损失损害有着最切身的实感，小岛屿国家所持的立场和表现出的忧虑都与其受到的紧迫生存威胁密切相关。然而，小岛屿国家为自身生存利益奔走呼喊的成效却并不尽如人意，其对温室气体减排的要求可以说均未得以实现。受到最深切的影响却无力左右议题的发展，小岛屿国家在忧虑之外不得不开展更加积极的自我救助，以自身力量和行动寻求生存发展的出路。

（二）小岛屿国家履行环境义务的行动

尽管小岛屿国家是公认的气候变化问题的最大受害者，但其作为国际法上的重要主体同样承担着一定的环境义务。《联合国气候变化框架公约》及其议定书是小岛屿国家争取气候变化条件下自身生存发展权益最重要的平台之一，而对《联合国气候变化框架公约》及其议定书的遵守是小岛屿国家履行环境义务，展现责任担当最重要的表现。

1. 小岛屿国家应对气候变化的"减缓"行动

根据全球碳图集（Global Carbon Atlas）提供的数据，2020 年全球碳排放总量为 384.07 亿吨二氧化碳，而小岛屿国家中碳排放总量最高的新加坡，其 2020 年碳排放总量为 4600 万吨二氧化碳，仅占全球碳排放总量的千分之一，图瓦卢、纽埃、瑙鲁等国家更是在碳排放总量排行中位列倒数。[2]同时，小岛屿国家中几内亚比绍、海地、基里巴斯、圣多美和普林西比、所罗门群岛、东帝汶和图瓦卢依然位列联合国所确定的最不发达国家行列。2001 年《马拉喀什部长宣言》序言重申，经济和社会发展、消除贫困是发展中国家头等重

---

〔1〕 See Statement by His Excellency Dr. Hussain Rasheed Hassan, Minister of Environment of Maldives on behalf of the Alliance of Small Island States at the 3rd Biennial Ministerial High-Level Dialogue on Climate Finance-"Translating climate finance needs into action".

〔2〕 See Global Carbon Atlas, http://globalcarbonatlas.org/cn/CO2-emissions.

要的优先事项，[1]减缓并不是《联合国气候变化框架公约》规定的小岛屿国家必须履行的义务。尽管如此，小岛屿国家还是积极采取减缓措施，以多种形式参与温室气体减排过程，其中最主要的是清洁发展机制（Clean Development Mechanism，CDM）、国家适当的缓解行动和国家自主贡献机制。

第一，清洁发展机制。为协助《联合国气候变化框架公约》附件一国家实现减排承诺，并帮助包括小岛屿国家在内的非附件一国家实现可持续发展，《京都议定书》设定了清洁发展机制。[2]发达国家通过提供大量的资金和先进的技术设备在包括小岛屿国家在内的减排温室气体成本较低的发展中国家实施清洁发展机制项目，从而获得一定数量的额外减排额度，以便实现《京都议定书》对其规定的减排义务。对于小岛屿国家而言，清洁发展机制也是一项帮助其参与减缓过程并实现自身可持续发展的双赢制度，一方面能够促进小岛屿国家获得更多绿色投资，另一方面也使小岛屿国家有机会跳过老旧技术，直接建设更新、更清洁的基础设施和系统。尽管小岛屿国家不认为清洁发展机制是执行《联合国气候变化框架公约》第 4 条第 5 款的主要工具，[3]但仍积极参与了清洁发展机制下的项目活动。[4]例如，斐济与英国开展的水电清洁发展项目，不仅为斐济带来了先进的、可持续发展的技术，更为其带来了一笔用于基础设施建设的重要投资。清洁发展机制的收入构成了发展中国家最大的减缓资金来源，[5]由此形成良性循环，不仅能够实现发达国家与小岛屿国家之间的技术转让和能力建设，还能在保护当地环境的同时减少温室气体排放，从而达到减缓气候变化的作用。

第二，国家适当的缓解行动。国家适当的缓解行动是小岛屿发展中国家参与减排的另一种方式，其法律基础为 2007 年《巴厘岛行动计划》[6]及

---

　〔1〕　U. N. Doc. FCCC/CP/2001/13/Add. 1, Decision 1/CP. 7.

　〔2〕　《京都议定书》第 12 条第 2 款规定："清洁发展机制的目的是协助未列入附件一的缔约方实现可持续发展和有益于《公约》的最终目标，并协助附件一所列缔约方实现遵守第三条规定的其量化的限制和减少排放的承诺。"

　〔3〕　U. N. Doc. FCCC/SBSTA/2000/MISC. 4, p. 40.

　〔4〕　See U. N. Doc. FCCC/SBSTA/2002/MISC. 22/Add. 2.

　〔5〕　World Bank, *World Development Report* 2010: *Development and Climate Change*, 2010.

　〔6〕　《巴厘岛行动计划》第 1 条第 b 款第 2 项规定："发展中国家缔约方在可持续发展方面可衡量和可报告的适当国家缓解行动，它们应得到以可衡量、可报告和可核实的方式提供的技术、资金和能力建设的支持和扶持。"

2009 年《哥本哈根协议》,[1]指的是包括小岛屿国家在内的发展中国家在得到适当支持、保证可持续发展的基础上执行一定的缓解气候变化的行动,是解决发展中国家温室气体减排问题的重要工具之一。具体而言,国家适当的缓解行动既包含短期内减少排放的特定项目或措施,也包含长期减排的政策、战略和研究计划,涉及的内容多为森林恢复和保护,绿色能源对传统能源的代替,废物处理和基础设施建设与改造。[2]位于大洋洲的小岛屿国家巴布亚新几内亚在其执行的缓解行动中指出,该国的目标是在 2030 年之前将温室气体排放量至少减少 50%,并于 2050 年实现碳中和。库克群岛通报说,该国已经制定了到 2020 年实现 100%可再生电力的政策目标,并决定采取分阶段实施的办法,计划到 2015 年实现减排 50%的目标。新加坡表示将根据《可持续新加坡蓝图》宣布的缓解和能源效率措施,计划在当前生产模式下,于 2020 年将温室气体排放量减少 16%。马尔代夫表示,该国争取于 2020 年实现碳中和,愿意在国际上衡量、报告和验证其缓解行动。马绍尔群岛表示,根据该国 2009 年《国家能源政策和能源行动计划》,争取到 2020 年将二氧化碳排放量比 2009 年水平减少 40%。安提瓜和百慕大表示,自愿采取国家适当的缓解行动,旨在 2020 年将其温室气体排放量较 1990 年水平进一步减少 25%。

第三,国家自主贡献机制。2015 年《巴黎协定》规定了国家自主贡献机制,使气候变化减排机制由《京都议定书》规定的“自上而下”的强制减排转变为了“自下而上”的国家自主贡献。截至 2022 年 5 月,已有 192 个《巴黎协定》缔约方提交了第一次国家自主贡献报告,其中 13 个国家提交了第二次国家自主贡献报告。[3]《巴黎协定》充分考虑到小岛屿国家的特殊情况,明确小岛屿发展中国家在国家自主贡献机制既不承担强制减排义务,也不承担更多的减排压力。即便如此,小岛屿发展中国家仍积极参与到国家自主贡献机制中。格林纳达作为极易受到气候变化影响的国家之一,从电力、运输、废物处理和林业四个方面实施减缓行动,承诺到 2025 年将其温室气体排放量

---

[1] 《哥本哈根协议》第 5 条规定:“非《公约》附件一所列缔约方将按照第四条第 1 款和第四条第 7 款,在可持续发展的背景下执行缓解行动,⋯⋯最不发达国家和小岛屿发展中国家可在得到扶持的基础上自愿采取行动。⋯⋯”

[2] See UNFCCC, *Compilation of information on nationally appropriate mitigation actions to be implemented by developing country Parties*, 2015.

[3] See All NDCs, https://www4.unfccc.int/sites/NDCStaging/Pages/All.aspx.

相较于 2010 年减少 30%，到 2030 年进一步缩减到 2010 年水平的 40%。既是最不发达国家又是小岛屿国家的基里巴斯，由于岛屿狭窄，全国人口和大部分基础设施都集中在沿海地区，使其直接暴露在这些气候变化不利影响之下。在此情形下，基里巴斯依然选择参与到全球气候变化减缓行动中，力求选择清洁的和可持续的能源以促进基里巴斯的经济增长和生活改善。基里巴斯确定到 2025 年通过提高可再生能源效率来减少化石燃料的使用，预计电力和运输所使用化石燃料的 1/3 将被取代。

面对迫切的生存威胁，小岛屿国家在气候变化问题上的积极性远超其他国家。即使减缓并非自身所承担的公约义务，小岛屿国家还是积极采取行动减少温室气体排放，以自身努力全力推动应对气候变化减缓事业的发展——尽管这对世界碳排放总量来说显得杯水车薪。小岛屿国家对应对气候变化减缓行动的积极参与是其作为人类命运共同体一员履行环境义务的重要表现，既体现出小岛屿国家对自身未来发展的负责态度，也是对大量排放温室气体的发达国家的一种督促。

2. 小岛屿国家应对气候变化的"适应"行动

"适应"是在应对气候变化及其不利影响的刺激下作出的一种调整性的反应，包括减少目前正在发生的气候变化的影响并提高对未来影响的抵御能力，其重点在于能够减轻损害，增强适应能力或者获得开发有利的机会，其行动目标更关注减小气候风险和脆弱性，增强气候恢复能力，以及开发潜在的发展机会。[1]与减缓从根本上积极应对气候变化不同，适应是国际社会应对气候变化的一种消极举措，[2]但是，就小岛屿国家而言，其温室气体的排放总量以及减少温室气体排放的能力决定了其在应对气候变化的减缓行动中不可能居于主要地位，与取得发展及增强自身能力建设息息相关的适应措施恰恰是其应对气候变化自救中更加迫切且实际的行动。

2001 年《联合国气候变化框架公约》第七次缔约方会议（COP7）建立了国家适应行动方案，以帮助最不发达国家解决其最紧迫的适应需求。国家适应行动方案是一种基于响应和应对方法的适应，根据观察到的气候变化的影响而设计，增强了自主适应过程，侧重恢复气候变化已经造成的损害或影

---

〔1〕 李祝等编著：《适应与减缓气候变化》，科学出版社 2019 年版，第 89 页。

〔2〕 林灿铃："论中国应对气候变化立法的基本原则"，载《贵州省党校学报》2018 年第 5 期。

响，并在无法应对时寻求替代方案。2010 年，《联合国气候变化框架公约》第十六次缔约方会议（COP16）建立了国家适应计划的程序，该程序将发展中国家也纳入进来，以使最不发达国家和其他发展中国家能够确定中长期适应需求并发展和实施战略及计划来满足这些需求。[1]国家适应计划的核心要素是通过战略、政策、计划和行动将气候变化纳入可持续发展目标中，其目的是通过采取行动预防气候变化潜在不利后果的产生，是一项具有前瞻性的行动。无论是国家适应计划还是国家适应行动方案，制定和实施的主要目标有两个：一方面，通过建设气候变化适应能力和复原力，降低应对气候变化的脆弱性；另一方面，酌情促进将适应气候变化以一致的方式纳入所有相关部门和不同级别的政策、计划和活动，特别是发展规划过程和战略。

国家适应行动方案和国家适应计划有助于帮助小岛屿国家厘清自身状况，在顶层设计上为小岛屿国家指明适应方向，有利于小岛屿国家更好地统筹自身力量以增强建设气候变化适应能力的效率，并降低应对气候变化的脆弱性。以圣多美和普林西比为例，由其制定的国家适应行动方案的主要目标在于以应对气候变化的各种影响的活动为基础制定和实施项目，保护国民生命健康、基础设施和环境，将目标和适应措施纳入国家政策和各个部门的发展目标，提高对气候变化影响和适应活动的认知。具体行动包括开展引种的科技研究；建立农业和畜牧业勘探补贴机制；引进可再生能源，减少化石燃料消耗；建设饮用水水库储备战略水源等。与圣多美和普林西比大致相同，萨摩亚亦制定了相关国家适应行动方案并为此设置了具体的项目规划。在明确的目标和具体的行动方案的指导下，小岛屿国家的适应能力建设也将事半功倍。

适应是小岛屿国家在《联合国气候变化框架公约》下必须履行的义务之一。由于发展的滞后性，小岛屿国家适应行动的开展离不开其他国家资金、技术和人才等方面的救助，但这并不能否认小岛屿国家自身的努力。小岛屿国家总体发展较为落后，环境条件最为脆弱，在这种条件下适应气候变化尤为艰难却积极采取行动，是生存压力推动下的无奈，也体现了小岛屿国家应对气候变化问题的决心。

（三）小岛屿国家的能力建设

小岛屿国家在气候变化的冲击下具有高度脆弱性，这种脆弱性来自自然

---

〔1〕 United Nations Least Developed Countries Expert Group, *Information paper on how the process to formulate and implement national adaptation plans can be supported in the least developed countries*, 2015.

条件和社会条件两个方面。小岛屿国家多为岛国，地势低洼且国土面积狭小的自然条件使得小岛屿国家的人口主要集中在沿海地区，在气候变化导致的海平面上升和自然灾害频发的问题面前无路可退，一旦灾害发生，小岛屿国家遭到的损失损害将远大于其他国家。同时，由于小岛屿国家普遍发展水平不高，几内亚比绍、海地、基里巴斯等七个小岛屿国家同时是联合国确定的最不发达国家，这导致了小岛屿国家无力妥善应对严重的气候灾害，从气候灾害中恢复的能力更是十分薄弱。在自然条件难以改变的情况下，为解决小岛屿国家高度脆弱性的问题必须从小岛屿国家自身应对气候变化能力建设着手，可持续发展能力建设便体现了小岛屿国家在此方面的多年耕耘。

　　1994 年 4 月 25 日至 5 月 6 日在巴巴多斯召开的小岛屿发展中国家可持续发展全球会议通过了关于小岛屿发展中国家可持续发展的《巴巴多斯宣言》和《小岛屿发展中国家可持续发展行动纲领》（以下简称《巴巴多斯行动纲领》），将《21 世纪议程》中对小岛屿发展中国家可持续发展的要求转化为具体政策、行动和措施。[1]《巴巴多斯行动纲领》在应对气候变化和海平面上升的问题上，着重强调了《联合国气候变化框架公约》的重要性，并要求小岛屿发展中国家拟定适应气候变化的综合战略和措施。[2]2005 年 1 月 10 日至 14 日，《巴巴多斯行动纲领》十年全面审查会议通过了《毛里求斯宣言》和《进一步实施小岛屿发展中国家可持续发展行动纲领的毛里求斯战略》（以下简称《毛里求斯战略》）。《毛里求斯战略》确认了在应对气候变化和海平面上升问题上，适应气候变化的不利影响对小岛屿发展中国家的优先性和重要性。[3]并且，与《巴巴多斯行动纲领》相比，《毛里求斯战略》把重点放在了调动小岛屿国家国内资源，以吸引国际资源流动，促进国际贸易，加强国际金融和技术合作上，而不只是强调国际合作与援助的重要性，在务实性和可持续性方面都有了长足进步。2014 年第 69 届联合国大会通过了《小岛屿

---

〔1〕　See U. N. Doc. A/CONF. 167/9.

〔2〕　《巴巴多斯行动纲领》第一章 A 规定："（七）拟订适应气候变化的综合战略和措施《包括编制、促进和收集资料》，以协助更好了解同制定促进充分适应气候变化的方法有关的各种问题。"

〔3〕　《毛里求斯战略》第 16 段指出："气候变化和海平面上升的不利影响严重威胁着小岛屿发展中国家的可持续发展，气候变化的长期影响甚至可能威胁到一些小岛屿发展中国家的生存。根据秘书长关于审查《行动纲领》执行工作的进展的报告和其他现有资料，小岛屿发展中国家认为它们已经受到气候变化的严重不利影响。适应气候变化的不利影响仍然是小岛屿发展中国家的一个主要优先事项。"

发展中国家快速行动方式》（以下简称《萨摩亚途径》），再次强调了适应气候变化对小岛屿发展中国家的重要性和优先性，明确了小岛屿发展中国家在实施适应项目时面临的财政困难，[1]并为此作出了相应的资金支持安排。

小岛屿国家在可持续发展能力建设方面维持着 5 年一期"审查"、10 年一个"战略"的步调，在不断调整的过程中一步步走向务实，不断强调小岛屿国家自身行动的必要性。迄今，与小岛屿国家能力建设所需要的帮助相比，国际支持明显不足，尤其是财政方面的困难使得小岛屿国家在应对气候变化能力建设上举步维艰。尽管如此，小岛屿国家仍在与气候变化有关的信息收集能力建设、应对气候变化战略制定和实施、能源替代等方面获得了较大的发展，应对气候变化能力建设得到了有效提升。

三、小岛屿国家的困境与出路

小岛屿国家由于面临特殊的社会经济条件以及地理不利和环境脆弱性等问题，导致气候变化所致损失损害对小岛屿国家的国家安全等皆会产生极其严重的影响。因而，在认可小岛屿国家在应对气候变化中所做出的努力的同时，也需明确小岛屿国家所面临的实际困境。近年来，国际社会重申了小岛屿国家特别的脆弱性，并呼吁国际社会继续加大对小岛屿国家的资金和技术支持，以帮助其解决气候变化所致损失损害问题。[2]

（一）小岛屿国家的困境

气候变化不仅加大了小岛屿国家发展的难度，还为小岛屿国家带来了紧迫的生存威胁。海平面上升导致小岛屿国家土地资源受到严重侵蚀，对于国土面积本就狭小的小岛屿国家而言更是雪上加霜，其最直接的不利影响就是造成居住在小岛屿国家海岸线附近的居民不得不举家搬迁，被迫迁徙。[3]以图瓦卢为例，作为世界上第四小的国家，其土地总面积不足 26 平方公里，大多数的岛屿海拔不足 3 米，即便气候变化带来的海平面上升问题导致该国可

---

[1] 《萨摩亚途径》第 15 段指出："……在小岛屿发展中国家，气候变化的不利影响，加上现有的各种挑战，给这些国家的国家预算和实现可持续发展目标的努力造成额外负担。……它们认为到目前为止可获得的财政资源不足以推动实施适应和减缓气候变化项目。……"

[2] U. N. Doc. A/RES/65/2, pp. 2–3.

[3] 联合国发展计划署《2015 年人类发展报告》指出："气候变化带来的最大的单一效应就是人类迁移，因为海岸线被侵蚀、沿海地区的洪水和农业被破坏，数以百万的人被迫流离失所。"

能彻底消失在地球上还可以说是尚未到来的未来，但气候极端事件频发导致图瓦卢国民无处避难，无家可归的灾难却已然成为现实。[1]图瓦卢面临的灾难是小岛屿国家困境的一个缩影，甚至可以说是世界各国受气候变化影响的一个先兆。从总体上看，气候变化是个缓慢的过程，但已对小岛屿国家等易受气候变化不利影响的国家造成了实际的致命危害，对小岛屿国家的威胁已经迫在眉睫。可以说，在应对气候变化问题上，实施的行为与所承受的后果不相符是小岛屿国家面临困境的本质所在。

通常，行为主体与结果承担者是一致的，为自身行为负责，切身感受不良行为带来的恶果往往督促着行为主体有着能够更加积极地采取纠正行动的动机。然而气候变化所致损失损害的全球性却彻底打破了这一常理，发达国家大量排放温室气体造成的气候变化问题，最直接的受害者却是小岛屿国家，尽管国际社会在一定程度上认识到了这一点，在资金、技术和人才等方面为小岛屿国家提供了援助，但对于甚至在评估自身受气候变化影响状况的能力建设都需要来自区域和国际层面的支持的小岛屿国家来说，这些援助仍显得杯水车薪。同时，小岛屿国家很早就意识到气候变化及其不利影响对自身生存的威胁并为此在国际社会奔走呼吁。然而，尽管小岛屿国家的特殊情况与需求得到了世界各国的公认，但由于缺乏生存利益上的共鸣，真正事关小岛屿国家生存发展的有关温室气体减排的诉求却始终没能得到国际社会的充分响应和满足。

这种"实施的行为与所承受的后果不相符"使小岛屿国家几乎陷入一个绝望的境地——自己采取的任何行动都只能是被动应对气候变化带来的不利影响，无法从根本上扭转愈加糟糕的生存环境。尽管小岛屿国家努力在气候变化中挣扎求生，并为之采取了一系列行动，然而其命运却掌握在其他国家，尤其是发达国家的手中，不仅在治标所需的援助方面依赖他国，在治本所要求的温室气体减排事项上更是显得无能为力。作为最大的受害者却无法充分追究施害者的责任以保护自身赖以生存的环境权利，实在令人扼腕。

（二）小岛屿国家的出路

小岛屿国家面临的形势十分严峻，其身处的困境是每一个良知尚在的人

---

〔1〕　2015年3月，飓风"帕姆"席卷了澳大利亚东北部美拉尼西亚地区的太平洋岛屿，风速高达每小时200公里。当飓风通过图瓦卢时，约4000人被紧急疏散，这约占其全国人口总数的一半。

都必然承认的。即使前路难行，却也并非毫无光明，小岛屿国家应对气候变化的自我救助行动仍然有很大的发展空间，需要小岛屿国家进一步采取行动，为更好维护自身环境权利不断向前迈进。

小岛屿国家特殊的社会经济状况、不利的地理因素和脆弱的自然环境使其在应对气候变化行动上尤其依赖国际社会的资金和技术支持。从《联合国气候变化框架公约》到《巴黎协定》，从《巴巴多斯宣言》到《萨摩亚途径》，国际社会对小岛屿国家资金和技术援助的强调从未停止。2014 年《小岛屿国家领导人宣言》呼吁《联合国气候变化框架公约》的发达国家缔约方履行承诺，到 2020 年实现每年联合调动 1000 亿美元的目标，以使绿色气候基金尽快实现资本化全面运作。2014 年，绿色气候基金理事会决定将至少 50%的适应拨款分配给包括小岛屿发展中国家在内的特别脆弱国家，[1]《巴黎协定》也强调了对气候变化不利影响特别脆弱国家，如小岛屿发展中国家需要予以特别的支持。

然而，应对气候变化资金机制的现实状况与小岛屿国家的期望仍相差甚远。2021 年《小岛屿国家联盟领导人宣言》指出，《联合国气候变化框架公约》资金机制 2018 年仅向发展中国家提供了 25 亿美元，其中小岛屿国家仅分得 2.45 亿美元。至 2021 年，减缓和适应气候变化的总体财政资助比例分别为 80%和 20%，其中只有 2%提供给了小岛屿国家，其中一半以贷款的形式提供。[2]国际社会提供的援助实质上不足以支撑小岛屿国家应对气候变化的行动，为此，小岛屿国家重申了发达国家最初承诺的 2020 年 1000 亿美元的目标，以期在未来得到更多的支持。

国际社会目前提供的资源并不十分充足，小岛屿国家需要更加充分利用各公约机制下提供的各类资源，实现自身可持续发展，保障本国国民的生存与安全。充分利用各公约机制下提供的资源不仅在于充分获取，更在于充分运用。一方面，以应对气候变化的资金为例，气候资金的透明度，评估准确性、可比性和一致性不足，实际上难以提供具有可预测性的支持，[3]因此小

---

[1] U. N. Doc. A/RES/69/15, pp. 8-10.

[2] *Alliance of Small Island States Leaders' Declaration*, 2021, https://www.aosis.org/launch-of-the-alliance-of-small-island-states-leaders-declaration/.

[3] See Submission by Belize on behalf of the Alliance of Small Island States (AOSIS) on the operational definitions of climate finance, p. 1.

岛屿国家必须提高利用有限外部资源的效率，尽可能将之用于自身能力建设，将外援转化为内生动力；另一方面，部分小岛屿国家在政治上的不稳定性是国外的援助在很大程度上无法得到充分利用的重要原因，小岛屿国家国内的良好施政以及制度的连贯性和一致性是其充分利用各类资源的一大关键所在。小岛屿国家只有充分运用好所取得的各项资源，才能在当前不充足的援助下维持好自身的生存和发展。

持续向国际社会进行呼吁，形成更广泛的共识是小岛屿国家取得国际支持，实现自我救助行动的必然要求。早在 1989 年，小岛屿国家便意识到在应对气候变化问题上凝聚力量的重要性，随后成立的小岛屿发展中国家组织和小岛屿国家联盟是小岛屿国家团结一致，共同努力为自身特殊利益发声的重要体现。尽管紧密团结在一起，小岛屿国家的国际影响力相对于主要大国而言仍存在很大差距，但经过多年的不懈努力，小岛屿国家最易受气候变化不利影响的特殊地位早已成为深入人心的国际共识。国际社会对小岛屿发展中国家在应对气候变化时脆弱性的重视不断提高，小岛屿发展中国家的特殊利益也得到了更多的保护和考虑，其国际影响力也随之不断增长，在《联合国气候变化框架公约》中牢牢占据一席之地。尽管当前国际社会在应对气候变化方面作出的努力和给予小岛屿发展中国家的援助仍不足以使其彻底摆脱气候变化的不利影响，但国际社会在减缓、适应气候变化和实现可持续发展目标方面都在不断增加对小岛屿发展中国家的支持和援助。目前，《联合国气候变化框架公约》及其议定书下的减缓目标距离实现小岛屿发展中国家的要求仍有很大距离，小岛屿发展中国家仍然面临着巨大的生存威胁，但坚持在重要国际场合不断发声争取国际认同，扩大自身影响力是小岛屿国家的成功经验，也是未来必须继续坚持并进一步发展的重要举措。

小岛屿国家在国际社会进一步的帮助下发展自身力量，在国民安居乐业的情况下实现自我救助自然是最好的，然而，现实状况迫使小岛屿国家不得不做出应对更加极端情况的准备。2001 年，图瓦卢领导人在一份声明中指出，该国对抗海平面上升的努力宣告失败，即日将举国搬迁至新西兰等国家，迁徙成了小岛屿国家在应对气候变化各项努力均告失败时不得不选择的最后一条路。人类为了自身生存会寻求维持生存所需的资源，资源集中则引起人口的集中，对于小岛屿国家来说，其国土面积狭小，人口资源主要集中在最易受海平面上升影响但资源相对丰富的沿海地区，当本国无法应对气候变化造成的不利影响时，大规模人口流离失所、被迫迁徙，图瓦卢、马尔代夫等本国国内无处迁徙的国家的国民甚至不得不前往他国定居。联合国政府间气候变化专门委员会认为，如果灾害变得更为频繁或规模更大，一些作为居住或维持生计的地方将变得越来越边缘。在这种情况下，迁徙和流离失所将成为永久性的，并可能给搬迁地区带来新的压力。[1]显然，国家的整体搬迁具有极大的困难，诸如租用土地和迁徙后的生活费用问题、民族认同和文化差异等社会问题，都将在迁徙后层出不穷。但随着气候变化问题日趋严重，极端自然灾害频发使得一些小岛屿国家已经面临紧迫的生存威胁，迁徙已成为不得不摆上桌面的选项。2010年《坎昆协议》把迁徙加入了"加强适应行动之中"，[2]为小岛屿国家受气候变化不利影响严重而被迫迁徙的国民提供了得到国际救助的可能性。尽管迁徙是小岛屿国家应对气候变化的没有办法的办法，但为了尽量减少气候变化所致损失损害，小岛屿国家应与国际社会进一步加强协作，于气候变化所致损失损害责任之国际法机制的构建和不断完善中作出自己的贡献。

第四节　气候诉讼

气候诉讼是以国家环境义务为基础，作为气候变化所致损失损害的救助方式之一，是当国家和/或个人由于遭受气候变化所致损失损害时获得救济追究责任的有效途径。

一、气候诉讼的界定

气候诉讼作为一种新型诉讼尚未形成明确的定义。近年来，涉及气候变化问题的诉讼不断增加，但并非每一个与气候变化相关联的案件都属于气候诉讼的范畴。环保组织 Urgenda 诉荷兰政府案作为世界上第一个国民确定其政府有法律责任防止气候变化危险的案例，也是第一个非政府组织以公益诉讼的方式将国家起诉至法院的案例，该案的成功使气候诉讼在国际社会产生巨

---

〔1〕　IPCC, *Intergovernmental Panel on Climate Change Special Report on Managing the Risks of Extreme Events and Disasters to Advance Climate Change Adaptation*, 2011.

〔2〕　《坎昆协议》第14条第6款规定："酌情加强对国家、区域、和国际各级气候变化所致流离失所、移徙和计划搬迁问题的了解、协调和合作。"

大影响，使人们认识到气候诉讼为应对气候变化、减少温室气体排放、确保国家履行减排承诺、保证国家法律法规与应对气候变化相关国际公约保持一致提供了重要支撑和借鉴。同时，气候诉讼也越来越多地被视为影响国家政策和企业行为的一种工具手段。[1]有学者认为，气候诉讼从产生至今出现了三次浪潮：第一次是 2007 年之前，主要发生在美国和澳大利亚，案件主要针对各国政府提高环境标准。气候变化诉讼的最早例子是 20 世纪 80 年代针对美国公共机构提起的行政案件，如 1986 年包括洛杉矶市和纽约市在内的一群原告向美国国家公路交通安全管理局提起诉讼（City of Los Angeles and City of New York v. U. S. National Highway Traffic Safety Administration）；第二次是 2007 年至 2015 年，气候诉讼案件在此期间激增，主要包括政府加速气候政策和针对企业对气候变化的因果关系的侵权案件；第三次是 2015 年至今，气候诉讼的数量、产生速度和诉讼类型增加并逐步扩展到了亚洲、拉丁美洲和非洲等国家地区，包括迫使政府和公司采取更加雄心勃勃的气候政策等利用宪法与人权法发起的气候诉讼。[2]气候诉讼的浪潮与应对气候变化相关国际条约之间的关系是十分密切的，1997 年《京都议定书》和 2015 年《巴黎协定》的签署成为促进气候诉讼数量增加的重要因素。

随着全球应对气候变化的呼声不断升高，人类维护环境共同利益的意识不断增强，气候诉讼迎来快速发展阶段。环保组织 Urgenda 诉荷兰政府案就是这个阶段的一个缩影。根据格兰瑟姆气候变化与环境研究所于 2019 年发布的《气候诉讼全球趋势报告》，截至 2019 年 5 月，全球共有超过 28 个国家确定了气候诉讼，此外还包括提交给欧盟法院、美洲法院、美洲人权法院和联合国人权委员会的气候诉讼案件，案件总数达到 1328 件。截至 2021 年 5 月，全球正在进行或已经审结的气候诉讼案件多达 1841 件，涉及 39 个国家或地区的法院和法庭，2015 年之后发起的气候诉讼更是比 1986 年至 2014 年期间的气候诉讼总数增加了一倍多。[3]

通过对这些气候诉讼案件的梳理可知，气候诉讼具有以下几个特点：首先，气候诉讼涉及的地域广泛。气候诉讼的频繁出现足以说明，由气候变化

---

〔1〕 闵婕："气候变化议题的全球司法化进程及展望"，载《中国审判》2019 年第 24 期。

〔2〕 See Maryam Golnaraghi, et al., *Climate Change Litigation：Insights into the evolving global landscape*, 2021.

〔3〕 Setzer J, Higham C, *Global trends in climate change litigation：2021 snapshot*, 2021.

产生的不利影响是全球性的，对全人类的生存和发展带来严重威胁，世界上每个国家和地区，无论贫穷或是富有都无法置身事外。从案件发生地来看，气候诉讼既发生在发达国家，也发生在发展中国家。从地理结构看，气候诉讼既涉及小岛屿国家和沿海国家，也涉及内陆国家和地区。其次，气候诉讼案件的主体层级多样。气候诉讼涉及的主体众多，类型多样，既可以是国内诉讼也可以是国际诉讼。气候诉讼出现在不同的国家和地区，根据审理程序的相关规定，审理气候诉讼案件的主体既包括国家基层法院，也包括高等法院和国家最高法院。此外，由于某些案件的诉讼当事人涉及相关国家，因而亦可提交相关国际组织或法庭审理。最后，气候诉讼的内容丰富。所涉诉求不仅包括对国家政府、国际组织和个人提出减缓和适应气候变化等与应对气候变化直接相关的诉求，还包括以气候变化导致的侵权（包括知识产权侵权）为核心提出的相关诉求。按照诉讼类型的不同，可将气候诉讼分为民事诉讼、行政诉讼，甚至公益诉讼。按照诉讼内容的不同，可将气候诉讼分为温室气体减排诉讼、气候难民诉讼、气候变化与人权诉讼、气候政策诉讼和其他与气候变化相关的诉讼。那么，根据气候诉讼的现有特点，是否可对其进行准确的界定？

气候变化与人类生存息息相关，几乎涉及人类生产生活的方方面面，许多旨在处理其他领域问题的诉讼或多或少地涉及气候变化领域。如果将与气候变化相关的诉讼都划入气候诉讼范畴，实则没有突出气候诉讼本身的特点，所以，气候诉讼一定是与气候变化高度相关的诉讼。有观点认为，气候变化诉讼，是指任何联邦、州、部落或地方行政或司法诉讼，在这些诉讼中，当事方提交的文件或法庭裁决直接明确提出了有关气候变化原因和影响的实质或政策的实施或法律问题。[1]实际上，由于诉讼主体的差异性，气候诉讼既可以在一国之内提起，也可以在一国之外向区域或国际法庭提起，因此认为气候诉讼仅为发生在联邦或州范围内的诉讼是不准确的。还有学者认为，广义上的气候诉讼包括在国内和国际法院中向行政、司法和其他调查机构提起的诉讼，这些诉讼提出了有关气候变化科学以及气候变化减缓和适应工作的

---

[1] David Markell, J. B. Ruhl, "An Empirical Assessment of Climate Change In The Courts: A New Jurisprudence Or Business As Usual?", *Florida Law Review*, Vol 64, 2012.

法律或实施问题。[1]也有学者认为"气候变化诉讼"一词是与气候变化问题相关的一系列不同诉讼的简写。它可以针对公共和私营公司、联邦政府、城市管理部门和保险公司。[2]还有人认为，此类诉讼不仅包括以气候变化为核心的诉讼，还包括有关气候变化问题但并不以该主题为核心事项的诉讼，又包括仅将气候变化作为其中一个因素但与气候变化并不直接相关的诉讼。[3]更有观点认为，气候诉讼主要指由温室气体排放导致的全球气候变暖等与气候有关的诉讼。[4]显然，这些都是从国内和/或国际诉讼的某一侧面出发而未能充分考虑到气候变化的特点所下的定义。

结合气候变化的自身特点、气候诉讼的应有目的以及当前国内和国际气候司法现状，应将"气候诉讼"进一步理解为"以应对气候变化、实现人类社会可持续发展和保护人类共同利益为目的，以与气候变化相关的法律或事实为依据向具有管辖权的司法机关提起的诉讼"。

二、气候诉讼主体

诉讼主体的确定作为案件能否进入司法程序的重要因素，是相关诉讼能否顺利进行的关键。适格的诉讼主体就是根据相关法律规范有权就其诉求主张提起诉讼的主体。

（一）气候诉讼的原告

1. 国家政府

国际环境法在国内的实施包括制定和执行有关履行条约的法律法规和其他法律文件两个方面以及保证国内法治健全。[5]气候变化作为全球各国需要共同关心和应对的问题，为应对气候变化所制定的国际条约必须得到实施，确保规则的落实。1992 年《联合国气候变化框架公约》在序言中指出，各国应当制定有效的立法，共同应对全球气候变化。同时，人们对于适宜的生存

---

〔1〕　See UNEP, *The Status of Climate Change Litigation—A Global Review*, 2017.

〔2〕　Mark Clarke, Tallat Hussain, Markus Langen, Peter Rosin, *Climate change litigation：A new class of action*, 2018.

〔3〕　Hari Osofsky, Jacqueline Peel, *Litigation's Regulatory Pathways, and the Administrative State：Lesson from U. S. and Australian Climate Change Governance*, 2013.

〔4〕　唐颖侠：《国际气候变化治理：制度与路径》，南开大学出版社 2015 年版，第 156 页。

〔5〕　林灿铃：《国际环境法》（修订版），人民出版社 2011 年版，第 204 页。

环境有着不同的美好向往，它可以拥有山清水秀的独特风光，亦可以充斥鸟语花香的别样雅致，但这种令人神往的生存环境绝不包括由气候变化带来的损失与损害。鉴于国家对本国国民所应承担的国家环境义务，国家应保障其国民拥有适宜的生存环境。

2003年，包括马萨诸塞州在内的12个州政府、4个地方政府和多个环保组织共同向美国联邦环保署（Environmental Protection Agency，EPA）提起诉讼，认为大量排放的温室气体已经对人体健康和生存环境造成重大威胁，要求美国联邦环保署根据《清洁空气法》第202条的规定，对新生产的机动车的温室气体排放进行立法。哥伦比亚特区巡回上诉法院审理后认为，美国联邦环保署根据《清洁空气法》第202条（a）（1）[1]行使了适当裁量权，最终驳回了原告的诉讼请求。[2] 2006年6月26日，美国联邦最高法院发布调卷令对该案进行审理，并对马萨诸塞州政府等原告资格进行了认定。

根据美国《宪法》的规定，将联邦司法权限制在具体案件和争议中，在联邦法院起诉的原告必须具有相应的诉讼主体资格。原告资格理论有助于确保原告在争议中拥有个人利益，推动诉讼争议通过"适当的对抗性陈述"得到解决。[3]为了满足美国《宪法》对于诉讼主体资格的要求，原告必须得以证明以下三项内容：第一，原告遭受了"事实上的损害"，即具体的损害，而且已经发生或即将发生，而非推测或假设；第二，损害结果完全可以追溯到被告的被诉行为，即损害结果与被诉行为之间存在因果关系；第三，与单纯的推测相反，损害很可能会通过有利的决定得到纠正，[4]即可补救性。在该案中，美国最高法院指出，众多原告中只要有一位符合原告资格要求即可，聚焦马萨诸塞州是否具有原告资格，法院认为该州具有特殊地位和利益，这是以其准主权的方式参加诉讼，马萨诸塞州不能强制温室气体排放主体减排，

---

〔1〕 美国《清洁空气法》第202条（a）（1）规定，署长应根据本节的规定通过法规规定（并不时修订）适用于任何类别的新机动车辆或新机动车辆发动机的任何空气污染物排放的标准，根据他的判断，导致或助长可合理预期危害公众健康或福利的空气污染。此类标准应适用于此类车辆和发动机的使用寿命〔根据本节（d）小节确定，涉及用于认证目的的车辆使用寿命〕，无论此类车辆和发动机设计为完整系统还是包含防止或控制此类污染的装置。

〔2〕 *Massachusetts v. EPA*, 415 F. 3d 50 (2005).

〔3〕 *Massachusetts v. EPA*, 549 U. S. 497, at 517, 2007.

〔4〕 *Lujan v. Defenders of Wildlife*, 504 U. S. 555, 560-561, 1992.

但它可以决定其居民是否可以呼吸纯净的空气。[1]实际上，建立在准主权利益基础上的诉讼，当公共官员在自己的管辖范围之内的法院提起诉讼时，不应像私人诉讼一般严格。[2]对此，美国《宪法》第3条明确要求，能够被表明"州政府本身遭受到了的损害"或"州政府有能力来代表那些受害的公民，它们遭受到了损害"这两个条件之一就可以满足起诉资格的要求。[3]美国联邦最高法院在判决中指出，由气候变化产生的相关危害是严重的也是公认的。气候变化引发的海平面上升导致了马萨诸塞州的沿海土地的损失，同时，频繁的风暴和洪水造成的损害造成高达数亿美元的修复成本。美国本就是温室气体排放大国，机动车排放温室气体显然对全球气候变化具有一定的影响，因此，减少国内汽车温室气体的排放不是一个试探性方法，这将使马萨诸塞州遭受气候变化的风险在一定程度上降低。[4]因此，马萨诸塞州在该案中是适格的原告。

在2004年美国康涅狄格州诉美国电力公司案中，康涅狄格州、加利福尼亚州和艾奥瓦州等八个州、纽约市以及三个土地信托组织起诉包括美国电力公司在内的5家电力公司和田纳西河谷管理局，要求法院限制和减少被告的温室气体排放量。原告声称，被告是美国国内5个最大的温室气体排放主体，每年排放的二氧化碳总量达到6.5亿吨，如此巨大的温室气体排放量对全球气候变化具有重大的影响，被告的排放行为构成对美国联邦普通法的违反。第二巡回法院在审理时指出，国家监护人（Parens Patriae）是一项古老的特权，"是每个州所固有的……为了人类的利益，为了防止对那些无法保护自己的人造成伤害，有必要经常行使这些权利"。[5]各州所维护的这种准主权利益州并非作为名义方所追求的主权利益、专有利益和私人利益，而是其民众拥有的一系列福祉利益，涉及该州全体居民的人身健康。此外，第二巡回法院认为提起诉讼的主体根据美国《宪法》第3条的规定应被认定为适格原告，

---

〔1〕　*Massachusetts v. EPA*, 549 U. S. 497, at 517, 2007.

〔2〕　Thomas W. Merrill, *Global Warming as a Public Nuisance*, *Columbia Journal of Environmental Law*, Vol. 30, 2005.

〔3〕　马存利："全球变暖下的环境诉讼原告资格分析——从马萨诸塞州诉联邦环保署案出发"，载《中外法学》2008年第4期。

〔4〕　*Massachusetts v. EPA*, 549 U. S. 497, at 517, 2007.

〔5〕　*Late Corp. of the Church of Jesus Christ of Latter-Day Saints v. United States*, 136 U. S. 1, 57 (1890).

认可了原告对当前损害与未来预期损害的主张，认为原告遭受的这种损害与被告实施的排放行为之间具有因果关系，并援引马萨诸塞州诉联邦环保署案中"只要可以减缓气候变化就具有可救济性"的观点，肯定了原告的诉讼资格。

2. 国际组织

国际组织具有在其组织章程规定的范围内享有权利承担义务的法律人格。国际法院在 1949 年就联合国专员遭到暗杀是否享有对国家的求偿权一案所发表的咨询意见中，对政府间国际组织的法律人格予以确认，认为政府间国际组织代表着该组织成员国家的利益，对遭受的损害可以依法向负有责任的国家追究其国际责任。毫无疑问，政府间国际组织可以作为诉讼主体参与包括环境问题在内的司法活动。在 2016 年欧盟诉波兰空气质量案中，欧洲议会和理事会于 2008 年通过了《欧洲环境空气质量与清洁空气指令》（2008/50/EC），要求各成员国对空气污染程度予以限制并保护人们的健康，由于波兰未能按期确保污染物达标，2016 年，欧盟委员会以波兰空气质量不过关为由向欧洲法院提起诉讼。2018 年，欧盟委员会又以空气质量未能达到欧盟标准向欧洲法院提起诉讼，请求法院对德国和法国等六国未遵守欧盟关于空气质量法律规定的违法事实予以确认，并要求这些国家遵守相关规定，采取适当措施确保空气质量达到相关法律规定的标准。

在气候诉讼中，政府间国际组织作为原告已有先例，要求成员国遵守其规定，积极应对气候变化，减少温室气体的排放。2002 年，欧洲议会和理事会通过第 1600/2002/EC 号决定确立了共同体环境行动计划，该计划构成了共同体环境政策的框架，列举了包括应对气候变化在内的 6 个环境优先事项，并酌情为实现具体环境目标制定了时间表。其中，规定到 2005 年建立一个全共同体范围的排放交易计划，致力于在 2008 年至 2012 年实现温室气体排放量比 1990 年水平减少 8%。2003 年，欧洲议会和理事会通过《在共同体内建立温室气体排放配额交易计划并修改理事会指令》（2003/87/EC），建立欧洲共同体范围内的温室气体排放配额交易计划，以促进具有成本效益和经济效率的方式减少温室气体排放，但芬兰未能按照该指令的要求将该温室气体排放体系完全适用于本国。因此，2005 年，欧洲委员会依据《欧盟运行条约》

第 258 条的规定〔1〕向欧洲法院提起诉讼，要求强制芬兰遵守该指令的要求。〔2〕由此可见，政府间国际组织的气候诉讼主体资格当属理之当然。

　　作为环境保护的积极参与者、监督者和促进者，非政府间国际组织在应对气候变化进程中的作用亦日渐凸显。非政府间国际组织具有明显的公益性特点，通常是在特定领域或为解决特殊问题而形成的团体，在环境领域中，非政府间国际组织往往将环境保护作为其宗旨，例如，国际自然保护联盟（International Union for Conservation of Nature, IUCN）致力于促进全球自然保护事业的发展并加速向人类社会的可持续发展过渡；环保组织 Urgenda 将气候变化视为人类于当今时代面临的最大挑战之一，致力于快速向可持续社会过渡和寻求解决气候变化的方案；绿色和平组织（Greenpeace, GP）致力于以实际行动保护地球环境和维护世界和平。1998 年 10 月，世界贸易组织（World Trade Organization, WTO）于"海虾-海龟案"的终审裁决中对非政府间国际组织在诉讼中的地位和作用进行了正式确认。在气候诉讼中，原告提起诉讼往往需要证明气候变化对于自身所造成的威胁，这就需要大量的科学数据和报告辅助证明。此外，由于气候诉讼本身的复杂程度和长期审理等产生的高昂的诉讼成本，导致气候诉讼往往亦需要充裕的资金作为保证。对此，非政府间国际组织的加入无疑会对并不具备上述条件但亦具备诉讼主体资格的个人提供有力的支持。据统计，从 1990 年代初期到现在，除美国之外所有记录在案的气候诉讼案件中，超过一半是由非政府间组织（21%）、个人（23%）或两者（4%）共同提起的。〔3〕

　　在环保组织 Urgenda 诉荷兰政府案中，荷兰地方法院认为 Urgenda 不构成《欧洲人权公约》第 34 条所规定的直接或间接的受害者，无法获得该公约第 2条和第 8 条的保护。〔4〕但海牙上诉法院于 2018 年的审理中认为，荷兰地方法院忽略了《欧洲人权公约》第 34 条仅适用于向欧洲人权法院提起诉讼的情形，在本案中，Urgenda 是向荷兰国内法院提起诉讼，并不受到该条款的限

---

　　〔1〕《欧盟运行条约》第 258 条规定：如果委员会认为某成员国未能履行条约规定的义务，应在给予有关国家提交意见的机会后就此事发表合理的意见。如果有关国家在委员会规定的期限内不遵守该意见，后者可将此事提交欧洲联盟法院。

　　〔2〕 *Commission of the European Communities v. Republic of Finland*, Case C-107/05.

　　〔3〕 Setzer J and Higham C, *Global trends in climate change litigation*: 2021 *snapshot*, 2021.

　　〔4〕 *Urgenda Foundation v. The State of the Netherlands*, ECL: NL: RBDHA: 2015: 7196.

制，因此应当由荷兰国内法院管辖。根据《荷兰民法典》第 3 卷第 305 节 a 关于利益集团集体诉讼的规定，由于属于国家管辖范围内的个人可以在法庭上援引具有直接效力的《欧洲人权公约》第 2 条和第 8 条，因此，Urgenda 可以根据利益集团集体诉讼的规定援引上述条款作为保护依据。[1]可见，非政府间国际组织的气候诉讼主体资格于 Urgenda 诉荷兰政府案中得到了确认。

3. 个人

当国家政府不积极追求或实现应对气候变化目标时，个人为实现自身生命健康和财产安全，应采取积极行动挑战这种懈怠与迟滞。如果公民没有能力要求总统或政府官员采取行动，政府就可以无视人民的意愿，包括他们在安全和健康环境中的公共利益。[2]从请求基本权利获得保护的角度来看，个人通过司法救助促使政府制定并切实履行应对气候变化的计划和方案，以达到保护基本权利效果的个人请求权的行使是正当的，也应受到法律保护。

在美国气候诉讼中，受制于美国《宪法》第 3 条关于原告资格的规定，早期由个人提起的气候诉讼难以证明气候变化致使个人遭受迫在眉睫的现实损害，因此法院难以认定个人遭受气候变化所致损失损害与被告行为之间的因果关系。同时，还有法院认为气候变化问题是不可审理的政治问题。2008 年，在基瓦利纳诉埃克美孚公司案（Kivalina v. ExxonMobil Corp）中，基瓦利纳市与部分原住村民起诉 24 家石油和天然气等能源公司，要求被告因气候变化引起的洪水对基瓦利纳市的破坏进行损失赔偿。法院经过审理后认为，原告无法证明其遭受的损害与被告的行为之间具有因果关系，按照原告主张的严格责任理论，可能会有不确定的原住民以同样的理由起诉被告，导致被告承担无限制的责任。[3]因此，法院认为原告不具有诉讼资格，并以该案主要涉及政治问题而非法律问题，应交政府解决为由驳回原告的起诉。2009 年，在科默诉墨菲石油案（Comer v. Murphy Oil）中，墨西哥沿岸居民对多家石油和煤炭等能源公司提起诉讼，认为被告排放温室气体的行为导致冰川融化和海平面上升，促使卡特里娜飓风的形成并造成了原告的财产损失。法院以同

---

[1] *Urgenda Foundation v. The State of the Netherlands*, ECL: NL: RBDHA: 2018: 2610.

[2] Robert E. Lutz II, Stephen E. McCaffrey, "Standing on the side of the Environment: A Statutory Prescription for Citizen Particpation", *Ecology Law Quarterly*, Vol. 1, 1971.

[3] *Native Village of Kivalina and City of Kivalina v. ExxoMobil Corporation*, et al., No: C 08-1138 SBA.

样的理由驳回了原告的诉讼请求。可见，由个人提起的气候诉讼开展得并不顺利。近年来，由于科学和技术的发展，越来越多的研究、数据和报告证明了气候变化给人类带来的现实损害，就气候变化所致损失损害而言，国家应对气候变化的力度不足或缺位无疑将加重气候变化的不利影响。在 2015 年朱莉安娜诉美国政府案（Juliana v. United States）中，俄勒冈州地方法院在审理中认为，原告提出的并非不可审理的政治问题，维持人类的生命和自由是有序社会存在的基础，原告主张遭受的损害是具体的而非抽象的和不确定的，这种损害是由政府未能妥善处理温室气体排放引发的气候变化所导致的，[1]从而肯定了原告在该案中的诉讼主体资格。

除美国以外的其他国家放宽了气候诉讼主体资格的要求，一些国家甚至建立了专门的环境法庭，制定了专门的程序规则，以有效处理环境纠纷。例如，印度即放宽了诉讼原告资格要求，规定即使只存在轻微的或部分的不满，公民亦可直接向最高法院提起环境诉讼；[2]菲律宾提出了"环境案件程序规则草案"，明确授予后代就环境退化提起诉讼的权利；[3]南非《国家环境管理法》规定，任何个人或群体可以就任何违反或威胁违反该法任何规定的行为寻求适当的救济，包括为了公共利益、保护环境、自然资源的使用以及其他与环境保护相关的法律规定。[4]

阿斯加尔·莱加里（Asghar Leghari）诉巴基斯坦政府案是由个人提起气候诉讼的典型案例。2015 年，巴基斯坦公民阿斯加尔·莱加里向拉合尔（Lahore）高等法院提起公益诉讼，起诉巴基斯坦政府在应对气候变化挑战及其相关脆弱性工作中的拖延和不作为。原告作为巴基斯坦公民，认为尽管该国政府制定了《2012 年国家气候变化政策》和《气候变化政策实施框架（2014—2030）》，但这些政策的实施没有任何进展，并认为，气候变化对巴基斯坦的水、粮食和能源安全构成严重威胁，侵犯了该国《宪法》赋予公民的生命权、人格尊严和财产权等基本权利。法院经审理后认为，气候变化是我们这个时

---

〔1〕　*Juliana v. United States*, 217 F. Supp. 3d 1224（D. Or. 2016）.

〔2〕　George（Rock）Pring, Catherine（Kitty）Pring, "Greening Justice：Creating and Improving Environmental courts and tribunals, Sustainability", *The Journal of Record*, Vol. 3, 2010.

〔3〕　*Philippines Draft Rule of Procedure for Environmental Cases*, Rule 2, § 5, A. M. No. 09-6-8-SC, 2010.

〔4〕　*South Africa National Environmental Management Act* 107 of 1998 § 32.

代面临的具有决定性的挑战,应对气候变化应当与人权联系起来,保护最弱势人群的权利,政府应持续推进已经制定的相关政策的有效实施。对此,法院特别设立气候变化常设委员会,确保各项政策的实施,这些举措对保障巴基斯坦国民的基本权利和实现可持续发展而言至关重要。

(二)气候诉讼的被告

国家作为独立的主体,对外拥有参与国际应对气候变化谈判、协商和签订条约的能力,对内可以根据本国的实际情况制定应对气候变化的法律、法规、政策、规划和目标,从而影响本国温室气体的实际排放方式和总量,成为影响国内和国际应对气候变化进程发展的重要主体。迄今,针对政府提起的气候诉讼已经不胜枚举。[1]

当然,影响气候变化的行为主体多种多样,因而可根据排放温室气体的关联程度将气候诉讼被告区别为直接主体和间接主体。直接主体即在开采、加工和运输等生产活动中持续排放温室气体的主体,该类主体主要为企业。例如,2018 年,美国罗得岛州就该州"已经经历并将在未来经历"的气候变化影响起诉包括雪佛龙石油公司在内的多家能源公司(Rhode Island v. Chevron Corp),认为因能源公司存在的设计缺陷和未警告严格责任等内容,将造成包括海平面上升、洪水发生的频率和严重程度增加以及极端降水和干旱事件的发生等气候变化不利影响,向这些能源公司提出索赔。间接主体即对温室气体排放拥有决定、许可、监管和监督职能的主体,依据法律规定的职权范围作出相关决定,允许其他主体排放温室气体,该类主体主要为特定的行政机关或行政机构。此外,气候诉讼的被告还应包括银行和投资基金,因为它们向温室气体的排放主体提供了资金,助长了相关主体的发展并最终导致了温室气体排放增加。[2]

总的来说,根据已有的气候诉讼案例,气候诉讼的被告一般为国家政府、拥有温室气体排放许可和监管的行政机关或行政机构以及大量排放温室气体的企业公司。

---

[1] Joana Setzer, Rebecca Byrnes, *Global trends in climate change litigation*: 2020 *snapshot*, 2020.

[2] See Sandrine Maljean-Dubois, *Climate change litigation*, *Max Planck Encyclopedia of Procedural Law*, 2019.

三、气候诉讼内容

联合国环境规划署（United Nations Environment Programme，UNEP）在2017年《气候变化诉讼的现状——全球回顾》报告中指出，司法判决和法律文件揭示了气候诉讼当前存在的几种趋势，分别是要求政府履行其立法和政策承诺、将资源开采的影响与气候变化和复原力相联系、确定特定排放是特定气候变化不利影响的近因以及将公共信任原则应用于气候变化领域。鉴于气候变化给人类生产生活带来的严重影响，随着气候变化所致损失损害的加剧，气候诉讼的内容应主要包括保护公民的基本权利和减缓与适应气候变化，最终敦促被诉主体进行温室气体减排以切实履行其所承担的环境义务。

（一）国民基本权利

2017年，在美洲人权法院根据哥伦比亚的请求发表的咨询意见中，美洲人权法院承认，环境退化和气候变化影响其他人权的享有，环境保护与实现其他人权之间存在内在联系。人权取决于健康的存在，法院裁定各国必须采取措施以防止对其领土内外的个人造成重大损害。[1]该类诉讼普遍认为，气候变化的现状是在政府允诺的前提下，由大量排放温室气体导致的气候变化对个人的生命权和财产权等基本权利造成侵害，并且认为政府应当为此负责。此外，为维护和保障公民的基本权利，要求政府对新出现的洪水和干旱等灾害作出积极应对。近年来，多数非政府组织和个人以此为诉求提起气候诉讼，要求政府为保护个人的基本权利履行职责。

2015年，21名年龄不超过19岁的青年向俄勒冈州联邦地方法院提起诉讼，声称由于美国联邦政府允许化石燃料生产、消费和燃烧处于"危险水平"，造成大气中的二氧化碳浓度过高，侵犯了其生命权、自由权和财产权等基本权利，导致其心理伤害、身体伤害和财产损失等，要求法院强制被告采取行动减少二氧化碳排放。此外，还要求法院制定并实施一项可供执行的国家补救计划，以逐步淘汰化石燃料的排放并减少大气中过量的二氧化碳，从而维护气候系统稳定并保护原告现在和未来赖以生存的重要资源。[2]2016

---

〔1〕 ELAW，"Inter-American Court of Human Rights Advisory Opinion"，Judgement of 15 November 2017，No. OC-23/17〔EB/OL〕.

〔2〕 *Juliana v. US*，Prayer for Relief，para 7，2015.

年，艾肯法官在解释拒绝政府驳回此案请求的意见中指出，原告提出了可审理的问题，并就侵犯其正当权利提出了有效的免受气候变化影响的法律主张。艾肯法官认为，气候变化将导致人类死亡，缩短人类寿命，对财产造成广泛破坏，威胁食物来源，并极大地改变地球的生态系统。[1]在本案中，法院无条件地接受气候变化对人类生命构成生存威胁的事实，在审议科学专家提交的报告后认为，几乎没有理由否认气候变化正在以越来越快的速度持续加剧，并且这种空前的加剧将造成严重的后果，如果不加以控制，将对地球气候造成严重破坏。这就意味着人类的生命权和财产权必将遭受一定程度的侵犯，以生命权和财产权等基本权利为由提起气候诉讼无疑是合理的。

2017年，一群瑞士成年女性在联邦行政法院向瑞士联邦委员会提起诉讼（Union of Swiss Senior Women for Climate Protection v. Swiss Federal Council and Others），声称政府的气候政策是非法的，侵犯了她们根据《欧洲人权公约》所享有的生命权、私人和家庭生活权以及相关宪法权利。2020年3月，19名年轻人对韩国政府向韩国宪法法院提起诉讼（Do-Hyun Kim et al. v. South Korea），认为韩国政府在法律中规定的2030年温室气体减排目标以及先前取消其2020年温室气体减排目标的决定的行为违反了本国宪法的规定。原告声称政府未能对公民的生命权、健康权和环境权等基本权利提供足够的保护。2020年9月，包括绿色和平组织在内的三个非政府组织起诉西班牙政府（Greenpeace et al v. Spain），认为西班牙政府未能按照国家法律的要求设定2030年和2050年气候目标，其应对气候变化的计划不符合《巴黎协定》的要求以及将全球升温控制在1.5摄氏度以下的必要性，由此构成对公民人权的侵犯以及今世后代享有健康环境的权利。2021年6月，5名波兰公民向波兰政府提起诉讼（Górska et al. v. Poland），认为波兰政府缺乏全面可靠的能源和气候政策，违反了波兰《民法典》并对其人权造成侵害。2021年6月，包括意大利公民和环保组织在内的200多名原告起诉意大利政府（A Sud et al. v. Italy），认为意大利目前的减缓目标根本不足以应对气候危机，国家未能在减少排放和实现《巴黎协定》长期温度控制目标方面贡献自身力量，并对其人权构成威胁，使其应当享有的居住在安全稳定的气候系统中的权利、生命权和家庭生活权遭受侵害。此外，还有2019年绿色和平组织诉法国政府案（Notre

---

[1] See Juliana, supra note 2, Ninth Circuit summary of District Court opinion.

Affaire à Tous and Others v. France)，2021 年纽鲍尔诉德国政府案（Neubauer V. Germany）和 Klimaatzaak 协会诉比利时政府案（VZW Klimaatzaak v. Kingdom of Belgium & Others）等，均在诉求中提出国家应对其本国国民的生命权等基本权利进行保护。

（二）减缓与适应气候变化

气候诉讼的另一重要内容是要求被诉主体为减缓与适应气候变化作出贡献。对于能源类公司，应按照法律规定减少温室气体排放，提升减排技术水平，遵守国家关于减缓与适应气候变化的相关法律规定，违反上述内容的公司，则被要求为个人遭受的气候变化所致损失损害承担赔偿责任。目前全球至少有 33 起针对最大能源类公司提起的气候诉讼，这些诉讼中至少有 23 起试图确立公司造成气候变化的历史责任。[1]除了早期的基瓦利纳诉埃克美孚公司案和科默诉墨菲石油案等案件，2020 年以来发生了多起针对能源类公司的气候诉讼。[2]在这些诉讼中，原告通常认为被告能源类公司在从事生产活动的过程中排放温室气体的行为导致或加剧了气候变化，应对被告所在地居民遭受的气候变化不利影响承担责任。同时，被告能源类公司向社会公众隐瞒了化石燃料使用的危害，并且没有进行必要的警告和提示，由此应当承担相应的责任并对原告进行赔偿与补偿。

国家政府作为减缓与适应类气候诉讼案件的被告，通常被要求履行相关温室气体减排承诺，制定国家减缓与适应气候变化计划、方案、政策和法律，遵照和实施既有的减缓和适应计划、方案和政策，按照法律规定，执行现有的减缓和适应目标或将气候变化作为环境审查和许可的一部分。[3]例如，在环保组织 Urgenda 诉荷兰政府案中，法院在判决中要求应采取更有效的行动应对气候变化，必须在 2020 年底将温室气体排放量相较于 1990 年排放水平降低 25%。

2007 年 3 月，维也纳机场和下奥地利州首次将第三条跑道的修建计划向

---

〔1〕　Setzer J，Higham C，*Global trends in climate change litigation*：2021 *snapshot*，2021.

〔2〕　这些案件包括 Anne Arundel County v. BP，City of Annapolis v. BP，County of Maui v. Sunoco LP，City of Charleston v. Brabham Oil Co.，Delaware v. BP America Inc. and City & County of Honolulu v. Sunoco LP，Lliuya v. RWE，etc.

〔3〕　例如，在确定规划批准项目时考虑项目潜在的温室气体排放和对气候变化的影响。

联邦法院提交申请，联邦法院于 2012 年 7 月批准了该项目的环评许可证。[1]
此后，几位公民以该环评许可证的批准程序违法为由向法院提起诉讼。2017
年 2 月，该项计划被奥地利联邦行政法院否决，法院认为，该项目的建设将
违背奥地利承担的减缓气候变化的国家和国际义务，由于第三条跑道预计会
增加奥地利二氧化碳的年排放量，这与 2011 年奥地利《气候保护法案》的要
求并不相符，同时，也不符合奥地利《宪法》、欧盟《人权宪章》和《巴黎
协定》的规定。[2]该案是首例法院裁定因气候变化减缓承诺要求政府机构推
翻其对基础设施开发的批准许可的案件，也是直接执行减缓气候变化法律规
定的案件。

2018 年，哥伦比亚 25 名年龄在 7 岁至 25 岁之间的青年起诉哥伦比亚政
府、哥伦比亚市政当局和一些公司内的部分机构（Future Generations
v. Ministry of the Environment and Others），声称被告"加剧亚马孙的森林砍伐"
违反了《巴黎协定》和哥伦比亚 2015 年通过的第 1753 号法律的相关规定，
要求政府承诺到 2020 年将亚马孙森林砍伐的净速率降至为零，并减少温室气
体排放。同年 6 月，英国政府通过机场国家政策声明支持希思罗机场开发第
三条跑道计划，包括地球之友在内的多家环保组织和部分环保人士向法院提
起诉讼，认为英国已根据 2008 年《气候变化法案》制定了 2050 年温室气体
排放量应比 1990 年水平至少减少 80% 的减排目标，但希思罗机场第三条跑道
的修建计划与该法案旨在实现的目标并不相符。2020 年 2 月，英格兰和威尔
士上诉法院一致裁定，认为英国加入《巴黎协定》并作出的与应对气候变化
相关的国内和国际承诺是英国政府法律政策的一部分，需在批准实施该项目
时加以考虑。

四、气候诉讼程序

诉讼程序，是司法机关依照相关法律规定解决纠纷的路径和方法。气候
诉讼作为一种新型诉讼，其本身尚不具有特定的诉讼程序，在具体实践中通
常由气候诉讼原告根据相关法律规范的程序性规定，结合被诉主体和诉讼请
求予以确定。目前，审理气候诉讼的程序多为行政诉讼程序和民事诉讼程序。

---

[1] Government of Lower Austria, Authorization RU4-U-302/301-2012, 2012.

[2] Austria's Federal Administrative Court（BVwG Wien），W109 2000179-1/291E，2017.

尽管气候诉讼的诉讼请求各有不同，但通过气候诉讼对被告过量排放温室气体的行为进行规制，以法律强制力保障应对气候变化计划的制定和实施，减缓和适应气候变化，保护人类生存环境从而实现社会的可持续发展，等等，应当是气候诉讼的共同目的。

（一）行政诉讼

通过行政诉讼程序提起的气候诉讼，被诉主体一般为政府和特定行政机关或机构，例如，国家各级环保局或管理局。在此类气候诉讼中，原告通常以被诉主体在其职权管辖范围内对温室气体减排和应对气候变化所制定的计划、方案、政策和法规，以及具体事件中的行政行为侵犯公民的基本权利和公共利益，造成温室气体过量排放违反相关法律规定为由，通过提起相关行政诉讼追究被诉主体的法律责任。此外，对于政府或特定行政机关批准和许可具体建设项目前未能对相关建设主体进行充分环境影响评价（包括温室气体排放量等）的行为，也可提交司法机关审理。审理该类气候诉讼的机构一般为一国的宪法法院或行政法院，也包括一国的最高法院和环境法院等。

2016 年，为发展国家经济和提高工业化水平，肯尼亚政府通过《肯尼亚2030 年愿景》倡议制定一项发电计划，旨在将总有效发电量提升至 5000 兆瓦。该计划包括在拉穆县（Lamu）建立一座 1050 兆瓦发电量的燃煤发电厂。肯尼亚国家环境管理局经过环境影响评价后向阿木电力公司发放了许可证。之后，包括 Save Lamu 在内的多个组织向法院起诉（Save Lamu v. National Environment Tribunal），认为该环境影响评价行为未能充分考虑到相关施工建设对气候变化造成的危害，且缓解措施并不充分。同时，公众参与该环评过程也不充分。因此，要求法院撤销该许可证，重新进行环境影响评价。2019 年，肯尼亚国家环境法庭撤销了阿木电力公司的许可证，并认定国家环境管理局未能遵守环境影响评价的相关法律要求。[1]该案的主要判决理由乃相关环评工作的开展缺乏公众参与。此外，仲裁庭也认为环评工作开展中没有进行气候变化影响评价是该案存在的另一个重大缺陷，并以此作出了相关裁决。[2]

2015 年，南非拟建一座 1200 兆瓦燃煤发电站并获得了南非环境事务部的许可，非政府组织"地球生活-非洲"（Earthlife Africa）遂向环境事务部提出

---

[1] Tribunal Appeal Net 196 of 2016.

[2] Olivia Rumble, Andrew Gilder, *Climate Change Litigation on the African Continent*, 2021.

质疑，环境事务部承认该项目的批准和实施并未妥善评估和考虑对气候变化造成的相关影响，但仍批准了该许可。由此，"地球生活-非洲"于2017年向法院提起了气候诉讼（Earthlife Africa Johannesburg v. Minister of Environmental Affairs and Others），认为南非环境事务部在缺乏环境影响评价的情况下批准新建燃煤发电站违反南非1998年《国家环境管理法》的相关规定。南非高等法院认定，气候变化影响评估和缓解措施是环境授权过程中的相关因素，而这些因素最好通过专业研究的气候变化影响报告予以妥善考虑。根据《国家环境管理法》第240条第1款与其他相关规定，燃煤发电站对气候变化的影响是在被诉主体授予许可之前必须考虑的相关因素。[1]

（二）民事诉讼

迄今的许多气候诉讼案件，除了前述行政诉讼程序，还有部分案件是通过民事诉讼程序提起的以侵权赔偿为诉求的气候诉讼。事实上，尽管存在一些气候变化侵权案件，但侵权法可能不是解决减缓和适应气候变化问题的有效手段。[2] 因为气候变化给人类带来的损失与损害不是普通的民事纠纷，也不仅仅是民事纠纷，侵权法旨在解决私人和地方纠纷，而非重大的社会问题。它从来没有打算也不能合理地适用于法官或陪审团评估任一或所有社会问题的责任。[3]

于气候诉讼而言，基于气候变化所致损失损害的特殊性和保护气候系统稳定的公益性，其诉讼目的并不完全在于获得赔偿或补偿，而是维护全人类的共同利益，通过此种形式寻求应对气候变化意识的增强、能力的提升、规划的合理和目标的实现。因此，对现有诉讼制度进行改革，建立健全一种适用于气候诉讼的新的诉讼模式，如环境公益诉讼，应当是我们努力的方向。

第五节　救助机制的不足与完善

救助机制对于强化受灾国家减缓和适应气候变化、抵御气候灾害和灾后

---

〔1〕 *Earthlife Africa Johannesburg v. Minister of Environmental Affairs and Others*（65662/16）〔2017〕ZAGPPHC 58；〔2017〕2 All SA 519（GP）（8 March 2017）.

〔2〕 Margaret Rosso, "Grossman, Climate Change and the Individual", *The American Journal of Comparative Law*, Vol. 66, 2018.

〔3〕 David T. Buente Jr., Quin M. Sorenson, Clayton G. Northouse, "A Reponse to What Change Can Do About Tort Law", *Environmental Law Reporter*, News and Analysis, Vol. 42, 2012.

复原能力而言至关重要。在相当长的时期，气候变化所致损失损害是难以避免的，国家具有救助之权利义务，或为彼提供救助，或请求彼为己提供救助。当前，诸如救助所需的资金和技术等必要支持的供需之间形成的巨大差距、不同国家集团之间价值观念和利益诉求方面存在的差异、气候变化所致损失损害救助力度不足以及气候诉讼所面临的许多问题等，无疑制约了气候变化所致损失损害责任之救助机制的发展。

一、救助机制的不足

首先，囿于不同气候集团之间价值观念和利益诉求方面存在的差异，及其就气候变化所致损失损害相关核心问题所持有的不同立场以及问题本身的复杂特质，不同气候利益集团之间难以就气候变化所致损失损害之国际救助达成共识。主要表现为以下三个方面：其一，在涉及国际气候资金的国际谈判中，有关资金机制的话语权长期以来被发达国家掌控，缺乏广大发展中国家的有效参与。在国际实践中，发达国家往往以对国际气候资金的使用设定诸多限定条件的方式逃避自身的出资义务，例如要求受助国提供配套资金等，并为发展中国家引入出资义务。其二，国际社会于气候变化所致损失损害领域存在的长期利益矛盾和观念分歧制约救助机制的发展。以《联合国气候变化框架公约》缔约方会议经过漫长且复杂的气候谈判最终通过的旨在为最脆弱国家和地区应对气候变化带来的极端气候提供帮助的"气候变化影响相关损失和损害华沙国际机制"（Warsaw International Mechanism on Loss and Damage，WIM）即"华沙机制"为例，以美国为首的发达国家和以小岛屿国家联盟为核心的发展中国家就此问题斗争激烈，作为各方气候利益妥协的结果，"华沙机制"并未涉及如何处理此种损失损害的实质内容，在一定程度上限制了救助机制的发展。其三，缺乏协调相关政府间进程的统筹协调机制。就气候变化所致损失损害之国际救助而言，为专门处理特别易受气候变化不利影响的发展中国家与气候变化影响相关的损失与损害问题的"华沙机制"与联合国人道主义事务协调厅主导下进行的联合救援行动之间缺乏适当有效的统筹协调，相关国际救助资源的协调利用、政策整合和强化行动等方面还面临来自全球各国、国际组织和其他利益攸关方的多重挑战。

其次，救助资金不足。资金是救助机制的核心要素，缺乏资金的救助机制是一纸空文。救助机制的资金主要来自发达国家的自愿出资，然而，发达国家的出资意愿并未达到令人满意的程度，纵观历届气候大会通过的决定，敦促发达国家向发展中国家提供资金支持已成为必不可少的表述。为加强《联合国气候变化框架公约》的执行，2009 年《哥本哈根协议》确认，为支持发展中国家开展应对气候变化的相关活动，发达国家承诺将在 2020 年为解决发展中国家需要每年提供 1000 亿美元的目标。遗憾的是，根据经济合作与发展组织公布的最新数据显示，自 2015 年《巴黎协定》签订以来，发达国家提供的应对气候变化的资金远不足以兑现承诺，增长幅度逐年减小，到 2019 年融资 796 亿美元，这与发达国家的承诺还存在较大差距。[1]德国与加拿大政府在 2021 年《联合国气候变化框架公约》第二十六次缔约方会议（COP26）上提供的气候融资实施计划显示，发达国家不仅未能如期实现每年提供 1000 亿美元的目标，这一承诺甚至要推迟到 2023 年才能兑现。[2]在此次气候大会上通过的《格拉斯哥协议》更是明确指出，目前为适应气候变化提供的气候资金仍然不足以应对发展中国家日益恶化的气候变化影响。敦促发达国家紧急大幅增加其提供的气候资金、技术转让和适应能力建设，响应发展中国家的需求。同时，为缓解资金压力，呼吁多边开发银行、其他金融机构和私营部门加强筹资，鼓励私人来源资金的提供。并且，敦促发达国家到 2025 年全面实现 1000 亿美元的目标。更为悲观的是，《联合国气候变化框架公约》资金问题常设委员会在 2021 年 10 月发布的一份报告显示，153 个发展中国家提交的减排目标中有 1782 项提出了资金需求，到 2030 年这些资金需求的总和将达到 5.8 万亿至 5.9 万亿美元。[3]显然，救助机制中的资金需求与实际出资还存在巨大差距。

再次，气候变化所致突发性损失损害救助力度不足。正如前述，气候变化所致损失损害的发生可对相关受灾国家的生命、财产、环境和旅游资源等在内的利用价值造成不可逆转和永久性的损失损害。在预防原则的指导下，当气候变化所致损失损害已经发生或不可避免时则需要采取各种积极的预防

---

〔1〕 OECD：*Climate Finance Provided and Mobilised by Developed Countries：Aggregate trends updated with 2019 data*，Climate Finance and the USD 100 Billion Goal，2021.

〔2〕 Jonathan Wilkinson，H. E. Jochen Flasbarth，*Climate Finance Delivery Plan：Meeting the US $ 100 Billion Goal*，2021.

〔3〕 UNFCCC Standing Committee on Finance，*Executive summary by the Standing Committee on Finance on the first report on the determination of the needs of developing country Parties related to implementing the Convention and the Paris Agreement*，2021.

措施限制、减轻气候变化所致损失损害的不利后果。当前在联合国人道主义事务协调厅主导下开展的国际救援行动缺乏切实有效的协调机制，相关国际救助资金的使用缺乏透明度及相关报告制度，在国际救援行动中的人力和物力要素安排亦与环境和发展要素不相适应，导致气候变化所致损失损害国际救援行动进展缓慢，发展中国家遭受的气候灾害的规模、程度及其不利后果的严重性与救助力度不相适应。

最后，气候诉讼面临困境。不仅包括气候诉讼主体不适格、气候救济需要依靠政治手段而非法律手段来实现等来自传统诉讼的桎梏，更有因国际气候诉讼缺乏国际法律依据和管辖主体而裹足不前。

二、救助机制的完善

首先，恪守《联合国气候变化框架公约》等国际气候条约，明确发达国家的历史责任，敦促发达国家忠实履行国际应对气候变化义务。发达国家在追求社会发展的过程中肆意排放温室气体，对全球气候的破坏转化为本国享受的气候红利。然而，全球气候被破坏的后果却由包括发达国家在内的所有国家共同承受，而气候红利却被发达国家所瓜分，这对发展中国家而言显然有失公平。当前，发展中国家正处于遭受气候变化所致损失损害的前沿地带，其应对能力有限。在此情形下，国际社会应积极促进各气候利益集团就气候变化所致损失损害之国际救助达成共识，完善气候变化所致损失损害责任之救助机制，进一步加强发展中国家应对气候变化能力建设以推进国际应对气候变化进程不断向前发展。

其次，切实履行国际应对气候变化资金承诺。从1992年《联合国气候变化框架公约》制定至今已经过去了整整30年，气候变化问题不仅没有得到实质性解决，由气候变化造成的损失与损害甚至还在不断增加，而谈判达成的既有结果未能得到真正落实是导致今日应对气候变化举步维艰的原因之一。资金是救助顺利实施的保障，任何救助的开展都离不开资金的支持。但历届气候大会上，资金都是各气候集团博弈的焦点，经历了诸多不易才达成的发达国家的资金承诺，其何时能够兑现又沦为了一个"世界猜想"。地球是一个整体，发达国家为他国提供资金救助不仅仅是为历史温室气体排放承担责任，更重要的是，所提供资金救助帮助他国减少温室气体的排放，本质上也是在降低本国遭受气候变化所致损失损害的风险。截至2021年10月27日，已有

34 个国家提交了本国的国家适应计划,《联合国气候变化框架公约》缔约方会议仍在不断鼓励更多的发展中国家提交适应计划,这些适应计划的完成依赖于资金的救助。因此,发达国家按期履行资金承诺是应对气候变化的关键要素之一,充足和及时的资金救助方能为受助国正在制定的国家适应计划和国家缓解行动提供有力支持。

再次,统筹协调气候变化所致突发性损失损害救助政府间进程。2010 年底至 2012 年初,索马里南部和中部经历了严重的粮食不安全状况。2011 年 7 月 20 日,联合国宣布索马里部分地区发生饥荒,并于 8 月宣布该地区的饥荒将扩大到其他地区。[1]索马里的饥荒被确定为多种原因,长时间内没有降雨导致的干旱在 2010 年和 2011 年影响了该地区,后来认为降雨受到了气候变化的影响而发生改变。[2]2011 年和 2012 年,大量索马里国民选择跨越国界到其他国家避难,其中,分别有 15 万人和 12 万人抵达肯尼亚和埃塞俄比亚。[3]也门、吉布提和乌干达也是索马里国民选择前往的国家。伴随着气候变化所致损失损害的频率、程度和范围的加深,诸如此般的情势会不断增加,除了为受助国继续提供资金和技术等救助,还应当考虑统筹协调气候变化所致突发性损失损害救助政府间进程,进一步推动国际紧急救援行动在挽救生命和财产损失以及遏制气候变化所致损失损害不利后果的进一步扩大等方面的积极促进作用。

最后,是加强应对气候变化立法,完善气候诉讼程序。自然生态的特殊性和环境保护的公益性,要求立足于权利保护进行救济,依此给予技术和结构上的安排,要求对现有诉讼制度进行改革,在现有的纠纷解决制度之外建立一种新的救济形式,使权利的保障真正落在实处。[4]法院的存在只是准许将纠纷诉诸司法解决的条件之一。[5]在气候诉讼中,使用的最佳程序将取决

---

〔1〕 UNHCR Kenya, *Timeline of Registration Activities in Dadaab*:2013-July 2018.

〔2〕 UNHCR, *Position on Returns to Southern and Central Somalia* (Update 1), 2016.

〔3〕 Refugee Consortium of Kenya and Danish Refugee Council, *Asylum Under Threat*: *Assessing the Protection of Somali Refugees in Dadaab Refugee Camps and Along the Migration Corridor*, 2012.

〔4〕 林灿铃:《荆斋论法——全球法治之我见》,学苑出版社 2011 年版,第 335 页。

〔5〕 Joana Setzer, Lisa Benjamin, "Climate Litigation in the Global South:Constraints and Innovations", *Transnational Environmental Law*, Vol. 9, 2020.

于当事人和申请人寻求救济的性质以及诉讼当事人可以使用的机制。[1]目前,气候诉讼领域尚未形成特有的诉讼程序,相关纠纷的解决主要通过行政诉讼程序和民事诉讼程序进行。然而,气候诉讼的目的并不完全在于获得赔偿或补偿,而是维护人类的共同利益,通过此种形式寻求应对气候变化意识的增强、能力的提升、规划的合理和目标的实现。从诉讼目的看,凡是为了维护环境公共利益的这类诉讼均为环境公益诉讼。[2]可见,气候诉讼更应当是环境公益诉讼。因此,从人类经济社会发展之长远计,应确立环境公益诉讼为气候诉讼的主要诉讼程序之一。

环境公益诉讼的核心是保护环境公共利益,其强调的是以维护环境公共利益为目的,各适格主体依据法律规定,针对损害环境公共利益的行为人向法院提起的诉讼,其不要求原告必须与受损害环境公共利益具有直接的利害关系,且不要求环境实际受到损失,只要证明环境有可能遭遇重大受损害风险即可,甚至是在科学不确定的情况下。[3]人类生存环境的任何一个角落都无法杜绝气候的影响,任何一处对气候的破坏都有可能引发连锁反应,导致全球气候变化的加剧。气候不仅是当代人生活的必须,也是后代人生存的必要因素,因此,环境公共利益的识别还应遵循可持续性标准。[4]这一点已经在相关气候诉讼案件中得以体现,尤其是南亚法院在利用公共利益诉讼解决环境问题方面取得了很大成功,部分原因是司法支持实现可持续发展。[5]毫无疑问,以促进应对气候变化为内核的气候诉讼符合保护环境公共利益这一目的。

在许多气候诉讼案件中,涉及"公共利益"的讨论并非鲜见。在认定"是否损害公共利益"时,奥地利法院在维也纳机场第三跑道案中援引奥地利联邦《宪法》第144条的规定,承诺国家遵守可持续性原则和全面保护环境原则,[6]下奥地利州《宪法》规定国家对确保适当生活条件的承诺,并特别

---

〔1〕　Emma Schuster, *Class action in a changing climate*, South African Journal on Human Rights, Vol. 37, 2021.

〔2〕　林煜:《环境公益诉讼目的论》,中国社会出版社 2021 年版,第 20 页。

〔3〕　林灿铃:《荆斋论法——全球法治之我见》,学苑出版社 2011 年版,第 337 页。

〔4〕　刘佳奇:"论环境公共利益的识别",载《中南大学学报(社会科学版)》2021 年第 6 期。

〔5〕　E. Emeseh, "Limitations of Law in Promoting Synergy between Environment and Development Policies in Developing Countries: A Case Study of the Petroleum Industry in Nigeria", *Journal of Energy Natural Resources*, Vol. 24, 2006.

〔6〕　Austrian Federal Constitution, BGBl. I No. 111/2013, Art. 73, s. 1–3.

提到了环境和气候保护,[1]认为这些规定在寻求解释未定义的立法要求（例如“公共利益”的概念）时具有相关的解释性帮助。在评估第三条跑道应用与公共利益冲突的平衡点时，法院权衡了潜在的公共利益，例如，容纳航班的增加，促进经济发展和创造就业以及诸如环境损害和温室气体排放导致气候变化的负面影响。法院指出，奥地利的气候变化已经出现，将对人、动物、植物和整个环境产生广泛而重大的影响，因此，第三条跑道的建设违背环境保护的理念，尤其是气候保护对公众的利益。澳大利亚的维多利亚民事和行政法庭曾多次以气候保护为由考虑并拒绝了沿海开发。

2008年，在吉普斯兰海岸委员会诉南吉普斯兰郡议会案（Gippsland Coastal Bd. v. South Gippsland SC & Ors）中，法庭以气候变化风险等因素为由，拒绝了南吉普斯兰的一个计划中的住房项目，理由是不适合住宅开发。法庭认为，海平面上升、沿海洪水和气候变化的影响并未在该州的规划法规中具体规定，但鉴于法规提及“环境可能对使用或开发产生影响”，要求“衡量由开发或提案引起的代际责任的后果和程度，如果发现有必要，采取适当的行动方案来管理严重或不可逆转的伤害”。[2]同样，在2010年，法院拒绝了在一个“极易受气候影响”的地区进行住宅开发的许可。法院对发展持审慎的态度，直到制定未来的规划框架，以解决和最大限度地减少这些风险并满足国家规划的目的——代际公平和可持续、公平和对社会负责的发展。[3]在此案中，法院得出结论，政府在当前即规划和管理气候变化的潜在影响方面负有责任，而不是将这一责任推给子孙后代。

综上所述，无论是从环境公益诉讼的视角还是气候变化全球性的视角来看，有关应对气候变化的国际环境条约都应当是气候诉讼中需要重点考虑的内容。世界各国以及国际社会皆应进一步加强应对气候变化立法，并着力完善气候诉讼程序，从而为实质性解决气候变化所致损失损害责任问题提供有力的法律制度保障。

---

〔1〕 Lower Austria LV 1979, LGBl. 0001-0 idF. LGBl. 0001-21, Art. 4（2）and（3）.

〔2〕 *Gippsland Coastal Bd. v. South Gippsland SC & Ors*（No. 2）［2008］VCAT 1545（Victorian Civil & Admin. Tribunal）（Austl.）.

〔3〕 *Taip v. East Gippsland Shire Council*［2010］VCAT 1222（Victorian Civil 7 Admin. Tribunal）（Austl.）.

减缓、适应、技术和资金是应对气候变化的四大支柱，而"资金"则是其他三个支柱的支柱，是其他三个问题的基础，是广大发展中国家，特别是小岛屿发展中国家、最不发达国家的重大关切。在广大发展中国家遭受气候变化所致损失损害时，国际气候资金机制（以下简称"资金机制"）显得尤为重要。作为气候变化所致损失损害的重要救济路径，资金机制"事前"助力广大发展中国家开展减缓、适应气候变化[1]、促进低碳技术转移、能力建设等各类积极措施以减少气候变化所致损失损害风险，并在"事后"以补偿方式为因公共利益而遭受特别损失者提供补救从而限制、减轻损失损害带来的不利影响，实现全球可持续发展。从某种程度上讲，资金机制的成功与否决定了《联合国气候变化框架公约》应对气候变化总体目标能否有效达成。

第一节　资金机制的出台及其原则

资金机制是关于国际应对气候变化资金之筹集、使用和管理的运行规则，其主要目的是通过发达国家对发展中国家提供国际气候资金资助，有效调配全球应对气候变化资源以对可能或已经因公共利益而遭受特别损失者提供补救，从而促进全球应对气候变化目标的有效实现。

一、资金机制的出台

大量研究数据表明气候变化是一个客观事实，而人类活动是导致气候变

---

〔1〕　如果将适应与减缓相比，减缓气候变化的重点是对全球密切合作的依赖，即任何国家做出的减缓温室气体排放的努力都是对全球作出贡献，解决的是全球问题；而适应气候变化则主要涉及一国国内事务，主要动力来自一国国内，解决的是自己的"门前雪"问题。就国际应对气候变化现状来看，较之减缓气候变化而言，适应气候变化发展相对缓慢。

化的主要原因。近年来，气候变化可归因于人为因素的证据有所加强。[1]虽然气候变化问题总是被国际政治、世界经济等其他因素所左右，甚至一度被怀疑和否定，[2]导致国际应对气候变化的进程时快时慢，时进时退。但总体而言，世界各国政府和大多数国际组织的应对气候变化谈判并未被这些质疑所左右。气候变化问题在1979年第一届世界气候大会上引起了国际社会的普遍关注，开启了制定国际公约、通过国际合作以应对气候变化的序幕。1990年第45届联合国大会达成了成立一个气候变化框架公约政府间谈判委员会的决定，制订公约的谈判正式开始。经过反复的磋商与谈判，于1992年通过了《联合国气候变化框架公约》，并于1994年3月21日正式生效，该公约第11条对资金问题进行了专门规定，资金机制由此诞生。1997年12月《联合国气候变化框架公约》第三次缔约方会议（COP3）通过的《京都议定书》主要解决了减排国家范围划定和减排时间表的问题，对资金机制进行了进一步的细化。2015年12月《联合国气候变化框架公约》第二十一次缔约方会议（COP21）通过的历史上第一份承载全球所有国家共同应对气候变化行动、覆盖近200个国家的具有法律拘束力的全球减排协议——《巴黎协定》第9条强调了发达国家缔约方应继续履行《联合国气候变化框架公约》下现有的资金支持义务，定期进行信息通报，扩大资金支持规模并推动实现减缓与适应之间的平衡等义务。

《联合国气候变化框架公约》通过至今，每年召开一次缔约方会议，至本书截稿已召开了26次。几乎在每次会议中，资金机制问题都是谈判的重中之重。"资金"作为国际应对气候变化的其他三大支柱——减缓、适应、技术的支柱，被视为国际应对气候变化的核心问题。为此，1992年《联合国气候变化框架公约》第11条专门对资金机制的目标、原则、评审制度和经营实体等问题进行了规定，这些规定构成了资金机制运行和发展的国际法律基础。资金机制下国际气候资金的筹集、使用和管理都不能背离《联合国气候变化框

---

〔1〕　IPCC：*AR6 Climate Change* 2021：*The Physical Science Basis*（*Summary for Policymakers*）.

〔2〕　就气候变化问题而言，甚至出现过所谓的"气候变化之伪科学论"和"气候变化之政治阴谋论"等反气候变化的观点，尤其是"邮件门"事件导致了公众对科学家在气候变化问题中的公信力的降低。所谓"邮件门"事件，系指2009年哥本哈根气候变化大会召开前夕，黑客进入IPCC重要支撑研究单位的英国东吉利大学气候研究部门的计算机系统并获取大量涉及世界顶级气候学家修改、操纵、伪造有关气候数据的邮件，从而掀起了国际社会质疑气候变化的浪潮。

架公约》的目标和原则。《联合国气候变化框架公约》成立后，各缔约方通过每年召开缔约方大会的方式解决国际应对气候变化领域中产生的新问题，以缔约方大会决议的形式确定应对气候变化领域的具体规则，其中形成的主要谈判成果都离不开资金机制问题。《联合国气候变化框架公约》框架中所有关于资金问题的规则构成了资金机制的法律框架体系，资金机制正处于不断的发展变化中。

总的来看，资金机制伴随着《联合国气候变化框架公约》三十年来的发展，经历了从无到有、从简到繁、从完全被托管到开始走向独立的过程。基于发展中国家和发达国家价值观念、利益诉求等方面的差异性以及资金问题本身的复杂特质，伴随着资金机制发展过程中各气候集团的矛盾与冲突，广大发展中国家参与国际气候治理的意识逐渐觉醒，在国际气候资金筹措、管理和使用问题上努力争取话语权并取得了一定的成绩。在历次的气候变化谈判会议中，资金机制都是最敏感的核心问题，尤其是出资渠道、资金到位、资金管理、资金支配等问题，始终是发展中国家和发达国家博弈的焦点。[1]

二、资金机制的原则

正如前述，资金机制是关于国际应对气候变化资金之筹集、使用和管理的运行规则。《联合国气候变化框架公约》框架下确立的有关国际应对气候变化问题的涉及国际气候资金筹措、使用和管理的规则体系和制度安排都属于资金机制的范畴。《联合国气候变化框架公约》作为国际应对气候变化的基础性法律文件，构成了资金机制的国际环境法律基础。因此，在资金机制运行过程中应始终坚持《联合国气候变化框架公约》所提出之原则，主要体现在以下几个方面：

（一）透明原则

《联合国气候变化框架公约》对资金机制作出了"应在一个透明的管理制度下公平和均衡地代表所有缔约方"[2]的规定。透明原则主要体现在：资金机制的运营实体需要定期对资金总体绩效进行评估、《联合国气候变化框架公约》缔约方大会对资金的筹集和使用情况定期进行审查、缔约方每年向《联

---

〔1〕 林灿铃："气候变化所致损失损害补偿责任"，载《中国政法大学学报》2016年第6期。

〔2〕 引自《联合国气候变化框架公约》第11条第2款。

合国气候变化框架公约》秘书处公开提交关于资金机制改革的书面意见以及各基金分别对申请项目进行公开评审并公布项目审批结果等。

例如，2019 年《联合国气候变化框架公约》第二十五次缔约方会议（COP25）敦促全球环境基金（Global Environment Fund，GEF）进一步缩短项目审批周期、提高机构管理效率、不断优化获得全球环境基金资源的资格标准，并在其提交的第 7 次增资[1]执行情况研究报告中纳入了全球环境基金在供资方面面临的挑战和吸取的经验教训。此外，全球环境基金亦应根据其现有任务授权与绿色气候基金协作，报告支持了发展中国家收集和管理适应信息和数据方面的经验教训，并继续协助即将脱离最不发达国家地位的国家实现平稳过渡。对于《联合国气候变化框架公约》缔约方会议向全球环境基金提出的指导意见，全球环境基金应在其向缔约方会议提交的年度报告中说明为执行《联合国气候变化框架公约》缔约方会议的指导意见而采取的步骤。由此可见，透明原则对于敦促发达国家履行出资义务、监督国际气候资金实行有效管理具有重要意义。

（二）可预测原则

国际气候资金机制应以可预测和可认定的方式确定履行本公约所必需的和可以得到的资金数额，以及定期评审此一数额所应依据的条件。[2]也就是说，国际气候资金的筹措[3]应当采取可预测的出资方式。例如，发达国家公共部门出资的资金一般是来自该国国内的税收，因而此类出资具有稳定的保障，是可以被预测的。与之相较，来自私营部门和碳市场的资金则很容易受到国际金融危机、国际碳价、私营部门的经营状况等因素影响，具有不可预测性，不符合《联合国气候变化框架公约》对于资金机制的要求。

（三）可认定原则

根据《联合国气候变化框架公约》第 11 条第 3 款的规定，资金机制中涉及的资金筹集、使用和管理都应该是可认定的。从出资的角度来说，出资的数额和形式应该是可认定的。例如，以现金方式进行的出资，对于资金到位

---

[1] 自 1992 年全球环境基金设立以来，已经完成 7 次增资，目前处于第 8 次增资（GEF-8）阶段。

[2] 参见《联合国气候变化框架公约》第 11 条第 3 款。

[3] 国际气候资金主要来源于《联合国气候变化框架公约》框架下以公共赠款为主的出资，来自某些缔约国、国际组织、私营部门甚至个人的捐助，通过国际碳市场筹集的资金以及通过《联合国气候变化框架公约》框架外的国际项目合作筹集的资金。

的状况是很容易认定的。而以实物、劳务、技术转让、专利等方式的出资，在受援国实际获得的资金数量的认定上存在一定的困难。从资金的使用和管理的角度来说，资金支持的项目对于应对气候变化的贡献应该是可认定的。这就要求资金机制的管理者在项目审批的过程中甄别出对受援国应对气候变化最有帮助的项目，在项目实施的过程中注重监控项目质量。

发达国家主张的通过私营部门参与、碳市场等公共赠款之外的筹资方式，受国际经济形势、私营部门经营状况等因素的影响较大，可能某段时间资金量较大，可有时又会面临资金断流的风险，从而导致该类筹资规模不稳定，不符合可预测和可认定的原则。在资金筹集的问题上，发展中国家强调资金应主要来自公共部门的出资和以现金方式进行出资，要坚持资金机制的可预测和可认定原则。只有这样，才能保证发展中国家真正能够得到国际气候资金的资助。

（四）国际合作原则

正如前述，《联合国气候变化框架公约》作为国际环境法领域应对气候变化的基础性法律文件，与资金机制相伴而生。《联合国气候变化框架公约》不仅为国际气候治理和国际气候合作提供了基本的国际规范，发挥法律的指引、评价、预测、强制和教育作用，亦为资金机制未来的发展提供了依据。只有坚持在《联合国气候变化框架公约》的目标和原则的指导下发展资金机制，以发达国家的公共赠款为主要筹资途径，按照可预测、可认定的原则管理支配资金，才能保证资金筹集的公平性，保证资金使用和管理上的公开透明，保证发展中国家能够真正获得来自发达国家的资金资助应对气候变化，保障广大发展中国家的利益。其中，《联合国气候变化框架公约》确立的国际合作原则可谓是资金机制的基础，而资金机制则是国际合作原则的最好诠释。

从斯德哥尔摩人类环境大会到里约热内卢环境与发展大会，国际合作原则作为一项国际环境法基本原则逐渐被确立。其作为现代国际法的一项基本原则，同样适用于国际应对气候变化领域。全球应对气候变化资源分布的不均衡性和所致灾害性后果的同一性决定了对于气候变化这一严重威胁人类生存发展的国际问题的解决单靠某一个或某几个国家的力量是无法有效完成的。客观而言，只有坚持国际合作原则，才能有效应对气候变化。较之约占世界总人口 17%[1]的掌握着巨额可用于环境保护的资金、先进的低碳发展技术以

---

[1]　The Population Research Bureau：2021 *World Population Data Sheet.*

及适应气候变化经验的发达国家而言，广大发展中国家缺乏应对气候变化的能力。即使发达国家有效控制了温室气体排放，甚至通过使用可再生能源的方式实现了零排放，但其依然无法有效阻挡全球气候变化的步伐。发展中国家如不立即采取措施控制温室气体的排放，全球升温将很快突破2摄氏度的红线，给包括发达国家在内的全球各个国家造成不可估量的损失损害。鉴此，国际合作原则作为《联合国气候变化框架公约》一直秉持的基本原则，乃全球环境现状的客观要求，也是促进全球共同减少温室气体排放的必然选择。

以《联合国气候变化框架公约》确立的国际合作原则为基础设立的资金机制正是根据《联合国气候变化框架公约》所提出的"发达国家应为发展中国家提供资金支持……"[1]的规定应运而生的，其主要通过国际合作的形式来实现在全球范围内调配应对气候变化资金资源的目的。当前资金机制下主要包括全球环境基金以及绿色气候基金两大运营实体。其中，《联合国气候变化框架公约》项下的气候变化特别基金和最不发达国家基金由《联合国气候变化框架公约》指定的全球环境基金负责运作，与《京都议定书》项下的适应基金和2009年哥本哈根气候大会建立的绿色气候基金共同构成应对气候变化的四大基金。可以说，资金机制中有关资金筹集、使用和管理的内容主要是通过国际合作的方式来保证实施的。

三、应对气候变化主要资金及其特点

以资金运营实体为划分标准，应对气候变化资金可分为全球环境基金管理下的资金和独立运行的资金。全球环境基金管理的资金有气候变化特别基金、最不发达国家基金、长期资金和快速启动资金（目前快速启动资金和长期资金的时限已经结束）。对于全球环境基金而言，成员国大会是全球环境基金的最高决策机构，理事会是全球环境基金的决策机构，为基金的管理作出决策。秘书处、科学技术顾问委员会和评估办公室是常设机构，相当于全球环境基金的中枢运转神经。全球环境基金同时也遵循《联合国气候变化框架公约》缔约方会议的指导。适应基金是在《京都议定书》下设立的基金，由适应基金董事会作为基金运营实体。全球环境基金临时承担了适应基金秘书处的职责，因此适应基金并未完全摆脱全球环境基金而独立。而绿色气候基

---

〔1〕 参见《联合国气候变化框架公约》第4条第3、4、5、7、8和9款等。

金则是在全球环境基金之外独立运行的气候基金，其设立结束了资金机制自诞生以来一直由全球环境基金托管的局面。

（一）最不发达国家基金

2021年联合国贸易和发展会议（United Nations Conference on Trade and Development，UNCTAD）发布的年度报告表明，根据联合国社会发展委员会制定的"人均国民收入、人力资产以及经济脆弱性"三个标准，目前仍有46个国家属于最不发达国家。[1] 最不发达国家应对气候变化的能力最弱，最易受到气候变化所致损失损害的不利影响，同时由于其工业化进程较慢，消耗的石油和煤炭等化石燃料较少，无论是从历史责任方面还是从当前责任方面来看对全球温室气体排放的作用都很小。因此，最不发达国家应得到那些温室气体排放较多、对全球气候变化负有主要责任的国家提供的资金援助来应对气候变化。《联合国气候变化框架公约》[2]明确提出了资金机制在进行资助时应对最不发达国家给予充分重视。据此，《联合国气候变化框架公约》第七次缔约方会议（COP7）上成立了最不发达国家基金（Least Developed Countries Fund，LDCF），主要目标是为前述最不发达国家应对气候变化提供资金支持。

最不发达国家基金是资金机制中唯一限定用于支持某些国家的特定资金，设立目的带有非常明显的国际人道主义色彩。如中国、印度、巴西这样的经济较为发达的发展中国家则不具备该资金的申请资格。然而，从最不发达国家基金运行二十余年的实际效果来看，基于承诺资金和到位资金之间的差距较大、资金使用面过窄、申请程序复杂化等原因，最不发达国家实际得到该基金的资助有限。

就其筹资而言，《联合国气候变化框架公约》缔约方对最不发达国家基金的捐助是自愿性的，在《联合国气候变化框架公约》下没有强制性的捐资义务。所有《联合国气候变化框架公约》附件二[3]中的国家和部分附件一[4]

　〔1〕　UNCTAD：*The Least Developed Countries Report* 2021.

　〔2〕　《联合国气候变化框架公约》第4条第9款条规定"各缔约方在采取有关提供资金和技术转让的行动时，应充分考虑到最不发达国家的具体需要和特殊情况"。

　〔3〕　《联合国气候变化框架公约》附件二国家，是指经济合作组织（OECD）国家和欧盟在2010年的欧盟成员国。

　〔4〕　《联合国气候变化框架公约》附件一国家，是指《联合国气候变化框架公约》确定的工业化国家。

中的国家需要向最不发达国家基金提供资金，任何非附件一[1]国家也可以自愿向最不发达国家基金提供资金。现实情况是最不发达国家基金在获得的捐款承诺与实际兑现的捐款之间总是存在巨大差距。例如，根据全球环境基金2021年向《联合国气候变化框架公约》第二十六次缔约方会议（COP26）提交的报告，[2]截至2021年6月30日，最不发达国家基金获得的捐款承诺约为17.78亿美元，兑现捐款约为15.86亿美元；2020年7月1日至2021年6月30日期间，最不发达国家基金获得的捐款承诺约为1.78亿美元，而经捐助协议正式确认的资金总量仅为0.91亿美元。

就其使用而言，最不发达国家基金设立的目的在于满足46个最不发达国家在应对气候变化领域的特殊需要，支持其编写"国家适应行动计划"。任何《联合国气候变化框架公约》缔约方中的最不发达国家均有资格以编制了"国家适应行动计划"为理由申请最不发达国家基金下的项目。[3]也就是说，最不发达国家在申请最不发达国家基金前必须先编制完成"国家适应行动计划"，该计划有两个主要目标：一是确定该国在适应领域应该首要采取的措施；二是确定该国在适应领域中最紧急的需求。最不发达国家基金将根据"国家适应行动计划"中确定的优先和紧急的适应措施为其提供资金支持。

就其管理而言，根据《联合国气候变化框架公约》缔约方会议决议，最不发达国家基金由全球环境基金委托管理，由世界银行作为信托方。全球环境基金需要向《联合国气候变化框架公约》缔约方会议报告最不发达国家基金的运行情况，并接受缔约方大会的指导。"最不发达国家基金和气候变化特别基金委员会"是最不发达国家基金的管理实体，该委员会每年召开两次会议。因此，对最不发达国家基金的管理需要同时遵守四方面的规则：一是接受《联合国气候变化框架公约》缔约方大会的指导；二是遵守全球环境基金的管理规则，包括全球环境基金的信托标准、基础框架、监测和评估标准等；三是基金在具体运行过程中的细节问题遵守"最不发达国家基金和气候变化特别基金委员会"的安排；四是关于技术性问题需要接受"最不发达国家专

---

〔1〕《联合国气候变化框架公约》非附件一国家，是指《联合国气候变化框架公约》确定的发展中国家。

〔2〕FCCC/CP/2021/9.

〔3〕详见《联合国气候变化框架公约》第七次缔约方会议（COP7）决定，该次大会于2001年10月29日至11月10日在摩洛哥马拉喀什召开。

家小组”的技术指导。[1]

（二）气候变化特别基金

气候变化特别基金（Special Climate Change Fund, SCCF）也是 2001 年《联合国气候变化框架公约》第七次缔约方会议（COP7）的决议设立的，主要是为《联合国气候变化框架公约》中所有非附件一缔约方在适应和技术领域提供支援，但与最不发达国家基金不同的是，所有发展中国家均有权申请气候变化特别基金的资金支持。作为其他融资渠道补充融资的种子基金，气候变化特别基金主要支持包括水资源管理、土地管理、农业、健康、基础设施、脆弱的生态系统、山地与海岸带管理在内的长期或短期的适应气候变化的活动。

在其筹资问题上，《联合国气候变化框架公约》没有为气候变化特别基金的资金筹集设定强制义务，所有的筹资都是自愿性的。截至 2021 年 6 月底，气候变化特别基金共筹集资金 3.49 亿美元，支持了 88 个项目的开展。[2]近年来气候变化特别基金增长稳定，然而广大发展中国家对于气候变化特别基金的资金需求仍然很高，大大高于资金的可供给数量。

在其使用问题上，根据《联合国气候变化框架公约》第十二次缔约方会议（COP12）第 1/CP.12 号决议第二段，气候变化特别基金的资金应当用于资助以下领域活动：一是国家层面的能力建设，主要包括促进受援国调整产业结构、提高能源使用效率、减少化石能源的使用等方面；二是通过技术援助支持受援国发展多种经济形式，引导向低碳经济领域进行投资；三是通过促进低碳技术转让，减少温室气体的排放；四是支持技术创新，鼓励低碳技术的研发；五是根据受援国的国情，通过技术援助支持发展天然气等低排放的能源。按照《联合国气候变化框架公约》第十二次缔约方会议（COP12）决议，气候变化特别基金应该帮助《联合国气候变化框架公约》第 4 条第 8 款中所指的石油输出国缔约方开展相关活动，减少其经济对石油的过度依赖。但是气候变化特别基金中并没有设立专项资金支持上述活动。基于气候变化特别基金特定的资助领域，其下设有两个基金活动窗口：适应气候变化的窗

---

〔1〕 引自全球环境基金内部刊物：*Accessing Resources Under the Least Developed Countries Fund*，2011年 5 月由 Professional Graphics 公司印刷。

〔2〕 FCCC/CP/2021/9.

口（SCCF-A）和技术转让的窗口（SCCF-B）。根据全球环境基金官方网站数据，截至 2021 年 6 月底，气候变化特别基金的适应窗口已经调动了约 2.93 亿美元用以支持非附件一国家在适应气候变化领域开展的 76 个项目，而其技术转让窗口共支持了 12 个项目，总计约 5970 万美元。[1]

在其管理问题上，气候变化特别基金和最不发达国家基金一样由全球环境基金托管，全球环境基金制定了发展中国家申请气候变化特别基金的规则。气候变化特别基金同时依据《联合国气候变化框架公约》第 4 条、第 11 条和《联合国气候变化框架公约》缔约方会议通过的系列决定开展项目，这些决定同时也是《联合国气候变化框架公约》缔约方会议对气候变化特别基金进行评估的标准。《联合国气候变化框架公约》缔约方会议通过作出决定的方式对气候变化特别基金提出要求，敦促气候变化特别基金将相关工作情况向大会提交报告并由大会对报告进行评估，以此实现对气候变化特别基金的管理。

与其他应对气候变化资金相同，气候变化特别基金亦存在资金筹集量不足的问题，气候变化特别基金的资助能力和广大发展中国家应对气候变化的资金需求相比，还相距甚远。此外，气候变化特别基金在资金申请方面难度较高，实际执行项目时资金经常只用于满足适应气候变化活动的额外成本，降低了资金的易得性。今后应进一步增强和扩大气候变化特别基金和最不发达国家基金作为发达国家资金承诺的一部分整合到新的资金机制中的可行性。

（三）快速启动资金与长期资金

2009 年的哥本哈根气候大会[2]至今仍是各国参加气候谈判的代表们心中的一个"痛点"，成为此后历届缔约方大会的东道国努力避免的一个反面教材。在这次大会上的很多谈判议题发生了实质性倒退，在这样的背景下发达国家承诺下来的快速启动资金（Fast Start Fund，FSF）和长期资金（Long Term Fund，LTF）更像是为其他产生倒退的议题释放的烟雾弹，是为了换取发展中国家心理平衡的权宜之计。因此，当关于这两个资金的承诺离开了彼时彼地之后，兑现起来就变得异常困难。

---

〔1〕 FCCC/CP/2021/9.

〔2〕 2009 年《联合国气候变化框架公约》第十五次缔约方会议（COP15）在丹麦哥本哈根通过了《哥本哈根协议》，发达国家迫于谈判压力，承诺在 2010 年至 2012 年总共向发展中国家提供 300 亿美元的快速启动资金，到 2020 年达到每年 1000 亿美元的资金规模，来帮助那些最贫穷的国家和最易受气候变化影响的国家抗击气候变化。

无论是快速启动资金还是长期资金，与前文所述的两个基金相比，是不属于同一层面上的问题。最不发达国家基金和气候变化特别基金是已经形成了固定运行模式的资金机制，有其固定的运营实体、资金筹措途径和资金申请程序。最不发达国家基金和气候变化特别基金均没有设定截止时限，受援国可以定期向其申请项目资金资助。而快速启动资金和长期资金则是局限于资金筹措层面上的资金。从某种意义上来说，快速启动资金和长期资金并不能算是一种资金机制，而只是有固定期限的资金筹措模式。两大基金设立之时正处在资金机制管理模式更新换代的时间点上，快速启动资金成为检验发达国家出资诚意的试金石，而长期资金则将成为绿色气候基金的主要资金来源。因此，快速启动资金和长期资金在当时成为资金机制能否继续顺利发展的关键，自诞生之日起便成为国际气候谈判中资金议题的重要内容与各气候集团斗争的焦点。

1. 快速启动资金

"快速启动资金"是 2009 年《联合国气候变化框架公约》第十五次缔约方会议（COP15）上发达国家承诺的从 2010 年至 2012 年的三年间提供给发展中国家 300 亿美元的承诺资金。快速启动资金的历史意义不仅是 300 亿美元的问题，而是一块检验发达国家出资诚意的试金石。尽管目前快速启动资金的三年时限已经结束，但快速启动资金在当时为深刻反思未来国际气候资金的管理模式提供了重要契机。快速启动资金自 2009 年底成立后，发展中国家在三年中通过《联合国气候变化框架公约》框架内外的多种谈判渠道一直向发达国家施加压力，并与其就资金的性质、充足性和透明度等问题进行了针锋相对的斗争。在资金性质方面，根据 2009 年《哥本哈根协议》，[1]快速启动资金的性质应该是"新的"且"额外的"，应该是来自政府公共部门的，区别于原有的官方发展援助。但是很多发达国家在出资问题上偷梁换柱，或者是将在别的领域承诺的援助拿来抵作气候出资，或者将正常商业化的投资算作气候出资，甚至出现重复计算出资的现象；[2]而在资金充足性方面，由于资金

────────────

〔1〕　FCCC/CP/2009/11/Add. 1.

〔2〕　国际援助组织乐施会的研究报告显示，发达国家所承诺的快速启动资金，仅有 33% 能被认为是"新的"，且最多只有 24% 的资金属于"额外增加"的金额。报告还显示，只有 43% 已知的"快速启动资金"以资助的方式发出，大多数资金是贷款性质，发展中国家必须按不同程度的利息水平来偿还款项，这显然与《哥本哈根协议》对快速启动资金的规定不符。

机制中关于快速启动资金的规定过于简略，缺乏统一的出资标准，没有专门的监管机构，造成了发达国家想怎么出资就怎么出资，自己说出了多少钱就算多少钱的现象，更有些国家甚至将援助性贷款也算作了向快速启动资金的出资；在资金透明度方面，更是由于快速启动资金在管理过程中缺乏清晰度和透明度，导致要对资金承诺的兑现情况和资金实际使用效果进行评估非常困难。

总的来说，由于快速启动资金将重点放在了捐资数字上，而对于出资的要求、资金到账的记录、资金的分配标准和项目的运行效果等所有的管理都是粗放式的、不透明的、缺乏公信力的，最终导致发达国家与发展中国家"各说各话"，极大地影响了发达国家和发展中国家的互信与国际社会对资金机制的信心。以上种种现象反映出快速启动资金缺乏一个强有力的国际气候资金管理机构，没有建立起一套全面的、透明的、监管到位的资金管理机制，为发达国家和发展中国家在出资问题上进一步寻求妥善解决、防止这些问题在未来国际气候资金领域遗留并继续恶化提供契机。

2. 长期资金

在 2009 年丹麦哥本哈根举办的《联合国气候变化框架公约》第十五次缔约方会议（COP15）上，发达国家承诺继续帮助发展中国家筹集资金。所谓的"长期资金"，就是指发达国家根据《哥本哈根协议》作出的"到 2020 年为帮助发展中国家应对气候变化作为绿色气候基金的来源之一每年达到 1000 亿美元"的承诺资金，以根据《联合国气候变化框架公约》第十六次和第十八次缔约方会议的规定，发展中国家使用长期资金需要具备两个条件：一是发展中国家要采取实质性的减缓行动；二是发展中国家要对国际气候资金的使用保持透明度。同时，资金的来源不仅仅限于公共资金，还包括来自私营部门及其他的替代性资金。

对于长期资金的实现途径，《联合国气候变化框架公约》第十八次缔约方会议（COP18）决议邀请缔约方大会主席任命两位联合主席，一名来自发展中国家缔约方，另一名来自发达国家缔约方，作为长期资金的最高决策机构，保障《长期资金工作计划》的实施。联合主席要向缔约方会议报告《长期资金工作计划》的实施成果，缔约方及《联合国气候变化框架公约》专题和专家机构在考虑长期资金工作计划研讨会报告的基础上，可以向秘书处提交他们对长期资金问题的意见，秘书处将据此准备一份信息文件供联合主席参考；

常设委员会负责提供专家意见来支持工作计划的实施。继续评审发展中国家对于国际气候资金的需求情况，包括确定动员长期资金的方法以及确保资金的充足度、可预测性、可持续性和可获得性。要保证气候基金真正落到实处，出资国和受援国都要充分了解、监督并透明地公布资金的来源和用途。

总的来看，作为发达国家和发展中国家妥协的产物，长期资金无疑是一个非常失败的国际气候资金议题的谈判结果。不仅对未来资金机制的发展带来了诸多不利的变数，还令广大发展中国家在资金筹集、使用条件、资金性质等几个关键问题上失守，直接影响到未来国际社会在资金机制方面采取的行动。在资金筹集方面，虽然在谈判中曾提出前几年至少要达到每年不低于快速启动资金的规模，也就是每年不低于 100 亿美元，可是这一约定并没有经过《联合国气候变化框架公约》缔约方会议决议，没有国际法律效力；而在资金使用方面，长期资金对于发展中国家对该资金的获取附加了采取实质性的减缓行动、保持资金透明度等额外条件，而对于如何衡量这些条件则没有明确的规定。对于正是由于缺乏资金才无力切实采取减缓气候变化行动的发展中国家而言，这一条件本末倒置，非常不公平；在资金性质方面，长期资金则突破了"公共出资"这一条件，将无论来自市场的资金、来自私营部门的资金或其他替代性资金都纳入其中，长期资金过于灵活的资金来源实质上将发达国家对发展中国家提供帮助的资金机制演变成一个全球共同参与的包括气候贷款、气候融资、气候投资的气候金融体系，完全违背了《联合国气候变化框架公约》设立资金机制的目的。可以说，发达国家不但逃避了历史排放责任，还建立了一套新的"圈钱"游戏规则。

（四）适应基金

为了摆脱全球环境基金的管理、解决资金机制在实施过程中显示出的对适应气候变化领域资助不足、资金受援国不能直接申请国际气候资金等问题，单独设立适应基金（Adaptation Fund, AF）的紧迫性就越来越强了。适应基金的设立需要构建一套新的管理模式，是一个摸着石头过河的探索过程。适应基金自 2000 年被提议设立以来，经历了一个非常缓慢的磋商过程，终于在 2007 年底在巴厘岛召开的《京都议定书》第三次缔约方会议决议成立适应基金。适应基金在清洁发展机制基础上诞生，主要用以支持最不发达国家和小岛屿国家，规定发展中国家的清洁发展机制项目的 2% 减排量交给适应基金，卖出后的收益将作为适应基金的资金来源。[1]

就其筹资与使用而言，较之资金机制下的其他基金，适应基金体现出明显的定向性。适应基金的资金除了来自自愿捐资之外，主要来自向清洁发展机制项目收取一定比例的收益。但也正是由于适应基金资金来源渠道的单一稳固性造成了其资金来源的应变性较差，一旦清洁发展机制交易量下降，国际碳市场发生波动，适应基金的资金来源就会受到很大影响。在其使用方面，顾名思义，适应基金是专门用于资助适应气候变化领域的基金，其专项资助不会受到其他使用领域的冲减，有效地平衡了资金机制在运行中存在的资助领域失衡的弊病。为了便捷适应基金的使用，适应基金对受援国参与适应基金的申请过程提供支持，实施了项目准备金政策[2]，并通过明确申请标准、开发便捷的申请工具、组织培训等方式，帮助发展中国家机构获得受援国国家实施机构（National Implementing Entity，NIE）资格的能力，体现出明显的扶弱性。此外，为了提高发展中国家话语权、增强受援国对资金的直接获取从而实现"直管"目的，适应基金亦在项目审批方面进行了创新。由适应基金董事会成员及专家组成的认证委员会初步遴选并推荐符合资格标准的受援国国家实施机构、区域实施机构（Regional Implementing Entity，RIE）和多边实施机构（Multilateral Implementing Entity，MIE），[3]并分批对其进行资格认证。经适应基金董事会批准的 NIE、RIE 和 MIE 可代表受援国向适应基金申报项目，也可以自身直接实施项目。通过 NIE、RIE 和 MIE 的帮助，可弥补适应基金在受援国中没有派出的分支机构的不足。如此一来，在适应基金运行模式下就不再必须通过国际执行机构来申请和使用资金了，资金从适应基金直接拨付给受援国，既省时又节约。

就其管理而言，适应基金作为《京都议定书》下的资金机制，相较于全

---

〔1〕 林灿铃："气候变化所致损失损害补偿责任"，载《中国政法大学学报》2016 年第 6 期。

〔2〕 所谓的"项目准备金制度"，是指为了避免给受援国的项目申请者增加额外负担、挤占项目运行应有资金，国际气候资金为项目申请者在项目资金之外额外提供一笔项目准备金的制度，适应基金下的项目准备金政策向 NIE 倾斜，仅为通过 NIE 申请的项目提供最高限额为 15 万美元的项目准备金，实现了与 RIE 和 MIE 的区别对待。

〔3〕 NIE 一般是来自发展中国家的国家机构；RIE 一般由区域性组织机构申请担任，如西非发展银行、加勒比开发银行、太平洋共同体等；而 MIE 则通常是由世界气象组织、联合国开发计划署、联合国环境规划署这样的具有丰富国际经验的多边国际机构申请担任。适应基金开创的执行机构资格认证制度的重点是发展 NIE，而 RIE 和 MIE 则是必要时充当 NIE 的补充。

球环境基金直接管理下的基金而言，具有比较强的独立性。适应基金董事会是适应基金的运营实体，直接向《京都议定书》缔约方会议负责。适应基金有了自己独立的决策机构，迈出了资金机制独立运行的第一步。此外，为了体现均衡性的原则，在适应基金董事会成员构成比例方面，适应基金董事会的成员国组成采取了兼顾区域划分、国家性质和照顾弱势国家的综合标准[1]，比例构成较为公平理想，得到了国际社会的一致认同。

总的来说，适应基金从提议设立到正式运行，体现出定向性、均衡性、独立性、直管性以及扶弱性的特点，其管理和实施涉及多个制度创新，是一个边讨论边修改边实践的过程。虽然全球环境基金在适应基金的机构设置中临时承担了适应基金秘书处的职责，适应基金并未完全摆脱全球环境基金而独立，但可以说，适应基金的设立标志着资金机制的制度设计朝着更加独立的方向发展。

（五）绿色气候基金

正如前述，长期以来，《联合国气候变化框架公约》下资金机制的资金规模小、重减缓轻适应、申请附加条件多，难以满足发展中国家的要求。随着资金机制的资金规模不断扩大，通过国际气候资金支持的项目越来越多，对于国际气候资金项目的审批需要更加专业，对项目的实施效果也需要更加严格的监管，原有的托管模式已不能满足资金机制未来的发展。国际社会逐渐意识到在《联合国气候变化框架公约》框架下建立一个专职于国际气候领域的国际资金运营实体十分必要，该运营实体可作为发达国家落实长期资金承诺的主要途径。基于此，《联合国气候变化框架公约》第十五次缔约方会议（COP15）提出了建立绿色气候基金（Green Climate Fund，GCF）的设想。第十六次缔约方会议（COP16）达成的《坎昆协议》作出了成立绿色气候基金的决定，并决定组建过渡委员会负责前期筹备工作。坎昆大会授权绿色气候基金过渡委员会开展为期一年的工作，讨论绿色气候基金的设计方案，制定《基金治理导则》提交德班会议审议。

在 2011 年底召开的德班气候大会上，大会汲取了 2009 年哥本哈根戏剧性失败的教训，以 2010 年坎昆协议为基础，自开幕就呈现了各方对成果的务

---

〔1〕 AF董事会由16位成员组成，其中5个联合国区域每区各2位，1位来自小岛屿国家集团，1位来自最不发达国家，2位来自《京都议定书》附件一国家，2位来自非附件一国家。

实期待和进行实质谈判的诚恳态度。会议最终通过了过渡委员会制定的《绿色气候基金治理导则》并决定正式启动基金。绿色气候基金的建立成为德班气候大会的重要成果，也是自《巴厘岛路线图》以来资金议题谈判取得的最重要的进展。绿色气候基金于 2012 年 8 月中旬组建了基金首届董事会，包括 24 名成员国[1]，发达国家和发展中国家各占一半，任期 3 年。中国作为发展中国家的代表，成功当选为董事国。绿色气候基金董事会的组建标志着绿色气候基金的正式启动，伴随着 2012 年《联合国气候变化框架公约》第十八次缔约方会议（COP18）批准韩国担任绿色气候基金东道国，绿色气候基金启动的客观要件也已具备。

在绿色气候基金所涉问题中，指导原则和目标定位问题可谓是绿色气候基金进行制度建设的首要问题，既为该基金的成立进行基本的"定调"，又可在具体的管理细则未制定或未覆盖的领域提供基金的运行依据。根据《绿色气候基金治理导则》的相关规定，绿色气候基金应接受公约原则和规定的指导，而就绿色气候基金与《联合国气候变化框架公约》缔约方会议的关系而言，绿色气候基金作为《联合国气候变化框架公约》下资金机制的运营实体之一，应当接受《联合国气候变化框架公约》缔约方会议的指导，包括在与政策、方案优先顺序和资格标准相关事项及其他相关事项上的指导。[2]

就其筹资和使用而言，当前绿色气候基金的资金将接受《联合国气候变化框架公约》的发达国家缔约方的资金投入，也可接受其他公共及私人来源的资金投入，包括替代型资金来源。在绿色气候基金下设有"减缓"和"适应"两个专题供资窗口，[3]并致力于在能源生产和获取；运输；建筑、城市、工业和设施；森林和土地利用；健康、食品和水安全；人民和社区的生计；基础设施和环境建设；生态系统和生态系统服务八个部门提供资金支助，实

---

〔1〕 绿色气候基金董事会成员分别是：贝宁、埃及、南非、中国、印度尼西亚、印度、哥伦比亚、伯利兹城、墨西哥、赞比亚、巴巴多斯、格鲁吉亚、澳大利亚、丹麦、法国、德国、日本、挪威、波兰、西班牙、德国、瑞典、英国以及美国，共 24 个国家。

〔2〕 FCCC/CP/2011/9/Add. 1.

〔3〕 国际气候资金在资金使用时，是通过设置资金窗口来进行资金的初始分配的。受援国需要经过特定的资金窗口来申请相关资金，资金窗口是指资金申请人可以通过哪些资金科目来申请资金支持。资金窗口设置问题决定了国际气候资金的大体分配领域，是绿色气候基金制度建设上的一个实质性问题。

现在缓解和适应气候变化领域资金支持的 1：1 均衡。[1] 截至 2020 年 10 月 7 日，绿色气候基金已经调动 10 亿美元资助了 127 个发展中国家的 190 个项目。其中，涉及减缓领域的项目约为适应领域的 2 倍。[2] 从资金支持的现实情况来看，目前绿色气候基金距离均衡资助比例 1：1 的目标还存在较大差距。

总的来说，绿色气候基金的设立对于资金机制的发展而言具有重大意义。在资金管理方面，绿色气候基金从建立之初便本着创建一套独立的符合应对气候变化领域特征的管理体制和业务运行模式，组建了自己的决策机构——基金董事会，在《联合国气候变化框架公约》缔约方会议授权范围内可以自主决策基金运行中的具体事务，为未来独立实施项目扫清了障碍。此外，其成立也结束了《联合国气候变化框架公约》成立以来资金机制没有自己独立运营实体的历史，在资金支配方面可以采用"直通车"的方式与受援国直接开展项目合作，开启了资金机制走向独立的新篇章。在资金的管理体制机制方面，为了平衡资金的实施领域，根据资金的使用途径分设了减缓气候变化和适应气候变化两个窗口，避免了气候资金分配畸轻畸重的现象。为了扩大资金规模，绿色气候基金还为私营部门资金的注入留下了渠道并将优惠贷款提高到了与赠款同样的高度，为国际气候资金多样化和扩大化奠定了基础，对于中国、印度、巴西这样的发展中国家而言具有重要意义。

正如前述，资金机制在旧的制度设置中存在的筹资不力、管理繁冗、运行效率低下等问题国际社会有目共睹，并一度成为各气候集团相互指责的主战场。绿色气候基金的设立是在汲取多年来资金机制运行成功经验和失败教训的基础上的一次全新尝试。虽然在筹建过程中各方在各主要问题上进行了充分争论，但仍通过历次筹备组会议和基金董事会会议推动各问题逐步达成共识，形成了各方都可接受的解决方案。这一过程也让世界对绿色气候基金的未来不断寄予希望，使国际社会重拾对于资金机制的信心。

第二节　资金机制的作用

资金机制作为历次国际气候谈判都会涉及的核心问题，是发达国家与广

---

〔1〕　GCF: *Areas of work*, https://www.greenclimate.fund/themes-result-areas.

〔2〕　GCF: *Annual Results Report* 2020.

大发展中国家角力争锋的焦点。资金机制通过国际应对气候变化资金之筹集、使用和管理实现全球气候资源的有效调配，对全球低碳经济发展与应对气候变化目标的最终实现起着至关重要的作用。在当前气候变化所致损失损害求偿缺乏相应的国际法基础且其国际司法救济陷入困境的现实背景下，资金机制成为有效落实气候变化所致损失损害责任的当然选择。

一、有效调配全球应对气候变化资源

全球应对气候变化资源分布不均造成各气候集团应对气候变化进程不均衡、混乱无序、各自为政的局面。控制温室气体排放有利于发展低碳经济，有利于保护环境，调整产业结构，转变经济增长方式，是符合各国的根本利益的。在当前国际气候谈判中，关于减排目标的谈判步履维艰，一方面是由于某些发展中国家尚存有顾虑，另一方面更是由于广大发展中国家经济技术水平落后，缺乏有效应对气候变化的能力。从国际环境保护的角度，面对气候变化问题，要求我们必须确立"只有一个地球"和"全球环境一体化"的理念，必须超越民族、文化、宗教和社会制度的区别，培育环境保护的全球意识，秉持"以人类整体利益为价值尺度"的立法理念，通过国际社会的共同努力交出一张满意的答卷。如若不能帮助广大发展中国家提升应对气候变化的能力，部分发达国家的减排措施也只是杯水车薪。这种全球应对气候变化资源分布不均的客观情况需要通过资金机制来有效调配全球应对气候变化的资源，提升全球范围的应对气候变化能力。资金机制的主要作用正是以国际气候资金为载体，通过气候融资、项目合作等方式撬动国际间低碳技术、专业人才和能力建设等资源的合理配置，从而实现全球应对气候变化资源的有效调配。

例如，2016 年绿色气候基金董事会第十三次会议上批准由绿色气候基金出资 3600 万美元资助"图瓦卢海岸适应"（Tuvalu Coastal Adaptation Project, TCAP）项目，[1]保护小岛屿国家图瓦卢免受严重危及该国存亡的海平面上升以及由此导致的飓风事件增加的影响。对此，通过资金机制调配全球应对气候变化资源开展诸如"图瓦卢海岸适应"等项目对于广大发展中国家，尤其是小岛屿发展中国家和最不发达国家，减少因气候极端事件对关键基础设施

---

〔1〕 GCF/B.13/33.

造成的不利影响、管理气候灾害风险、提高应对气候灾害的恢复力和复原力而言，发挥着至关重要的作用。

二、促进低碳经济的发展与应对气候变化目标的有效实现

从一国的角度来看，低碳经济是一种新的发展模式，是实现经济发展方式转变的根本途径。各国都应努力降低国内建筑、交通、工业、废弃物处置等重点耗能行业的能耗；节能和提高能效，发展可再生能源；提高农业、林业、畜牧业、沿海湿地的碳汇能力；大力发展碳捕集、利用和封存等低碳技术；开展低碳宣传，提高公众参与，加强能力建设。从世界经济发展来看，低碳经济是一次国际经济和政治力量的竞争和重新分布。[1]

资金机制的运行有效地促进了低碳经济的发展。在国际气候资金筹集、使用和管理过程中，通过开拓碳市场、碳金融、碳资产管理、气候灾害保险、低碳服务、应对气候变化专业培训等崭新的经济领域，在有效实现全球应对气候变化目标的同时扩大了就业，更促进了世界商品流通，活跃了全球经济，有效地促进了全球低碳经济的发展。尤其在减缓气候变化领域，包括提高能效、发展可再生能源、降低化石能源的使用、推广使用低碳技术、提高公众低碳意识、倡导低碳消费和低碳生活的理念、使用碳捕集利用和封存技术以及建立碳市场等在内的控制温室气体排放从而减缓气候变化的主要途径重点集中的工业、建筑、交通和废弃物处置领域，都需要大量的资金支持。资金机制对此不仅能够协调各国控制温室气体的行动，促成低碳技术、低碳人才和经验的共享，甚至能够通过清洁发展机制等市场方式来带动发展中国家积极参与以有效促进减排目标的达成。

资金机制于应对气候变化进程中通过项目合作的方式有效地帮助受援国政府和民众提高防御气候灾害的能力，促进了应对气候变化目标的有效实现，受到了国际社会各界的积极评价。例如，全球环境基金与联合国开发计划署、中国天水小陇山自然与环境保护协会合作，从 2012 年 1 月 1 日开始在中国甘肃省小陇山地区恢复矿山造林 300 亩，提高退化矿山土地生物多样性，降低滑坡、泥石流等地质灾害风险。开展林下中药材种植 100 亩，提高林地生产力，优化当地种植结构，扩大社区收入来源，改善社区生计。该项目已经开

---

〔1〕　薛进军编著：《低碳经济学》，社会科学文献出版社 2011 年版，第 6 页。

展 1000 人次社区居民能力建设活动，提高了当地居民应对气候变化和土地退化的能力和环保意识，改变了单纯依靠采矿业的现状，有效改善了当地居民的生计水平。

三、增强气候变化所致损失损害责任落实的有效性

科学研究显示，由人类温室气体排放导致的全球气候变暖将导致气候极端事件频发，由此导致的损失损害将涉及人类社会卫生、文化及环境等多个领域。对此，国际社会需要展开全方位的行动共同应对气候变化带来的不利影响。然而，气候变化面前并非"人人平等"。由于，经济与科技发展水平落后、灾前风险信息的缺乏、灾害立法与规划等参与度低以及灾后受灾者的不平等待遇甚至被歧视等，广大发展中国家，尤其是小岛屿发展中国家以及最不发达国家，往往更容易受到气候变化所致损失损害的不利影响，而由其排放的温室气体总量却不足发达国家的 3/8。[1]基于此，在国际法层面如何对广大发展中国家在气候变化所致损害方面实行行之有效的救济成为国际社会备受关注的热点话题。

从国际现状来看，气候变化所致损失损害求偿缺乏相应的国际法基础，其国际司法救济也陷入困境。诸如请求联合国大会就有关气候变化的法律问题提请国际法院发表咨询意见、将争端提交国际法院和/或按照将由缔约方会议尽早通过的、载于仲裁附件中的程序进行仲裁等方式并不适用于气候变化所致损失损害求偿。[2]《联合国气候变化框架公约》及其《京都议定书》和《巴黎协定》也仅"建立机制以促进执行和遵守本协议"而缺失追责机制，无法作为气候变化所致损失损害求偿基础的国际法条款。作为发达国家和发展中国家妥协的结果，2013 年建立的旨在为最脆弱国家和地区应对气候变化带来的极端气候提供帮助的"华沙机制"也仅仅规定了一些原则而缺乏实质性承诺。此外，由于所致损害后果的有形或无形性以及"跨界性"方面存在的差异，气候变化所致损失损害问题无法在跨界损害责任体系下，更无法在"国家对其国际不法行为所承担的责任"体系下加以解决。[3]

---

〔1〕 The Oxford Martin School，"Our World in Data——Total Greenhouse Gas Emissions 2018"，https：//ourworldindata. org/co2-and-other-greenhouse-gas-emissions.

〔2〕 林灿铃："气候变化所致损失损害补偿责任"，载《中国政法大学学报》2016 年第 6 期。

〔3〕 林灿铃："气候变化所致损失损害补偿责任"，载《中国政法大学学报》2016 年第 6 期。

对此，尽管资金机制下的各种基金在实践适用中依然存在诸如资金不充足、申请难度大等现实困难，[1]但不可否认，其作为国际社会在气候公平价值理论、国际合作理论以及人权理论等基础上设立的专门应对气候变化的涉及资金筹集、使用和管理的运行规则的国际机制，为因公共利益而遭受特别损失者提供了救济的可能性。气候变化所致损失损害严重后果承担者如小岛屿发展中国家可以通过《联合国气候变化框架公约》中相关的资金机制寻求救济，同时，可参照《京都议定书》强制减排表课以发达国家基金份额缴纳义务，以确保对遭受气候变化所致损失损害的国家提供应对气候变化的相应费用，亦即予以补偿。[2]目前，《联合国气候变化框架公约》项下的气候变化特别基金和最不发达国家基金由《联合国气候变化框架公约》指定的全球环境基金负责运作，与《京都议定书》项下的适应基金和 2009 年哥本哈根气候大会建立的绿色气候基金共同构成应对气候变化的四大基金。规定了发达国家缔约方为发展中国家缔约方提供履约资金的组织和运作规则的资金机制成为目前有效落实气候变化所致损失损害责任的当然选择。

四、落实责任的有效途径

在气候变化大背景下，以气候变化所致损失损害后果的严重程度为划分标准，可将气候变化所致损失损害区分为可避免的和不可避免的损失损害，这一点也体现在《巴黎协定》第 8 条[3]中。根据该条规定，对于可避免的损失损害，国际社会应采取有效预防措施尽量"避免"之；而对于不可避免的损失损害，则应"尽量减轻和处理"以防止损失损害的进一步扩大，维护因气候变化而遭受特别损失者的持续生存和可持续发展。

---

〔1〕 例如，为最不发达国家基金、气候变化基金以及适应基金提供资金是自愿性质的，因此，这三大基金都面临资金不充足的问题，小岛屿国家难以从这些基金中申请到足够的资金从事应对气候变化的活动。再者，气候变化基金受托于全球环境基金，因此，全球环境基金的有关原则和条款增加了气候变化基金的申请难度。例如，依据全球环境基金规定，应为发展中国家"被各方确认为具有全球环境效益"的项目提供资金，然而如何定义"具有全球环境效益"？适应气候变化的小型或者局部的工程能不能得到该基金的资助？大部分小岛屿国家的经济并不发达，面积十分狭小，没有条件开展大型的具有环境效益的工程，因此，在申请该基金时很有可能因为条件不满足而无法得到资助。

〔2〕 林灿铃："气候变化所致损失损害补偿责任"，载《中国政法大学学报》2016 年第 6 期。

〔3〕 《巴黎协定》第 8 条规定："缔约方认识到避免、尽量减轻和处理与气候变化（包括极端气候事件和缓发事件）不利影响相关的损失和损害的重要性，以及可持续发展对于减少损失和损害的作用。……"

这一区分蕴含着丰富的"预防"思想。应对气候变化的根本也即在预防。《联合国气候变化框架公约》作为资金机制的国际环境法律基础，也以预防原则为指导原则。根据《联合国气候变化框架公约》第 3 条的规定，缔约方为实现公约的目的和履行公约的各项规定而采取行动时应遵守预防原则。预防原则是国际环境法中一项被普遍接受的基本原则，其含义为，在国际性、区域性的环境管理中，对于那些可能有害于环境的物质和行为，即使缺乏其有害的结论性证据，亦应采取各种预防性手段和措施，对这些物质或行为进行控制或管理，以防止环境损害的发生，预防原则要求一国不能仅仅因其行为在科学上还不能完全被证实是否会造成损害而拒绝规制该行为。[1]从该原则的内涵及外延上讲，应当认为该原则着眼于可能产生环境损害的物质或行为，其首要目标在于采取积极的、预期性的事前措施以避免环境损害行为或事件的发生，反映完全避免潜在不利影响的概念和意愿（减少环境损害风险）；在环境损害行为或事件已经发生或不可避免的情况下，其目标则转化为限制、减轻由环境损害行为或事件引发的损害后果（限制、减轻环境损害后果）。也就是说，预防原则贯穿环境损害发生前的风险预防以及损害发生后的损害预防全过程，所要致力于实现的目标具有层次性，在无法实现首要目标的情形下才能"退而求其次"，[2]以体现防患于未然的思想。

气候变化所致损失损害责任之资金机制充分体现了预防原则的思想，其作为落实气候变化所致损失损害责任的有效途径，对于可避免的气候变化所致损失损害而言，广大发展中国家可以通过资金机制在减缓、适应、促进低碳技术转移以及能力建设等领域获取开展项目所需的资金支持。通过资助建立诸如早期风险预警系统及监测系统、提高公众风险防范意识以及进行专业人员培训等方式，减少气候变化所致损失损害产生的风险，提高本国应对气候变化的能力。例如，2021 年绿色气候基金拨款 4060 万美元为乌兹别克斯坦实施"加强多灾害预警系统，提高气候灾害的抵御能力"项目（SAP022）提供资金支持。[3]而对于不可避免的损失损害，资金机制亦在诸如提高灾害恢

---

〔1〕 林灿铃："气候变化所致损失损害补偿责任"，载《中国政法大学学报》2016 年第 6 期。

〔2〕 周忠海："论危险活动所致跨界损害的国际赔偿责任"，载《河南省政法管理干部学院学报》2007 年第 5 期。

〔3〕 GEF: *SAP022: Enhancing Multi-Hazard Early Warning System to increase resilience of Uzbekistan communities to climate change induced hazards.*

复力和复原力、建设有韧性的基础设施以及建立信息获取和互享系统等领域开展资助，最大限度地减轻、限制由气候变化所致损失损害带来的不利影响。例如，全球环境基金于 2010 年在海地实施了"地震应急项目"，并于 2012 年在中国通过卫生部（现为卫生健康委员会）、中国疾病预防控制中心等单位与世界卫生组织合作实施了"适应气候变化保护人类健康项目"等。

总之，资金机制能够为受到气候变化所致损失损害不利影响的广大发展中国家在气候变化所致损失损害求偿缺乏相应的国际法基础且其国际司法救济也已陷入困境的客观现实下进行一定程度的救济，完全避免、减轻或限制由气候变化所致损失损害对广大发展中国家的生命、健康、财产、环境等方面造成不利影响，避免越来越多"气候难民"的产生，防止更多的小岛屿发展中国家遭受灭顶之灾，实现全球可持续发展。

五、促进气候技术的转让

全球大气一体及大气环流作用决定了气候变化问题自始即是国际问题，以"减缓、适应、技术、资金"为核心问题的应对气候变化谈判因国际关系的变化已经和即将呈现出新的发展态势。减缓、适应、技术和资金被誉为国际应对气候变化的四大支柱，其中资金问题又被视为国际应对气候变化的"发动机"，对于其余三个问题能否成功实施起到决定性作用。由于自然环境条件与经济社会条件的不均衡分布，广大发展中国家更容易遭受气候变化所致损失损害的不利影响。对此，充足的资金支持和充分的技术支助对提高广大发展中国家应对气候变化和参与国际气候变化保护合作的能力而言发挥着至关重要的作用。

（一）气候技术转让与资金机制

自《联合国气候变化框架公约》伊始，气候技术转让议题就备受国际社会关注。《联合国气候变化框架公约》着力敦促无害环境的技术和专有技术的转让，[1]并提供相应的资金支持。然而，从与气候技术转让相关的资金机制运行的现状来看，目前资金机制下对于气候技术转让领域提供的资金支持远

---

〔1〕《联合国气候变化框架公约》第 4 条规定：敦促发达国家缔约方应采取一切实际可行的步骤，酌情促进、便利和资助向其他缔约方，特别是发展中国家缔约方，转让或使它们有机会得到无害环境的技术和专有技术，……

远不足，尚不能满足广大发展中国家的现实需求。如何协调好以下问题，使发达国家能够忠实履行条约义务，并寻求切实可行的方式以拓展国际气候资金的来源，健全资金机制，当属有效落实"气候变化所致损失损害责任"的关键途径。

技术和资金议题自《联合国气候变化框架公约》时起就备受国际社会关注。从其历史进程来看，1992 年《联合国气候变化框架公约》及在其第三次缔约方会议（COP3）上通过的《京都议定书》即预设了发达国家缔约方向发展中国家缔约方提供应对气候变化所需的技术和资金援助的义务，这些援助可通过双边、多边或区域的渠道进行。《联合国气候变化框架公约》第 4 条和第 11 条就"无害环境技术的转让与取得"的"资金机制"进行了规定。1997 年《京都议定书》第 11 条对资金机制进行了规定，其中亦涉及气候技术转让问题。根据该条规定，发达国家缔约方应通过受托经营《联合国气候变化框架公约》资金机制的实体向发展中国家缔约方提供包括气候技术转让在内所需要的资金。而就提供的资金性质而言，要求发达国家缔约方提供的资金必须是"新的"和"额外的"。

在 2009 年哥本哈根《联合国气候变化框架公约》第十五次缔约方会议（COP15）上，发达国家承诺将在 2010 年至 2012 年总共向发展中国家提供 300 亿美元的快速启动资金，到 2020 年达到每年 1000 亿美元的资金规模，来帮助那些最贫穷的国家和最易受气候变化影响的国家抗击气候变化，确立了快速启动资金和长期资金两类具有固定期限的资金筹措模式。此外，该次大会亦决定设立绿色气候基金，作为资金机制下除全球环境基金以外的另一个运营实体，支持发展中国家实施包括 REDD+[1]在内的缓解、适应、能力建设、气候技术开发和转让有关的项目、方案、政策和其他活动。

2013 年《联合国气候变化框架公约》第十九次缔约方会议（COP19）通过的第 8/CP.19 号决定提出对资金机制进行第五次审查，并更新了对资金机制的审查指南。在涉及气候技术转让方面，该决定指出第五次审查的重点应

---

〔1〕 "REDD+"即森林砍伐和森林退化的碳排放机制（Reducing Emissions from Deforestation and Forest Degradation, REDD），作为一种碳融资机制，鼓励森林温室气体高排放国家减少森林砍伐，并允许这些国家通过碳交易市场获得相应的收入。该机制由《联合国气候变化框架公约》第十三次缔约方会议（COP13）首次规定，其内涵包括减少森林砍伐和森林退化、保护和可持续管理森林以增加森林碳汇等。UNFCCC 更是将有关 REDD+的重要决议编纂成《REDD+决议手册》以供查阅。

放在资金机制在过去对技术转让的作用与效果等方面，并申明将如何完善该机制以促进对环境无害技术的投资和转让作为将来检查该机制运作效果的重要内容。

2015 年，第 21 届联合国气候变化大会上通过的具有法律约束力的覆盖将近 200 个国家的全球减排协议——《巴黎协定》亦涉及有关气候技术转让的资金支持问题，其第 9 条对资金机制进行规定并同时提出了"提供规模更大的资金资源"的要求，强调了对最不发达国家和小岛屿发展中国家应提供进一步资金支助的要求。在气候技术转让方面，《巴黎协定》敦促缔约方加强技术开发和转让方面的合作行动并使技术机制与资金机制相互之间协调努力，以便采取协作性方法开展研究和开发，便利获得气候技术，实现减缓和适应领域之间的支助平衡。

2018 年在波兰卡托维兹召开的《联合国气候变化框架公约》第二十四次缔约方会议（COP24）认为，迫切需要发达国家缔约方以可预测的方式进一步提供资金、技术和能力建设支持，以便发展中国家缔约方加强行动。[1]该次会议上通过的第 14/CP. 24 号决定确定了《联合国气候变化框架公约》技术机制与资金机制之间的联系，认为技术开发和转让指定国家实体与绿色气候基金指定国家主管部门以及全球环境基金联络点之间持续不断地展开协调，并鼓励加强这一领域的协调。[2]目前，气候技术中心和网络与绿色气候基金在使用该基金的准备和筹备支持方案方面加强了接触；并要求继续加强协作，在此过程中可利用气候技术中心和网络的服务和专业知识，加强寻求绿色气候基金准备和筹备支持方案支持的建议书，以支持发展中国家缔约方建立承担技术项目和方案的能力；还要求技术执行委员会、气候技术中心和网络以及绿色气候基金在气候技术孵化器和加速器方面开展的合作。[3]

（二）　与气候技术转让相关的资金机制面临的困境

气候变化问题的方方面面都与不同气候集团的立场密切相关。正如前述，"技术"作为国际应对气候变化的四大支柱之一，在《联合国气候变化框架公约》历次缔约方会议谈判中几乎均被作为重要议题讨论。

---

〔1〕　参见 2018 年《卡托维兹会议报告》第二部分第 1/CP. 24 号决定第 5 页第 15 条。

〔2〕　参见 2018 年《卡托维兹会议报告》第二部分第 14/CP. 24 号决定第 5 页第 2 条。

〔3〕　参见 2018 年《卡托维兹会议报告》第二部分第 14/CP. 24 号决定第 5 页第 2 条、第 3 条、第 4 条、第 6 条、第 8 条。

关于气候变化所致损失损害资金问题，在 2021 年格拉斯哥举行的《联合国气候变化框架公约》第二十六次缔约方会议（COP26）上，会议决定成立"格拉斯哥对话"，[1]供缔约方及相关组织、利益相关方展开交流，于 2022 年 6 月附属机构会议正式启动，2024 年结束。[2]然而，于 2022 年 6 月在德国波恩举办的继续对气候适应、损失与损害、减缓、第六条、全球盘点（Global Stocktake，GST）、透明度和气候资金等议题展开磋商并以"建设性地处理损失与损害议题以及尽力解决阻碍集体气候行动的气候资金"等问题为会议优先事项《联合国气候变化框架公约》第五十六次附属机构会议（SB56）上，小岛屿国家联盟代表于 2022 年 6 月 7 日强调，小岛屿国家联盟在 COP26 期间妥协的前提是"格拉斯哥对话将促成 COP27 达成一个损失与损害的资金机制"。并认为，目前格拉斯哥对话未纳入谈判的正式议程，对格拉斯哥对话取得的成果如何能贡献于谈判结论仍不明确，因此，采取对话的结构不利于解决损失与损害资金安排面临的差距。10 日，经过全体会议和分组讨论，各方的分歧仍然集中在目前是否有必要设立单独的损失与损害的资金机制，以及这些安排能否满足现有和未来的资金需求。[3]部分发达国家代表认为，与损失与损害相关的资金机制已经体现在《联合国气候变化框架公约》下的绿色气候基金（GCF）和适应基金，以及《联合国气候变化框架公约》框架外的人道主义援助、防灾减灾（DRR）、恢复与重建、紧急救济和移民安排等资金，强化现有的这些资金机制比成立一个新的资金机制成本更低。丹麦、法国、奥地利和欧盟等缔约方主张损失与损害更偏向于人道主义援助或防灾减灾（DRR）框架，因此不认为《联合国气候变化框架公约》下需要将损失与损害纳入缔约方会议议程或设立相关资金机制。但小岛屿国家联盟和最不发达国家代表认为，现有的资金机制并不充分，资源也不足，特别是无法应对

---

〔1〕 格拉斯哥对话（Glasgow Dialogue）主要讨论为避免（avert）、尽量减少（minimize）和应对（address）与气候变化不利影响相关的损失和损害提供资金的安排。其成立的背景是最不发达国家（LDCs）在 COP26 上提议建立一个损失与损害资金机制，但在发达国家的强烈反对下，这项提议没有通过。作为妥协，各缔约方设立了格拉斯哥对话，旨在协调缔约方、相关组织和利益相关方分享经验、良好实践、挑战和教训，以更好理解和分析如何有效支持损失与损害相关行动。

〔2〕 "联合国气候变化格拉斯哥会议取得积极成果"，载腾讯新闻网：https://new.qq.com/omn/20211122/20211122A0CNXY00.html，最后访问日期：2022 年 6 月 26 日。

〔3〕 "气候治理进程追踪/波恩第 56 届附属机构会议观察"，载中国绿色碳汇基金会官网：http://www.thjj.org/sf，最后访问日期：2022 年 6 月 26 日。

缓发事件和非经济损失，因此建立新的损失与损害资金机制非常重要，该机制的资金来源可以包括发达国家根据《联合国气候变化框架公约》下的历史责任提供的年度注资贡献。面对分歧，巴勒斯坦、加纳、帕劳和其他发展中国家再次呼吁格拉斯哥对话需要取得具体成果，并在 COP27 建立起新的资金机制。美国强调已经"知晓并理解"（heard and understands）气候变化所致损失损害问题对气候脆弱国家的紧迫性，但仍主张加强现有的资金机制即可。作为观察员的环境非政府组织（ENGO）认为类似讨论本应从 2014 年就开始，并呼吁尽早建立资金机制。妇女和性别组织强调，发达国家对发展中国家存在难以估量的气候债务，新的融资机制事关气候公正。本次年间会上未能解决这些分歧，损失与损害面临的巨大资金差距问题将留待 COP27 及其同期附属机构会议进一步磋商。[1]

总的来看，囿于南北国家间价值观念、利益诉求等方面的差异，发达国家对气候技术转让持较为消极的态度，而广大发展中国家则对其表现得极为重视，无一例外地要求发达国家切实履行《联合国气候变化框架公约》义务，向发展中国家进行气候技术转让并提供充分援助。

南北国家间的立场冲突亦体现在资金机制上。资金机制作为国际应对气候变化的核心，在其实施的五个主要领域中，投入减缓领域中的资金量很明显远远大于投入适应气候变化、气候技术转让、能力建设和帮助发展中国家履约其他四个领域。在气候技术转让领域，由于目前没有专项技术资金，导致广大发展中国家要想通过国际气候资金资助而获得先进的气候技术非常困难。发达国家支持气候技术转让的动力甚至比支持适应气候变化领域的动力更低。以全球环境基金管理下的气候变化特别基金为例，作为资金机制下唯一一个单独设立技术转让窗口的资金，自其设立以来仅仅调动了 5970 万美元资助实施了 12 个项目。[2]《联合国气候变化框架公约》下以公共赠款为主的出资对于气候技术转让领域的项目资助寥寥可数。

此外，由于广大发展中国家通过《联合国气候变化框架公约》下的国际项目合作筹集的气候资金不足，导致专用于气候技术转让领域的资金更远远

---

〔1〕 "气候治理进程追踪/波恩第 56 届附属机构会议观察"，载中国绿色碳汇基金会官网：http://www.thjj.org/sf，最后访问日期：2022 年 6 月 26 日。

〔2〕 FCCC/CP/2021/9.

不能满足实际需要。

发展中国家每年通过国际金融机构、联合国机构以及其他国际机构的气候变化有关的项目，大约可获得 20 亿美元的多边援助资金，以及 58 亿美元的双边援助资金。例如，世界银行启动的"能源管理和协助计划"，在非洲、南亚等地区支持了一些清洁炉灶项目，如非洲生物质能源倡议、非洲清洁炊事能源解决方案、中美洲清洁炉灶推广区域框架等；亚洲银行发起的"人人享有能源计划"，在亚洲支持了大量沼气项目；德国经济合作与发展部在亚洲多个国家开展了清洁炉灶相关项目。这类多边或双边援助项目的目的性较强，监管较为规范，不同出资主体对气候资金的资助侧重点不同，有些机构的资金偏重于资助适应气候变化，有些机构的资金偏重于资助气候技术转让，有些机构的资金偏重于资助提高应对气候变化的能力建设。总之，此类出资的结果导向性明显，目标较为集中。问题是国际机构林林总总，资金名目繁多，资金申请流程差异较大，相关资金的信息不易为公众知悉，造成了信息的壁垒和垄断，某些经常申请成功的国家或单位反复申请，其他发展中国家的组织或单位难以摸清其门道。

总之，随着时间的推移，广大发展中国家用于发展气候技术、转变能源结构和挽救气候灾害造成的损失的资金需求量将逐年增加。然而，受国际金融危机等因素的影响，国际气候资金的需求与供给之间形成的巨大差距还在逐年加大。国际气候资金的需求与供给之间巨大的差距已成为资金机制存在的主要问题。如此下去，全球 2 摄氏度的升温极值将可能很快被突破，全球海平面上升，农业种植带转移，疾病多发，生物多样性锐减，很多小岛屿国家将面临灭顶之灾，沿海国家将饱受飓风、海啸等气象灾害之苦，全球生态系统将濒临崩溃。因此，解决国际气候资金供给与需求之间的差距问题迫在眉睫，必须寻求切实可行的方式来扩大国际气候资金的来源，保障全球应对气候变化事业的发展。

第三节　资金机制的运行

资金机制作为《联合国气候变化框架公约》框架下专门用于资助广大发展中国家有效应对气候变化，减少气候变化所致损失损害的风险并限制、减轻损失损害带来的不利影响的国际机制，经过三十年的历史发展，目前已经形成了一套较为固定的运行模式。其中，资金机制的运行主体在国际气候资金项目的运行过程中，不仅应当遵依一定的程序和标准，还应接受相关国际与国内监管机构的监督和管理。

一、资金机制的运行主体

资金机制的运行主体是指《联合国气候变化框架公约》框架下负责指导和实际参与资金机制的运营以及机制下各类基金资助项目的实施、监督与管理的各类主体。在当前资金机制下，主要包括《联合国气候变化框架公约》缔约方会议、资金机制运营实体、国际执行机构、经认证的实体、受援国国内实施机构五大类运行主体。

（一）《联合国气候变化框架公约》缔约方会议

《联合国气候变化框架公约》缔约方会议是资金机制的最高决策机构。《联合国气候变化框架公约》缔约方会议及其附属机构的谈判议题都会涉及资金机制问题。国际气候领域的谈判规则并非通行的"多数原则"，而是本着"全部同意、协商一致"的议事规则，先由各工作组进行谈判和协商，在全部达成一致意见以后形成决议草案，再报经缔约方会议确认后，成为缔约方大会的最终决议。每年缔约方大会都会对全球环境基金、适应基金以及绿色气候基金提出指导，上述基金则必须进行相应的回答。所有关于资金机制的重要决议均是由《联合国气候变化框架公约》缔约方会议作出的。

（二）资金机制运营实体

资金机制涉及资金的筹集、使用和管理诸多领域，不仅涉及决定，更重要的是在于执行。在《联合国气候变化框架公约》缔约方会议进行了决策之后，需要有一个实实在在的实体来实际运营国际气候资金。目前，资金机制下共有全球环境基金和绿色气候基金两大运营实体。

其中，成立于1991年的全球环境基金[1]是一个致力于全球环境保护的独立国际金融实体，主要致力于帮助发展中国家开展国际环境保护项目，促

---

〔1〕　全球环境基金的资助项目主要集中在六大国际环境保护领域：气候变化、生物多样性、国际水域、土地荒漠化、持久性有机污染物和臭氧层消耗。全球环境基金同时作为《联合国气候变化框架公约》《生物多样性公约》和《关于持久性有机污染物的斯德哥尔摩公约》资金机制的运营实体并与其他国际环境公约保持着密切联系，与各公约秘书处、各执行机构、实施机构、私营部门和民间社团保持着密切合作。

进当地的可持续发展。截至 2021 年，全球环境基金已有 184 个成员国并在超过 170 个发展中国家和经济转型国家开发了超过 5000 个项目。[1]该基金每 4 年到 5 年增资一次，目前正处于全球环境基金的第八次增资期。此外，2012 年落地韩国的绿色气候基金作为继全球环境基金之外的另一个资金机制运营实体备受各方期待。目前，绿色气候基金已通过其下设的"减缓"和"适应"两个供资窗口共调动约 10 亿美元对 127 个发展中国家的 190 个项目进行了资助，并在资助比例方面致力于实现减缓和适应两大应对气候变化领域的资助均衡。

（三）国际执行机构

国际执行机构主要是针对全球环境基金而言的。由于全球环境基金的人员有限，在世界各地没有分支机构，因此，在项目实际运行中全球环境基金需要委托国际执行机构负责具体实施国际气候资金项目。目前共有 18 个国际机构[2]承担着全球环境基金项目的执行，这些国际机构直接帮助受援国准备和执行全球环境基金项目。由于这些执行机构的运行规则多是由发达国家主导制定的，来自发展中国家的雇员很少，发展中国家要想成功申请到国际气候资金项目，必须首先熟悉这些国际金融机构的运行规则，这导致了项目资金的实际申请受限。

（四）经认证的实体

与国际执行机构相对，经认证的实体主要是针对适应基金和绿色气候基金而言的。在项目审批方面，两大基金简化了项目审批流程。由基金决策机构成员及专家组成的认证委员会分批对符合标准的实体进行认证，经认证的实体将在整个项目运行过程中为受援国开发设计国际气候资金的项目概念文件、完成项目的国际申请流程等提供帮助，并监督项目在受援国国内的实施。

认证制度的确立对于两大基金资助下的项目运行而言有着极为重要的积极意义。一方面，通过经认证的实体的"辅导"，受援国可以更好地熟悉了解

---

［1］ GEF: *Reflecting on 30 Years of the GEF.*

［2］ 全球环境基金的 18 个国际执行机构分别是：联合国开发计划署（UNDP）、联合国环境规划署（UNEP）、世界银行（WB）、联合国粮农组织（FAO）、联合国工业发展组织（UNIDO）、非洲开发银行（AFDB）、亚洲开发银行（ADB）、欧洲复兴开发银行（EBRD）、美洲发展银行（IDB）、国际农业发展基金（IFAD）、保护国际（CI）、拉美开发银行（CAF）、南非发展银行（DBSA）、中国生态环境部环境保护对外合作中心（FECO）、巴西生物多样性基金（FUNBIO）、世界自然保护联盟（IU-CN）、西非开发银行（BOAD）以及世界自然基金会（WWF）。

资金机制的资金申请规则，有效弥补广大发展中国家在申请国际气候资金项目经验上的不足；在项目实施方面，经认证的实体采用统一的标准监督项目实施并对实施成果进行评估亦能够有效地提高项目的实施质量；另一方面，在认证制度模式下基金的申请和使用无需通过国际执行机构来进行，有效地避免了诸如国际执行机构的垄断和锁定等问题，对于降低项目申请成本而言亦有着积极的促进意义。

目前，由适应基金下的 34 个受援国国家实施机构、8 个区域实施机构以及 14 个多边实施机构以及绿色气候基金下的 130 个经认证的实体负责各自基金下资助项目的监督管理。

（五）受援国国内实施机构

资金机制下各类基金提供资金支持的项目要在一个发展中国家成功落地并顺利执行，必须在当地有一个实施机构，即"受援国国内实施机构"。受援国国内实施机构的职责主要在于筛选与识别项目、促使项目立项、督促资金到位、负责具体项目执行以及监管国内层面的项目几个方面。以全球环境基金为例，除了小额赠款项目是全球环境基金与国际执行机构直接与受援国的社团组织和非政府组织签订执行协议之外，一般情况下，全球环境基金的项目都是寻找受援国的政府机构来签署合作协议，由受援国政府中的某一机构（通常是应对气候变化主管部门）作为项目实施机构。

例如，在中国，全球环境基金项目通常是由国家发展和改革委员会作为实施机构，由国家发展和改革委员会负责对需要获得国际气候资金支持的项目进行前期的项目设计，与联合国开发计划署等国际执行机构、全球环境基金签署项目合作协议，并负责主导国际气候资金项目在中国的执行。全球环境基金的资金通常是先汇到国际执行机构，再汇到中国财政部的账户，由财政部负责监督资金支取，审计署每年会对资金的使用情况和项目支出进行审计。

二、国际气候资金项目实施的重点领域

正如前述，资金机制自 1992 年建立迄今围绕国际气候资金的筹集、使用和管理已经形成了较为完备的规则体系和制度安排。就国际气候资金的项目实施而言，当前资金机制下的项目资助主要集中在减缓和适应气候变化、促进低碳技术转移、能力建设以及帮助发展中国家开展《联合国气候变化框架公约》履约工作五大领域。

（一）减缓气候变化领域

"减缓气候变化"[1]即控制温室气体排放，其主要通过减少温室气体排放的"源"、增加吸收温室气体的"汇"并在气候系统内建立存储温室气体的"库"来阻碍气候变化的进程和幅度。[2]较之适应气候变化而言，"减缓"重点依赖全球密切合作，任何国家在"减缓"方面作出的努力都对解决全球共同面临的气候变化问题、避免不可逆转的灾难式气候突变有着积极的推动作用。因此，无论从气候变化谈判进程看，还是从应对气候变化的本质意义上讲，应对气候变化的第一要义应当是积极减缓气候变化。[3]

正基于此，长期以来国际气候资金项目实施呈现出重"减缓"轻"适应"的局面。尽管 2010 年坎昆联合国气候变化大会通过的成果性文件——《坎昆协议》首次公开将"减缓"与"适应"放到了同等重要的位置，但从当前资金机制的运行来看，重"减缓"轻"适应"的现状仍未实质改变。在当前构成应对气候变化的四大基金中，除了"适应基金"专门用于资助适应气候变化领域，其余三项基金提供的项目资助都重点涉及减缓气候变化领域。

（二）适应气候变化领域

面对气候变化可能导致的气候灾害等不利影响，除了通过控制温室气体排放加以"减缓"以外，人类亦需要以"适应"处之。所谓"适应气候变化"，是指通过增加人类或生态系统顺应气候变化能力的方式降低气候变化的不利后果，即采取各种行动帮助人类社会和生态系统应对不断变化的气候条件，旨在为降低自然系统和人类系统对实际的或预计的气候变化影响的脆弱性而提出的倡议和采取的措施。[4]与"减缓"不同，"适应"主要涉及一国国内事务，其主要动力来自一国国内，解决的是自己的"门前雪"问题。国际气候资金在适应气候变化领域资助的项目大致可分为宏观政策项目、防灾

---

〔1〕 通常意义上的减缓气候变化的途径主要包括：调整产业结构，推动传统产业改造升级，扶持战略性新兴产业，发展服务业，淘汰落后产能；节能提高能效，推广节能技术与产品，实施重点节能改造工程，发展循环经济，推广合同能源管理，实行财税激励政策；优化能源结构，加快发展非化石能源，推进化石能源清洁利用；增加森林、草原、农业、湿地和海洋碳汇等。

〔2〕 所谓"汇"，是指从大气中清除温室气体、气溶胶或温室气体前体的任何过程、活动或机制；而"源"即为向大气排放温室气体、气溶胶或温室气体前体的任何过程或活动；而"库"则是指气候系统内存储温室气体或其前体的一个或多个组成部分。

〔3〕 林灿铃："气候变化所致损失损害补偿责任"，载《中国政法大学学报》2016 年第 6 期。

〔4〕 林灿铃："气候变化所致损失损害补偿责任"，载《中国政法大学学报》2016 年第 6 期。

减灾项目以及公众适应意识提升项目三个类型。[1]

《京都议定书》下的适应基金作为资助适应气候变化领域的专项基金，在管理方面与全球环境基金相对独立，自其设立以来承诺提供约 8.78 亿美元对 127 个项目进行资助。在资金筹集方面，在刚刚过去的 2021 年格拉斯哥《联合国气候变化框架公约》第二十六次缔约方会议（COP26）上，包括首次认捐的美国在内的 16 个国家承诺将对适应基金提供 3.65 亿美元的资金支持，创下了成立以来的历史新纪录。[2]与适应基金相对，截至 2021 年，全球环境基金适应气候变化方面共支持了 411 个项目，共计约 20 亿美元，与此形成鲜明对比的是，全球环境基金同期在 166 个国家支持了 1035 个减缓项目，共计约 68 亿美元，[3]几乎相当于适应领域的 3.5 倍。

（三）促进低碳技术转移

"低碳技术"包括清洁能源高效利用技术、重点行业工业节能技术、建筑节能关键技术、重点行业清洁生产关键技术、农林生态系统固碳减排技术、重大气候灾害监测预警与调控技术和低碳技术的集成应用等。促进低碳技术从发达国家向发展中国家转移能够有效帮助广大发展中国家提高应对气候变化能力。因此，促进低碳技术转移是国际气候资金资助的重要领域。

在技术转让方面，全球环境基金理事会于 2008 年批准实施了《全球环境基金技术转移战略规划》。该规划设立了 5000 万美元的资金窗口，其中全球环境基金信托基金出资 3500 万美元，气候变化特别基金出资 1500 万美元。同年年底《联合国气候变化框架公约》第十四次缔约方会议（COP14）将其确认为《波兹南技术转移战略规划》，并同意将其作为增加对发展中国家技术转移、资金援助的重要途径。目前，全球环境基金主要围绕"区域和全球气候技术活动""国家气候技术活动"以及"技术需求评估"三个领域展开关

---

〔1〕 所谓"宏观政策项目"，是指帮助受援国制定国内适应气候变化的宏观政策，以促使该国政府加强对气候变化问题的重视，对适应问题进行合理规划和行动的项目；而"防灾减灾项目"则以基础设施建设和先进技术转让为主，帮助受援国提升在气候变化产生的不利影响面前的应对能力；"公众适应意识提升项目"主要通过加强受援国对适应问题的宣传从而提升当地居民对气候变化问题的认识水平和应对能力。

〔2〕 AF：*Adaptation Fund Raises Record US $ 356 Million in New Pledges at COP26 for its Concrete Actions to Most Vulnerable*，https：//www. adaptation-fund. org/adaptation-fund-raises-record-us-356-million-in-new-pledges-at-cop26-for-its-concrete-actions-to-most-vulnerable/.

〔3〕 FCCC/CP/2021/9.

于《波兹南技术转移战略规划》的报告，以期提高全球环境基金报告的清晰度，加强连贯性，并在该规划和技术机制的活动之间建立协同作用。截至2021年6月底，全球环境基金信托基金以及气候变化特别基金下的技术转让窗口资助实施全球、区域、国际以及技术需求评估项目共计20个。[1]

（四）能力建设领域

发展中国家在气候变化问题面前的应对能力较弱，需要国际气候资金支持来增强这方面的能力。2001年《联合国气候变化框架公约》第七次缔约方会议（COP7）通过的《马拉喀什协定》[2]提出了比较详细的发展中国家能力建设框架，确定了发展中国家能力建设需求的初步范围。从《联合国气候变化框架公约》最初引入能力建设问题到《巴厘岛行动计划》及《哥本哈根协议》，国际气候谈判对该问题的关注不断提高。2015年《巴黎协定》第11条[3]在已有成果基础上细化了关于能力建设议题的条文设计，专门规定了能力建设条款，再次强调了发达国家需要定期对发展中国家提供能力建设支助，要求发达国家对发展中国家，尤其是最不发达国家和小岛屿发展中国家，提供技术开发、气候资金获取、教育培训和透明信息通报等援助，并提出发达国家应当提供透明、及时、准确的信息通报，认为各国应当尽快制定适当的体制安排以实现该条规定。

"能力建设"即指由发达国家提供资金和技术、教育培训、公共宣传和透明信息通报等各种援助措施以提高发展中国家适应气候变化和参与国际气候变化保护合作的能力，其范围非常广泛，不仅包括资金和技术两大关键问题，还涉及其他可以起到提高发展中国家适应气候变化和参与全球气候环境保护合作能力的方面。例如，为了帮助中国各省份有能力按照国家要求制定省级

---

〔1〕 FCCC/CP/2021/9.

〔2〕 《马拉喀什协定》：2001年10月《联合国气候变化框架公约》第七次缔约方会议（COP7）在摩洛哥马拉喀什举行，会议就清洁发展机制、信息通报、技术转让、能力建设等15个专题分小组进行技术性谈判和协商，各方在妥协基础上通过关于《京都议定书》实施规则的一揽子协议，即《马拉喀什协定》。本次会议确定了《京都议定书》建立的三种灵活机制的基本运行规则。

〔3〕 《巴黎协定》第11条规定："1.本协定下的能力建设应当加强发展中国家缔约方，特别是能力最弱的国家，如最不发达国家，以及对气候变化不利影响特别脆弱的国家，如小岛屿发展中国家等的能力，以便采取有效的气候变化行动，其中主要包括执行适应和减缓行动，并应当便利技术开发、推广和部署、获得气候资金、教育、培训和公共宣传的有关方面，以及透明、及时和准确的信息通报。2.能力建设，尤其是针对发展中国家缔约方的能力建设，应当由国家驱动，依据并响应国家需要，并促进缔约方的本国自主，包括在国家、次国家和地方层面……"

应对气候变化方案，联合国开发计划署作为国际执行机构，中国国家发展改革委作为实施机构，在国际气候资金的资助下从 2010 年到 2011 年在中国组织开展了"中国省级应对气候变化方案项目"，支持了包括新疆生产建设兵团在内的 21 个省、自治区、直辖市编制了《省级应对气候变化方案》，支持了重庆钢铁集团减缓气候变化行动计划和河北省农业灌溉适应气候变化行动计划两个相关的案例研究。该项目为中国各省开展应对气候变化工作奠定了扎实的基础。

（五）帮助发展中国家开展履约工作

在《联合国气候变化框架公约》下，全球环境基金为发展中国家履行国际气候协议中所涉及的相关国际义务提供资金支持，如为履行《联合国气候变化框架公约》下的透明度安排提交本国的温室气体排放清单和国家信息通报、制定国家适应行动计划、定期通报国家自主贡献、提交两年期报告以及两年期更新报告[1]等。[2]

根据《联合国气候变化框架公约》相关规定，所有缔约方均具有向《联合国气候变化框架公约》提交本国的温室气体排放清单和国家信息通报的国际法律义务。其中，发达国家与发展中国家在提供信息的内容和频率上是不同的，发达国家需要提供更为详细的履约信息。按照当前《联合国气候变化框架公约》规则，所有国家缔约方应每四年提交一次全面履约的国家信息通报；而在提交温室气体排放清单方面，发达国家缔约方应每年提交一次，发展中国家缔约方则应每两年提交一次。此外，为了实现全球范围内的绝对减排并最终实现《巴黎协定》第 2 条规定的长期气温目标，《巴黎协定》第 4 条要求各缔约方以"国家自主贡献"（Nationally Determined Contribution，NDC）的方式每五年通报一次包括国家采取的减缓措施在内的各自目标和行动计划。国家自主贡献制度的确立集中体现了自《京都议定书》下以区别责任为主的仅为发达国家缔约方设置量化减排目标的国际气候治理模式到《巴黎协定》

---

〔1〕　2010 年《坎昆协议》分别针对发达国家和发展中国家设立了"两年期报告"和"两年期更新报告"两个透明度进程。所谓"两年期报告"，即指发达国家除每年提交温室气体排放清单以外，应每两年汇报一次涉及其采取的减排行动与效果以及向发展中国家提供资金、技术、能力建设等援助在内的信息；与之相对，"两年期更新报告"要求发展中国家亦应每两年汇报一次包括采取的减排行动与效果以及获得的有关国际气候资金、技术、能力建设等在内的信息。

〔2〕　FCCC/CP/2021/9.

下以共同责任为主的包括发展中国家在内的各缔约方共同量化减排模式的转变，是《巴黎协定》最核心的制度。无论对于编制温室气体排放清单还是通报国家自主贡献来说，都是专业性、技术性非常强的工作且需以充足的资金作为保证，对于广大发展中国家来说难度非常大。因此，需要通过资金机制来为发展中国家提供资金和技术的支持，帮助其提高履约能力，完成上述国际气候协议中规定的缔约方义务。

截至 2021 年 6 月，全球环境基金共出资资助了 491 个非附件一国家编制该国的排放清单和履约信息通报，支持最不发达国家制定国家适应行动计划共 51 项，[1]项目资金量从几十万美元到几百万美元不等，并对 132 个国家在提交两年期报告方面提供项目资助。[2]此外，在定期通报国家自主贡献以及两年期更新报告方面亦有不同数额的项目资助。[3]

三、国际气候资金项目的运行标准

国际气候资金项目的运行标准即指资金机制下的各类基金在其资助项目的运行过程中所应遵循的基本"行为"准则。资金机制下的各类基金在开展项目资助时需以此类运行标准为指导，该运行标准贯穿国际气候资金项目运行程序的全过程。当前资金机制下资助项目的运行需以实施受援国主导、性别平等以及环境友好为标准。

（一）受援国主导

所谓"受援国主导"，是指国际气候资金在东道国开展业务时，应该接受受援国国家主管机构的管理，以确保资助项目与受援国政府的法律、政策和宏观发展方向相一致，符合受援国的特点和可持续发展的要求。

具体在全球环境基金资助项目的运行过程中，则要求基金在进行资金资助项目选择时须考虑项目在当地执行的可行性，并在项目实施过程中通过与受援国政府沟通，了解受援国国家政府在应对气候变化方面的国家计划和关注重点，根据国别不同而制订自身的年度援助计划，然后受援国政府及国际执行机构根据受援国的实际情况组织备选项目清单、制作项目概念书，全球

---

〔1〕 FCCC/CP/2021/9.

〔2〕 FCCC/CP/2021/9.

〔3〕 FCCC/CP/2021/9.

环境基金从中进行确认。即使是政策研究型项目，"受援国主导"也是为了给受援国政府提供一个更好的政策选择，而不是直接左右受援国的政策和决策，不能干涉受援国内部事务。

"受援国主导"是广大发展中国家一贯强调的主张，但却经常遭到发达国家的反对。发达国家通常强调"谁出钱谁说了算"，反对当地政府对项目进行过多干预，在出资时就对资金支持领域限定条件，过细地要求项目进行汇报，要求获得所资助研究项目的研究数据，甚至包括受援国需要保密的信息。这实为干涉受援国内部事务，窃取国家秘密的阴谋。此外，越来越多的国际气候资金项目要求受援国进行资金配套或者实物配套，尤其是对于中国这样的具有了一定经济基础的受援国，越来越多的国际资金不是单向的支援，而是要求"合作"，即双方均要进行项目投入和配套，这实为变相缩小出资的阴谋。

（二）性别平等

所谓"性别平等"，是指将性别平等的理念贯穿于整个国际气候资金项目的实施过程中，在项目设计、项目执行、项目取得成果的过程中，男性和女性应该有平等的选择机会和权利，不能因为性别因素而被区别对待。[1]"性别平等"理念要求考虑项目是否会对男性和女性造成不同的影响，要尽量让女性与男性一样最大程度地分享到国际气候资金项目带来的成果。全球环境基金在进行项目选择时，会将该项目是否会增加当地妇女的就业机会，提高妇女的经济能力，帮助妇女获得独立，女性可能在项目中的参与程度作为重要的项目筛选指标。而绿色气候基金作为第一个从开始运行即将性别平等理念纳入主流的气候融资机制，更是将性别平等作为其资金资源部署的基本决策要素。[2]

例如，全球环境基金通过其小额赠款计划（Small Grants Program，SGP），已经成功直接与非政府组织、社团组织，包括妇女团体合作，支持了超过 2.5 万个小额赠款项目。[3]其中全球环境基金在西非喀麦隆那坦卡村开展了妇女主权平等小额赠款项目，该项目团队包括 24 名女性成员，其中 14 名妇女是

---

[1]　Section 2：*Introduction*，*Mainstreaming Gender at the GEF by GEF* 2013.

[2]　GCF，"Projects & Programmes/Projects Review--Gender"，https：//www. greenclimate. fund/projects/gender.

[3]　FCCC/CP/2021/9.

艾滋病病毒的携带者。项目主要是通过对这些妇女进行技术培训，提高当地妇女的教育水平，教授她们先进的农业技术，改善她们的经济状况从而提高妇女们的独立地位和抵抗艾滋病的能力。该项目教授了 400 多名当地妇女先进的农业生产技术，土壤保持和灌溉方法，教授了约 50 名妇女如何饲养家兔，教授约 60 名妇女如何养猪。该项目还建立了一个环境信息交流中心来提高妇女的参与和教育水平。该项目的目标是传播先进低碳的生产生活方式，在保护当地环境的情况下提高妇女的经济收入水平，从而提高她们的地位和抵御艾滋病的能力。

（三）环境友好

"环境友好"是全球环境基金在全球开展国际气候资金资助项目的最终目标，全球环境基金所有版本的介绍都将"环境友好"视为该组织的宗旨和目标。[1]是否对全球环境有利是全球环境基金在进行项目筛选和项目成果评估时的重要参考标准。

"环境友好"这一标准看似简单，但却具有丰富的技术含量和战略眼光。尤其是在促进低碳技术转让方面，需要进行慎重的评估。资金机制在促进低碳技术转让上主要致力于两个方面：一是资助东道国开展低碳技术的自主研发；二是识别发达国家的低碳核心技术，并资助发展中国家购买知识产权。对于技术转让方面的项目，需要严格审核该项目是否会有益于受援国当地环境的修复以及未来长远的保护，防止发达国家借此机会向发展中国家进行落后产业和落后产能的转移。控制温室气体排放是广大发展中国家淘汰落后产能、提升产业结构的重要机遇，但并不是所有发达国家的科学技术都能够实现此目标，有些产业技术是发达国家淘汰下来的，为了转移就业和商品产地而向发展中国家进行转移的，而有些低碳技术项目对促进东道国的环境保护意义不大。

四、国际气候资金项目的运行程序

资金机制下不同基金资助项目的运行程序稍有不同。这一差异性主要体现在是否需由国际执行机构参与国际气候资金项目的运行。相较于全球环境基金，适应基金及绿色气候基金提供的资金支持无需通过国际执行机构来申

---

〔1〕 Section 1: *Introduction*, *Environment-Friendly at the GEF by GEF* 2013.

请和使用，经两大基金决策机构[1]成员及专家组成的认证委员会认证的实体可代表受援国向基金申报项目，也可以自身直接实施项目，既省时又节约。

简而言之，国际气候资金项目的运行程序主要包括项目识别和初期准备、项目概念开发、项目申请以及评审四个阶段。首先，受援国的项目业主需要在其本国内按照受援国国内法律规则完成项目的立项和审批程序，通过该国政府认可的国家级项目实施机构将项目报到国际气候资金的管理机构。然后，项目将在其国际执行机构的指导下完成国际气候资金管理机构的申请和评审程序。最后，当项目在国际层面成功获得审批之后，需要完成国际执行机构和受援国国家实施机构等相关主体之间的法律合同、承诺书、担保函等一系列项目相关法律文件的签署程序，并开设专门账户。国际气候资金的管理机构会将资金打到国际执行机构账户，国际执行机构再将资金打到该项目受援国国内认可的国家财政管理机构的专设账户，项目就可以在受援国国内正式运行了。

以全球环境基金为例，任何政府机构、社团组织、私营部门、研究机构以及国际各种潜在合作伙伴都可以申请全球环境基金的资金资助。全球环境基金可以对"开展项目"和"制定国家计划"两类申请提供资金资助。

（一）项目识别和初期准备阶段

在中国一个项目如果想申请到全球环境基金，除了项目自身的各项客观要素具备之外，在项目的识别和初期准备阶段要通过外部要件关、专家技术评审关和政府审核关。

和国内大多数的基金项目申请一样，全球环境基金对于申请的项目也有很严格的格式要求。项目业主首先要从官方网站上下载全球环境基金的各类格式文件，填报《项目申请书》。项目申请单位可将《项目申请书》通过两种途径报告给财政部：一是按照行业标准，将该项目上报给所属行业的中央主管部门（如农业农村部、交通运输部、林草局等），由其转报给财政部，抄送生态环境部；二是按照地域标准，将该项目报给项目所在地的省财政厅，由该省的省财政厅转报给财政部，[2]抄送生态环境部。由于申报全球环境基金的项目通常技术性比较强，财政部和生态环境部会定期组织召开专家技术

---

〔1〕　适应基金的决策机构为适应基金董事会；而在绿色气候基金中则为绿色气候基金董事会。

〔2〕　参见财政部《全球环境基金项目管理暂行规定》（财世字〔1997〕113号）。

评审会，根据项目类型邀请该行业的技术专家，由专家从技术层面对各类申请项目的科学性和可行性进行把关。过了专家技术评审关的项目将由财政部和国家发展改革委进行统一的"综合平衡"，确定最后的报送名单。由财政部为该项目指定一个国内实施机构和一个国际执行机构。只有走到了最后的项目才算走完了项目识别和初期准备阶段的全部审核程序。

（二）项目概念开发阶段

在中国，应对气候变化项目由国家发展和改革委员会作为国家级的项目实施机构，当确定了国际执行机构之后，国际执行机构会为项目提供指导、建议和受理证明。项目国内实施机构将在国际执行机构的指导下制作项目概念书，在获得国际执行机构的评估和批准之后，提交给全球环境基金秘书处。在项目概念开发阶段，全球环境基金秘书处主要对项目与项目评审标准的符合性、与全球环境基金业务发展战略的符合性负责，而国际执行机构则主要对项目的技术内容负责。

在全球环境基金资助开展的项目类型[1]中，中型项目可直接由国际执行机构进行项目评审，其他项目则必须由全球环境基金秘书处进行评审。全球环境基金秘书处将组织专家团队到受援国为项目立项进行调研，并把项目文件提供给其他的执行机构、《联合国气候变化框架公约》秘书处和科学技术咨询小组主席来获得建议。全球环境基金秘书处将按照项目类型对应的项目评审标准和前述机构的评审建议来评定项目概念书与标准的符合性，考察项目准备工作是否落实。在评审之后，全球环境基金秘书处会作出三种决定：不合格、对若干要求合格、合格。对于后两种评审结果的项目，全球环境基金秘书处将与国际执行机构达成共识，将项目列入全球环境基金的项目清单并将相应结果通知受援国国家实施机构。

（三）项目申请阶段

当项目进入全球环境基金的项目清单之后，项目即完成了概念开发阶段进入项目申请阶段。执行机构负责组织项目的申请工作。

---

　　〔1〕　任何政府机构、社团组织、私营部门、研究机构以及国际各种潜在合作伙伴都可以申请全球环境基金的资金资助。全球环境基金可以对开展项目以及制定计划、战略或报告类申请提供资金资助。其中，超过 200 万美元的项目被称为大型项目（Full-sized projects，FSPs），不到 200 万美元的项目被称为中型项目（Medium-sized project，MSPs）。不同类型的项目应分别按照全球环境基金的相应程序进行申请。

对于某些项目，执行机构在经过受援国国家实施机构认可的前提下，可以向全球环境基金申请不超过 30 万美元的项目发展资金[1]资助进行项目建议书等申请文件的准备工作。项目申请文件的准备工作也可能得到诸如联合国开发计划署与区域开发银行的技术援助赠款、世界银行管理下的项目准备基金、双边资助和私人资金等其他渠道的资金资助。对于全球环境基金项目清单中的项目需要根据其项目申请文件组织技术评估。技术评估可以邀请科学技术咨询小组名册中的专家作出技术和科学评审，也可根据项目性质，在经过科学技术咨询小组主席同意的前提下，邀请其他评审专家。执行机构必须对专家评审意见给予回应并将专家评审意见附于项目申请文件中。此外，国际气候资金项目在申请阶段还必须首先提交受援国国家实施机构进行认可，提供认可信，才能申请到前述资金，并列入该国国内的工作规划。执行机构将根据受援国实施机构及专家的意见对项目进行修订，在自己内部完成终审，附加一份说明本项目与全球环境基金相关标准符合性的项目概要文件，最终完成项目全套申请文件的准备工作。

（四）项目评审阶段

国际执行机构将项目申请文件准备完成之后提交给全球环境基金秘书处，项目将进入为期几个月的项目评审阶段。大多数项目的全套文件由全球环境基金秘书处自行组织项目评审会进行复审，少数比较重要的项目的全套文件由全球环境基金理事会自行直接进行评审，最终由全球环境基金理事会或首席执行官（CEO）在平衡全球环境基金可用资源的基础上，对项目作出批准与否的决定。

在获得全球环境基金理事会或首席执行官的项目批准后，国际执行机构还需要在其内部走完项目的审批程序，将项目提交其董事会或最高权力机构进行审批。同时在受援国国内，受援国政府要完成针对项目的内部审批程序，针对项目发出担保函。项目的受援国实施机构和国际执行机构将就项目细节进行谈判，提交各方在重点问题上的签字，签订项目合作合同，签署并互换付款协议。至此，项目运行前的立项和申请程序正式完成。

---

〔1〕　GEF：*Guidelines on the Project and Program Cycle Policy*（2020 *Update*）.

五、国际气候资金项目监管

国际气候资金项目的监管包括《联合国气候变化框架公约》缔约方会议的监管和项目运行中的监管以及项目实施报告。《联合国气候变化框架公约》作为资金机制的国际环境法律基础，其下各类基金在开展项目资助的过程中应接受《联合国气候变化框架公约》缔约方会议的指导并对其负责。

（一）《联合国气候变化框架公约》缔约方会议的监管

为了保持国际气候资金使用的专业性和公平性，资金机制运营实体在国际气候资金项目的立项和评审过程中具有很大的自主权和独立性。全球环境基金秘书处在针对具体项目的确定和评审过程中主要参考国际专家的意见和全球环境基金自身的项目规则，在具体项目层面不会受到来自其他公约权力机构的政治干预，以期保持其独立资金实体的中立性、专业性和公平性。全球环境基金同时还承担着其他国际环境公约的资金管理工作，需要通过定期报告和审核制度来向各公约的最高决策机构报告工作进展并接受其监督和管理。绿色气候基金成立以来，基金董事会定期向《联合国气候变化框架公约》缔约方会议进行报告，《联合国气候变化框架公约》缔约方会议对其进行指导。

（二）项目运行中的监管

1. 国际执行机构或经认证的实体的监管

在国际层面，资金机制下不同类型的基金资助的项目监管机构亦有所不同。对于全球环境基金而言，在项目执行期内，项目的国际执行机构负责监督项目的执行情况。按照全球环境基金秘书处的项目执行质量评审标准，国际执行机构将定期组织评估组对项目进展情况进行评审，每年向全球环境基金秘书处提交年度《项目执行评审报告》。国际执行机构会按照和受援国实施机构签署的项目合作合同的付款程序和工作计划定期为项目支付资金（在中国是国际执行机构先将资金转给财政部，再由财政部向项目实施单位拨付资金）。而对于适应基金和绿色气候基金而言，则由各自认证制度下产生的经认证的实体按照统一的标准对项目的运行进行监管，便于对项目运行成果进行评估。

在中国，国际气候资金项目在运行过程中提取资金、开展活动、财务审计以及利用全球环境基金进行的货物采购、聘用外部专家、支付咨询费、开展国外考察和培训等所有行为均应按照国际气候资金管理规则、国际执行机构或经认证的实体本身的规则和中国国内的财务和法律的相关规定执行。在项目执行到固定的时间段，还需要定期向国内主管部门报告。

2. 受援国国内主管部门的监管

在项目开展过程中，例如在中国，审计部门会定期对项目的财务执行状况进行年度财务审计。各级财务部门会定期对项目的财务情况和会计记录进行检查。在项目的财务审计或者财务检查中如果发现挪用资金或擅自改变资金使用计划等违法违规的问题，财务部门有权终止拨付项目的后续资金，严重者项目业主还将受到法律惩罚。

资金机制资助的项目结束后，项目业主应当按照要求汇总项目成果情况、项目预期目标达成情况、项目资金执行情况等项目的总体进展成效，编写《项目执行总结》，并将其报送给初期准备阶段所报送的国家行业主管部门或省财政部门，由其转报给财政部和生态环境部。财政部自接到项目业主报送的《项目执行总结》之日后 3 个月内，应邀请国际气候资金的出资方、国际执行机构、国家环保部门以及其他行业的相关主管部门一同对项目的完成结果进行后期评估。

在国际气候资金项目的申请和执行的过程中，受援国的国家政府起着重要的作用：对外作为项目的审核方之一为项目出具认可证明和保函，协助推进项目的国际申请过程；对内作为国际合作资金的管理者，负责对国际资金的使用把关。就中国而言，财政部是中国政府参与资金机制的代表，代表中国政府参与有关国际会议和谈判，并代表中国向资金机制自愿出资，在国际气候资金项目的运行过程中起着举足轻重的作用。纵观资金项目的实施全过程，从组织项目专家评审、代表中国政府批复项目计划、推荐项目、开展项目谈判、签署赠款协定等项目文件、管理基金账户、监督管理项目的运行情况、定分止争、验收评估等一系列环节中，处处都离不开财政部的身影。这说明一个国际气候资金项目要想在受援国国内成功实施，就必须遵守受援国主导原则，在受援国政府的主导下完成。

（三）国际气候资金项目实施的报告制度

1. 全球环境基金的报告制度

为了加强对全球环境基金工作的监督和管理，建立了全球环境基金定期向《联合国气候变化框架公约》缔约方会议进行报告的制度。报告的主要内容包括全球环境基金在应对气候变化领域开展项目的情况、资金筹措情况、资金支出情况和资金运行取得的成绩等。缔约方大会对基金提交的报告进行评审，评审结果直接与全球环境基金的增资进程挂钩。因此，全球环境基金作为一个依靠捐资来运行的国际金融实体，非常重视对《联合国气候变化框架公约》缔约方会议的报告、《联合国气候变化框架公约》缔约方对报告的认可程度以及《联合国气候变化框架公约》缔约方会议最终形成的评审意见，努力通过良好的项目运作成绩来赢得更加广泛的捐资。

在《联合国气候变化框架公约》第一次缔约方会议（COP1）通过的第11/CP.1 号决定中，缔约方大会对《联合国气候变化框架公约》资金机制的运营实体给予了初次指导。其后历次《联合国气候变化框架公约》缔约方会议都会针对资金机制的运行给予指导，并要求全球环境基金进行定期报告。缔约方大会将全球环境基金的报告作为诸多议题之一通过大会进行讨论，各缔约方都可以就全球环境基金的报告发表意见、提出批评或建议。《联合国气候变化框架公约》缔约方会议将通过评审全球环境基金的报告考核评价全球环境基金的工作成果，讨论如何解决相关问题，如何与下一步的增资进程相协调。至今全球环境基金已经进行过 16 次正式报告，正处于第 8 次增资进程中。

2. 绿色气候基金的报告制度

绿色气候基金也建立了向《联合国气候变化框架公约》缔约方会议的报告制度，提交报告的内容包括基金董事会接受缔约方大会有关指导的信息、开展所有项目资助的相关信息（包括项目批准、实施情况以及相关的财务报告等）、为平衡减缓和适应间的资金资源分配而采取的行动以及对发展和完善资金机制作出的任何努力等。[1]

绿色气候基金董事会在 2012 年多哈举行的《联合国气候变化框架公约》第十八次缔约方会议（COP18）上向大会提交了第一份年度报告。[2] 第十八次缔约方会议（COP18）要求绿色气候基金董事会的年度报告最迟应在每年缔约方会议开幕前 12 周提交。邀请缔约方每年在不晚于缔约方大会开幕前 10 周根据制定对《联合国气候变化框架公约》资金机制运营实体的指导意见时需要考虑的要点向《联合国气候变化框架公约》秘书处提交书面意见和建议，

[1] FCCC/B.05/16.
[2] FCCC/CP/2012/5.

《联合国气候变化框架公约》秘书处将这些材料汇编为一个杂项文件，供缔约方大会在制定《联合国气候变化框架公约》资金机制运营实体的指导意见时参考。在 2021 年格拉斯哥举行的《联合国气候变化框架公约》第二十六次缔约方会议（COP26）上，绿色气候基金董事会在其提交的年度报告中对上一届缔约方大会提出的指导作出回应，为发展中国家应对气候变化所致损失损害开展的相关活动提供资金支持，[1]此外，亦对于基金增资、资助项目批准、运行及完成、与全球环境基金开展合作情况等作出了详细说明。截至 2021 年4 月 30 日，在绿色气候基金第一次增资期内（2020 年至 2023 年），共有 33个捐助国作出总额为 100 亿美元的认捐承诺，并出资 83 亿美元资助开展了173 个国际气候资金项目。其中，分配于减缓和适应领域的资金资源悬殊，在减缓方面占比 63%，而在适应领域占比 36%。[2]第 26 次缔约方大会对绿色气候基金董事会的报告给予了相应指导。

　　总的来说，较之全球环境基金报告指导制度，《联合国气候变化框架公约》缔约方会议对于绿色气候基金的监督和指导更为具体和直接。全球环境基金作为同时肩负着多个国际环境公约的资金机制的运营实体，需要对很多公约的权力机构进行报告并接受评审。其中，应对气候变化仅为全球环境基金的众多工作领域之一。[3]全球环境基金与《联合国气候变化框架公约》资金机制"托管"与"被托管"关系导致在全球环境基金资助项目的运行和管理方面出现很多问题。例如，在全球环境基金投入项目申请过程中的资金中，国际执行机构收取的昂贵费用占用了过多的国际气候资金，挤占了本应花费在项目身上的资金资源，实际真正能够用来开展项目的资金并不多。而绿色气候基金作为《联合国气候变化框架公约》资金机制下除全球环境基金以外的另一个资金机制运营实体，从东道国选址、董事会成员确认、行政机构组建，到年度工作计划、具体活动安排以及资金筹措全部是通过《联合国气候变化框架公约》的各种缔约方会议商定的，当然，缔约方大会对于绿色气候基金监督和管理也更加具体和直接。各气候集团在绿色气候基金设立之初，

---

〔1〕　FCCC/B. 29/03.

〔2〕　FCCC/B. 29/03.

〔3〕　全球环境基金致力于支持发展中国家解决世界范围内最为紧迫的环境问题。其工作领域繁多，重点涉及生物多样性丧失、化学品和废物、气候变化、国际水域和土地退化五大领域。GEF,"What we do? /Topics", https://www.thegef.org/what-we-do.

就希望通过绿色气候基金这一《联合国气候变化框架公约》下专属的资金机制运营实体避免重蹈全球环境基金在国际气候资金项目运行过程中的覆辙，加强《联合国气候变化框架公约》缔约方会议对于资金机制的监督和管理，提高国际气候资金项目的成效，获得各缔约方的认可，最终筹措到更多的资金。

第四节　资金机制的问题及其完善

三十年来，资金机制在各气候集团的利益争夺和妥协中蹒跚前行，在不断进行的制度创新和探索中凝聚了各方智慧，在与国际政治、国际经济和国际环境保护等其他相关领域中呼应互动。资金机制正处于不断发展之中，未来将呈现出更加独立、灵活和与其他领域相交叉的几大发展趋势，同时也将面临诸多困难，亟待各方通过进一步开展国际合作来推动其不断走向完善。

一、资金机制的现存问题及其主要原因

资金机制的现存问题不仅体现在资金筹集方面，在资金使用和管理方面也暴露出许多问题。在涉及国际气候资金的国际谈判中，有关资金机制的话语权长期以来被发达国家掌控，缺乏广大发展中国家的有效参与。此外，资金机制本身规则的模糊性以及不完善性更使其在实际运行过程中常常出现"无法可依"的局面。

（一）现存问题

当前，资金机制正处于一个不断走向完善的进程之中。在此进程中，资金机制在取得一定成就的同时也暴露出一些问题，在某些方面并没有达到《联合国气候变化框架公约》的预定目标。现存主要问题如下：

1. 资金筹资方面的现存问题

在筹资问题上，当前资金机制面临资金量太小且资金来源没有保障的问题。在发展中国家抗击全球气候变化所需要的资金数量与发达国家承诺支持的资金数量之间、发达国家迫于压力等原因承诺的出资数量与实际出资数量之间、发达国家声明已经出资的资金数量与发展中国家确认到位的资金数量之间都存在着巨大的缺口。资金的性质不符合"新的""额外的"要求，有的是将原有的官方发展援助进行了包装，有的并不是无偿捐助而是附条件的

优惠贷款，难以满足广大发展中国家应对气候变化的需要。

尽管目前绿色气候基金增资（GCF-1）进展顺利，截至 2022 年 1 月 31 日，已有 34 个捐助国承诺对绿色气候基金进行认捐，总额约为 100 亿美元，且与 2014 年初始资源调动期间相比，超过 70% 的捐助国增加了以货币形式的认捐，一半的捐助国的认捐增加了一倍或更多。[1]但从长期来看，过于灵活的资金筹集和使用方式增加了绿色气候基金资金筹集不足甚至"供-需"严重失衡的可能。若"无米下锅"，资金机制无论进行怎样的制度革新都只是一个空壳。若按发达国家提议将航空航海税收资金、私营部门资金等作为筹资的主渠道，则等同于建立了一个新的气候投融资银行。资金机制将无法实现《联合国气候变化框架公约》为发展中国家提供资金帮助的要求。

发展中国家只有在充足的资金支持的情况下才有能力实现控制温室气体排放的目标，而有限的资金量客观上限制了资金机制发挥对发展中国家的支持作用，即使管理体制和使用规则能够得到优化，没有充足的资金量一切都是空谈。同时，在资金机制的资金来源问题上，始终没有建立起一个足够解决问题的、具有足够约束力的筹资机制，关于资金来源的性质、资金来源的透明度、出资方式等问题，尚无标准答案。

2. 资金使用方面的现存问题

首先，资金的使用方向基本是由发达国家控制下的国际执行机构来主导的，而并非根据发展中国家的实际需求来安排资金使用。尽管绿色气候基金致力于实现减缓和适应气候变化领域资助比例的 1：1 均衡，但目前离此目标还存在较大差距。发展中国家急需资金的能力建设、低碳技术转让和适应气候变化领域获得的国际气候资金较少，这严重背离了《联合国气候变化框架公约》设定资金机制的初衷。

其次，资金资助的领域亦不均衡，而且发达国家在低碳技术转让方面的态度仍然保守、对于支持发展中国家适应气候变化热情不高等因素也是导致资金机制实施效果不够理想的重要因素。在技术转移壁垒方面，除了知识产权因素之外，发达国家本身对于推动技术转让也不积极。例如，氢氟碳化物（HFC）是重要的温室气体之一，中美两国元首在 2013 年就逐步减少氢氟碳

---

〔1〕　GCF, "Resource mobilization——GCF's first replenishment", https://www.greenclimate.fund/about/resource-mobilisation/gcf-1.

化物问题达成了共识。美国已经掌握了氢氟碳化物的替代技术，但是在向发展中国家转让相关技术方面仍迟迟没有进展。在资金机制下各种基金资助领域的均衡性方面，目前大部分的国际气候资金都投入了更符合发达国家利益的减缓气候变化领域中，而投入发展中国家更需要的适应气候变化领域和低碳技术转让领域的资金却寥寥无几。很明显国际气候资金投入减缓气候变化领域中的资金量远远大于投入适应气候变化、低碳技术转让、能力建设和帮助发展中国家履约四个领域。即便是专门用于资助适应气候变化领域的适应基金，截至目前也仅为 54 个国家资助开展 66 个适应气候变化项目，[1]远远不能满足广大发展中国家的实际需求。而且，在现有的国际气候资金管理模式下，还缺乏像适应基金这样的专项基金。与此同时，专设"减缓"和"适应"两大资金窗口并致力于实现两大领域资助均衡的绿色气候基金在实际运行中离此目标也相差较远。尽管对于严重遭受气候变化所致损失损害不利影响的发展中国家而言，对温室气体排放进行限制，即"减缓"是减少气候变化所致损失损害最根本的办法，但这无疑需要国际社会的长期共同努力才能得以实现。对于当前深受气候变化之害的发展中国家，尤其是小岛屿发展中国家而言，当务之急是要加强和扩大这些国家应对气候变化的复原力和适应能力。对此，国际社会应进一步推动资金机制下减缓和适应领域资金资助的均衡。绿色气候基金的未来发展或许会为此提供新的契机。

此外，在具体资金使用方面，现存的问题主要是项目审批周期长，机构管理效率低下，审批程序复杂，项目评审不透明，监管乏力。发展中国家由于缺乏经验、人才匮乏等，在获取国际气候资金的能力方面存在不足。同时，某些发达国家妄图借出资的机会插手受援国国内事务，对资金使用方式设定重重限制条件，对受援国政府提出资金配套的不合理要求。这些问题不但影响了气候资金的使用效果，更不利于推动受援国应对气候变化的进程。例如，由于某些全球环境基金项目申请程序耗时太长，导致很多紧要项目在真正获得全球环境基金资金之前就已经开始运行甚至执行结束了。有些项目是通过项目单位自筹资金，有些是项目单位借用别的项目的资金进行垫付，若项目

---

〔1〕 AF, "Adaption Fund 10 Years of Innovation, Action & Learning", https://www.adaptation-fund.org/wp-content/uploads/2017/11/Adaptation-Fund-10-Years-of-Innovation-Action-Learning_WEB.pdf.

最终未被批准，项目单位前期的投入就难以收回。

总之，目前国际气候资金的使用效果很不理想，资金机制下的各种基金都面临资金不足和申请难的问题。气候变化基金受托于全球环境基金，因此，全球环境基金的有关原则和条款增加了气候变化基金的申请难度。例如，依据全球环境基金规定，应为发展中国家"被各方确认为具有全球环境效益"的项目提供资金，然而如何定义"具有全球环境效益"？适应气候变化的小型或者局部的工程能不能得到该基金的资助？对于面积十分狭小，经济也并不发达，没有条件开展大型具有环境效益的工程却深受气候变化所致损失损害不利影响困扰的小岛屿发展中国家来讲，在申请该基金时很有可能因为条件不满足而无法得到资助。[1]对于备受国际社会瞩目的绿色气候基金而言，其在资金筹集及使用方面采取极为灵活的方式，发达国家缔约方除了以公共部门的赠款出资以外，可以以非公共以及替代来源的方式进行出资；在资金使用方面，除了资助开展传统意义上的无偿赠款项目之外，可以以提供资金有偿使用、低息贷款等多种方式使用资金。

3. 资金管理方面的现存问题

在资金管理方面，资金机制主要面临资金管理机构独立性较差、资金管理成本太高的问题。有关资金管理的规则制定权由发达国家控制，发展中国家话语权较少。在绿色气候基金成立之前，资金机制一直委托全球环境基金托管，资金的管理效率较低。全球环境基金同时承担着几大国际环境公约的资金管理职能，在人力、精力和专业性方面都明显不足。由于全球环境基金不能够直接实施项目，必须委托世界银行等国际执行机构来进行项目的实际管理，这增加了项目的管理成本和运行时间，降低了资金的使用效率。绿色气候基金成立以来，资金管理的问题得到了明显的改善。其中，绿色气候基金董事会成员构成比例的均衡性是发展中国家在争取国际话语权方面取得的巨大胜利。

（二）主要原因

虽然资金机制在三十年来有了长足的发展，但在资金机制的运行过程中，发达国家缺乏履行《联合国气候变化框架公约》下出资义务的意愿并在涉及资金筹集、使用和管理方面掌控着具有明显优势地位的话语权。与此对应，

---

〔1〕 林灿铃："气候变化所致损失损害补偿责任"，载《中国政法大学学报》2016年第6期。

当前资金机制缺乏广大发展中国家的有效参与，与资金机制相关的规则制度也不够具体完善。这成为当前资金机制面临种种现实问题的主要原因。

1. 资金机制由发达国家控制话语权、缺乏发展中国家的有效参与

虽然发达国家由于历史上的过量排放造成了当前全球气候变化的客观现实，应该承担更多的全球应对气候变化的责任。但是在全球金融危机的影响下，发达国家想方设法减少自身的出资义务、推动更有利可图的出资方式、并为发展中国家引入出资义务。甚至某些发达国家出于资本主义逐利的本性，还试图通过资金机制为自己获取经济利益，完全背离了资金机制设立的初衷。例如，按照《联合国气候变化框架公约》要求，国际气候资金的资助应该是无条件的。可是实际操作中，很多出资国对资金的使用限定了诸多条件，例如要求受援国提供配套资金、要求受援国披露某些信息或者要求项目必须雇佣昂贵的国际专家。这提高了国际气候资金的使用难度，进一步减少了受援国的可获得资金。

在涉及国际气候资金筹集、使用和管理及其资助项目的运行过程中，发展中国家经常处于"被代言"的状态。虽然资金机制的主要内容是发达国家与发展中国家之间开展资金资助合作项目，但是作为重要相关方之一，发展中国家经常处于无声的"被代言"状态。很多资金机制的规则是发达国家打着支持发展中国家的旗帜闭门造出的，发展中国家话语权的丧失，导致了资金机制无法切实维护广大发展中国家的权益，甚至出现某些发达国家企图借资金机制谋求自身经济利益、干涉受援国内部事务的倾向，有违国际气候资金项目实施中所要求的"受援国主导"的标准。由于广大发展中国家，特别是最需要国际气候资金支持的最不发达国家的人力资源水平较低、国际合作能力不足、对于国际气候资金的获取和使用规则不了解，导致其获得国际气候资金资助的可能性较低。

2. 发展中国家内部的意见分歧

气候集团的意见分歧不仅存在于发达国家缔约方与发展中国家缔约方之间，在发展中国家缔约方内部对于国际气候资金的筹集、使用和管理亦存在诸多意见分歧，维护发展中国家内部团结的难度逐步增大。小岛屿发展中国家和最不发达国家对资金协议达成的迫切愿望、发展中国家对未来资金体系缺乏统一清晰的认识、发达国家对发展中国家的分化瓦解等问题都将扩大今后谈判中发展中国家集团的内部分歧。即使是在国情较为相似、资金谈判立

场也较易统一的"基础四国"内部也出现了协调难度加大的信号，给发展中国家协调立场增添了诸多挑战。这加大了发展中国家在国际气候资金谈判中形成统一立场的挑战。对气候变化"公平问题"的认识使得发展中国家能够团结一致，坚持发达国家应为其提供资金上的援助，但是鉴于谈判能力的局限性及自身的异质性，发展中国家集团内部利益纷争，无法形成坚定有力的立场与发达国家进行针锋相对的谈判。再加上发达国家的分化瓦解、转移矛盾焦点等手段，均对发展中国家整体立场的推进造成影响。

3. 资金机制的规则不够具体完善

《联合国气候变化框架公约》下资金机制设立的初衷在于帮助广大发展中国家解决应对气候变化资金资源短缺的问题，实现全球应对气候变化资源的有效调配。囿于气候变化问题本身的复杂特质以及南北国家间价值观念、利益诉求等方面的差异，国际应对气候变化的历程往往先有顶层设计后有国际实践，导致很多规则不接地气，某些规定甚至过于理想化。这就要求很多《联合国气候变化框架公约》的内容需要以后续签订议定书或者通过缔约方协议的方式进行细化。而资金问题作为历次国际气候谈判必然涉及的最敏感、最核心的问题，目前《联合国气候变化框架公约》仅仅对资金机制进行了原则性的规定，具体可操作性的规则还有待进一步完善。由于尚未针对资金机制形成一个专门的议定书，国际气候资金在筹集、使用和管理过程中常常遇到"无法可依"的局面，以致在资金机制的现实运行过程中，在发达国家缔约方推崇的"谁出钱谁说了算"的霸王逻辑的主导下，广大发展中国家常常由于国际气候资金项目运行过程中可能出现的资金支持领域限定条件繁复、受援国进行资金配套的要求或者实物配套等变相缩小出资的情形而限制申请。例如，依据全球环境基金规定，应为发展中国家"被各方确认为具有全球环境效益"的项目提供资金，然而如何定义"具有全球环境效益"？适应气候变化的小型或者局部的工程能不能得到该基金的资助？对于经济并不发达，面积十分狭小，没有条件开展大型的具有环境效益的工程的小岛屿发展中国家而言，在申请该基金时很有可能因为条件不满足而无法得到资助。[1]

---

〔1〕 林灿铃："气候变化所致损失损害补偿责任"，载《中国政法大学学报》2016 年第 6 期。

二、资金机制的完善

正如前述，资金机制通过全球应对气候变化资源的有效调配，"事前"助力广大发展中国家开展各类积极措施以减少气候变化所致损失损害风险，"事后"为因公共利益而遭受特别损失者提供补救从而限制、减轻气候变化所致损失损害带来的不利影响，成为当前有效落实气候变化所致损失损害责任的当然选择。然而，基于目前在国际气候资金筹集、使用和管理方面存在的诸多问题，资金机制在气候变化所致损失损害责任救济中面临多重挑战。未来应通过以下几个途径进一步完善资金机制，保证最大限度地为因公共利益而遭受特别损失者提供补救并推进《联合国气候变化框架公约》整体目标的实现。

（一）始终坚持《联合国气候变化框架公约》的国际环境法律基础地位

资金机制作为调配全球应对气候变化资源的有效手段，不仅能够促进低碳经济发展，更为有效落实气候变化所致损失损害责任提供最根本、最基础、最关键的救济路径，以对因公共利益而遭受特别损失者提供补救的方式最终实现全球应对气候变化总目标。

在资金机制的问题上，某些发达国家试图摆脱《联合国气候变化框架公约》框架的约束进而逃避出资义务、逃避历史责任，倡导"绕开《联合国气候变化框架公约》另辟蹊径，不再受《联合国气候变化框架公约》原则的束缚"，甚至试图颠覆《联合国气候变化框架公约》中关于附件一国家和非附件一国家的划分。对此，全球应对气候变化资源分布的不均衡性以及气候变化所致损失损害后果的严重性与全球性迫使我们面对气候变化这一严重威胁人类生存持续生存和发展的国际问题，应始终坚持国际合作的指导原则通力解决。《联合国气候变化框架公约》作为国际应对气候变化的基础性法律文件，构成资金机制的国际环境法律基础。在资金机制的未来发展中，应始终坚持《联合国气候变化框架公约》的国际环境法律基础地位，在国际气候资金筹集、使用和管理过程中以《联合国气候变化框架公约》所提出之透明、可预测、可认定以及国际合作的原则为指导原则，并在资金机制下各类基金开展项目资助过程中接受《联合国气候变化框架公约》缔约方会议的指导并对其负责。

（二）保证国际气候资金资源分布领域的均衡性

长期以来，资金机制下国际气候资金资源的分布领域缺乏均衡性。尽管绿色气候基金作为继全球环境基金之外另起炉灶的一个资金机制运营实体，在设立之初即充分考虑到了资金分布领域的问题。为了避免气候资金分配领域畸轻倚畸的现象，绿色气候基金在资金的初始分配方面专设"减缓"和"适应"两大资金窗口。但就资金机制目前的运行情况来看，当前国际气候资金资源分布的不均衡性仍未得到妥善解决。在资金机制实施的五个主要领域中，很明显投入减缓领域中的资金量仍远远大于投入适应气候变化、气候技术转让、能力建设和帮助发展中国家履约其他四个领域。就绿色气候基金的资金资助情况来看，目前距离其均衡资助比例1：1的目标也还存在较大差距。[1]

正如前述，对于当前深受气候变化之害的发展中国家而言，当务之急是要加强和扩大应对气候变化的复原力和适应能力，坚持"事前"减少气候变化所致损失损害风险与"事后"限制、减轻气候变化所致损失损害带来的不利影响并举，不断推进国际气候资金资助领域的均衡。在绿色气候基金的未来发展中，更应通过进一步深化国际合作，扩大资金的筹资规模，并在资金的使用和管理中始终以减缓和适应气候变化领域资助比例1：1为目标，保证国际气候资金资源分布领域的均衡性。

（三）增强发展中国家参与资金机制的能力

资金机制设立三十年以来，发展中国家参与国际气候谈判的热情逐渐升温，逐渐认识到获取国际气候资金资源对于撬动本国低碳经济发展、降低国内温室气体排放、抵御气候变化所致损失损害具有重要意义。发展中国家作为国际气候资金的受资助方和项目实施方，应该在资金机制中承担更重要的角色。在有关国际气候资金筹集、使用和管理方面，应当在努力做到充分听取广大发展中国家的实际需求的同时，对国际气候资金资助项目的运行、监督和管理等方面作出相应的调整，使资金机制能够最大限度地满足发展中国家减少气候变化所致损失损害风险、限制、减轻相关损失损害带来的不利影响的实际需求。

---

〔1〕 截至2020年10月7日，绿色气候基金已经调动10亿美元资助了127个发展中国家的190个项目，其中，涉及减缓领域的项目约为适应领域2倍。

这就要求发展中国家在涉及资金机制的问题上，积极争取国际话语权，不断提高自身参与资金机制的能力。从某种程度上讲，适应基金董事会和绿色气候基金董事会中发达国家和发展中国家各占一半的席位设计，保障了发展中国家与发达国家在基金决策上具有同等的话语权。发展中国家亦应利用好适应基金与绿色气候基金决策机构成员构成比例的均衡性这一有利条件，积极维护自身权益，简化资金机制的实施程序，提高资金的可获得性，缩减发展中国家申请项目的时间和成本。此外，在资金机制的未来完善中，亦应不断优化自身管理体制机制，简化国际气候资金的申请流程和要求，不断增强发展中国家参与资金机制的能力。

三、资金机制的发展趋势

迄今，资金机制已走过三十年的发展历程。在此历史进程中，资金机制逐步显现出并将在未来长期保持独立运行的趋势。在资金筹集和使用方面，灵活方式将更加深入参与资金机制，这一方式在绿色气候基金运行过程中体现得尤为明显。此外，基于发展中国家应对气候变化意识增强、国际社会对受援国主导原则的认可以及在资金机制的制度设计中公平原则的普遍适用，发展中国家将在资金机制的未来发展中发挥越来越重要的作用。

（一）资金机制独立运行的趋势明显

资金机制设立之初是与多个领域的国际环境公约的资金机制一同交由全球环境基金托管的。这一模式逐渐不能满足资金机制的需求，资金机制迫切需要拥有自己独立运行的实体机构。同时由于气候变化有其独特的专业要求，资金机制应本着适于气候变化专业特点的项目审批和项目核查要求进行制度设计。因此，对资金机制进行独立的管理非常有必要。

回顾资金机制三十年来的发展历程，可以很明显地看出其逐步走向独立运行的趋势。从《联合国气候变化框架公约》下的各项基金的建立时间来看，最不发达国家基金、气候变化特别基金、长期资金和快速启动资金（目前长期资金和快速启动资金的时限已经结束）是完全交由全球环境基金管理的，必须通过全球环境基金的资金申请流程和资金窗口来申请。到2009年建立适应基金开始，适应基金由于是《京都议定书》下的资金机制，建立了自身的基金董事会，负责决策适应基金相关事务。通过对NIE、RIE和MIE实施机构认证制度，实现了独立开展业务。但是适应基金仍旧委托全球环境基金作为秘书处，世界银行作为资金托管方，因此其独立是不完全的。而绿色气候基金则是从设计之初就决定走独立之路，资金机制走向独立的大趋势已势不可当。

资金机制走向独立有诸多好处，对于将资金做大、做强具有重要意义。首先，从人力资源的角度讲，资金机制走向独立能够确保足够的人力资源专职负责气候变化资金，利于根据不断发展的工作量而开展人员招聘，不需要像从前那样因全球环境基金专门从事气候变化的工作人员太少而导致很多工作开展不起来从而导致项目缺乏监管，也不需要因为人员问题而聘用过多的国际专家导致项目运行成本过高。其次，国际气候资金的业务可以更加深入。国际气候资金不能仅拘泥于赠款项目的申请和运行，以公共赠款为主的资金规模毕竟有限，难以满足广大发展中国家对于应对气候变化资金的巨大需求。在过去托管式的管理体制下，国际气候资金管理难以深入专业领域。独立管理的方式可以使资金机制大展拳脚，以发达国家的公共赠款为主，撬动私营部门、市场等多渠道的资金来源。除赠款之外，业务可以拓展到气候贷款、气候保险等气候融资方式，真正将资金机制做大、做强。最后，走向独立有利于资金机制的发展更符合气候变化的专业特点。独立的管理体制便于"因事建制"，建设出更符合气候变化特点的资金管理制度，可以凝聚更多的专家学者针对气候变化的资金机制进行专业化的制度设计。气候变化是一个专业性非常强的领域，不单单是一个国际资金的南北扶助的问题，仅靠世界银行、全球环境基金这样的国际金融机构难以建立起符合气候变化领域专业特点的资金制度体系。走向独立运行可使国际气候资金更加专业。例如，绿色气候基金在资金窗口设计时提出的"减缓、适应、技术和能力建设"的设计方案，就是完全符合气候变化领域资金需求特征的。这种专业的制度设计在普通的国际金融机构托管体制下难以实现。

（二）灵活方式将更加深入参与资金机制

资金机制中所称的"灵活方式"是指除了按照《联合国气候变化框架公约》规定来自发达国家公共部门赠款之外，通过私营部门、国际碳市场、国际双边或多边合作等方式筹集来的资金，在支持发展中国家应对气候变化领域所涉的资金筹集、使用和管理的活动总称。

"灵活方式"涉及国际气候资金筹集、使用和管理的方方面面。从不同的角度来看，"灵活方式"具有不同的含义。从活动主体的角度上讲，"灵活方式"是指除了传统的发达国家公共部门、资金机制运营实体、国际执行机构、受援国国家政府机构等主体之外，来自私营部门、国际组织、非政府组织和个人等多种主体对资金机制的积极参与；而从资金筹集方式的角度上讲，"灵活方式"则是指除了发达国家公共部门的赠款之外，包括碳税、碳市场交易、气候收费、成立气候基金、慈善捐款以及发行气候债券等多种资金筹资方式；此外，从资金使用的角度上讲，"灵活方式"意为在传统意义上的无偿赠款项目之外，包括资金有偿使用、低息贷款、适应气候变化保险、双边或多边合作、技术股权投资等以应对气候变化为目的的资金使用方式。

不可否认，虽然通过"灵活方式"能够筹集到的资金数量肯定远远大于《联合国气候变化框架公约》下以公共赠款为主的出资数量，但是依然不能动摇《联合国气候变化框架公约》下以公共赠款为主的资金筹措的主渠道地位，应当明确通过灵活方式进行筹资仅是拓宽国际气候资金筹集渠道的补充。在资金机制的未来发展中，应当在认清私营部门等灵活主体和碳市场等灵活机制具有的经济利益驱动性和不确定性的缺点。在防范"灵活方式"可能带来的波动性和市场失灵的巨大风险的前提下，以公共资金的基础性和杠杆作用来平衡灵活机制和资金的参与程度和作用，撬动更多资金资源为国际气候资金机制服务。在确保发达国家不借"灵活方式"之名逃避《联合国气候变化框架公约》下以公共赠款为主的出资义务并借此挤占发展中国家的绿色低碳产业市场的前提下，以《联合国气候变化框架公约》的原则为底线，允许以灵活方式参与资金机制，切实维护广大发展中国家的权益。

"灵活方式"的优点是筹资潜力巨大，通过"低碳经济""低碳技术""新兴产业"等卖点刺激国际资本流向国际应对气候变化领域，客观上能够成为《联合国气候变化框架公约》框架内有限资金来源的有益补充。这是发达国家鼓吹吸纳灵活方式积极参与资金机制的重要原因。也正是出于这一原因，广大发展中国家难以直接拒绝可解决国际气候资金筹资难问题的"灵活方式"。当前绿色气候基金下资金来源广泛，发达国家缔约方可以以提供公共、非公共以及替代来源资金的方式出资，甚至也可以以提供贷款的方式进行出资。[1]尽管发展中国家对于"灵活方式"存在种种顾虑，但未来"灵活方式"更加深入地参与资金机制的趋势已势不可当。

---

〔1〕 GCF，"Resource mobilization"，https://www.greenclimate.fund/about/resource-mobilisation.

（三）进一步加强发展中国家的作用

发展中国家在资金机制中的角色正在逐渐转化，从原来被动的被援助对象，逐步转化为资金机制的积极参与者和规则的制定者，正在发挥着越来越重要的作用。发展中国家能够在资金机制未来发展的过程中发挥越来越重要的作用，主要是基于以下几个原因：

1. 受援国主导原则在资金机制的实施过程中被逐渐认可

正如前述，"受援国主导"原则是指国际气候资金在东道国开展业务时，应该接受受援国国家主管机构的管理，以确保资助项目与受援国政府的法律、政策和宏观发展方向相一致，符合受援国的特点和可持续发展的要求。在资金机制的发展历史上，受援国主导原则曾经一度因发达国家的质疑而受到强烈冲击。发达国家希望私营部门能够少受当地政府的干预，自由开展业务。但其实质是希望国际气候资金的运作不受干预，最大限度地符合出资方的意愿，是一种"有钱就说了算"的霸王逻辑。但是由于广大发展中国家的坚持，受援国主导原则最终在绿色气候基金的构建过程中得到保留并逐渐成为共识。

从法律地位上讲，受援国主导原则作为国际气候资金项目的运行标准之一，是国家主权要求的具体体现，是对受援国的最起码的尊重。只有遵循受援国主导原则，才不会背离资金机制的宗旨，使受援国在获得资金援助的同时不需要付出过多的"迁就"。该原则的确立不仅保证了发展中国家在资金机制的实施过程中能够发挥越来越重要的作用，能够决策国际气候资金项目实施的大方向，能够对项目的实施进程进行监管。同时本着受援国主导原则，发展中国家的政府和相关机构能够有机会名正言顺地参与资金机制的运行，不断丰富和积累了国际经验，提高了发展中国家参与国际合作的能力，为发展中国家今后进一步在资金机制上发挥越来越重要的作用奠定了基础。

2. 公平原则将在资金机制的制度设计过程中被普遍适用

资金机制从设立之初即长期被发达国家所控制，资金托管、项目申请和项目监管等方面的规则进一步加强了发达国家对资金机制的控制局面。但是在广大发展中国家的不懈努力下，公平原则目前已成为打破旧有资金机制利益格局的一件利器。公平原则在绿色气候资金的规则形成过程中已经得到了充分的体现。绿色气候基金在筹备机构设置、东道国竞选、董事会席位和董事会主席席位的竞选等方面均本着公平原则，进行了均衡的席位设置，在发展中国家和发达国家之间分配了均衡的投票权。目前，公平原则在资金机制的制度设计过程中被普遍适用，为发展中国家积极参与国际规则的制定创造了条件。发展中国家将在公平原则下积极参与国际气候资金的治理，促使发展中国家未来能够在国际气候资金领域发挥越来越重要的作用。

3. 发展中国家应对气候变化意识增强

目前，随着全球温室气体排放量的逐年增加以及全球气候变暖趋势的不断增强，广大发展中国家，尤其是小岛屿发展中国家以及最不发达国家，遭受气候变化所致损失损害不利影响的后果的严峻性也逐渐增加。很多发展中国家开始认识到不能再走"先污染后治理"的老路，必须转变经济增长方式，促进低碳经济发展，积极应对气候变化。在这种情况下，发展中国家开始重视专业人才的培养，更加积极深入地参与到国际气候谈判，也更加自觉地履行《联合国气候变化框架公约》的规定。经过开展气候变化领域的能力建设，发展中国家不仅在人才储备和国际合作的能力方面均有所提升，也增强了使用国际气候资金的能力，成为未来发展中国家在国际气候资金领域发挥越来越重要的作用的关键因素。

发展中国家应对气候变化意识增强对于资金机制的未来发展具有重要意义。在国际政治层面，有助于缩小南北差距，重建国际气候谈判格局，改变发达国家的垄断局面；在国际环境保护法层面，有助于推进国际社会制定出更加公平合理的国际法律和国际规则；在应对气候变化层面，有助于提高国际气候资金的筹集、使用和管理效率，促进《联合国气候变化框架公约》下资金机制目标的真正实现。

第四章

气候变化所致损失损害责任之技术支持机制

技术支持机制的首要目标是厘清和明确以高质量的方式促进气候技术开发和转让的重点并加快技术转让的步伐和扩大技术转让的范围。其不仅在陆地环境保护、海洋环境保护以及有毒废弃物处理当中发挥着重要的作用，在减少气候变化所致损失损害的产生方面也有着不可或缺的地位，对于促进环境友好技术从发达国家向发展中国家转移帮助发展中国家应对气候变化具有极其重要的意义。

第一节　气候技术与技术支持机制

气候技术是各国在气候变化大背景下逐渐探索并掌握的，在人类遭受气候变化带来的不利影响的客观现实下逐渐创造并应用的有关减缓和适应气候变化，实现人类持续存在和持续发展的技术知识手段。气候技术支持机制则是确保《联合国气候变化框架公约》得以履行并最终实现公约既定目标的重要保障。

一、气候技术的界定与类型

气候技术的具体内容包括界定与类型两个方面：前者指的是气候技术所包含的基本要素，而后者指的是气候技术的种类。

（一）气候技术的界定

《联合国气候变化框架公约》下与应对气候变化有关的"气候技术"的范围并不局限于国家在应对气候变化进程中所采用的某一项或某几项与减缓或适应气候变化有关的技术，其所涉范围广泛，不仅包括各国为解决气候变化问题而采取的各种技术手段和方法，亦包含减缓和适应气候变化的技术设备、知识、程序等相关内容，具体则包括降低温室气体浓度技术、控制温室气体排放技术、碳吸收技术等所有有利于减缓和适应气候变化，预防、限制或减轻气候变化所致损失损害的知识技能的集合。

由于气候技术涵盖了与减缓和适应气候变化目标技术设备、知识、程序等相关的内容，因此与环境技术存在一定的交叉。环境技术，也称环境无害技术（Environmental Sound Technologies，ESTs），主要指有利或比所取代的技术更加有利于环境保护的技术设备、知识、程序以及组织管理程序。[1] 在国际环境法中，国际环境技术转让可追溯至 1972 年《联合国人类环境宣言》，为了人类的共同利益，必须应用科学和技术以鉴定、避免和控制环境恶化并解决环境问题，以技术援助方式支持发展中国家克服环境问题。[2]《联合国人类环境宣言》阐明了为解决环境问题必须进行国际环境技术转让，但未就环境技术的概念进行界定。首次在国际环境法层面明确环境技术含义的是 1992 年《里约热内卢环境与发展宣言》，其原则 14 明确指出：各国应有效地进行合作，以阻止或防止把任何会造成严重环境退化或查明对人健康有害的活动和物质迁移和转移到其他国家去。[3] 该原则肯定了有害环境的技术不得转让，并从反面释明了环境技术的双重属性，即无害于环境和无害于健康。据此可知，环境技术涵盖了气候技术，环境技术中如土地使用、垃圾处理等技术不属于气候技术。"气候技术"是人类在气候变化背景下，为了减缓温室效应、预防、限制或减轻气候变化所致损失损害后果，逐渐探索、创造并掌握应用于应对气候变化与减缓和适应气候变化、减少温室气体排放、避免气候变化带来不利影响的所有技术手段和方法的总称。

（二）气候技术的类型

当前已存在大量成熟的与减缓和适应气候变化有关的技术，有一些新兴气候技术的发展已接近大规模推广应用阶段。此外，还有一些气候技术正在

---

〔1〕 参见《21 世纪议程》第 4 篇第 34 章 "环境无害技术" 的定义："1. 环境无害技术是保护环境的技术，与其所取代的技术比较，污染较少、利用一切资源的方式比较能够持久、废料和产品的回收利用较多、处置剩余废料的方式比较能够被接受；2. 就污染方面来说，环境无害技术是产生废料少或无废料、防止污染的'加工和生产技术'。处理所产生的污染的'管道终端'技术也包括在内；3. 环境无害技术不是光指个别的技术，而是指包括实际知识、程序、产品和服务的整套系统、设备以及组织和管理程序……"

〔2〕 参见 1972 年《联合国人类环境宣言》原则 18。

〔3〕 参见 1992 年《里约环境与发展宣言》原则 14。

研发中，有望近期推广使用。在全球应对气候变化进程中，目前仍存在包括发达国家在内的全球各国均处于初级研发阶段或空白研究领域的气候技术，例如，为实现深度减排或零碳排放的未来战略性技术、负排放技术以及太阳辐射管理（SRM）技术等。[1]与此类气候技术研发的初级性形成对比，此类关键技术的应用往往具有较高的综合成本效益，甚至关乎国际应对气候变化核心技术的战略规划方向，对此，应以国家为主体加强国际应对气候变化技术创新合作，推动全球范围内气候核心技术的获取及利用。

以应用领域为划分标准，气候技术可分为：能源供应技术（最主要的是风电技术、地热技术、整体煤气化联合循环技术、聚光太阳能发电技术、生物质或生物燃料以及氢能技术等）；终端使用（工业、交通和建筑）与基础设施技术；二氧化碳（CO_2）的捕获与封存技术以及减少其他温室气体排放等气候技术。每个类别中都存在着相当数量的可得技术，但在没有政府补贴或其他支持的情况下，并非所有技术都具有商业竞争力。未来需要大量的多尺度研发与示范的气候技术主要包括：第二代生物质燃料、车用氢燃料电池、太阳能光伏并网发电以及二氧化碳捕获与封存技术等。

目前，中国现有气候技术体系较为完整，一些气候核心技术（例如超临界发电、特高压输变电、第三代核电等技术）的获取及利用远超世界综合水平，开发和应用程度较为成熟的减缓和适应气候变化技术较为均衡地分布于全国重点行业和关键部门，以此作为实现应对气候变化目标的支撑。以《国家重点节能低碳技术推广目录》[2]为例，入选的微电网储能应用技术、光伏直驱变频技术、竹林固碳减排技术等260项技术可形成的总碳减排潜力约为6.03亿吨。[3]

二、技术支持机制的作用

当前，我们如果不采取有效行动，到21世纪末全球平均气温将上升1.4摄氏度至5.8摄氏度，地球的增温将导致全球和区域气象要素强度的改变、

---

〔1〕　参见王灿等："中国应对气候变化技术清单研究"，载《中国人口·资源与环境》2021年第3期。

〔2〕　国家发展改革委：《国家重大节能低碳技术推广目录（2017年本，节能部分）》。

〔3〕　王灿等："中国应对气候变化技术清单研究"，载《中国人口·资源与环境》2021年第3期。

海平面上升以及自然灾害频发等一系列灾难性的后果，并将对人类赖以生存的生态环境、水资源、粮食安全、能源等构成严重威胁。[1]而技术支持机制无疑是应对气候变化的关键手段之一。

（一）促进发展中国家获取气候核心技术

在全球共同应对气候变化的进程中，掌握核心技术的发达国家和不掌握核心技术的发展中国家发挥的作用是不同的。一个运行良好的技术支持机制可以实现核心技术利用的最大化，为此要确保以下四点的实现：

第一，要求以最有利和最优惠的条件向发展中国家转让气候技术。1987年《蒙特利尔议定书》要求，将现有最佳的、无害环境的替代品和有关技术在公平和最优惠的条件下迅速转让给发展中国家缔约国。[2]1992年《生物多样性公约》对此也进行强调：技术的取得和向发展中国家转让，应按公平和最有利条件提供或给予便利，包括共同商定时，按减让和优惠条件提供或给予便利。[3]在海洋环境防治领域，1982年《联合国海洋法公约》也规定了发展中国家在技术援助事项上应当获得优惠待遇。[4]除此之外，与陆地环境保护密切相关的1994年《防治荒漠化公约》亦有相关规定：缔约方尤应便利特别是受影响发展中国家缔约方以相互议定的减让和优惠等有利条件，获取最适宜解决当地群众特殊需要的技术。[5]这些规定在一定程度上为发展中国家降低了获取技术的价格门槛。

第二，对发展中国家获取气候技术提供资金和财务支持。1987年《蒙特利尔议定书》第10条规定，缔约国应设置一个包括其他捐款、多边基金等形式在内的资金机制，向按照该议定书第5条第1款行事的发展中国家缔约国提供财务及技术合作，包括转让技术在内，使这些国家能够执行议定书第2A至2E条所规定的控制措施；同时，该机制应支付这类缔约国的一切议定的增加费用，使它们能够执行议定书的控制措施。[6]在生物多样性保护领域中亦有相似规定，即发达国家缔约国应提供新的额外的资金，以使发展中国家缔约国能

---

〔1〕 黎健："一项引人注目的气候变化应对措施——刍议碳处理技术的开发和应用"，载《自然灾害学报》2005年第3期。

〔2〕 参见1987年《蒙特利尔议定书》第10A条。

〔3〕 参见1992年《生物多样性公约》第16条第2款。

〔4〕 参见1982年《联合国海洋法公约》第203条。

〔5〕 参见1994年《防治沙漠化公约》第18条第1款（b）。

〔6〕 参见1987年《蒙特利尔议定书》第10条第1款、第2款、第3款。

够支付因技术取得而产生的费用。[1]1994年《防治荒漠化公约》对此也有规定：发达国家缔约方应在资金资源方面，应在不忽视其他区域的受影响发展中国家缔约方的前提下，对非洲给予优先，以便利技术知识和诀窍的转让。[2]此类规定有助于弥补发展中国家在获取技术过程中自身支付能力不足的局限。

第三，鼓励发达国家的企业向发展中国家转让气候技术。1992年《生物多样性公约》规定，缔约国应酌情采取立法、行政或政策措施，促进私营部门为技术的取得、共同开发和转让提供便利，以惠益于发展中国家的政府机构与私营部门。[3]其后，2010年《名古屋议定书》进一步规定：缔约方承诺对其管辖范围内的公司和机构提供奖励，促进和鼓励发展中国家缔约方，特别是其中的最不发达和小岛屿发展中国家以及经济转型国家缔约方获取技术和向它们转让技术，以使其能够建立和加强健全和可行的技术和科学基础。[4]发达国家跨国企业是高新技术及工艺的实际掌握者，此类规定旨在促进发达国家激励本国企业，以提高私人部门转让技术的意愿和动力。

第四，减轻知识产权保护对气候技术转让的限制。1992年《生物多样性公约》在其技术转让专条中对技术转让进行了规定，强调遵照国际环境法进行技术转让。[5]这充分体现了《生物多样性公约》不回避知识产权保护可能阻碍技术转让的问题，并对其进行了价值判断和制度安排，从而在一定程度上减少了知识产权保护所带来的束缚。

（二）保障《联合国气候变化框架公约》目标的实现

《联合国气候变化框架公约》的目标[6]与环境正义的要求是一脉相承的。环境正义要求所有主体平等享受环境权利，享有追求健康、安全、舒适与和谐环境的权利，所有主体应平等履行环境保护义务，共同保护环境，还应特别照顾弱势主体。换言之，平等保障所有主体的环境权益，除了必须要

---

〔1〕　参见1992年《生物多样性公约》第16条第2款、第20条第2款。

〔2〕　参见1994年《防治沙漠化公约》第20条第1款、第2款。

〔3〕　参见1992年《生物多样性公约》第16条第4款。

〔4〕　参见2010年《名古屋议定书》第23条。

〔5〕　参见《生物多样性公约》第20条、第21条。

〔6〕　《联合国气候变化框架公约》第2条规定的目标：将大气中温室气体的浓度稳定在防止气候系统受到危险的人为干扰的水平上。这一水平应当在足以使生态系统能够自然地适应气候变化、确保粮食生产免受威胁并使经济发展能够可持续地进行的时间范围内实现。

求所有主体平等分配环境权利，还应共同承担环境保护的责任，并关注弱者之需，这是环境正义内涵的基本要求。正如国际法所明确的，全世界公民和团体以及企业和各级机关都有责任共同承担保护和改善人类环境，平等地从事共同的努力，并支援发展中国家完成环境保护的责任。[1]国际环境技术转让能够促进各国履行环境保护义务，平等享有环境权利。最大限度地进行国际环境技术交流，有助于从横向的参与范围和纵向的主体能力两方面协同推进，共同深化低碳环保、无害管理以及循环经济的全球布局密度，在整体上推动人类环境保护事业。

为了实现《联合国气候变化框架公约》的目标，就需要各国共同参与国际减排活动。国际减排，是指国际条约和议定书中设置的减少和控制温室气体排放的计划及其任务，以应对地球气候变化及其不利影响。发达国家是历史上和目前全球温室气体排放的最大来源，而发展中国家的人均排放仍相对较低，且发展中国家为了满足其社会和发展的需求，在全球排放中所占的份额将会增加，这是发展中国家实现持续经济增长和消除贫困的正当的优先需要，同时应对气候变化与社会经济发展的协调关乎人类共同利益，因此承认气候变化的全球性要求所有国家根据其共同但有区别的责任和各自的能力及其社会和经济条件，尽可能开展最广泛的合作，并参与有效和适当的国际应对行动。[2]在地球生态系统的整体性基础上，尽管发达国家与发展中国家的社会经济、科学技术、专业人员等条件有所不同，但是面对环境保护问题无疑具有共同的使命。

《京都议定书》设定了具体的国际减排计划及其任务，对附件一所列缔约方（主要是发达国家）设置了包含二氧化碳在内的6种温室气体的排放数量，未列入附件一的缔约方（主要是发展中国家）则不承担强制减排任务。其中，清洁发展机制（Clean Development Mechanism，CDM）是由发达国家和发展中国家以国际环境技术转让为枢纽，共同参与国际减排活动的一项国际机制。附件一所列缔约方通过提供资金和技术的方式，与未列入附件一的缔约方开展项目级的合作并获取温室气体减排抵消额，其目的是协助未列入附件一的缔约方实现可持续发展和《联合国气候变化框架公约》的最终目标，并协助

---

〔1〕 参见 1972 年《联合国人类环境宣言》前言 7。
〔2〕 参见 1992 年《联合国气候变化框架公约》"序言"。

附件一所列缔约方遵守《京都议定书》所规定的排放量限制和削减承诺。[1]
这个制度设计包含两个方面：一方面，发达国家可从 CDM 项目中获取经核证
的减排量（Certified Emissions Reductions，CERs）以抵消部分其所承诺的减排
义务；另一方面，在发展中国家实施的 CDM 项目主要涉及可再生能源、绿化
造林、资源综合利用、资源节约使用等低碳项目，能够在一定程度上促进发
展中国家的能源结构优化、技术进步和环境保护，以实现社会经济可持续发
展。具体而言，发达国家向发展中国家转让技术，由此对发展中国家产生的
减排效应可作为发达国家的境外减排量，用于抵减《京都议定书》所课予的
强制减排任务。通过进行国际环境技术转让，能够促进发达国家与发展中国
家共同参与国际减排活动，这不仅实现了《联合国气候变化框架公约》的目
标，更彰显了环境正义所要求的共同承担环境保护责任。

第二节　技术支持机制的架构

技术支持机制的职能是为推进《联合国气候变化框架公约》之下环境无
害技术和诀窍的开发和转让提供科学和技术上的咨询意见，包括制订增强
《联合国气候变化框架公约》第 4 条第 5 款[2]执行工作的行动计划。[3]为了
更好地实现其职能，技术支持机制建立了包括技术转让专家组和技术执行委
员会、气候技术中心和网络、技术框架以及技术支持资金在内的四个方面的
架构。

一、技术转让专家组和技术执行委员会

在 2010 年坎昆《联合国气候变化框架公约》第十六次缔约方会议
（COP16）以前，技术支持机制下分析和寻找便利及促进技术转让活动的途径

---

[1]　参见 1997 年《京都议定书》第 12 条。

[2]　《联合国气候变化框架公约》第 4 条第 5 款规定："附件二所列的发达国家缔约方和其他发
达缔约方应采取一切实际可行的步骤，酌情促进、便利和资助向其他缔约方特别是发展中国家缔约方
转让或使它们有机会得到无害环境的技术和专有技术，以使它们能够履行本公约的各项规定。在此过
程中，发达国家缔约方应支持开发和增强发展中国家缔约方的自生能力和技术。有能力这样做的其他
缔约方和组织也可协助便利这类技术的转让。"

[3]　参见 2001 年《马拉喀什会议报告》第二部分第 4/CP.7 号决定第 28 页第 24 条。

并向附属科学技术咨询机构提出建议的任务主要由技术转让专家组执行；该次缔约方会议以后，技术执行委员会（Technology Executive Committee，TEC）替代了技术专家组（The Expert Group on Technology Transfer，EGTY）的职能并得到进一步强化，与气候技术中心和网络协作推进技术支持机制下工作的连贯性和协同增效。

（一）技术转让专家组

技术转让专家组于 2001 年摩洛哥马拉喀什《联合国气候变化框架公约》第七次缔约方会议（COP7）设立，至 2010 年 12 月墨西哥坎昆气候变化大会为止，共存在 9 年时间。2001 年的《联合国气候变化框架公约》第七次缔约方会议（COP7）创设了技术转让框架，并设立技术转让专家组，以推动应对气候变化领域的技术转让。在此阶段，与技术支持相关工作的开展需在《联合国气候变化框架公约》下附属科学技术咨询机构的指导下进行，缺乏独立性。技术转让专家组具体任务包括但不限于分析确定促进技术转让活动的方案和向附属科学技术咨询机构提出建议。秘书处应为专家组会议的组织提供便利，并编写提交科技咨询机构以后各届会议和缔约方会议的报告。[1]

《联合国气候变化框架公约》第十三次缔约方会议（COP13）决定重组技术转让专家组，任期 5 年，并赋予其新的职权范围，在第十八次缔约方会议（COP18）上将审查其工作进展、任期及如果适当的话，酌情审议其地位和是否让其存续下去等事宜。缔约方会议还认为专家组应每年向《联合国气候变化框架公约》附属机构汇报其工作并为各附属机构提供合适的咨询建议。技术转让专家组还应该考虑到在获得与应用减排和适应气候变化技术方面的差异，致力于执行和加强与环境无害技术在发展中国家的发展、应用、采纳、推广和转让有关的公约条款。

技术转让专家组的职能是提供指导建议，因此从某种意义上而言，专家组只是一个咨询机构。在 2010 年 12 月的坎昆会议上，与会各方决定坎昆会议后，终止专家组的职能，并设立技术支持机制，而作为技术支持机制政策部门的技术执行委员会也是技术支持机制的重要内容之一，它继承了技术转让专家组的主要职能，继续在技术转让领域做出努力。

---

〔1〕 参见 2001 年《马拉喀什会议报告》第二部分第 4/CP. 7 号决定第 28 页第 27 条、第 28 条。

（二）技术执行委员会

技术执行委员会是技术支持机制的政策部门，侧重确定可以加速低排放和气候适应型技术的开发和转让的政策。技术执行委员会与气候技术中心和网络（Climate Technology Centre and Network，CTCN）共同构成了技术支持机制。

1. 技术执行委员会的模式

第一，分析和综合，主要包括有四个方面。其一是关于编写的内容。编写定期的技术展望；核实、收集和综合来自各个来源的各种关于技术研究和发展以及技术相关活动的信息，包括但不仅限于国家信息通报、国家确定的技术需要和技术需要评估、国家适应行动方案、适合本国的缓解行动、国家适应计划、技术路线图和行动计划；以及审查对推动技术发展和转让的政策问题和机遇。编写关于具体政策和技术问题的系列技术文件，包括技术需要评估中出现的问题。就当前的技术发展、转让倡议、活动和方案开展定期审查，以明确重要成就和差距、良好做法和所获教益。[1]其二是关于编写规范的要求，即技术执行委员会应努力编写简明的文件，包括在可能的情况下编写对高级别政策制定者有用的内容提要。[2]其三是关于提升可信度与合法度，即技术执行委员会应吸取可获得的最佳专门知识，与现有组织和机构联络，提供基础广泛的分析，以确保其建议的可信度和合法性。[3]其四是关于合作编写，技术执行委员会还应努力与相关专家组织合作，并酌情与相关专家组织共同编写专门的分析和综合报告，技术执行委员会可以建立机构界面，寻求履行该职能的相关利害关系方的投入，可以包括研讨会、对话、特设工作组和指定网站，技术执行委员会还可以利用《联合国气候变化框架公约》下设立的其他机构建立的可能的机构界面。[4]

第二，政策建议。为了履行第 1/CP. 16 号决定第 121 段（b）（c）和（e）段所载职能，在政策建议方面，模式包括以下内容：（a）向缔约方会议或《联合国气候变化框架公约》下的其他相关机构建议推动技术发展和转让以及消除障碍的行动；（b）就与技术开发和转让有关的政策和方案优先事项提供

---

〔1〕　参见 2011 年《德班会议报告》第二部分第 4/CP. 17 号决定第 69 页附件一第 2 条。
〔2〕　参见 2011 年《德班会议报告》第二部分第 4/CP. 17 号决定第 69 页附件一第 3 条。
〔3〕　参见 2011 年《德班会议报告》第二部分第 4/CP. 17 号决定第 69 页附件一第 4 条。
〔4〕　参见 2011 年《德班会议报告》第二部分第 4/CP. 17 号决定第 69 页附件一第 5 条。

指导意见，特别考虑到最不发达国家缔约方。[1]技术执行委员会可以让利害关系方参与制定技术执行委员会的行动建议，这些利害关系方可以包括缔约方、缔约方会议、其他相关机构和实体，包括气候技术中心和网络、《联合国气候变化框架公约》下国际气候资金机制的经营实体，以及将受执行建议影响的单个实体。[2]技术执行委员会可以设立由某些问题的相关专家组成的工作组或专家组，可包括技术执行委员会成员、外聘专家或二者皆有，以便根据技术执行委员会议事规则，就制定政策建议向技术执行委员会提供咨询意见。[3]

第三，便利和促进。为履行第 1/CP.16 号决定第 121 段（d）（f）和（g）分段所载职能，在便利和促进行动方面，模式除其他外将包括以下内容：（a）在资源允许的情况下，与相关组织合作推动举办研讨会和论坛，以便提供更多机会，与专家分享制定和实施技术路线图和行动计划及其他技术相关活动的经验；（b）编写一份现有合作活动清单，制定定期审查程序，以期明确重要的成就和差距、良好做法和所得教益；（c）就推动合作的行动提供建议；（d）就制定技术路线图和行动计划的最佳做法和相关工具提出建议；（e）建立技术路线图和行动计划清单；（f）就具体行动提出建议，例如制定技术路线图和行动计划的国际进程，以及推动发展这些项目，特别是可能合适的能力建设方案所需的支持。[4]技术执行委员会应当明确每个技术领域的利害关系方，同时考虑到气候技术中心和网络、政府间组织以及国家一级的其他技术行为方将是履行制定技术路线图职能的重要合作伙伴，而一般性技术合作将是国际组织、私营部门、非政府组织和研究界可以发挥重要作用的一个领域。[5]技术执行委员会应当建立一套程序，让利害关系方参与提供关于合作活动的信息，包括分享的经验、所得教益以及便利和促进关于开发和转让技术的具体问题的合作机遇。为提高工作效率和效果的目的，技术执行委员会可考虑与具备气候技术专长的相关组织建立长期或基于问题的联系。[6]

第四，与其他制度性安排的联系。技术执行委员会承认有必要保持连贯

---

〔1〕 参见 2011 年《德班会议报告》第二部分第 4/CP.17 号决定第 69 页附件一第 6 条。

〔2〕 参见 2011 年《德班会议报告》第二部分第 4/CP.17 号决定第 69 页附件一第 7 条。

〔3〕 参见 2011 年《德班会议报告》第二部分第 4/CP.17 号决定第 70 页附件一第 8 条。

〔4〕 参见 2011 年《德班会议报告》第二部分第 4/CP.17 号决定第 70 页附件一第 9 条。

〔5〕 参见 2011 年《德班会议报告》第二部分第 4/CP.17 号决定第 70 页附件一第 10 条。

〔6〕 参见 2011 年《德班会议报告》第二部分第 4/CP.17 号决定第 70 页附件一第 11 条。

性，并按照第 1/CP. 16 号决定第 125 段的要求，与《联合国气候变化框架公约》之下及之外的其他相关体制安排保持互动。在不损害缔约方关于技术执行委员会与气候技术中心和网络、国际气候资金机制以及《联合国气候变化框架公约》下的长期合作行动问题特设工作组正在协商的《联合国气候变化框架公约》下其他体制安排的可能的关系和联系的谈判结果的情况下，技术执行委员会商定根据缔约方会议第 17 届会议在这方面的议定结果，在 2012 年举行的第一次会议上重新考虑关于这些问题的模式。[1]

第五，利益相关方的参与。技术执行委员会应当让国际、区域和国家一级广泛的利害关系方，包括公共机构、企业界、学术界和非政府组织参与开展其工作。利害关系方的参与将以问题为基础，并通过参与工作方案，可能需要在不同级别建立机构联系和沟通渠道，这将使技术执行委员会能够调动并利用更广泛的专门知识和资源。[2]除其他外，技术执行委员会可通过下列方式鼓励相关利害关系方的参与：（a）酌情让他们作为观察员或专家顾问参加技术执行委员会的会议；（b）通过技术执行委员会可能考虑建立的其他模式，例如磋商小组、利害关系方论坛、技术工作组等，鼓励利害关系方参与。[3]

第六，信息和知识共享。技术执行委员会应通过运作良好的信息平台传播其成果并便利知识分享，该平台应满足其潜在用户，包括缔约方和广泛的技术行为方、专家和利害关系方的信息和知识服务要求。[4]该平台将作为推动各行为方合作并寻求与相关国际组织和倡议方合作的工具。该平台将通过以下方式支持技术执行委员会的工作：探索知识分享机会、与现有知识平台建立联系，以及执行联合倡议和方案。[5]技术执行委员会应考虑升级技术信息交换所，使之具备更广泛和更具战略性的重点，与技术执行委员会的职能相符，并且以现有的技术信息网络为基础。[6]

2. 技术执行委员会的程序

技术执行委员会的程序，即技术执行委员会议事规则，主要规定了其成

---

〔1〕 参见 2011 年《德班会议报告》第二部分第 4/CP. 17 号决定第 70 页附件一第 12 条。
〔2〕 参见 2011 年《德班会议报告》第二部分第 4/CP. 17 号决定第 71 页附件一第 13 条。
〔3〕 参见 2011 年《德班会议报告》第二部分第 4/CP. 17 号决定第 71 页附件一第 14 条。
〔4〕 参见 2011 年《德班会议报告》第二部分第 4/CP. 17 号决定第 71 页附件一第 15 条。
〔5〕 参见 2011 年《德班会议报告》第二部分第 4/CP. 17 号决定第 71 页附件一第 16 条。
〔6〕 参见 2011 年《德班会议报告》第二部分第 4/CP. 17 号决定第 71 页附件一第 17 条。

员组成及任期、主席和副主席的选举与职责、秘书处及其职能、会议安排及议题、决定作出方式、工作语言、专家顾问参会、观察员参会、电子通信手段、专家组和工作组、工作计划、议事规则的修正、条款冲突。

第一，成员组成。技术执行委员会应由缔约方选出的 20 名专家成员组成，以个人身份任职，由缔约方提名，目的是实现公平和平衡的代表性，其方式是：（a）《联合国气候变化框架公约》附件一所列缔约方（附件一缔约方）成员 9 名；（b）非《联合国气候变化框架公约》附件一所列缔约方（非附件一缔约方）所在 3 个区域，即非洲、亚洲及太平洋、拉丁美洲和加勒比区域各 3 名；小岛屿发展中国家 1 名和最不发达国家缔约方 1 名。[1]

第二，主席和副主席事项。技术执行委员会应每年从其成员中选举 1 名主席和 1 名副主席，任期 1 年，其中 1 名为附件一缔约方的成员，1 名为非附件一缔约方的成员，主席和副主席职位每年由 1 个附件一缔约方和 1 个非附件一缔约方的成员轮流担任，如果主席临时无法履行职务，副主席应代行主席职务；如果主席和副主席均未出席某次会议，技术执行委员会指定的任何其他成员应临时担任该次会议的主席；如果主席或副主席无法完成任期，技术执行委员会应选举 1 人代替完成任期，并考虑到以上第 8 段的规定（如果成员无法参加技术执行委员会连续举行的两次会议且无法履行技术执行委员会规定的职责和工作，主席将提请技术执行委员会关注该事项，并将请提名该成员的区域集团澄清其成员身份）。[2]

第三，秘书处的职能。秘书处应：（a）为技术执行委员会的会议做必要安排，包括宣布会议、发出邀请和提供相关文件；（b）保持会议记录，为储存和保存会议文件作出安排；（c）向公众公开技术执行委员会的会议文件，技术执行委员会视为机密的具体文件除外。[3]

第四，会议安排及议程。在资源允许的情况下，技术执行委员会自 2012 年起每年至少应举行两次会议，可根据需要举行额外的会议，以便使其能够履行其职责。[4]除非技术执行委员会另有决定，且秘书处与主席磋商后作出

---

〔1〕 参见 2011 年《德班会议报告》第二部分第 4/CP. 17 号决定第 72 页附件二第 4 条。

〔2〕 参见 2011 年《德班会议报告》第二部分第 4/CP. 17 号决定第 73 页附件二第 9 条、第 10 条、第 11 条。

〔3〕 参见 2011 年《德班会议报告》第二部分第 4/CP. 17 号决定第 75 页附件二第 26 条。

〔4〕 参见 2011 年《德班会议报告》第二部分第 4/CP. 17 号决定第 75 页附件二第 29 条。

必要安排，否则技术执行委员会会议应在秘书处所在地国举行，决定在非秘书处所在地举行会议时，应考虑到会议地点轮换的好处，特别是在发展中国家以及在方便技术执行委员会主要利害关系方参加的国家举行会议的好处。[1]

第五，决定的作出。决定将根据协商一致规则作出。[2]

第六，工作语言。技术执行委员会工作的语言和文字为英文。[3]

第七，专家顾问参会。技术执行委员会在履行职责时应吸收外部专门知识，包括《联合国气候变化框架公约》专家名册和气候技术中心和网络，以提供咨询意见，包括作为会议专家顾问提出意见；技术执行委员会在开展工作中应寻求政府间和国际组织以及私营部门的投入，并可寻求民间社会的投入。[4]

第八，观察员参会。除非技术执行委员会另有决定，技术执行委员会的会议应对经认可的观察员组织开放供出席，即会议原则上对认可的观察员开放。[5]

第九，电子通信手段的使用。技术执行委员会应使用电子通信手段便利闭会期间的工作，并根据有待技术执行委员会商定的指南作决定，秘书处应确保建立并维持一个安全和专门的网络界面，以便利技术执行委员会的工作。[6]

第十，专家组和工作组。技术执行委员会可根据需要设立专家组和工作组，除其他外，提供专家意见以协助技术执行委员会的工作；设立专家组或工作组时，技术执行委员会应决定其职权范围。[7]

第十一，工作计划。技术执行委员会应商定工作计划，秘书处应编写关于执行工作计划的资金要求的资料，供技术执行委员会审议，技术执行委员会应定期审查工作计划。[8]

---

〔1〕 参见 2011 年《德班会议报告》第二部分第 4/CP.17 号决定第 75 页附件二第 30 条。

〔2〕 参见 2011 年《德班会议报告》第二部分第 4/CP.17 号决定第 76 页附件二第 42 条。

〔3〕 参见 2011 年《德班会议报告》第二部分第 4/CP.17 号决定第 76 页附件二第 43 条。

〔4〕 参见 2011 年《德班会议报告》第二部分第 4/CP.17 号决定第 76 页附件二第 44 条至第 46 条。

〔5〕 参见 2011 年《德班会议报告》第二部分第 4/CP.17 号决定第 76 页附件二第 47 条。

〔6〕 参见 2011 年《德班会议报告》第二部分第 4/CP.17 号决定第 77 页附件二第 55 条。

〔7〕 参见 2011 年《德班会议报告》第二部分第 4/CP.17 号决定第 77 页附件二第 56 条、第 57 条。

〔8〕 参见 2011 年《德班会议报告》第二部分第 4/CP.17 号决定第 77 页附件二第 58 条。

第十二，议事规则的修正。本议事规则可由技术执行委员会协商一致加以修订，须经缔约方会议正式批准方可生效；在正式批准之前，技术执行委员会可决定暂时适用修正的规则。[1]

第十三，条款冲突时《联合国气候变化框架公约》的压倒性权威。如本议事规则中任何规定与《联合国气候变化框架公约》的任何条款发生冲突，均以《联合国气候变化框架公约》为准。[2]

二、气候技术中心和网络

德班会议在第 1/CP. 16 号决定（设立技术执行委员会以及气候技术中心和网络，并确定了二者各自的职能）的基础上，完成了"旨在 2012 年投入全面运转"的技术支持机制的设计，并且规定了技术支持机制的两个重要组成部分，即气候技术中心和网络的职权范围，详细拟订了气候技术中心和网络的模式和程序，以期在《联合国气候变化框架公约》第十九次缔约方会议（COP19）上形成决定。同时，拟定技术执行委员会的运行模式和程序等操作方面的具体内容，决定在《联合国气候变化框架公约》第十七次缔约方会议（COP17）结束后即启动为气候技术中心与网络挑选东道方的进程。[3]

气候技术中心与网络的职能是其咨询委员会拟定的模式和程序的基础，包括以下六项关键内容：第一，气候技术中心和网络的作用和责任；第二，发展中国家指定国家实体的管理要求和交付响应；第三，促进合作和获得信息与知识，以加速气候技术转让；第四，为气候技术转让加强网络、伙伴关系和能力建设；第五，与气候执行委员会的联系；第六，信息和知识分享。[4]

（一）模式和程序

《华沙会议报告》第二部分（FCCC/CP/2013/10/Add. 3）在附件一中通过了气候技术中心和网络的模式和程序。附件一第 2 条规定了气候技术中心和网络的作用和职责。

第一，符合第 2/CP. 17 号决定第 135 段所述的气候技术中心和网络的职权

---

〔1〕 参见 2011 年《德班会议报告》第二部分第 4/CP. 17 号决定第 78 页附件二第 61 条。

〔2〕 参见 2011 年《德班会议报告》第二部分第 4/CP. 17 号决定第 78 页附件二第 62 条。

〔3〕 参见 2011 年《德班会议报告》第二部分第 23 页"五. 技术开发和转让"第 133 条、第 135 条至第 137 条。

〔4〕 参见 2013 年《华沙会议报告》第二部分（2）第 25 页第 25/CP. 19 号决定第 4 条。

范围：（a）接受发展中国家缔约方通过其国家指定实体提出的请求；（b）在技术资源库的支持下评估收到的请求，并与国家指定实体一起确定这些请求的优先次序和完善，以确定其技术可行性；（c）根据适当的能力、专门知识和成本效益的考虑，通过中心或网络响应请求；（d）建立气候技术中心网络，适用该网络的结构标准，并指定各组织为经气候技术中心和网络咨询委员会核可的网络成员；（e）管理和协调气候技术中心和网络的与其职能相关的工作；（f）与提出请求的国家指定实体进行协商，监测和评价答复的质量和效力；（g）确保网络成员在执行与气候技术中心和网络的职能相关工作时，适用完整的信托、法律和道德标准。〔1〕

第二，对来自发展中国家指定实体的请求进行管理并回应。关于管理发展中国家缔约方通过其国家发展需求提出的请求，其方式除其他外将包括：（a）支持各国根据其技术需求评估（TNAs）、国家适应行动方案（NAPAs）、包括与研究、发展和示范（RD&D）有关的活动在内的其他国家气候变化战略，将提案草案发展为充分阐明的提案，以促进实施和行动，还与《联合国气候变化框架公约》下国际气候资金机制、国际金融机构和私营部门合作，以适合本国的缓解行动和国家适应计划的形式；（b）为制定技术需求评估、国家技术路线图和行动计划、气候技术的规划和实施以及支持实施的政策和措施提供技术支助和咨询意见；（c）就查明、规划和实施气候技术的工具提供技术支助和咨询意见；（d）就支持实施气候技术的政策和措施提供咨询意见；（e）匹配可获得的支持和便利获得支持的需求。〔2〕

第三，促进合作和获取信息和知识，以加快气候技术的转让，其方式包括：（a）促进和发展有关气候技术的信息和知识，包括技术需求、现有人力资源开发方案和需求、最佳做法、研发方案、分析工具、培训课程和学术方案、技术部署等，包括在线整套培训；（b）评估现有支助，以便查明差距和帮助发展中国家获得支助的机会；（c）评估技术合作的需要和机会；（d）向咨询委员会建议与技术发展和转让有关的政策和方案优先事项，特别是要考虑最不发达缔约国。〔3〕

---

〔1〕　参见2013年《华沙会议报告》第二部分（3）第27页附件一第2条。

〔2〕　参见2013年《华沙会议报告》第二部分（3）第27页附件一第4条。

〔3〕　参见2013年《华沙会议报告》第二部分（3）第28页附件一第5条。

第四，加强气候技术转让的网络、伙伴关系和能力建设，包括：（a）促进和制订方案，加强发展中国家的机构和机构能力；（b）促进和制订区域/国家培训方案，以满足包括筹措资金在内的各种需要；（c）促进和发展能力建设方案，以促进发展中国家的技术中心和研究所的技术合作和伙伴关系；（d）促进和支持网络举办论坛，促进公私伙伴关系和有关组织之间的伙伴关系，以促进技术研发；（e）促进有关机构和气候技术中心的资源调配，促进（国内和国际）在技术开发方面的公共和私人投资。[1]

第五，与技术执行委员会的联系，即气候技术中心和网络应通过其咨询委员会与技术执行委员会协商，以促进一致性和协同工作，并按照第2/CP.17号决定和第14/CP.18号决定的要求联合编写年度报告。[2]

第六，关于信息和知识共享，气候技术中心和网络应传播其成果，并通过一个功能良好的信息平台促进知识共享，该平台应回应相关合作者的信息和知识服务需求。[3]该平台将是一个工具，用来促进各行动者之间的合作，并寻求与有关国际组织和倡议的合作，它将支持气候技术中心和网络的努力，包括促进在线培训、平等交流、专家咨询、收集技术合作活动的经验和成果，以不断学习和改进知识；将不断收集来自各种利益相关者和合作伙伴组织的反馈；将作为一个全面的、最新的、易于获取的关于技术可用性、成本和性能的信息图书馆；与世界各地可获得的资源建立无缝连接；提供信息以支持国家要求与现有国际项目的配对；分享当前气候技术中心和网络的活动及其结果；对气候技术中心和网络进行内部监测和评估。[4]

（二）议事规则

《华沙会议报告》第二部分（FCCC/CP/2013/10/Add.3），在附件二中通过了气候技术中心与网络咨询委员会的议事规则。

第一，人员组成事项。为实现公平和平衡的代表，咨询委员会应组成如下：（a）16名政府代表，由《联合国气候变化框架公约》附件一缔约方和非附件一缔约方的代表平均组成；（b）技术执行委员会主席和副主席作为技术执行委员会的正式代表；（c）绿色气候基金主席或主席指定的成员作为绿色

---

〔1〕 参见2013年《华沙会议报告》第二部分（3）第28页附件一第6条。
〔2〕 参见2013年《华沙会议报告》第二部分（3）第29页附件一第7条。
〔3〕 参见2013年《华沙会议报告》第二部分（3）第29页附件一第9条。
〔4〕 参见2013年《华沙会议报告》第二部分（3）第29页附件一第10条。

气候基金的正式代表；（d）适应委员会主席或副主席，或由主席和副主席指定的一名成员作为适应委员会的正式代表；（e）常务委员会联合主席之一或由联合主席指定的成员作为常务委员会的正式代表；（f）气候技术中心和网络的主任作为气候技术中心和网络的正式代表；（g）三名代表，由下列《联合国气候变化框架公约》观察员组织各选出一名，并考虑到均衡的地域代表性，包括环境非政府组织、商业和工业非政府组织以及气候技术中心东道国组织所接收的具有技术、金融或商业相关专门知识的研究和独立非政府组织。[1]

第二，主席和副主席事项。咨询委员会应每年从上文第3（a）段所述成员中选出主席和副主席各一人，任期一年，一人来自附件一缔约方，另一人来自非附件一缔约方，任期从本日历年度第一次会议结束时开始，至下一日历年度第一次会议结束时止，主席和副主席的职位应在附件一缔约方成员和非附件一缔约方成员之间每年交替，主席任期届满后，应选举副主席为主席，另选一名委员为副主席。[2]如主席暂时无法履行职务，应由副主席担任主席，如主席及副主席不在某一特定会议上，则上述第3（a）段所指明并由委员会指定的任何其他成员须临时担任该次会议的主席。[3]

第三，秘书。气候技术中心和网络的主任担任委员会秘书。[4]秘书的职能为：（a）为委员会的会议作出必要安排，包括宣布会议、发出邀请和提供会议文件；（b）保存会议记录并安排储存和保存会议文件；（c）向公众提供委员会会议的文件，除非委员会认为某一份文件是机密文件。[5]

第四，会议。委员会应每年召开两次会议，为了履行其职责，必要时可召开更多次。[6]除非委员会另有决定，且秘书处与主席、副主席磋商后作出必要安排，否则会议应在气候技术中心委员会办公地举行，决定在非气候技术中心办公地举行会议时，应考虑到会议地点轮换的好处，特别是在发展中国家以及主要利害关系方参加的国家举行会议的好处。[7]在每一年的委员会

---

〔1〕 参见2013年《华沙会议报告》第二部分（3）第30页附件二第3条。

〔2〕 参见2013年《华沙会议报告》第二部分（3）第32页附件二第12条。

〔3〕 参见2013年《华沙会议报告》第二部分（3）第32页附件二第13条。

〔4〕 参见2013年《华沙会议报告》第二部分（3）第32页附件二第21条。

〔5〕 参见2013年《华沙会议报告》第二部分（3）第32页附件二第22条。

〔6〕 参见2013年《华沙会议报告》第二部分（3）第33页附件二第25条。

〔7〕 参见2013年《华沙会议报告》第二部分（3）第33页附件二第26条。

第一次会议上，主席应与副主席协商，提出该年的临时会议时间表，并经由委员会批准。[1]

第五，法定人数。委员会成员中必须至少有 11 位出席才能构成法定人数，其中至少有 5 人来自附件一缔约方，至少有 5 人来自非附件一缔约方；在委员会通过决议时，主席应核实法定人数。[2]

第六，会议议程和文件。委员会主席应与副主席协商，并在秘书的协助下，编制每次会议的临时议程以及会议报告草稿。[3]每次会议的临时议程应至少在会议召开 4 周前送交成员。[4]成员可在收到临时议程后一周内，以书面形式向秘书提出增加或更改临时议程的建议，这些增加或更改应由秘书在主席和副主席同意下列入经修订的临时议程。[5]秘书应说明拟定议程上所有实质性项目所涉行政和财政问题。[6]秘书应至少在该次会议前两周将附加说明的临时议程和任何证明文件转交各成员，经主席和副主席批准，文件可在该日之后传送。[7]

第七，决策。委员会的决定将由上文第 3（a）及（b）段所述的委员会成员协商一致作出。[8]主席或副主席应确定是否已达成协商一致意见，如对上文第 41 段所述的委员会成员审议的拟议决定有明确的反对意见，主席或副主席应宣布不存在协商一致意见。[9]如已尽一切努力达成协商一致意见，但仍未达成协议，则应以上文第 41 段所述出席会议并参加表决的成员的 3/4 多数作出决定，成员弃权的在决定多数时应被视为未投票。[10]

第八，工作语言。委员会的工作语言为英语。[11]

第九，专家顾问参加会议。咨询委员会将根据议程的具体要求邀请专家

---

〔1〕 参见 2013 年《华沙会议报告》第二部分（3）第 33 页附件二第 27 条。
〔2〕 参见 2013 年《华沙会议报告》第二部分（3）第 33 页附件二第 31 条、第 32 条。
〔3〕 参见 2013 年《华沙会议报告》第二部分（3）第 34 页附件二第 33 条。
〔4〕 参见 2013 年《华沙会议报告》第二部分（3）第 34 页附件二第 34 条。
〔5〕 参见 2013 年《华沙会议报告》第二部分（3）第 34 页附件二第 35 条。
〔6〕 参见 2013 年《华沙会议报告》第二部分（3）第 34 页附件二第 36 条。
〔7〕 参见 2013 年《华沙会议报告》第二部分（3）第 34 页附件二第 37 条。
〔8〕 参见 2013 年《华沙会议报告》第二部分（3）第 34 页附件二第 41 条。
〔9〕 参见 2013 年《华沙会议报告》第二部分（3）第 34 页附件二第 42 条。
〔10〕 参见 2013 年《华沙会议报告》第二部分（3）第 34 页附件二第 43 条。
〔11〕 参见 2013 年《华沙会议报告》第二部分（3）第 35 页附件二第 50 条。

观察员出席会议。[1]主席可与副主席和委员会成员协商，邀请国际组织以及私营部门和民间社会的代表作为委员会审议中的具体事项的专家顾问参加委员会会议。[2]秘书应根据审计委员会的要求，协助确定和安排专家观察员的参加。[3]

第十，观察员参会。委员会会议应允许缔约方、秘书和观察员组织认可的成员以观察员身份出席，除非委员会另有决定。[4]委员会可就《联合国气候变化框架公约》认可的观察员组织以外的其他观察员组织的参与程序作出决定。[5]为了节约和提高效率，委员会可能决定限制观察员出席其会议的人数。[6]委员会可在任何时候决定某一次会议或某一次会议其中的一部分不向观察员开放。[7]

第十一，使用电子通信手段。委员会将使用电子通信手段来便利会议之间的工作，并按照上文第45段至第48段所述作出决定。[8]

第十二，议事规则的修正。本议事规则可由委员会按照上文第41段至第43段予以修订，并须经缔约方会议正式核准后方可生效，在正式批准之前，委员会可决定临时适用该修正案。[9]

第十三，《联合国气候变化框架公约》具有压倒一切的权威，即如若本规则的任何规定与《联合国气候变化框架公约》的任何规定发生冲突，应以《联合国气候变化框架公约》为准。[10]

不仅如此，第13/CP.24号决定规定了通过技术支持机制加强气候技术开发和转让：肯定了技术执行委员会及气候技术中心和网络两大机构在推动技术支持机制的有效实施的工作方面所取得的进展；并鼓励技术执行委员会与气候技术中心和网络加强彼此间的协作，包括确保彼此工作的连贯性和协同

---

[1]　参见2013年《华沙会议报告》第二部分（3）第35页附件二第51条。
[2]　参见2013年《华沙会议报告》第二部分（3）第35页附件二第52条。
[3]　参见2013年《华沙会议报告》第二部分（3）第35页附件二第53条。
[4]　参见2013年《华沙会议报告》第二部分（3）第35页附件二第54条。
[5]　参见2013年《华沙会议报告》第二部分（3）第35页附件二第55条。
[6]　参见2013年《华沙会议报告》第二部分（3）第35页附件二第56条。
[7]　参见2013年《华沙会议报告》第二部分（3）第35页附件二第57条。
[8]　参见2013年《华沙会议报告》第二部分（3）第36页附件二第60条。
[9]　参见2013年《华沙会议报告》第二部分（3）第36页附件二第61条。
[10]　参见2013年《华沙会议报告》第二部分（3）第36页附件二第62条。

增效；鼓励技术执行委员会及气候技术中心和网络在今后的联合年度报告中进一步改进对"挑战和经验教训"问题的报告，包括它们为应对挑战而付出的努力；肯定了技术执行委员会、气候技术中心和网络以及绿色气候基金在创新和合作型研究、开发和示范（包括促进气候技术孵化器和加速器）方面加强了参与和协作，鼓励它们继续加强协作；鼓励技术执行委员会及气候技术中心和网络就监测和评估其活动的影响提供的信息，继续就此进行报告，并纳入信息说明跟踪进展的情况和所采用的方法。[1]除此之外，根据《巴黎协定》第 10 条第 4 款，对技术框架的建立进行了规定。不仅如此，该会议还确立了技术框架的实施机构：决定技术执行委员会以及气候技术中心和网络，本着各自的职能、任务和工作方式，应在作为《巴黎协定》缔约方会议的《联合国气候变化框架公约》缔约方会议的指导下密切合作，实施技术框架。[2]并且，提请技术执行委员会以及气候技术中心和网络：（a）将技术框架中的指导意见纳入其各自的工作计划和工作方案，其中还应包括监测和评价其活动的方法；（b）在它们的 2019 年联合年度报告中列入相关信息，说明它们是如何按照上文第 3（a）段所述将技术框架中的指导意见纳入其各自的工作计划和工作方案的。[3]

综上所述，纵观技术支持机制专门化进程可知，技术支持机制的独立性逐渐增强（前一阶段由《联合国气候变化框架公约》下的附属机构指导其工作；而后一阶段则强调机制"由缔约方会议指导并向缔约方会议负责"），其目标范围扩大，拓展到了支持减缓和适应行动。作为对技术支持机制的重要补充，为技术支持机制提供总体指导，《巴黎协定》决定设立"技术框架"。

三、技术框架

为技术机制在促进和便利技术开发和转让的强化行动方面的工作提供总体指导，《巴黎协定》建立"技术框架"用以支持该协定的执行。[4]

---

〔1〕 参见 2018 年《卡托维兹会议报告》第二部分（2）第 5 页第 13/CP. 24 号决定第 1~7 条。

〔2〕 参见 2018 年《作为〈巴黎协定〉缔约方会议的〈公约〉缔约方会议第一届会议第三期会议报告》第二部分（2）第 4 页第 15/CMA. 1 号决定第 1 条、第 2 条。

〔3〕 参见 2018 年《作为〈巴黎协定〉缔约方会议的〈公约〉缔约方会议第一届会议第三期会议报告》第二部分（2）第 4 页第 15/CMA. 1 号决定第 3 条。

〔4〕 参见《巴黎协定》第 10 条第 4 款。

（一）技术框架的目的

根据《巴黎协定》建立的技术框架的主要目的有二：其一，为技术支持机制在促进和便利技术开发和转让的强化行动方面的工作提供总体指导，协助实施《巴黎协定》，从而实现第 10 条第 1 款所述的长期愿景，缔约方共同的技术开发和转让的长期愿景关乎必须充分实现技术开发和转让，以提高对气候变化的抗御力和减少温室气体排放；其二，技术框架可以发挥战略性作用，通过处理《巴黎协定》所设想的转型变革以及关于技术开发和转让的长期愿景，提高由技术执行委员会以及气候技术中心和网络组成的技术支持机制的工作效率和效力。[1]

（二）技术框架的原则

技术框架的原则是一致性，包容性，以结果为导向的方针、变革方针和透明度，以及应在实施《巴黎协定》时为技术支持机制提供指导。其具体内容为：第一，与《巴黎协定》关于促进技术开发和转让的长期愿景和其他规定、国家计划和《联合国气候变化框架公约》下的各种战略以及国际气候制度内外的有关机构采取的行动保持一致；第二，其制定和实施应便利所有相关利害关系方的积极参与，同时考虑到可持续发展、性别问题、最不发达国家和小岛屿发展中国家的特殊情况，以及加强本土能力和内生技术；第三，在产出、成果和影响方面以结果为导向；第四，处理《巴黎协定》所设想的转型变革；第五，其制定和实施应有助于提高在结果、成本和过程方面的透明度，例如可通过规划、资源管理以及活动和支助报告提高透明度。[2]

（三）技术框架的实施机构

2018 年 12 月 2 日至 15 日在卡托维兹举行的《作为〈巴黎协定〉缔约方会议的〈公约〉缔约方会议第一届会议第三期会议报告》第二部分：采取的行动（FCCC/PA/CMA/2018/3/Add. 2）第 15/CMA. 1 号决定，根据《巴黎协定》第 10 条第 4 款，对技术框架的建立予以规定。

首先是技术框架的实施机构：决定技术执行委员会以及气候技术中心和网络，本着各自的职能、任务和工作方式，应在作为《巴黎协定》缔约方会

---

　〔1〕　参见 2018 年《作为〈巴黎协定〉缔约方会议的〈公约〉缔约方会议第一届会议第三期会议报告》第二部分（2）第 5 页附件第 1 条、第 2 条。

　〔2〕　参见 2018 年《作为〈巴黎协定〉缔约方会议的〈公约〉缔约方会议第一届会议第三期会议报告》第二部分（2）第 5 页附件第 3 条。

议的《联合国气候变化框架公约》缔约方会议的指导下密切合作，实施技术框架。[1]并且，提请技术执行委员会以及气候技术中心和网络：（a）将技术框架中的指导意见纳入其各自的工作计划和工作方案，其中还应包括监测和评价其活动的方法；（b）在它们的2019年联合年度报告中列入相关信息，说明它们是如何按照上文第3（a）段所述将技术框架中的指导意见纳入其各自的工作计划和工作方案的。[2]

（四）技术框架的行动领域

技术框架的开展行动的五大重点领域为：创新、落实、扶持性环境和能力建设、合作和利害关系方的参与、支助。[3]

1. 创新

技术框架的"创新"这一工作领域的行动和活动包括：（a）通过改进建立和（或）加强国家创新体系的政策环境、战略、法律和监管框架及体制安排，支持各国鼓励创新；（b）提供信息并促进信息共享，介绍国际技术研究、开发和示范伙伴关系和倡议、良好做法和从各国气候技术研究、开发和示范政策和活动中汲取的经验教训；（c）促进现有创新技术的开发、部署和传播，并加速新兴气候技术的拓展和推广；（d）支持各国开辟长期技术过渡路径，以在气候抗御力和温室气体低排放发展的背景下，逐步广泛采用气候技术；（e）促进与国际技术研究、开发和示范伙伴关系和倡议的合作，以促进气候技术的研究、开发和示范；（f）支持各国联合开展气候技术研究、开发和示范活动；（g）确定应采取何种方式，增进发展中国家缔约方对研究、开发和示范合作方针的有效参与；（h）促进私营部门参与开发新的创新性气候技术，包括通过在气候技术创新的过程中提高人们对未来市场机会的认识和寻找激励私营部门参与的办法；（i）促进公共和私营部门在气候技术开发和转让方面的伙伴关系。[4]

---

〔1〕参见2018年《作为〈巴黎协定〉缔约方会议的〈公约〉缔约方会议第一届会议第三期会议报告》第二部分（2）第4页第15/CMA.1号决定第1条、第2条。

〔2〕参见2018年《作为〈巴黎协定〉缔约方会议的〈公约〉缔约方会议第一届会议第三期会议报告》第二部分（2）第4页第15/CMA.1号决定第3条。

〔3〕参见2018年《作为〈巴黎协定〉缔约方会议的〈公约〉缔约方会议第一届会议第三期会议报告》第二部分（2）第5页附件第4条。

〔4〕参见2018年《作为〈巴黎协定〉缔约方会议的〈公约〉缔约方会议第一届会议第三期会议报告》第二部分（2）第6页附件第8条。

2. 落实

"落实"工作应有助于开展合作型技术开发和转让，立足于技术支持机制以往和现在的工作，并考虑到南北、南南、三边和区域合作在便利落实工作方面的作用。[1]在这一工作领域的行动和活动包括：（a）促进技术需要评估的实施和更新，并加强落实其成果，特别是技术行动计划和项目构想，以及与技术需要评估相关的能力建设；（b）增进技术需要评估与国家自主贡献和国家适应计划之间的关联或协调，以加强执行这些国家计划与实现气候抗御力和低排放发展的国家战略二者之间的一致性；（c）审查技术需要评估准则并在必要时加以修订，以期通过技术需要评估制订符合《巴黎协定》所设想的转型变革的计划并加以落实；（d）酌情就已具备转移条件的技术的评估方法、工具和手段提出并拟订建议；（e）为加强开发和转移无害社会和环境技术的扶持性环境并处理这方面的障碍提出并拟订建议。[2]

3. 扶持性环境和能力建设

技术开发和转让方面的能力建设是一个贯穿各领域的综合性问题。因此，"扶持性环境和能力建设"这一关键主题下的行动和活动应促进创造和加强扶持性环境，包括技术开发和转让的政策和监管环境，并加强各国有效应对各种挑战的能力。[3]

该领域的具体行动和活动包括：（a）提高公众对于气候技术开发和转让的认识；（b）促进各国加强有利于投资的环境，包括国家战略和行动计划、政策环境、法律和监管框架及其他体制安排；（c）便利各国加强扶持性环境，促进内生和性别敏感型技术，用于减缓和适应行动；（d）协助各国制定和执行扶持性环境方面的政策，以鼓励私营和公共部门充分实现气候技术的开发和转让；（e）协助各国政府制定和执行能够为气候技术创造扶持性环境和有利市场条件的政策、条例和标准，从而在促进私营部门参与方面发挥关键作用；（f）便利相关组织和机构之间的信息共享和联网，以发挥协同增效作用，

---

〔1〕　参见 2018 年《作为〈巴黎协定〉缔约方会议的〈公约〉缔约方会议第一届会议第三期会议报告》第二部分（2）第 7 页附件第 10 条。

〔2〕　参见 2018 年《作为〈巴黎协定〉缔约方会议的〈公约〉缔约方会议第一届会议第三期会议报告》第二部分（2）第 7 页附件第 12 条。

〔3〕　参见 2018 年《作为〈巴黎协定〉缔约方会议的〈公约〉缔约方会议第一届会议第三期会议报告》第二部分（2）第 7 页附件第 15 条。

并推动相关方面就技术开发和转让交流最佳做法、经验和知识；（g）生成和分析关于技术周期不同阶段的能力建设活动的信息；（h）加快开发和强化气候相关技术的内生能力，并利用本土知识；（i）加强与现有能力建设组织和机构，包括《联合国气候变化框架公约》下的能力建设组织和机构的合作，以提高效率和避免重复工作，进而发挥协同增效作用；（j）提高所有缔约方，特别是发展中国家缔约方的国家指定实体履行其职责的能力；（k）加强缔约方根据《巴黎协定》的宗旨和目标规划、监测和实现技术转型的能力。[1]

4. 合作和利害关系方的参与

2018 年《作为〈巴黎协定〉缔约方会议的〈公约〉缔约方会议第一届会议第三期会议报告》认为，与利害关系方的合作和利害关系方的参与将加强参与气候技术开发和转让的人员之间的互动，并有助于分享知识和调动支助。[2]因此，"合作和利害关系方的参与"应加强地方、区域、国家和全球各级利害关系方的参与，将有益于技术支持机制，还应协调和整合各相关组织、机构和倡议的技术开发和转让合作活动，以避免重复并确保一致性和连贯性。[3]

该工作领域的具体行动和活动包括：（a）在规划和实施技术支持机制的活动时，加强相关利害关系方，包括地方社区和当局、国家规划者、私营部门和民间社会组织的参与和合作；（b）在自愿的基础上加强与私营部门的接触和合作，以利用它们在协助实施《巴黎协定》的有效扶持性环境方面的专长、经验和知识；（c）加强国家指定实体与相关利害关系方之间的接触，包括为此提供指导和信息；（d）加强与包括学术界和科学界在内的有关国际组织、机构和倡议的合作和协同，以利用其特定的专长、经验、知识和信息，特别是在新技术和创新性技术方面。[4]

5. 支助

《巴黎协定》规定，应向发展中国家缔约方提供支助，包括提供资金支助

---

〔1〕 参见 2018 年《作为〈巴黎协定〉缔约方会议的〈公约〉缔约方会议第一届会议第三期会议报告》第二部分（2）第 7 页附件第 16 条。

〔2〕 参见 2018 年《作为〈巴黎协定〉缔约方会议的〈公约〉缔约方会议第一届会议第三期会议报告》第二部分（2）第 8 页附件第 17 条。

〔3〕 参见 2018 年《作为〈巴黎协定〉缔约方会议的〈公约〉缔约方会议第一届会议第三期会议报告》第二部分（2）第 8 页附件第 19 条。

〔4〕 参见 2018 年《作为〈巴黎协定〉缔约方会议的〈公约〉缔约方会议第一届会议第三期会议报告》第二部分（2）第 8 页附件第 20 条。

以及在技术周期不同阶段的开发和转让方面加强合作行动，从而在支助减缓和适应之间实现平衡。[1]

2018 年作为《巴黎协定》缔约方会议的《联合国气候变化框架公约》缔约方会议第一届会议第三期会议对"支助"进行了更加宽泛的界定：一方面，支助的类型不仅限于资金支助，它可包括为执行《巴黎协定》第 10 条而提供的所有支助方面；另一方面，支助的对象应更广泛，即支助应提供给技术框架的所有关键主题，同时考虑到性别观点以及内生和本土方面。[2]

关于"支助"，该工作领域的行动和活动包括：（a）加强技术支持机制与资金机制的合作，从而增强对技术开发和转让的支持；（b）在技术周期的不同阶段确定和促进创新性融资和投资；（c）以国家驱动的方式，加大对发展中国家缔约方的技术支持，并便利它们获得资金用于创新，例如用于研究、开发和示范、创造扶持性环境和开展能力建设、制定并实施技术需要评估以及与利害关系方接触与合作，包括组织和机构方面的支持；（d）加强和调动各种来源的不同类型的支助，包括公益和实物支助，以落实技术框架每一关键主题下的行动和活动；（e）制定和（或）加强有关系统，用于监测和跟踪技术支持机制为实施技术框架而采取的行动、开展的活动及得到的支助，以期此类信息或亦有助于加强《巴黎协定》第 13 条所述的强化透明度框架和第 14 条所述的全球盘点。[3]

四、技术支持资金

减缓、适应、技术和资金被誉为国际应对气候变化的四大支柱，其中资金问题又被视为国际应对气候变化的"发动机"，对于其余三个问题能否成功实施起到决定性性作用。资金问题作为《联合国气候变化框架公约》签订以后历次缔约方会议的重要议题，直接关涉《联合国气候变化框架公约》的既定目标能否得以实现。不仅如此，技术支持机制的顺利运行也离不开缔约方的资金支持。目前，全球环境基金和多边开发银行是技术支持资金的重要来源，

---

〔1〕　参见 2015 年《巴黎协定》第 10 条第 6 款。

〔2〕　参见 2018 年《作为〈巴黎协定〉缔约方会议的〈公约〉缔约方会议第一届会议第三期会议报告》第二部分（2）第 9 页附件第 22 条。

〔3〕　参见 2018 年《作为〈巴黎协定〉缔约方会议的〈公约〉缔约方会议第一届会议第三期会议报告》第二部分（2）第 9 页附件第 25 条。

对于技术支持机制的运行具有重要的意义和价值。

（一）全球环境基金

全球环境基金（Global Environment Fund，GEF）作为《联合国气候变化框架公约》下国际气候资金机制的运营实体之一，是促进技术转让的一个关键的多边机构，其《关于技术转让的波兹南战略方案》于波兹南会议纳入《联合国气候变化框架公约》缔约方会议的技术转让议题，可以说是波兹南会议在技术转让方面的主要成就之一。

《波兹南会议报告》第 2/CP.14 号决定认为该战略方案可为推动《联合国气候变化框架公约》下的技术转让活动发挥作用。该决定提请全球环境基金：（a）迅速启动和推动项目的准备工作，供批准以及在决定中提及的战略方案下实施，以帮助发展中国家解决对环境无害技术的需要；（b）与其执行机构合作，以便在发展中国家使用联合国开发计划署出版的最新版气候变化技术需求评估手册，在酌情准备或更新其技术需求评估时，为其提供技术支持，该手册将与技术转让专家组、《联合国气候变化框架公约》秘书处及气候技术倡议合作编制；（c）审议战略方案的长期实施，包括解决全球环境基金当前运作中发现的环境无害技术转让投资方面的空白；利用私营部门的投资；以及推动创新的项目开发活动；（d）向缔约方会议第 16 届会议报告开展有关技术转让活动的进展情况，并向附属履行机构第 30 届和第 31 届会议提供中期报告，以便评估进展情况和未来方向，从而帮助缔约方在审议战略方案实施的长期需要时了解情况。[1]

《波兹南会议报告》第 4/CP.14 号决定对全球环境基金提出了进一步指导意见，并提请全球环境基金：（a）充分处理在落实《资源分配框架》方面提出的问题；（b）定期提供关于全球环境基金供资项目联合供资的组成和目标的信息；（c）继续加强发展中国家缔约方缓解方面及相关情况下加强适应方面的行动，包括推动、便利及相关情况下支助转让或获取无害环境的技术和诀窍；（d）继续改进所有发展中国家，特别是最不发达国家、小岛屿发展中国家和非洲国家获取全球环境基金资源的途径；（e）继续鼓励其执行和实施机构按照缔约方会议的指导意见尽可能高效率和透明地履行职责；（f）作为最高优先事项，确保提供充分的资金，支付发展中国家缔约方为履行《联合国气

---

〔1〕 参见 2008 年《波兹南会议报告》第二部分第 2/CP.14 号决定第 3 页第 2 条。

候变化框架公约》第12条第1款之下义务而支出的议定全额费用，注意到并欢迎若干非附件一所列缔约方（非附件一缔约方）计划在全球环境基金第4次充资结束之前着手编写其第3或第4次国家信息通报。[1]

《波兹南会议报告》第5/CP.14号决定对关于经营最不发达国家基金提出了进一步指导意见，并提请全球环境基金作为《联合国气候变化框架公约》下国际气候资金机制经营最不发达国家基金的经营实体：（a）与其机构合作，改善与最不发达国家缔约方之间的沟通，并加速该进程，例如：可以设定时间框架，在该框架内最不发达国家能够获得资金和其他支助，用于筹备和实施国家适应行动方案提出的项目；（b）与其各机构和最不发达国家专家组合作，酌情协助其余尚未提交国家适应行动方案的最不发达国家缔约方，使之能尽快完成和提交国家适应行动方案。[2]同时，会议还邀请全球环境基金及其机构考虑缔约方表达的意见和关切，这些意见和关切涉及全球环境基金及其机构提供的资金和技术支持，用于编制和执行国家适应行动方案，以及相关最不发达国家工作方案的要点。[3]

总体而言，当前《联合国气候变化框架公约》下以公共赠款为主的出资对于气候技术转让领域的项目资助寥寥可数，在国际气候资金机制实施的五个主要领域中，很明显投入减缓领域中的资金量远远大于投入适应气候变化、气候技术转让、能力建设和帮助发展中国家履约其他四个领域。以全球环境基金管理下的气候变化特别基金为例，作为国际气候资金机制下唯一一个单独设立技术转让窗口的资金，其自设立以来仅仅调动了5970万美元资助实施了12个项目。[4]由于目前在气候技术转让领域没有专项技术资金，导致广大发展中国家要想通过国际气候资金资助获得先进的气候技术非常困难。

（二）多边开发银行

多边开发银行（Multilateral Development Bank，MDB）的职能是促进资金向发展中国家有序流动，通过共同开展项目合作最终实现支持这些成员国正在进行的金融活动和社会发展的目标。多边开发银行通过共同合作项目的开展为这些国家的企业提供激励参与发展持续的业务关系，并在银行所服务的

---

〔1〕　参见2008年《波兹南会议报告》第二部分第4/CP.14号决定第6页第1条。
〔2〕　参见2008年《波兹南会议报告》第二部分第5/CP.14号决定第8页第1条。
〔3〕　参见2008年《波兹南会议报告》第二部分第5/CP.14号决定第9页第6条。
〔4〕　FCCC/CP/2021/9.

每一个合作项目中推进气候技术的实施和使用。但从实际情况看，广大发展中国家通过《联合国气候变化框架公约》外的合作项目筹集的气候资金存在资金规模不足的问题，导致专门用于气候技术转让领域的资金远远不能满足广大发展中国家的实际需要。

第三节　技术支持机制的运行

技术的核心价值不在于领先而在于应用。故，技术支持机制是应对气候变化的关键。从技术转让、减排项目合作、能力建设以及其他方面推动技术支持机制的运行，对于实现《联合国气候变化框架公约》的目标具有积极的意义。

一、技术转让

国际环境法中的技术转让是指环境无害技术的国际转让，要求各国在追求社会经济发展的同时，肩负起环境保护的责任，通过环境技术在国际交流与互享，促进和提升国际社会中处于相对弱势的发展中国家的经济发展以及环境保护能力，推进全球环境保护事业的发展，共同履行环境保护的义务，促进实现全球可持续发展目标。根据政府间气候变化专门委员会的解释，技术转让是指一系列内涵广泛的过程，包括各利益攸关方之间就专门知识、经验、硬件等促进减缓和适应气候变化技术的推广。[1]技术转让类型一般包括有偿买卖和无偿援助两种。

（一）有偿买卖

有偿买卖又可以被称为商业性技术转让，它是技术转让中最为常见的方式。顾名思义，有偿买卖以营利为目的，以通过国际技术贸易或经济合作途径实施。显而易见，这种技术转让指的是技术所有人或持有人把技术使用权或所有权卖给其他人的行为。

在应对气候变化这一人类共同事业中，气候技术的国际转让，比起通过有偿买卖（商业性技术转让）的方式实现气候技术从发达国家向发展中国家

---

〔1〕 Bert Metz, (Eds.), IPCC, *Methodological and Technological Issues in Technology Transfer*, Cambridge University Press, 2000, 转引自李威："气候友好型技术转让国际法的冲突与协调"，载《南通大学学报》2011 年第 5 期。

转移，更重要的应当是以优惠转让的方式有偿转让相关气候技术。

　　于气候变化所致损失损害责任而言，遵循共同责任这一基本原则的要求，相关国际条约明确规定了发达国家向发展中国家转让气候技术时应当给予一定的优惠或减让条件，以优惠（包括一般优惠与特别优惠）转让的方式向发展中国家进行气候技术的国际转让，旨在帮助发展中国家降低获取气候技术的价格门槛，切实有利于气候变化所致损失损害责任的落实。这不仅是国际环境法的重要内容，更是人类公益情怀的具体体现。正如 2015 年《巴黎协定》所强调的"必须充分落实技术开发和转让"：应建立技术支持机制和技术框架，以加强技术开发和转让方面的国际合作，向发展中国家缔约方提供资金、技术以及技术获取方面的支助。[1]

　　当然，气候技术的优惠转让主要是针对在气候技术转让过程中技术价格的优惠和减让。对于优惠和减让条件的程度，则各有不同，如《蒙特利尔议定书》要求是将现有最佳的、无害环境的替代品和有关技术在公平和最优惠的条件下迅速转让给发展中国家缔约国。[2]《生物多样性公约》也对公平和最有利条件进行了要求。[3]《防治荒漠化公约》则要求缔约方向受影响发展中国家缔约方进行优惠转让时，应当注意和考虑知识产权保护与当地群众的特殊需要。[4]可见，在对环境技术优惠转让进行规定时，国际环境条约特别注意到了优惠条件下技术转让的要求：其一是公平要求，这是国际环境条约所强调的，即出于公平的要求，发达国家应当在向发展中国家转让技术时，提供优惠和减让条件，并且为技术转让顺利实施而提供相应的便利；其二是最佳技术要求，即发达国家在向发展中国家以优惠条件进行技术转让时，应当优先转让最佳技术，而不是将完全淘汰或接近淘汰的相对落后的技术；其三是便利转让要求，即发达国家在向发展中国家转让技术时应当以迅速和便捷的方式进行以保证所转让技术的实效性和时效性；其四是在技术转让过程中考虑知识产权保护的同时充分考虑发展中国家的特殊需要，不因知识产权保护对气候技术的国际转让造成不必要的障碍而使发展中国家在气候技术获

---

　　〔1〕　参见 2015 年《巴黎协定》第 10 条。1992 年《联合国气候变化框架公约》（第 4 条）、1997 年《京都议定书》（第 12 条）也都对"技术转让"进行了明确规定。

　　〔2〕　参见 1987 年《蒙特利尔议定书》第 10 条 A。

　　〔3〕　参见 1992 年《生物多样性公约》第 16 条第 2 款。

　　〔4〕　参见 1994 年《防治沙漠化公约》第 18 条第 1 款（b）。

取上受到阻碍。

鉴于发展中国家和最不发达国家的经济社会发展状况和技术水平，更囿于气候变化所致损失损害的特征及其责任的特殊性，即便是气候技术的优惠转让，对于这些国家来说，依然是心有余而力不足。故而，在气候变化所致损失损害责任之技术支持机制中"无偿援助"应加以特别强调。

（二）无偿援助

无偿援助又可以被称为非商业性技术转让，其也是技术转让当中的一种具体的实现方式。无偿援助指的是技术所有人或持有人把技术使用权或所有权无偿给其他人使用的行为，不以营利为目的。相较于有偿买卖，无偿援助在应对全球气候变化的技术支持机制中的应用较少，一般发生在双边关系较为紧密的背景之下。以中日绿色援助计划为例，其不仅有力地促进了中日两国之间节能环保技术的转让，且探索出了一套低碳技术国际转移模式，对公约框架下技术转让机制具有积极意义。该计划的示范工程项目的主要运作模式是日本政府购买并赠送我国由日本新能源产业技术开发机构（NEDO）选定的有关日本企业生产示范项目所需设备，且由日本企业无偿提供技术指导和培训。从已竣工并完成试运行的项目来看，项目普遍具有明显的环境和社会效益，部分项目还具有良好的经济效益，如高炉热风炉余热回收、高炉炉顶压差发电、烧结余热回收、水泥窑低温余热回收利用发电、合成氨一段转化炉余热回收利用、炼油厂 FCC 装置能量回收系统、节水型洗选煤系统、35 吨循环流化床锅炉和简易排烟脱硫系统等。[1]

二、减排项目合作

减排项目合作指的是不同的国家、非国家行为体在共同应对全球气候变化的过程当中通过加强在减少温室气体排放项目中的合作以实现《联合国气候变化框架公约》的既定目标，其主要包括清洁发展和气候变化项目投资两个方面的内容。

（一）清洁发展

"清洁发展机制（CDM）"是众所周知的"京都灵活三机制"之一，其目的是协助未列入附件一的缔约方实现可持续发展和有益于《联合国气候变

---

〔1〕 张建平："气候变化谈判框架下的国际技术转让机制研究"，载《国际贸易》2010 年第 5 期。

化框架公约》的最终目标，并协助附件一所列缔约方实现遵守第 3 条规定的其量化的限制和减少排放的承诺。[1]

清洁发展机制的特点主要体现为以下四个方面：

第一，CDM 的技术转让与发达或经济转型中国家的减排目标挂钩。根据《京都议定书》，发展中国家不承担减排义务，只有其附件一的 37 个国家及欧盟等中的发达国家或转型国家承担。这样，对于那些发展速度快、能源耗费多、可能难以按照国际减排任务进行减排的发达国家而言，在既不放缓发展速度、也不降低本国人民生活水平、又不违反国际义务的前提下，一般是与技术供方国家的减排目标挂钩，通过 CDM 项目中的技术转让与发展中国家进行合作获取核证的减排量。

第二，CDM 项目所转让的技术须是环境无害技术，特别是清洁能源技术的转让。这一特点是由《京都议定书》本身的使命与 CDM 的目的所决定的。《京都议定书》的根本任务在于减少和控制全球的温室气体排放量，这一点与发展中国家的能源使用密切相关。

第三，CDM 中的技术转让是发达或转型国家向发展中国家转让的单向流动。通常而言，技术转让既可以由发达国家流向发展中国家，也可以是发展中国家流向发达国家或发展中国家相互间转让的情形。CDM 项目中的技术转让，由于其发生的背景及得以进行的前提是《京都议定书》附件一中的发达或经济转型国家通过与发展中国家 CDM 项目合作得到被核证减排量，因此，CDM 本身的设置及合作进行的内容就决定了其涉及的技术转让只能是从发达国家或转型国家向发展中国家的单向流动，而不可能是双向流动，或是发展中国家间的相互转让。

第四，CDM 中的技术转让是双方自愿参加的。《京都议定书》第 12 条第 5 款规定了 CDM 项目活动所产生的减少排放，前提须是每一有关缔约方批准的自愿参加。[2]一方面，基于全球性环境保护的国际总共识，各国都有保护环境的义务和意愿；另一方面，CDM 项目是基于市场的机制，各方自愿参与是项目进行及交易完成的重要前提。因此，无论技术转让方还是受让方都是自愿参加。

清洁发展机制的成功实施，证明全球合作实现温室气体减排是能够做到

---

〔1〕　参见 1997 年《京都议定书》第 12 条第 2 款。

〔2〕　参见 1997 年《京都议定书》第 12 条第 5 款。

的，同时增强了国际社会通过合作减少温室气体排放、稳定人们对大气中温室气体浓度的信心。[1]当然，清洁发展机制的局限也是比较明显的，主要表现为三个方面：

第一，转让设备替代技术转让，即 CDM 项目中的技术转让通常是以设备转让为主的技术转让。《京都议定书》第 12 条设立的"清洁发展机制"所要求的技术转让的形式涵盖了设备本身的转让，即 CDM 并不排斥项目参与者以设备转让替代技术转让。结合 CDM 发展情况来看，发达国家和发展中国家在 CDM 项目合作中，多以设备转让替代技术转让。换言之，发展中国家用大量资金购得的是发达国家的先进设备，而非核心技术。

第二，技术受让国难以获取核心技术。受让国虽然在短期内能够推动本国硬件能力的提高，但需要投入大量资金。发展中国家的资金能力本来就有限，将有限的发展资金投入仅具短期效能的硬件资源堆砌，而未能获取核心技术，这在一定程度上会限缩用于提升技术能力的资金空间。获取设备后，发展中国家对所购得设备，在维护维修、管理以及人员培养等方面，需以技术服务的形式向发达国家支付费用。后期，购得设备的更迭、淘汰设备的处理等问题将进一步困扰发展中国家。发达国家从设备贸易和服务贸易过程中获取高额利润，以此积累资本优势，再将资金投入新一轮的技术研发和设备生产，继而进行从资本到技术再到资本的盈利循环。

第三，《京都议定书》欠缺与技术能力提升相适应的配套制度。《京都议定书》在技术能力方面，仅提及"在国际一级合作并酌情利用现有机构，促进拟订和实施教育及培训方案"，[2]欠缺了提升技术能力的具体制度安排，导致 CDM 项目在实际运行中的重心落在设备转让和减排收益上，从而在一定程度上忽视了技术能力的提升。

(二) 气候变化项目投资

气候变化项目指的是那些可以帮助人类更好地应对全球气候变化带来的不利影响、减少全球温室气体排放总量的项目。气候变化项目内涵丰富，种类众多，主要包括调整产业结构、优化能源结构、开展碳捕获碳封存以及增加森林、草原及其他碳汇等的项目。通过投资这些气候变化项目，不仅可以

---

〔1〕 周冯琦："应对气候变化的技术转让机制研究"，载《社会科学》2009 年第 6 期。

〔2〕 参见 1997 年《京都议定书》第 10 条第 5 款。

减少温室气体的排放、保护自然环境，还可以推动当地经济的发展和人民生活水平的提高。

2014 年 8 月 2 日，总部位于肯尼亚首都内罗毕的联合国环境规划署发布的一份报告明确指出，投资适应气候变化的项目可以帮助降低气候变化的影响，如预计减少 20% 至 50% 的用水量，从而更好地巩固非洲过去几十年的发展成果。不仅如此，投资气候变化适应项目可以改善 65% 的非洲居民生计，提高当地居民的生活水平。除此之外，第一部以图片方式出版的研究报告《持续追踪非洲适应气候变化行动——针对性的财政激励措施会带来深远的影响》，展示了撒哈拉以南非洲国家低成本适应气候变化的成功案例，为大规模的政府投资和政策行动提供了动力。报告前半部分提供了气候变化对当前和未来非洲生计、农业和人类与生态系统健康的影响，并详细描述了对地区、国家和城市的影响。报告后半部分描述了非洲国家如何通过低成本的气候适应行动改善生态系统的健康和功能、建设社区可持续管理生态系统的能力、提高农业生产力和创新性水资源存储。该报告还指出，到 2050 年非洲人口将翻一番，达到 20 亿，并且大部分人口的生计仍然主要依赖于农业。而通过在撒哈拉以南不同的非洲国家实施的项目，投资适应气候变化的行动不仅可以为应对气候变化挑战提供低成本的解决方案，事实上还可以通过高效利用自然资本、创造就业和提高居民收入促进当地经济的发展。通过综合国家发展政策中的气候变化适应战略，各国政府可以向绿色增长转型，保护并改善数百万非洲人民的生计。

报告当中提到的较为重要的气候变化适应项目包括：①多哥的一个当地社区通过水生态系统工程，把人类饮用水、农业和牲畜用水使用率提高了 488%；②塞舌尔把修建雨水收集系统的学校建筑规范纳入国家立法当中，并为塞舌尔 7 所学校的 400 多名师生普及生态系统管理的知识，从而为每所学校节约了 250 美元的用水经费；③卢旺达和乌干达通过森林生态系统项目，使得 2500 名卢旺达农民参加了耕种土地的培训，进而建成了 432 公顷梯田、73.72 公里水渠、59.77 公里下水道和 105 公顷的排水系统，以及植树造林 789 公顷；④在乌干达，每年每人投资 13.26 美元的项目在生态系统保护和改善生计方面产生了巨大效益，植树造林 31 000 棵。

三、能力建设

能力建设（Capacity-building）指的是通过全球范围内的国际环境技术转让，帮助发展中国家获取核心技术，提高技术应用能力与科学研究能力，从而促进发展中国家自主创新和经济发展，协调当前不平衡的国际技术格局，进而为全球可持续发展的形成提供动力。在进行能力建设的过程中，技术获取国不仅要重视所获得技术的应用，还需要关注本国专业人才资源和科学研究能力。简言之，除了关注技术的获取，国际环境技术转让还注重技术所有国为技术获取国使用国际环境技术的能力提供相应的帮助。

在应对气候变化领域，《联合国气候变化框架公约》对发展中国家的能力建设也进行了强调。《联合国气候变化框架公约》第12条第3款、第4款规定：附件二所列每一发达国家缔约方和每一其他发达缔约方应列入按照第4条第3款、第4款和第5款（主要是技术转让和开发）所采取措施的详情；发展中国家缔约方可在自愿基础上提出需要资助的项目，包括为执行这些项目所需要的具体技术、材料、设备、工艺或做法，在可能情况下并附上对所有增加的费用、温室气体排放的减少量及其清除的增加量的估计，以及对其所带来效益的估计。[1]这些内容要求发达国家按照《联合国气候变化框架公约》关于技术转让的规定，切实采取有效措施，并通过秘书处向缔约方会议进行公示。发展中国家也需要针对本国需求和具体的引进情况，进行准确、深入和系统的了解与预估，以促进技术转让并提高技术转让的预期效果。值得强调的是，《联合国气候变化框架公约》第4条第5款的规定既适用于发达国家向发展中国家的技术转让，也适用于发达国家间的转让。这一规定认识到能力建设和技术转让的关系，充分体现了既要"授之以鱼"，也要"授之以渔"的思想，即为了技术转让能够产生预期效果，发展中国家的能力建设也非常重要，因为技术转让不仅仅局限于"技术"本身，还涉及运用技术所需要的知识和技能，以及良好的技术环境。

不仅如此，为了更好地保护和保全全球海洋环境，1982年《联合国海洋法公约》规定，除了应积极促进发展和转让海洋科学和海洋技术，各国还应对在海洋科学和技术能力方面可能需要并要求技术援助的国家，特别是发展

---

[1] 参见1992年《联合国气候变化框架公约》第12条第3款、第4款。

中国家，促进其在海洋资源的勘探、开发、养护和管理，海洋环境的保护和保全，海洋科学研究以及符合本公约的海洋环境内其他活动等方面海洋科学和技术能力的发展，具体包括对发展中国家技术和科学人员提供适当教育和训练方案、促进科学资料和情报以及海洋科学研究所得知识向发展中国家的流通和转让、促进发展中国家人员充分参加"区域"内活动等。[1]同时在生物安全领域，《卡塔赫纳生物安全议定书》也对能力建设作了专条规定，强调发展中国家专业人力资源及相关技术资源的进步，也会激发技术外溢的协同效果，从而大幅增强技术外溢的效应，催动自主创新，加速产业升级与经济发展。[2]

四、其他方式

除了技术转让、减排项目合作、能力建设，还存在着诸如技术培训、技术示范、联合研究、合作交流、企业联盟等其他技术支持机制的运行方式。

（一）技术培训

技术培训是通过举办特定技术主题培训班或者现场指导等具体的形式对发展中国家技术人员进行技术培训，使其掌握相应的技术能力。作为一种重要的方式，技术培训为落后国家培养了技术人员，提高了当地的技术能力。技术培训通过线上或者线下授课的方式，通过有针对性的内容传递，将发达国家所掌握的先进的应对气候变化的相关技术讲授给需要提高环境技术水平的发展中国家，以此实现技术培训。技术培训可以最大限度地展示技术的原理和运行，便于学习和借鉴，对于实现技术的大规模推广和应用具有重要的意义和价值。

（二）技术示范

技术示范通常以与技术培训等相互配合的方式进行，可以将技术的实际效果展示出来，通常是在应用技术前期，初步小范围地向当地政府官员、技术人员等展示技术成效，确定技术的可行性，获得当地认可。

（三）联合研究

随着科学技术研究的不断发展，各个领域的知识与技术的难度与深度都

---

〔1〕　参见 1982 年《联合国海洋法公约》第 144 条、第 244 条、第 266 条。

〔2〕　参见 2000 年《卡塔赫纳生物安全议定书》第 22 条。

日益加剧，新技术的研究与开发不断地复杂化，跨领域的特征也日益明显，各个技术学科和领域之间的相互补充显得日益重要。[1]联合研究正是以合作方的共同利益为基础，以合作创新为目的，以优势资源互补为前提，通过契约或者隐形契约的约束而采取的联合行动。

（四）合作交流

合作交流形式多样、内容丰富，例如举办与气候技术有关的国际培训班、研讨会等为开展技术交流提供便利，为寻找合作伙伴提供重要的交流平台，为技术需求、动态、经验等提供分享机会，以推动技术和商务合作，提高相关技术水平。

（五）企业联盟

企业联盟是企业之间为了共同的利益而形成的多种形式的合作，这种技术流动是在市场机制的引导下双向的包括技术研发的联盟也包括生产和市场联盟。在实现企业联盟的过程当中，不同企业之间的技术可以相互借鉴、弥补不足，进而双向地提高相关技术水平。

第四节　技术支持机制的障碍与对策

技术支持机制是减少气候变化所致损失损害的重要方式。技术支持机制的顺利运行对于实现《联合国气候变化框架公约》下的既定目标、推进全球共同应对气候变化进程而言具有重要的意义。不可否认，当前技术支持机制的运行仍然存在一些障碍，需要国际社会共同采取措施通力解决之。

一、技术支持机制的障碍

目前技术支持机制的运行存在资金、技术支持不足，环境友好型技术转让难以进行，国际技术转移存在知识产权问题等几个方面的障碍。

（一）资金、技术支持不足

关于资金、技术支持，发达国家与发展中国家的分歧依旧严重，发展中国家坚持新气候协议应是均衡减缓、适应、资金、技术转让和能力建设各方面的解决方案，而发达国家则努力淡化"区别"，不仅对技术和资金支持含糊

---

〔1〕 朴胜赞："中韩两国技术转移途径的实证研究"，载《中国软科学》2003年第7期。

其词，还试图让发展中国家承担超出自身能力的减排义务。[1]由于发达国家在《联合国气候变化框架公约》下的资金资助和技术转让的承诺往往成为空头支票，发展中国家力求在技术转让、资金支持与减排义务之间建立紧密关联，主张建立可报告、可核查、可测量的技术转让和资金支持的绩效评估机制，对发达国家履行技术转让义务的绩效评估，是发展中国家承担减排责任的重要前提，同时有助于缓解减排压力。[2]

（二）国际技术转移存在知识产权问题

由于知识产权制度对技术的保护具有垄断性，发展中国家要获得发达国家的环保技术必须付出高昂的经济代价，因此，知识产权制度的存在又会在一定程度上阻碍技术的转移和利用。[3]人们对知识产权制度的质疑从未停息，主要体现在以下几个方面：知识产权制度可能成为技术进步与推广的阻碍；知识产权制度会拉大南北差距并妨碍共同但有区别责任原则的实现；知识产权制度必须接受人权义务的位阶性限制。[4]

二、技术支持机制的对策

对于技术支持机制在现实运行中存在的障碍，国际社会应从建立政府间合作制度、完善现行国际气候资金筹集及分类模式、建立审查和评估机制等几个方面采取对策，促进技术支持机制的良好运行。

（一）建立政府间合作机制完善现行资金筹集和分类模式

发展中国家能在多大程度上有效履行《联合国气候变化框架公约》取决于发达国家缔约方是否以及在何种程度上履行其在《联合国气候变化框架公约》下所承担的有关资金支持和技术转让的国际义务。目前，《联合国气候变化框架公约》下负责技术开发与转让的规划、协调、组织、审查和评估工作的机构主要包括技术执行委员会以及气候技术中心和网络。各国政府应本着

---

〔1〕　袁振华："国际气候谈判技术转让议题的最新进展和展望"，载《环境与社会》2015年第4期。

〔2〕　尹锋林、罗先觉："气候变化、技术转移与国际知识产权保护"，载《科技与法律》2011年第1期。

〔3〕　袁振华："国际气候谈判技术转让议题的最新进展和展望"，载《环境与社会》2015年第4期。

〔4〕　Susan K. Sell, *Private Power*, *Public Law*: *The Globalization of Intellectual Property Rights*, Cambridge University Press, 2003, p. 15. 转引自徐升权："适应和应对气候变化相关的知识产权制度问题研究"，载《知识产权》2010年第5期。

合作共赢的精神建立政府间合作制度以配合国际层面的相关工作。同时，为进一步推动发展中国家在可持续发展框架下应对气候变化，发达国家应严格遵守并诚实履行条约义务，提供充足的、可预测的和稳定的资金支持，改变现有的国际气候资金的分类模式，将所有渠道筹集来的国际气候资金按照使用专项进行分类，并为发展中国家应用相关技术提供能力建设方面的支持。

（二）构建审查机制强化技术支持的绩效评估

以共同责任原则为指引，要求各缔约方切实有效地落实《联合国气候变化框架公约》下有关技术开发与转让的承诺，定期审查技术转让的进展情况，克服阻碍气候技术转让的各种障碍，充分发挥市场和私人部门的作用，吸引调动更多的资源投入气候技术的开发，在技术转让、资金支持与减排义务之间建立紧密关联，建立可报告、可核查、可测量的技术转让和资金支持的绩效评估机制，对发达国家进行履行技术转让义务的绩效评估，形成技术转让绩效评估的方法、指标体系以及制度安排。

（三）提升技术支持机制地位并完善其职能

将技术支持机制定位于政府间技术开发与转让的规划与执行机构，直接向《联合国气候变化框架公约》缔约方会议负责；明确技术执行委员会与气候技术中心和网络的统属关系与协同增效；建立与技术支持机制匹配的技术融资专门渠道，加强技术执行委员会对资金审批和管理方面的决策权；推动将知识产权问题纳入技术支持机制谈判框架，增强其在共享知识产权、促进气候技术实质性转让等方面的职能，寻求与其他知识产权国际公约的冲突解决和制度创新。[1]

（四）切实履行国家信息通报报告义务

《联合国气候变化框架公约》确立的"国家信息通报报告"制度[2]为基

---

〔1〕 袁振华："国际气候谈判技术转让议题的最新进展和展望"，载《环境与社会》2015年第4期。

〔2〕《联合国气候变化框架公约》第12条规定"提供有关履行的信息"，其中第3款规定：附件二所列每一发达国家缔约方和每一其他发达缔约方应列入按照第4条第3款、第4款和第5款所采取措施的详情。第4款规定：发展中国家缔约方可在自愿基础上提出需要资助的项目，包括为执行这些项目所需要的具体技术、材料、设备、工艺或做法，在可能情况下并附上对所有增加的费用、温室气体排放的减少量及其清除的增加量的估计，以及对其所带来效益的估计。第5款规定：附件一缔约方在公约对其生效后6个月内第一次提供信息；非附件一缔约方应在公约对其生效后或按照第4条第3款获得资金后3年内第一次提供信息；最不发达国家缔约方自行决定第一次提供信息的时间。

础，进一步完善技术支持机制，要求各缔约方应切实有效履行《联合国气候变化框架公约》下确立的国家信息通报报告义务，进一步加强发达国家缔约方与发展中国家缔约方之间有关气候技术相关信息的沟通交流，要求各缔约方以提交国家信息通报报告的方式监督、落实发达国家缔约方有关气候技术支持义务的履行情况，敦促发达国家向发展中国家切实、充分地履行气候技术转让的国际义务。

（五）运用气候技术强制许可制度

当前技术支持机制有着众多的法律规定和实施保障，但无论该机制的内容、类型与运作如何，依然不能完全发挥作用，其症结是发达国家不愿意向发展中国家转让相关技术或者转让技术的价格过高。导致这种现象的原因，一是发达国家谋取私利的想法；二是《与贸易有关的知识产权协定》（TRIPS协定）中有关技术转让的相关知识产权保护的规定。对此问题，可修改TRIPS协定中对有关气候技术的知识产权的保护力度，运用气候技术强制许可制度扩大强制性许可的范围加以解决。

总之，技术支持机制对于促进广大发展中国家获取气候核心技术、减少气候变化所致损失损害的产生而言具有重要的意义。在全球应对气候变化所致损失损害进程中，应当继续发挥技术执行委员会、气候技术中心和网络、技术框架以及技术支持资金的作用，推动开展技术转让、减排项目合作、能力建设以及技术培训等工作，通过设立专门的组织机构、完善现行国际气候资金筹集及分类模式、建立审查和评估机制等方式解决技术支持机制运行中存在的资金支助与技术支持不足、环境友好型技术转让难以进行以及国际技术转移存在知识产权问题等现实障碍，最终推动《联合国气候变化框架公约》下既定目标的实现。

第五章

气候变化所致损失损害责任之信息公开机制

信息公开乃是现代国际法的灵魂所在。国际应对气候变化法的信息公开是信息公开的进一步细化和发展，是信息公开在国际应对气候变化法领域的生动实践和具体表现。气候变化信息公开机制作为国际应对气候变化法的一大关键机制，是应对气候变化公众参与和公众监督的前置性机制，亦是推动国际社会积极应对气候变化、增强应对气候变化整体能力的重要保障。该机制的发展与完善必将切实地推动国际应对气候变化立法、政策、措施和经验的交流与分享，进而促进气候变化所致损失损害责任的有效落实。于气候变化所致损失损害责任而言，信息公开机制既有信息公开的一般内核，更有其特殊之处，具体表现在信息公开内容、范围、方式、主体等方面。

第一节　气候变化信息公开机制的作用与要求

于国际应对气候变化领域而言，信息公开机制的定位是独立的监督机制和"桥梁机制"，具有监督应对气候变化国际条约履行、促进应对气候变化公众参与、推动应对气候变化能力提升、强化应对气候变化行动协调及舆论引导等重要作用。此外，气候变化信息公开是缔约国履行报告义务的一种极其重要的方式，更是监督、保证缔约国履行条约的一个重要途径。

一、应对气候变化法信息公开的界定

就人类社会而言，信息是构成人类生活与社会交往的基本要素之一。信息公开在古今中外早已有之，尽管不同时期不同地区侧重点各有不同，但作为法律的共通制度，信息公开俨然已经成为社会发展的重要标志和社会治理的主要手段。

中国法制史早期存在"刑不可知，则威不可测"的秘密法阶段。[1]自春秋时期郑国子产"铸刑鼎"（把法律刻在铜鼎上，使法律向所有人公开）开始，便开创了中国成文法及法律公开的先河。以后，国家制定的法律都必须向社会公众公开。相比于东方，西方在法律公开方面则要更晚一些。古代罗马的第一部成文法典是被称为罗马法发展史上的重要里程碑的《十二铜表法》，即元老院于公元前454年成立的十人立法委员会在公元前451年公布法律十表后的第二年作为对十表的补充又制定法律二表，计十二表，将其刻在罗马柱上铸成《十二铜表法》昭告天下，由此开启了西方法律公开颁布的先河。

现代意义上的信息公开制度发源于瑞典，1766年瑞典颁布的《出版自由法》首次确立文书公开制度。近现代以来，由于民主、民权、公平意识的启蒙和发展，"信息公开"逐渐成为社会治理的标志之一。自20世纪60年代以来，以计算机技术为代表的信息技术引领的新一轮科技革命席卷全球。近几十年来，人类的社会生活在信息技术、5G技术、大数据技术的推动下发生了翻天覆地的变化，几乎一切事物都具备了信息的外观。可以说，信息化深刻地改变了人们的行为模式，乃至社会结构。同时，在生活实践中，信息的价值也日渐凸显，这使得信息不仅是生活实践中的"常用语"，更是理论上用来描述世界的概念，并且在不断的发展过程中成为当今时代的重要资源和关键社会因素。正是由于信息的重要性、形态的多元性及其存在的广泛性，人们对于信息的概念至今未有统一的认识，对于信息公开的概念则更为模糊。

信息公开由"信息"和"公开"两个词语组成。从词源来看，在日常生活中，"信息"一词的使用十分广泛，信息有两种语义解释：一指音信和消息；二指信息论中用符号传送的报道，报道的内容是接收符号者预先不知道的。[2]有学者认为信息大致有三层含义：第一层是指处理过的资料；第二层是指对人们有用的消息；第三层是指具有沟通性质的事物。[3]另外，有观点

---

〔1〕　宗主贵族为维护其宗法等级制度和世袭法律特权，将掌握制度规则视为士大夫阶层的特权，力求保持法律的秘密性和威慑力，限制向社会公布成文法的具体内容，利用"刑不可知，则威不可测"的神秘性质，对法律制度进行垄断控制。

〔2〕　中国社会科学院语言研究所词典编辑室编：《现代汉语词典》（第5版），商务印书馆2005年版，第1519页。

〔3〕　余耀军等：《环境信息公开制度的法律化研究》，华中科技大学出版社2016年版，第1页。

认为信息还有四层外延：第一层是数据，主要是未经整理的零星观察、填好的调查问卷、聊天的内容等；第二层是资讯，即对数据加以整理而得到的有序信息，包括课堂教学、数据库、科技文献、软件、影视作品、出版物、调查报告、新闻报道等；第三层是知识，就是通过对数据和资讯的分析得到的对事物本质及其规律的认识；第四层是智慧，这是信息的最高层次，是指通过对知识的融会贯通和经验的积累所产生的认识问题和解决问题的能力。[1]根据对信息的内涵和外延的界定，可以概括出信息应是物质的一种本质属性，是事物通过一定形式表达出来并传递给其他事物的消息。[2]在法律语境下，法律所调整的信息并不是社会中的所有信息，而是经过加工处理且具有一定的内在特质、使用价值的信息，法律中的信息具有价值性、法定状态性、可管理性等特征。遵循对信息概念和法律语境下信息的理解，在国际应对气候变化法中，信息应是包括与气候变化相关的数据、资讯、知识等在内的消息。究其本质，国际应对气候变化法中的信息属于环境信息。环境信息是指与环境有关的信息，其在不同的学科领域有不同的理解。有学者则认为环境信息是人类活动中产生的多种物质流及能量进入环境系统后所引起的环境影响及后果的反馈性识别信号，能够为人们正确地认识、解决所面临的环境问题提供必须的认知手段和共享的资源。[3]综合来看，环境信息的特点十分显著，包括：①与其他信息不同，具有多层次、多因素、多结构的特点，来源分散；②存在方式多样化；③环境信息的源头多元化，来自多方面并且需要经过不同的加工、制作和处理。在国际法领域，关于环境信息公开具有里程碑意义的国际条约是联合国欧洲经济委员会 1998 年 6 月 25 日在丹麦奥胡斯签订的《奥胡斯公约》，该公约第 2 条第 3 款将环境信息界定为以书面、影像、音响、电子形式或其他物质形式存在的消息。

同样，公开也有两种语义解释：一是指不加隐蔽的，面对大家的；二是指使秘密的成为公开的。[4]从含义上看，公开是将某件事物或者消息公之于

---

〔1〕 刘飞宇、王丛虎：《多维视角下的行政信息公开研究》，中国人民大学出版社 2005 年版，第 2 页。

〔2〕 余耀军等：《环境信息公开制度的法律化研究》，华中科技大学出版社 2016 年版，第 2 页。

〔3〕 方如康主编：《环境学词典》，科学出版社 2003 年版，第 535 页。

〔4〕 中国社会科学院语言研究所词典编辑室编：《现代汉语词典》（第 5 版），商务印书馆 2005 年版，第 472 页。

众，主要指将某一主体在计划、决策、行为过程中所产生的各种知识、资料、数据等消息向其他主体公示，这些主体既包括其他国家、国际组织或机构，也包括本国公众。将两个词合起来即构成信息公开，其内涵也一目了然。

信息公开是信息的公之于众，是指义务主体按照一定的形式将信息公开给相关对象的行为。一般而言，信息公开仅指政府信息公开。实践中常见的行政信息公开便是政府信息公开的一种，其是指将一国政府在履行职责过程中产生、获取、利用、传播、保存和负责处置的信息向相对人或社会公开展示，并允许查阅、摘抄和复制。[1]然而，在应对气候变化领域中，信息公开又有所不同。气候变化涉及政府、企业、社会团体和个人等多类不同性质的主体，各主体在一定程度上均掌握着温室气体排放和管理的信息，因此，从国内法看，应对气候变化信息公开主体是多元性的。[2]在国际应对气候变化法中，鉴于国际社会主体主要为国家，国际条约缔约方也多为国家，信息公开的主体并不具有诸如国内应对气候变化信息公开主体的多元性的特征。因而，国际应对气候变化信息公开应是指缔约方（主要指国家）根据可适用的国际应对气候变化法将与本国减缓和适应气候变化的相关资料、数据、知识等信息通过一定的途径或方式向其他国家、国际组织、公众公示的行为。国际应对气候变化法信息公开的主体主要是国家，公开的信息大多是与国家自身应对气候变化或履行国际应对气候变化法相关的信息。

二、气候变化信息公开机制的作用

长期以来，信息公开在国际法中都备受重视，在大气污染防治、臭氧层保护、南极环境保护、海洋环境保护、外层空间环境保护等国际法传统领域中已得到充分肯定。同时，信息公开也是应对气候变化公众参与和公众监督的前置性制度。因此，应对气候变化信息公开机制是诸多应对气候变化制度中，与环境保护制度体系最先进行对接和协同的制度。在现有国际应对气候变化法中，信息公开更是成为一大关键机制，对监督应对气候变化国际条约履行、促进公众参与应对气候变化、提升全球应对气候变化能力、强化应对

---

〔1〕　姜明安主编：《行政法与行政诉讼法》，北京大学出版社、高等教育出版社 2011 年版，第 348~349 页。

〔2〕　参见田丹宇："应对气候变化信息公开制度研究"，载《中国经贸导刊》2015 年第 32 期。

气候变化行动协调及舆论引导都具有重大意义。

（一）监督应对气候变化国际条约的履行

掌握充分、准确、及时的有关气候变化的信息是有效履行应对气候变化国际条约的基本途径。倘若国际环境法得不到有效实施，就不能起到调整国际环境关系的作用。任何法律规范，得不到有效实施，都将成为束之高阁的一纸空文。[1] 国际应对气候变化法同样如此。如何保障国际应对气候变化法的落实成为条约缔结后的关键问题，《联合国气候变化框架公约》规定了国家信息通报和清单报告制度，《京都议定书》承继了《联合国气候变化框架公约》规定并进一步细化了附件一缔约方的国家信息通报制度，《巴黎协定》则开创性地建立了国家自主贡献制度和适应信息通报制度，这些制度共同构成现有国际应对气候变化法下履行条约义务以实现既定减排目标和温控目标的核心内容。同时，这些制度也成为信息公开的重要组成部分。

以《联合国气候变化框架公约》为例，其中有诸多条款保障这一制度的落实、督促缔约方善意履行条约义务，这些条款体现了信息公开对监督应对气候变化国际条约履行的重大意义。如该公约第 7 条第 2 款第（f）项规定："审议并通过关于本公约履行情况的定期报告，并确保予以发表。"该公约第 10 条还确定设立附属履行机构，以协助缔约方会议评估和审评公约的有效履行。可见，信息公开有助于缔约方会议和附属履行机构及时、公正地判断缔约方有无善意履行国际条约和义务、有无切实采取温室气体减排的政策和行动。其中的逻辑链为缔约方公开信息→缔约方会议和附属履行机构获得信息→审评判断缔约方义务履行和条约履行情况→反馈与纠正。因而，就此而言，信息公开有助于监督应对气候变化国际条约的履行，这一作用的发挥依赖于该机制的定位。

1. 独立监督机制

国际应对气候变化法的信息公开机制是一项独立的监督机制。一方面，信息公开机制是独立的。信息公开贯穿于国际应对气候变化法的主要成果之中，与资金机制、能力建设机制共同构成国际应对气候变化法的主要机制。信息公开与环境治理密切相关，信息公开机制在全球气候变化应对和治理中发挥的作用不亚于其他机制。信息公开机制的独立性体现于：①信息公开机

---

〔1〕 林灿铃："国际环境法实施机制探析"，载《比较法研究》2011 年第 2 期。

制是国际应对气候变化法的重要组成部分，囊括国家信息通报、资金信息通报、适应信息通报、国家自主贡献通报、清单报告、信息交流等具体制度，是对国际应对气候变化法具体制度的概括；②信息公开机制具有明确的法律依据。从现有的国际应对气候变化法来看，信息公开机制在《联合国气候变化框架公约》《京都议定书》《巴黎协定》中均有据可循，绝非凭空捏造的机制。另一方面，信息公开机制是一项监督机制，其监督作用主要分为两个层次：第一层次的监督是《联合国气候变化框架公约》《京都议定书》《巴黎协定》缔约方会议对各缔约方履行条约情况的监督，如通过国家信息报告审评来评估国家温室气体减排进展和未来需求；第二层次是公众对各缔约方的监督。在应对气候变化过程中，公众享有知情权和参与权，有获取有关气候变化信息的权利，通过信息公开可以实现公众对国家及其政府应对气候变化举措和实际效果的监督。

2. "桥梁"机制

国际应对气候变化法之信息公开机制既是独立监督机制，同时也是一个"桥梁"机制。"桥梁"机制是指信息公开机制具有类似于桥梁的作用，连通着国际应对气候变化法的其他机制或制度。首先，信息公开机制是公众参与和公众监督制度的前置性制度。信息的准确、及时公开是公众参与应对气候变化和气候治理的前提和基础，若缺乏相应信息，公众的参与热度、参与方式和参与途径都将难以得到有效保障。同时，信息公开能够发挥舆论引导的效用，可以及时回应公众关切的有关气候变化的问题，能够增进公众对应对气候变化政策或措施的理解和认同，减少政策执行阻力。其次，信息公开机制还与全球气候治理国际合作息息相关。国际合作是解决全球气候变化问题的重要途径，是国际社会协作应对气候变化的必然选择。应对气候变化国际合作的内容十分广泛，不仅包括能力建设、资金支持、技术转让，还包括信息的交流与共享，信息交流与共享实质上就是信息公开的另一表述。公开信息即为落实国际合作。国际应对气候变化法中要求的支助信息的公开、有关减缓和适应气候变化的措施和政策信息的公开，毫无疑问能够推动诸如发展中国家、最不发达国家等应对气候变化能力较弱的国家借鉴经验、汲取教训，并通过分析自身的资金、技术需要，进一步强化自身能力建设，从而促进全球整体应对气候变化能力的增强。再次，信息公开制度连接着国际应对气候变化法的履约机制。以《巴黎协定》为例，有观点将国家自主贡献机制、适应信息通报机制、资金信息通报机制、气候技术框架、能力建设机制归纳为《巴黎协定》的履约机制，而把全球盘点机制、遵约机制、透明度机制视为《巴黎协定》的缔约方履约追踪机制。[1] 遵循该思路，其中的国家自主贡献制度、适应信息通报制度、资金信息通报制度、全球盘点制度、透明度制度其实都是信息公开机制的一部分。最后，"信息公开"还是诸多制度的后置性制度。如国内法中的应对气候变化目标责任评价考核制度即要求将评价考核结果向社会公开，对重大建设项目开展环境信息评价后也要将评价结果向公众公开。

（二）促进应对气候变化的公众参与

信息公开是公众参与和公众监督的前置性制度，信息公开能够激励公众参与应对气候变化。2019 年年底，"气候女孩"格雷塔引发的"格雷塔"效应席卷《联合国气候变化框架公约》第二十五次缔约方会议（COP25）会场内外，在西班牙首都马德里引发了 50 万人参加的"气候危机大游行"，这不仅彰显了社会公众对气候变化的关注与重视，同时体现了公众督促权力机构（政府）应对气候变化行动力量的不断壮大。

应该说，国际应对气候变化法十分强调公众获取信息的重要性，这在《联合国气候变化框架公约》《京都议定书》《巴黎协定》中均有所体现。鉴于《巴黎协定》采取"自下而上"的自主减排模式，协定约束力度有限，采取国内立法方式的缔约方数量较少，因此，必须借助公众力量，公众成为全球气候治理和监督的主体。而公众参与应对气候变化的前提便是气候变化相关信息对公众的公开，因为公众参与应对气候变化的积极程度取决于公众的环境意识，公众的环境意识高低受限于多方面，但环境知情权是最为基础的一个因素。

环境知情权与环境问题的出现具有同步性，是应对气候变化信息公开的理论基石。环境知情权是在知情权的基础上，自 20 世纪 60 年代至 70 年代此起彼伏的环境问题中诞生的。环境问题大量出现，环境形势日益严峻，知情权在环境领域有了更为紧迫的现实需求。环境问题交织、环境危害严重，人们对环境问题的恐惧感日益增加，此时若不保障公众的知情权，公众的环境

---

〔1〕 季华："《巴黎协定》实施机制与 2020 年后全球气候治理"，载《江汉学术》2020 年第 2 期。

权利便难以得到维护。对于环境紧急情况和可能产生不利跨界影响的活动，国家不是唯一应获得通知的实体。在环境保护领域的个人权利方面，公众参与是个人权利之一。[1] 作为个人的环境权利之一，要想予以实现，知情权就必须得到保障。只有获得充分、准确的信息，公众才能够有效地参与到全球气候治理和应对气候变化的各类活动与行动之中。

在国际应对气候变化法中，信息的公开不仅是对公众环境知情权的承认，更是对该权利的保障。信息公开作为一种机制，它承认公众对国家拥有的与气候变化相关的信息享有公开请求权，国家对这种信息公开的请求也承担回答的义务。总之，信息公开源于对公众环境知情权的保障，力求促进公众广泛参与应对全球气候变化和提高公众应对气候变化能力，这在《联合国气候变化框架公约》《京都议定书》《巴黎协定》等国际条约中均有所体现。

通过拓宽信息公开途径，丰富信息公开方式，扩大信息公开范围，明确信息公开程序和标准，保障公众的环境知情权，能够确保公众及时获得精确、可靠的与气候变化相关的信息。此外，还能够增强社会公众对气候变化的科学认知，激发其主体意识，增强其环境意识，并逐步树立起可持续发展的环境伦理观，将意识和观念内化于心、外化于行，通过监督政府采取的气候行动、自身践行低碳行为、积极参与应对气候变化活动与宣传等多种形式来应对气候变化。同时，借助公众监督还可以实现温室气体减排措施或政策的民主化和科学化，平衡因气候变化问题而引发的各种利益冲突。

（三）增强全球应对气候变化能力

信息的充分、准确、及时公开将推动全球应对气候变化能力的增强。这一作用集中表现为：

第一，提升公众应对气候变化的能力。在环境保护领域，公众参与是个人权利之一。在应对全球气候变化方面，公众是站在最前沿的主体，是直接遭受气候变化影响和危害者，公众参与以及公众应对气候变化能力的提升对于全球气候治理能力的增强无疑具有重大积极意义。《联合国气候变化框架公约》《京都议定书》《巴黎协定》均有规定要求促进公众获取信息，开展环境教育，增强公众应对气候变化的环境意识。让公众获得气候变化应对策略等，可以达到减少公众对气候变化不确定性的恐惧，使公众认识到气候变化的危

---

[1]　林灿铃：《国际环境法》，人民出版社 2004 年版，第 198 页。

害和气候危机的严重性，激发公众应对气候变化的积极性，促进公众对气候变化知识的获取，从而推动公众自身应对气候变化能力的提高。

第二，提升发展中国家适应气候变化的能力。从历史发展的角度来看，发达国家是温室气体排放大户，是全球气候变化的直接作用者，发展中国家则是全球气候变化的受害者。相比于发达国家，发展中国家的经济水平、科技水平、文化水平都比较低，法律制度仍有待完善，适应气候变化的能力普遍较弱。基于此，国际应对气候变化法确立了"共同但有区别的责任"原则，充分考虑了发展中国家在应对全球气候变化中的特殊性。信息公开包括气候变化科学知识、技术、资金、法律信息的公开，此类信息的公开能够增进发展中国家对气候变化的认识，明确自身的资金和技术需求，可帮助发展中国家引入绿色低碳技术调整产业体系，引入资金投资绿色低碳产业，促进技术更新换代，能够使应对气候变化资金和技术的流动符合温室气体低排放和气候适应型发展的路径。

第三，通过以信息公开为载体的广泛的国际合作提升国际社会应对气候变化的整体能力。技术、资金、科学知识的信息公开将有助于提高发展中国家适应气候变化的能力，当发展至一定程度时，部分发展中国家有余力之际，其也能够从适应气候变化转向减缓气候变化，这将进一步壮大应对全球气候变化的力量。另外，通过长期的信息公开，能够在国际社会营造应对气候变化的良好氛围，将气候变化的国际关注度推向新的高度，获得更多国家、更多企业、更多人的重视和付出。因此，无论是从公众、发展中国家还是整个国际社会的角度来看，信息公开不可辩驳地有助于推动全球应对气候变化能力的提升。

（四）强化应对气候变化的行动协调

全人类负有应对气候变化的共同责任，其要求应对气候变化信息公开。在这一过程中，为保护全球气候系统，减缓和适应气候变化，必须开展广泛的国际合作，集聚应对气候变化的国际合力，而要想实现这一目标，信息公开至关重要。应对气候变化信息的公开能够推动全球深刻认识气候变化问题，对其原因、影响、应对有更为清晰的认知，对应对气候变化所需的全球范围的团结和合作有着更为紧迫的要求。一方面，在应对气候变化方面，发展中国家能力较弱，这是有目共睹的，而应对气候变化信息尤其是技术信息、资金信息的公开能够帮助发展中国家提高自身适应和减缓气候变化的能力，这在一定程度上也符合《联合国气候变化框架公约》的精神。[1]另一方面，应对气候变化的共同责任还要求国际组织、公众积极参与到全球气候变化的应对之中。充分发挥国际组织的作用，如联合国气候变化专门委员会发布气候变化报告；联合国环境规划署（United Nations Environment Programme，UNEP）协调国际环境保护事宜；世界气象组织（World Meteorological Organization，WMO）发布全球环境气候状况报告、世界极端天气和气候信息以及气候指标状况信息等。促进公众参与应对气候变化，如政府在公开环境信息时可以借助环境保护非政府组织及其从业人员的专业优势；还可以通过向社会公众公开信息、进行环境教育增强和提升个人应对气候变化的意识与能力。从这个角度来讲，信息公开是国家、国际组织、公众履行应对气候变化共同责任的方式和前提。

环境信息是一项必不可少的环境治理要素。环境信息涉及建设项目管理、污染防治、总量控制、环境监察、环境应急、生态保护等多方业务及日常政务信息等，因此建立环境信息共享机制有助于实现对排放源的闭环跟踪，提升环境管理质量，是实现环境精细化治理的基础。环境信息是建立多部门协调机制，开展环境联合执法的必备要素。同时，还可加强环境主管部门与其他各部门之间的协作机制，推进信息公开，形成政策措施合力。应对气候变化相关信息的公开，在国际层面能够推动国际社会的广泛合作，强化各国的行动协调，在国内层面亦可让公众保持正确认知，争取公众的认同、理解、支持与配合，化解应对气候变化过程中可能产生的无形阻力，促进立法机关、司法机关以及行政机关更高效地履行应对气候变化的工作职责。

同时，信息公开还有助于开展应对气候变化的重要政策措施、法规规章的解读工作。比如，我国《生态环境部落实 2018 年政务公开工作要点实施方案》要求"重要环境政策出台时，解读方案应与文件同步起草、一并报批，相关解读材料在部政府网站和相关媒体同步发布"。通过及时充分公开应对气候变化相关信息，可以对舆情进行有效的监测并及时地加以回应。对涉及气候变化的重要政务舆情、媒体关切的热点问题给予及时回应，积极引导涉及

---

　　[1]　《联合国气候变化框架公约》第 3 条第 2 项规定："应当充分考虑发展中国家缔约方尤其是特别易受气候变化不利影响的那些发展中国家缔约方的具体需要和特殊情况，也应当充分考虑到那些按本公约必须承担不成比例或不正常负担的缔约方特别是发展中国家缔约方的具体需要和特殊情况。"

公众切身利益以及环境突发事件的重大舆情，迅速反应、及时发声，防止误解误读。

三、气候变化信息公开机制的要求

透明度是应对气候变化国际合作的重要内容，是确保各缔约方履行《联合国气候变化框架公约》及其《京都议定书》和《巴黎协定》下义务的重要保障措施，也是各缔约方加深了解、建立互信的基础。《联合国气候变化框架公约》和《京都议定书》确立了国家信息通报制度，信息通报是所有缔约方应尽的义务。

（一）透明度要求

透明度是借用物理学的一个概念，意指个体或群体行为的可见性、开放性、交流性与可说明性。学术界长期以来缺乏对透明度的定义。施耐肯伯格（Schnackenberg）和汤姆林森（Tomlinson）在总结前人研究的基础上，尝试提出了一个简明的"透明度"定义，认为透明度是指信息发布者所刻意发布信息的被感知质量。[1]这一定义基本上呼应了《联合国气候变化框架公约》下气候变化透明度的实践。《联合国气候变化框架公约》要求缔约方提供与履约相关的信息。最早的一份信息报告指南就指出，这些信息要符合"透明、一致、可比、完整、准确"的要求，也就是公约体系下常说的 TCCCA 原则（T-ransparent，Consistent，Comparable，Complete and Accurate）。[2]在《联合国气候变化框架公约》下，"可测量、可报告和可核证"（Monitoring，Reporting，Verification，MRV）作为透明度的主要手段，虽然公约中有类似概念，但 MRV 作为谈判议题引起关注却是开始于 2007 年《巴厘岛行动计划》。多数研究认为《联合国气候变化框架公约》下的 MRV 体系应当得到强化，[3]但是对于如何强化则有许多分歧。有人主张应当建立自上而下的统一透明度体系，包

---

〔1〕 Andrew K. Schnackenberg & Edward C. Tomlinson, "Organizational Transparency: A New Perspective on Managing Trust in Organization-Stakeholder Relationships", *Journal of Management*, Vol. 42, No. 7, 2016.

〔2〕 UNFCCC, *Guidelines for the Preparation of National Communications by Parties Included in Annex I to the Convention*, Part I: *UNFCCC Reporting Guidelines on Annual Inventories*, 1999.

〔3〕 H. Winker, "Measurable, Reportable and Verifiable: The Keys to Mitigation in the Copenhagen Deal", *Climate Policy*, Vol. 8, No. 6, 2008, pp. 534 – 547; T. Fransen, H. McMahon & S. Nakhooda, *Measuring the Way to a New Global Agreement*, WRI Discussion paper, World Resources Institute, 2008.

括统一的 MRV 和核算规则；[1] 也有人主张应当建立一种具有更大灵活性的、包罗万象的强化的透明度体系。[2] 而当 2010 年《联合国气候变化框架公约》第十六次缔约方会议（COP16）达成的《坎昆协议》建立起发达国家和发展中国家二分的 MRV 体系后，学界开始更多地考虑如何细化这一体系的内容，如国际评估与审评和国际磋商与分析的范围、频率、输入、输出等。[3]

　　总的来看，《联合国气候变化框架公约》下的气候变化透明度国际规则是一个不断发展演变的过程。从《联合国气候变化框架公约》的原则性规定，到历次缔约方大会决定建立、修订关于透明度的报告和审评指南，再到《京都议定书》《坎昆协议》和《巴黎协定》系统性建立透明度框架，总的趋势是透明度国际规则不断得到强化，并且随着发展中国家在《联合国气候变化框架公约》和《巴黎协定》下承担义务的增加和其能力的不断提高，透明度国际规则从早期发达国家和发展中国家之间的显著不同逐渐演变为发展中国家向发达国家靠拢。

　　《联合国气候变化框架公约》的信息公开机制的要求十分丰富，涵盖了公开国家清单、公开政策和措施、公开技术和做法与过程、公开科技和工艺以及社会经济和法律方面的信息、公开履行信息、公开从国家管辖范围外地区取得的数据及其分析结果、向公众公开有关气候变化及其影响的信息以及公开有关气候变化及其影响教育和提高公众意识的信息等[4]"减缓"和"适应"气候变化多个方面。

　　《巴黎协定》确立的透明度框架要求缔约方定期公开温室气体"源"和"汇"的国家清单报告、国家自主贡献信息、气候变化的脆弱性相关的信息、发达国家缔约方向发展中国家缔约方提供资金和技术转让以及能力建设支助情况的信息、发展中国家缔约方需要和接受的资金与技术转让以及能力建设

---

　　[1]　W. Hare, C. Stockwell, C. Flachsland & S. Oberthur, "The Architertuye of the Global Climate Regime: A Top-down Perspective", *Climate Policy*, Vol. 10, No. 6, 2010.

　　[2]　T. Fransen, *Enhancing Today's MRV Framework to Meet Tomorrow's Needs: The Role of National Communications and Inventories*, WRI Discussion paper, World Resources Institute, 2009; C. Breidenich & D. Bodansky, *Measurement, Reporting and Verification in a Post-2012 Climate Agreement*, Washington: Pew Center on Global Climate Change, 2009.

　　[3]　J. Ellis, G. Briner, Y. Dagnet & N. Campbell, *Design Options for International Assessment and Review (IAR) and International Consultations and Analysis (ICA)*, OECD Climate Change Expert Group Paper, 2011.

　　[4]　参见《联合国气候变化框架公约》第 4、5、6 条。

支助情况的信息等。[1]由此可知,《巴黎协定》对缔约方有关气候变化的信息公开义务有着明确严格的规定,这有利于各缔约方之间相互协作,相互监督,共同应对气候变化问题。

(二) 国家信息通报

在环境领域进行信息公开具有至关重要的作用,国家信息通报制度是各缔约方履行约定义务的基础。首先,提供信息通报的国家,经过对通报信息的严格处理,可以充分了解本国温室气体排放情况、清晰认知本国国情、掌握适应气候变化的相关情况以及采取何种措施更符合本国的基本国情,这有助于该国作出合适的气候变化政策和决策。其次,对于国际社会而言,通过信息公开通报,缔约方均可以了解其他缔约方的履约状况,包括履约的方式和履约的进行程度,并可以对信息公开通报的缔约方进行监督,督促各缔约方及时履行公约规定的义务。国家信息通报制度有助于气候变化问题的解决,是国际环境领域应对气候变化问题必不可少的制度,是公约其他制度实施的基础。

《联合国气候变化框架公约》第4条第3、4、5款规定了附件二中缔约方发达国家应该为发展中国家提供一定的资金包括信息通报的资金以及技术转让资金等,帮助特别易受气候变化不利影响的发展中国家缔约方支付适应这些不利影响的费用,采取一切实际可行的步骤,酌情促进、便利和资助向其他缔约方特别是发展中国家缔约方转让或使它们有机会得到无害环境的技术和专有技术。[2]该公约第12条第1款规定:每一缔约方应通过秘书处向缔约方会议提供含有下列内容的信息:(a) 在其能力允许的范围内,用缔约方会议所将推行和议定的可比方法编成的关于《蒙特利尔议定书》未予管制的所有温室气体的各种源的人为排放和各种汇的清除的国家清单;(b) 关于该缔约方为履行公约而采取或设想的步骤的一般性描述;(c) 该缔约方认为与实现本公约的目标有关并且适合列入其所提供信息的任何其他信息,在可行情况下,包括与计算全球排放趋势有关的资料。[3]《联合国气候变化框架公约》第4条和第12条明确规定了各缔约方在气候变化领域进行国家信息通报的义

---

〔1〕 参见《巴黎协定》第13条。
〔2〕 王曦主编:《国际环境法资料选编》,民主与建设出版社1999年版,第254页。
〔3〕 王曦主编:《国际环境法资料选编》,民主与建设出版社1999年版,第251~252页。

务，体现了"共同但有区别的责任原则"，虽然公约中关于信息通报的具体范围和内容较为模糊，但为各缔约方进一步谈判国家信息通报的具体内容奠定了基础。由此可知，国家信息通报是《联合国气候变化框架公约》各缔约方都必须履行的国际义务。

第二节　气候变化信息公开的内容与范围

通过梳理现有国际应对气候变化法的相关规定，可以发现应对气候变化信息公开的内容主要分为国家减缓和适应气候变化的相关信息、应对气候变化国际合作的相关信息以及需要向公众公开的与气候变化相关的信息等三类，信息公开主体主要为国家，信息公开对象为其他国家、国际组织、公众等。

一、气候变化信息公开的内容

《联合国气候变化框架公约》及其《京都议定书》和《巴黎协定》共同构成了当今国际应对气候变化法律体系，其信息公开机制一脉相承，信息公开的内容较为充实。通过对国际应对气候变化法之信息公开机制规定的梳理，可以概括出信息公开的内容主要包括国家减缓和适应气候变化的相关信息、应对气候变化国际合作的相关信息、向公众公开的有关气候变化的信息等。

（一）国家减缓和适应气候变化的相关信息

目前，国际社会尚未形成统一的全球性的温室气体减排信息公开制度，国际上存在彼此独立的三大减排阵营，发展中国家还没有建立自己的温室气体减排信息公开制度，欧盟与"伞形国家"建立的温室气体减排信息公开制度在配额分配、登记和结算、核证等方面也各不相同。[1] 近些年来，随着气候变化问题日益严重，国际社会越来越关注气候变化，世界上的主要国家，包括诸多发展中国家都作出了减排承诺。通过发达国家带头作用的充分发挥，以及我国作为最大的发展中国家的积极实践，有望形成全球减排信息公开制度。此制度的形成有助于进一步应对气候变化问题。

国家是现代国际法的核心主体，同时也是国际社会中应对气候变化的首

---

〔1〕 韩良："论国际温室气体减排信息公开制度的构建"，载《南京大学学报（哲学·人文科学·社会科学版）》2010 年第 6 期。

要责任主体。作为信息公开的主要主体，国家必须根据国际应对气候变化法，定期更新本国减缓和适应气候变化的信息，诸如温室气体的"源"和"汇"的国家清单、应对气候变化履约信息以及实现国家自主贡献的必需信息，等等。

（二）应对气候变化国际合作的相关信息

现代国际法常被形容为"合作法"，而非传统国际法的"共存法"（一种对等待遇法和/或协调法）。[1] 国际环境领域的国际合作则指各国进行广泛密切的合作，通过合作采取共同的环境资源保护措施，实现国际环境法的目的。[2] 许多全球性或区域性多边条约、双边条约均规定了国际合作条款。[3] 应对气候变化国际合作是国际应对气候变化法信息公开机制的重要前提。国际合作要求信息公开，信息公开促进应对气候变化的国际合作。信息公开机制作为国际应对气候变化法的重要机制，同时也是国际合作在应对气候变化领域的重要体现。质言之，信息公开本身就代表着国际合作，信息公开后的信息传递、信息利用以及信息价值的挖掘更是促进了国际社会应对气候变化能力和水平的提升。

国际合作是国际环境法的基本原则之一，国际环境合作是人类应对气候变化的必然、理性选择。国际合作融于国际应对气候变化法之中，信息公开机制与国际环境合作密切相关。在国际应对气候变化法之信息公开机制中，有关国际合作的信息也是信息公开的重要内容之一。现有国际应对气候变化法规定必须公开以下三类有关国际合作的信息：①关于政策和措施的经验和信息。②有关资金、技术转让和能力建设支助和接受支助的信息，如全球环境基金公布捐资国的捐助信息等。③良好做法、经验和教训以及包括与适应行动方面的科学、规划、政策和执行等相关的信息。这些信息是确保应对气候变化国际合作顺利推进和取得实效的关键资源。试想，如果信息不公开，国际社会信息闭塞，产生巨大的信息鸿沟，有关气候变化和适应的信息不对

---

〔1〕 Charles Leben, "The Changing Structure of International Law Revisited by Way of Introduction", *European Journal of International Law*, Vol. 8, No. 3, 1997.

〔2〕 林灿铃：《国际环境法》（修订版），人民出版社2011年版，第173页。

〔3〕 相关条约的国际合作条款主要有：《保护臭氧层维也纳公约》序言及第4条第1款、附件2；《联合国气候变化框架公约》序言、第4条；《远距离越境空气污染公约》序言及第4条；东盟《关于保护自然和自然资源的协定》第9条；《国际水道非航行使用法公约》第8条；《联合国人类环境宣言》原则24；《关于环境与发展的里约宣言》原则7。

称，技术转让、资金援助等信息不透明、不公开，势必会对国际社会应对气候变化能力建设造成较大的不利影响。因此，必须将国际合作的相关信息纳入应对气候变化信息公开范围之内，解决信息不对称问题，发挥信息的交流作用，促进信息从制造者流向接收者，确保整个国际社会应对气候变化的国际合作有序推进，实现国际社会应对气候变化能力的整体提升。

（三）向公众公开的气候变化信息

全球气候治理离不开公众的广泛参与，信息公开是应对气候变化公众参与和公众监督的前置性制度。气候变化肇因于广泛的人类活动，积极应对气候变化不仅需要革新科学技术，而且还有赖于人类行为的纠正和限制。公众是直接受气候变化影响的主体，处于应对气候变化的第一线，全球气候治理高度依赖于公众能力的提升和公众环境意识的转变，而获取信息就是其中的关键一环。信息的及时、充分获取能够转变公众的气候认知，公众的气候认知直接影响其行为选择，公众对气候变化的意识决定着其对气候变化政策的态度。因此，为应对气候变化，必须向公众公开以下相关信息：①有关气候变化及其影响的信息；②有关教育和提高公众意识的信息。就作用而言，第①类信息可以帮助公众了解气候变化的成因、经过、危害；第②类信息则可以通过专门的环境教育或广泛的国民教育增强公众的环境意识，增强公众应对气候变化知识的获取和学习能力，从而实现自身行为的纠偏，并产生示范效应，促进全球气候的共同治理。实际上，公众也有了解有关气候变化信息的实际需要，如企业欲了解国家的碳交易规则、行业工作进展，个人想了解实施低碳行为的指南、应对气候变化的具体行为或措施、提高适应气候变化能力的对策，等等。

二、气候变化信息公开的范围

在国际应对气候变化法中，鉴于国际社会的主体主要是国家，国际条约的缔约方也多为国家，信息公开的主体并不具有诸如国内应对气候变化信息公开主体的多元性特征。因而，国际应对气候变化信息公开应是指缔约方（主要指国家）根据可适用的国际应对气候变化法将与本国减缓和适应气候变化的相关资料、数据、知识等信息通过一定途径或方式向其他国家、国际组织、公众公示的行为。

（一）信息公开的主体范围

作为应对气候变化领域国际法的奠基之作，《联合国气候变化框架公约》设立了多元化的机制以保障目标的实现，信息公开就是其中最为关键的一项。其中就信息公开的主体、信息公开的具体要求以及信息公开的协助机构作出了较为明确的规定。

《联合国气候变化框架公约》目前有197个缔约方，其将缔约方划分为附件一缔约方和附件二缔约方，并对附件一缔约方和附件二缔约方的信息公开作出不同要求。除所有缔约方必须公开的信息外，附件一缔约方必须承诺公开有关《蒙特利尔议定书》未予管制的温室气体的"源"的人为排放和"汇"的清除信息。就此来看，赋予附件一缔约方更为严格的信息公开要求实际是与《联合国气候变化框架公约》"共同但有区别的责任"原则以及附件一缔约方作为主要的碳排放国家的历史和现实情况相契合的。但是，如果仅从信息公开的主体范围来看，根据《联合国气候变化框架公约》的规定，在其框架下，信息公开的主体是所有缔约方，也即所有缔约方都负有信息公开的义务，都必须根据《联合国气候变化框架公约》规定及时、有效地以相应的途径和方式对自身各方面的应对气候变化的信息加以公示，仅是在公开的具体信息方面有一定的差别而已。

为促进履行，《联合国气候变化框架公约》设立缔约方会议、秘书处等机构，这些机构是《联合国气候变化框架公约》下信息公开的协助主体。换言之，缔约方公开的部分信息会直接交由这些机构，或者经由这些机构进行评审，从而实现强化信息公开监督、促进应对气候变化国际条约履行和推动全球气候治理的目的。由此可见，缔约方会议、秘书处与缔约方的角色定位不同，前两者在信息公开中主要扮演的是辅助性角色，如创造信息交流的便利条件、审议并发表定期报告等；而后者则直接承担信息公开的义务，必须依据公约规定及时公开相关信息。

《京都议定书》是在《联合国气候变化框架公约》第4条承诺部分的规定不够充分和详细的背景下，为应对新形势下的温室气体减排任务而缔结的。《京都议定书》确立了新的承诺内容，全文共28条，2个附件，于2005年2月16日正式生效，目前共有192个缔约方，包括191个国家和1个区域经济一体化组织。《京都议定书》是21世纪全球应对气候变化的开创性成果，不仅细化了《联合国气候变化框架公约》中的相关规定，为应对气候变化搭建了更加细致的法律框架，进一步量化了缔约方的减排义务，同时也丰富、发展了国际应对气候变化法的信息公开机制。

《京都议定书》在细化《联合国气候变化框架公约》的基础上，进一步明确了《联合国气候变化框架公约》附件一所列缔约方的信息公开义务。由此来看，《京都议定书》作为《联合国气候变化框架公约》在21世纪的新安排，大体继承了《联合国气候变化框架公约》信息公开主体的两分法，将信息公开主体分为所有缔约方和附件一缔约方。但是，与《联合国气候变化框架公约》不同的是，《京都议定书》对附件一缔约方的信息公开要求更为严格，更加凸显信息公开的必要性。

《京都议定书》将《联合国气候变化框架公约》的缔约方会议作为其缔约方会议，并赋予相同职能。因此，在《京都议定书》下秘书处与《联合国气候变化框架公约》秘书处一样也承担着辅助信息公开的职能。

作为全球应对气候变化的最新安排，《巴黎协定》在应对气候变化信息公开机制方面有了较大突破，虽然《巴黎协定》在实施过程中遭遇了挫折，退约现象偶有发生。

首先，《巴黎协定》的信息公开主体更加倾向于所有缔约方。与《联合国气候变化框架公约》《京都议定书》不同，《巴黎协定》将缔约方划分为发达国家缔约方和发展中国家缔约方，但在信息公开主体认定上倾向于所有缔约方，放宽了长期以来坚持《联合国气候变化框架公约》附件一缔约方更为严格的信息公开要求。比如，《巴黎协定》第3条规定所有国家都必须通报国家自主贡献并提供必要信息；第7条第7款规定所有缔约方都应促进信息、做法、经验和教训等的交流；第7条第10款要求所有缔约方都应定期提交和更新适应信息通报；第11条第4款规定所有缔约方均应定期就加强发展中国家缔约方执行本协定的能力建设行动或措施进行通报；第12条规定所有缔约方都应促进公众获取信息；第13条再次强调了所有缔约方定期提供关于温室气体"源"的人为排放和"汇"的清除的国家清单报告等信息。

其次，从《巴黎协定》信息公开主体的构造来看，其关于信息公开主体的设计契合了协定自下而上的减排机制，更加凸显共同责任，忽视有区别的责任，过多地强调所有国家的信息公开，赋予发展中国家更多的信息公开义务，这实际上在无形之中增加了发展中国家的负担。概言之，《巴黎协定》下发达国家缔约方的信息公开要求有所降低，而发展中国家的信息公开要求却大幅提高。

最后，《巴黎协定》中信息公开的辅助机构与《联合国气候变化框架公约》及其《京都议定书》基本一致，主要包括缔约方会议和秘书处。其中，缔约方会议负责《巴黎协定》信息公开机制中最为关键的一个部分，也是关系《巴黎协定》履行情况的重要检查和监督机制——全球盘点。[1] 全球盘点的作用不仅在于评估缔约方履行协定的情况，而且还在于通过盘点为缔约方更新行动和支助、加强气候行动国际合作提供信息。因此，全球盘点也属于《巴黎协定》信息公开机制的重要组成部分。另外，由于《巴黎协定》第17条第2款规定，关于秘书处职能的《联合国气候变化框架公约》第8条第2款和关于就秘书处行使职能作出的安排的《联合国气候变化框架公约》第8条第3款，应比照适用于该协定。因此，《巴黎协定》下的秘书处同样承担着前述《联合国气候变化框架公约》中秘书处在信息公开中承担的辅助职能。

综上，国际应对气候变化法之信息公开的主体为国家及其政府，而不涉及社会团体、个人等，国家须通过国内立法方式诚实履行其信息公开的国际义务。例如，我国气候变化立法进程总体虽然较为缓慢，但我国履行国际应对气候变化法所规定的信息公开义务却是积极的，自2007年以来，我国均向《联合国气候变化框架公约》秘书处提交了《气候变化初始国家信息通报》《气候变化第二次国家信息通报》《气候变化第三次国家信息通报》等文件。

（二）信息公开的对象范围

应对气候变化信息公开对象主要为其他国家、国际组织、缔约方会议和秘书处、社会团体、公众个人。尽管应对气候变化信息公开的主体仅限于国家及其政府，但信息公开的对象范围却是十分广泛的，这是因为信息公开的作用在于促进信息交流，提升国际应对气候变化能力。

首先，其他国家应是信息公开的主要对象。如前所述，在现代国际法中国家是国际社会的核心主体，除公开信息的国家外，其他国家理应成为信息公开的对象。理由有二：一是部分国家尤其是发展中国家应对气候变化的能力还比较弱，如果不能够获取相关科学、技术、资金、政策方案等信息，其

---

[1] 《巴黎协定》第14条规定："1. 作为《巴黎协定》缔约方会议的《公约》缔约方会议应定期总结本协定的执行情况，以评估实现本协定宗旨和长期目标的集体进展情况……3. 全球总结的结果应为缔约方提供参考，以国家自主的方式根据本协定的有关规定更新和加强它们的行动和支助，以及加强气候行动的国际合作。"

能力建设行动有可能会遭遇阻碍；二是应对气候变化信息的公开有利于促进应对气候变化的措施、经验、教训的广泛交流，这对全球应对气候变化能力的提升大有裨益。

其次，国际组织也是信息公开的重要对象之一。国际组织在应对气候变化中发挥着重要的推动作用，以联合国为核心的国际组织是推动应对气候变化的主要力量，联合国将应对气候变化作为重要的全球议题，成立 IPCC，迄今该机构已发布 6 次评估报告，全面评估了自前工业化时代以来二氧化碳的累计排放量，制定了未来二氧化碳排放预算。同时，联合国还推动缔结了以《联合国气候变化框架公约》《京都议定书》《巴黎协定》为主干的国际应对气候变化法律体系。从某种意义上说，联合国是应对全球气候变化的组织者和领导者，因此必须充分地掌握国家公开的信息，从而为全球气候治理提供更多、更充分的制度供给。另外，以全球环境基金为例，联合国环境规划署、联合国开发计划署、世界银行担任全球环境基金的执行机构，分别负责执行科研、能力建设和投资项目，扮演着全球环境基金申请审核人的角色。[1] 这些机构在开展自身工作时必须获取相关信息，如需要了解缔约方温室气体排放限制措施、发展中国家的特殊需要，从而确定是否发放基金。

再次，缔约方会议和秘书处也是信息公开的对象之一。在国际应对气候变化法中，为促进条约的良好履行，《联合国气候变化框架公约》《京都议定书》《巴黎协定》均设立了缔约方会议和秘书处，这两大机构承担着审评国家信息通报、国家自主贡献以及其他信息的职能。实现这一职能的首要前提便在于获取相关信息，换句话讲，只有获取信息，此类机构才能够切实履行审评职能，评估公约和协定履行情况，了解全球温室气体减排实效。

最后，社会团体和公众个人也是信息公开的对象。社会团体包括企业、非政府组织，等等。一方面，社会团体和公众个人享有知情权，其有权利获得与气候变化成因、影响、危害、应对方法相关的信息；另一方面，社会团体和公众个人是参与应对全球气候变化行动的重要主体，其获得与气候变化相关的信息能够提高其适应能力。《联合国气候变化框架公约》第 6 条第（a）项、第（b）项、《京都议定书》第 10 条第（e）项、《巴黎协定》第 12 条均要求缔约方应确保公众获取信息，促进公众对气候变化影响与危害的理解，

---

〔1〕　伍艳："论联合国气候变化框架公约下的资金机制"，载《国际论坛》2011 年第 1 期。

提高公众应对气候变化的意识。是故，社会团体和公众个人毫无疑问应属于信息公开的对象。

总之，相比于国内法中环境信息公开对象的单一化，国际应对气候变化法信息公开的对象是多元化的，既包括国内层面的社会公众（个人和企业），也包括国际层面的其他国家、国际组织和机构。这不仅符合国际社会基本结构，而且也满足应对气候变化的实践需要。充分了解相关信息能够有力地提升应对气候变化的能力，可以整体性地推动国际应对气候变化行动的持续深入开展。

（三）信息公开的范围限制

信息公开并非绝对的公开，而是相对的有限制的公开。从现有国际应对气候变化法来看，其中的信息公开机制仍然较为笼统和分散，仅列举了需要公开的信息类型，未对公开的范围限制加以明确。在国际层面，从国家主权平等的属性来看，有些事项是不应公开的，如涉及国家秘密的事项；在国内层面，对公众公开的信息也应是有所保留的，如涉及企业商业秘密和个人隐私的事项原则上不应公开。从整体来看，这些不公开的信息主要涉及国家秘密、商业秘密和个人隐私等事项。

国际应对气候变化法信息公开的范围限制与国内法中信息公开的限制类似，主要是指哪些信息不应公开，是信息公开的例外规则。借鉴国内法信息公开制度的经验而言，国际应对气候变化法中的信息公开的例外主要涉及国家秘密、商业秘密、个人隐私等事项。

第一，在国际应对气候变化法律中，虽未能明确规定信息公开的例外规则，但根据一般法律理念，有关国家秘密的事项应属于国家自主控制范围，没有义务向其他主体公开。如果强行要求公开有关国家秘密的事项，可能会产生诸多负面效果，如有国家可能借此干涉别国内政、影响国家政治安全及经济利益的实现、不利于发展中国家的能力建设等。不公开涉及国家秘密的事项也符合国家主权平等的当代国际法基本原则。从各国国内立法实践来看，国家秘密也是各国信息公开的主要例外。在这一方面，发达国家对国家秘密的规定非常详尽和具体，如美国的相关法律文件中规定的国家秘密就包括有关国家领土安全、战略安全等利益的信息，涉及国防、军事、情报、外交、科学技术、经济和保密措施，减少二氧化碳等温室气体排放的高新技术以及国家关于应对气候变化的重大战略和决策的相关信息。

第二，商业秘密也应作为国际应对气候变化法信息公开的限制之一。商业秘密具有秘密性、实用性和保密性三个特征。在应对气候变化过程中，企业毫无疑问发挥着重大作用，是具体落实减少二氧化碳等温室气体排放行动的主力军。对于企业而言，减少二氧化碳等温室气体排放或者碳利用的相关技术可能涉及其商业秘密。此外，企业作为一个理性的经济人，其对涉及自身商业秘密的与应对气候变化的相关环境信息有自己的判断，享有信息的自我决定权。从企业自身出发，如果法律规定企业必须将与自身商业秘密相关的环境信息提供给政府部门，并由政府部门进行公示，势必会对企业的生产经营造成不利影响，比如相关技术的商业秘密泄露可能给企业造成巨大经济损失，甚至导致企业破产、倒闭。而对于国家而言，政府在国际层面既承担着信息公开的义务，在国内层面也承担着保护企业商业秘密的义务，后者是更为实际的一个义务，不仅关系着国内经济发展，而且还可对国家应对气候变化的实际行动产生至关重要的影响。

第三，个人隐私在国际应对气候变化信息公开中也应得到尊重和保护。个人隐私直接体现为隐私权。隐私权是一种人格权，是自然人对自己人格尊严和人格自由保护的延伸，是一种典型的人身权。隐私权是文明社会的人应该享有的一种文明权利。作为一种对世权，其权利主体是特定人，义务主体是一般人。个人隐私涉及私主体的个人利益，保护个人利益无论是在国内法还是国际法中都是得到肯定的。如中国政府就明确强调：涉及商业秘密、个人隐私等公开会对第三方合法权益造成损害的政府信息，行政机关不得公开。但是，第三方同意公开或者行政机关认为不公开会对公共利益造成重大影响的，予以公开。[1]

无论是国家秘密，或是商业秘密、个人隐私，不予公开信息的正当性在于维护国家的公共利益。尽管应对全球气候变化是全人类的共同责任，所有国家、企业、个人均应认识到应对气候变化的重大使命和重大责任，尽可能地以多种方式、途径积极参与全球气候治理和应对气候变化行动，但为维护共同利益的需要，其自身有关应对气候变化和温室气体减排的部分私密信息

---

〔1〕　参见《中华人民共和国政府信息公开条例》（2007 年 4 月 5 日中华人民共和国国务院令第492 号公布，2019 年 4 月 3 日中华人民共和国国务院令第 711 号修订，2019 年 5 月 15 日起施行）第 15条。

仍应属于保留范围，这符合法律利益均衡的基本法理。

第三节 气候变化信息公开的途径与方式

应对气候变化信息公开的途径十分多元，包括国家信息通报报告、国家自主贡献报告、其他常规途径等，方式包括主动公开和依申请公开。

一、信息公开的途径

信息公开的途径是指信息通过何种渠道进行公开。总体而言，应对气候变化信息公开的途径是多元的，既包括现有国际应对气候变化法规定的国家信息通报、国家自主贡献等方式，也包括以政府公报、政府网站、新闻发布会、报刊、广播、电视、国家档案馆、公共图书馆、媒体、电子公告栏等多种渠道进行的信息公开。

（一）国家信息通报

国家信息通报是国家公开应对气候变化信息的主要方式。根据《联合国气候变化框架公约》的规定，附件一国家每年须向秘书处递交本国温室气体排放的详细报告，同时《联合国气候变化框架公约》所有缔约方也应定期递交报告，以国家信息通报形式汇报并公开本国关于气候变化的政策。《京都议定书》第7条基本坚持《联合国气候变化框架公约》的精神，同样要求附件一所列缔约方应根据《联合国气候变化框架公约》规定提交年度清单和国家信息通报，并在其中载列必要补充信息。值得注意的是，《联合国气候变化框架公约》要求所有缔约方均应定期提交报告，而《京都议定书》仅要求《联合国气候变化框架公约》附件一所列缔约方提供。这一精神在《巴黎协定》中也有相应体现。《巴黎协定》要求缔约方提供温室气体"源"的人为排放量和"汇"的清除量的国家清单报告［第13条第7款（a）项］；要求缔约方定期提交、更新适应信息通报，这项信息通报可以纳入或结合其他信息通报或文件进行提交，其中包括国家适应计划、国家自主贡献或专门的国家信息通报（第7条第10款、第11款）。由此看来，《巴黎协定》要求缔约方公开的适应信息通报既可以作为国家信息通报的内容，也可以作为国家自主贡献通报的内容。就目的来看，提供信息是适应信息通报的主要目标。加之适应信息通报的灵活性，即可以选择具体的提交方式，未来在很大程度上可能成为国家公开自身相关信息的主要渠道。

从现有国际应对气候变化法来看，各缔约方均可以通过国家信息通报的途径公开相关信息。国家信息通报对于国家而言，可以帮助国家更好地进行与气候变化相关的决策。从国际视角来看，国家信息通报还能够让国际社会充分地了解该国履行条约的状况，包括履约的程度和方式。考虑到《联合国气候变化框架公约》仅原则性地规定了国家信息通报的内容，为了更好地发挥国家信息通报的作用，方便缔约方通报相关信息，《联合国气候变化框架公约》缔约方会议以决定的形式为附件一缔约方和非附件一缔约方分别制定了编制国家信息通报的指南，其中非附件一国家信息通报的指南于1996年《联合国气候变化框架公约》第二次缔约方会议（COP2）通过。指南对通报的内容作出了更为明确、具体的规定，主要包括：①国家基本情况。这部分要求阐述本国发展的优先事项、目标，提供有关经济、地理和气候的基本信息，主要指标有人口、面积（平方公里）、国内生产总值、人均国内生产总值，估计隐形部门在国内生产总值中所占的比例、工业占国内生产总值比重、服务业占国内生产总值比重、农业占国内生产总值比重、用于农业目的的土地面积、城市人口占总人口的比例、牲畜总数、森林面积、绝对贫困人数、预期寿命、受教育率。②国家排放清单。指南对温室气体种类、清单的编制方法以及提供年份作出了具体规定，这是信息通报的重要组成部分。在方法上，为使各国在编制清单时采取透明、可比的方式，WMO和UNEP联合成立的IPCC组织专家，编写国家温室气体清单指南，为各国编制排放清单提供技术参考。在范围上，基于发展中国家温室气体的排放量小且收集数据难度大等因素的考虑，指南仅要求非《联合国气候变化框架公约》附件一缔约方提供三种温室气体（二氧化碳、甲烷和氯化亚氮）的信息，是否提供其他相关信息则可以自行考虑。③履约步骤。《联合国气候变化框架公约》为各缔约方规定了为应对气候变化所承担的义务，指南要求描述本国为履约已经采取或打算采取的步骤，规定描述应酌情包括：其一，与可持续发展、研究和系统观测、教育和宣传、培训等有关的方案；其二，气候变化对海洋生态系统、陆地影响的应对战略；其三，以酌情将气候变化影响的信息纳入国家规划进程为目的的拟在灾害防备、沿岸区管理、农林渔方面的政策框架；其四，纳入应对气候变化中长期规划的信息通报；第五，含有增加"汇"的有助于应对气候变化不利影响措施的方案；④其他信息。《联合国气候变化框架公约》附件一国家可提供与实现公约目标有关的任何其他信息。⑤技术、资金的需求与限制。指南规定非《联合国气候变化框架公约》附件一国家可说明与通报信息相关的技术与财政方面的需求和限制。信息通报中可列入国家技术需求资金需求的信息。⑥初始信息通报的提交时间。非《联合国气候变化框架公约》附件一缔约方提交初始国家信息通报的时间是公约对其生效后3年内（《联合国气候变化框架公约》第4条第3款）或是其获得资金3年内（《联合国气候变化框架公约》第12条第5款）。⑦结构、执行摘要和语言。指南明确，非《联合国气候变化框架公约》附件一缔约方根据该指南所提交的信息应以一份单独文件的形式通过秘书处提交缔约方会议。为便于快速便捷地了解缔约方所提供的信息，指南还规定缔约方要在提交信息通报的同时，提交一份关于信息通报的执行摘要，介绍整个文件的关键信息和数据，并要求执行摘要应予翻译和广泛散发，篇幅最好不超过10页。关于提交国家信息通报所使用的语言，指南规定，可用联合国中、英、法、西、阿、俄六种官方语言的任意一种，并鼓励尽可能提供英文译本。

到目前为止，部分《联合国气候变化框架公约》附件一国家已按照规定提交了第三次国家信息通报，也有不少国家未能按时提交。大多数非《联合国气候变化框架公约》附件一国家也已经提交了第一次信息通报，个别国家已经提交了第二次国家信息通报，其他国家多处于正在准备第一次信息通报的过程中，只有极少数国家尚未开展编制信息通报的工作。譬如，中国自2015年以来，就分别向《联合国气候变化框架公约》秘书处提交了《中华人民共和国气候变化初始国家信息通报》《中华人民共和国气候变化第二次国家信息通报》《中华人民共和国第三次国家信息通报》以及第一次、第二次《中华人民共和国两年更新报告》。[1]"初始国家信息通报"包括了我国的基本情况、温室气体清单、气候变化的影响、减缓与适应气候变化的政策措施、气候系统观测、公众意识、技术资金及能力建设的需求等，"第二次国家信息通报"在初始国家信息通报内容基础上还增加了香港特别行政区和澳门特别

---

〔1〕 2010年《坎昆协议》分别针对发达国家和发展中国家设立"两年期报告"和"两年期更新报告"两个透明度进程。所谓"两年期报告"，即指发达国家除每年提交温室气体排放清单以外，应每两年汇报一次涉及其采取的减排行动与效果以及向发展中国家提供资金、技术、能力建设等援助在内的信息；与之相对，"两年期更新报告"要求发展中国家亦应每两年汇报一次包括采取的减排行动与效果以及获得的有关国际气候资金、技术、能力建设等在内的信息。

行政区应对气候变化的基本信息。后面两次信息通报均只对内容进行更新，框架并未改变。另外，哥斯达黎加、安哥拉、美国、智利也相继在 2021 年提交了两年期报告。[1] 就作为国际应对气候变化法的缔约方而言，通过国家信息通报报告的途径公开信息是一大主要方式，并且这一方式还具有固定的格式和要求，规范性比较强，在应对气候变化信息公开中发挥着重大作用。

（二）国家自主贡献报告

国家自主贡献是《巴黎协定》的核心，也是其独特之处，是实现协定长期目标的关键机制。国家自主贡献体现了每个国家为减少国家温室气体排放和适应气候变化影响所作的努力，缔约方应采取国内的缓解措施，实现贡献目标。国家自主贡献所体现的气候行动决定着整个国际社会能否实现《巴黎协定》的目标，尽快取得全球范围"碳达峰"后于 21 世纪下半叶实现"碳中和"。

在《巴黎协定》下，国家可以通过国家自主贡献公开相关信息。为实现协定将全球平均温度上升幅度控制在工业化前水平 2 摄氏度内的温控目标，并考虑到《京都议定书》强制发达国家承诺减排义务机制力度不足的问题，《巴黎协定》吸收 2013 年华沙气候大会提出的国家自主减排承诺机制，确立自下而上的国家自主贡献制度。虽然国家自主贡献制度约束力不足，但作为《巴黎协定》的核心制度之一，其对于国家公开温室气体减排和应对气候变化的其他信息起着十分关键的作用。根据《巴黎协定》的规定，国家应每 5 年向公约秘书处提交一次国家自主贡献，并且随着时间的推移，与之前的国家自主贡献相比，连续的国家自主贡献要更进一步。《巴黎协定》规定，缔约方应在 2020 年之前提交下一次国家自主贡献报告，此后每 5 年提交一次（2020年、2025 年、2030 年……）。2018 年卡托维茨气候大会确定 2031 年为新一轮缔约方国家自主贡献行动的时间起点。为使各缔约方的国家自主贡献更加清晰、透明和可理解，明确要求缔约方在通报其第二次和随后的国家自主贡献时，应提供《联合国气候变化框架公约》附件一所载适用于国家自主贡献的必要信息，以促进清晰、透明和可理解。从国家自主贡献的时间点安排和信息通报要求、程序来看，通过提交国家自主贡献报告来公开信息具有持续性和长期性，能够为应对气候变化信息公开提供一个较为稳定的途径。

---

〔1〕　参见 https://unfccc.int/documents? f%5B0%5D＝topic%3A626，最后访问日期：2021 年 12月 27 日。

2021 年，《联合国气候变化框架公约》发布《国家自主贡献综合报告》，该报告汇总了截至 2021 年 7 月 30 日，《巴黎协定》191 个缔约方通报并登记在国家自主贡献临时登记册中的 164 份最新的国家自主贡献信息。从报告内容来看，此次所有缔约方均提供了关于减缓目标或适应行动和/或经济多样化计划产生的减缓协同效应的有关信息。如量化的减缓目标、整个经济体的目标、温室气体排放情况（二氧化碳、甲烷、氧化亚氮、氢氟碳化物、六氟化碳、三氟化氮等）、适应行动和/或经济多样化计划产生的减缓协同效益的相关信息、加强承诺、国家自主贡献执行期、自愿合作等信息。[1] 截至目前，已经有 194 个缔约方提交了第一份国家自主贡献，13 个缔约方提交了第二份国家自主贡献。[2] 以中国为例，其首份国家自主贡献报告名称为《中国落实国家自主贡献成效和新目标新举措》，就中国应对气候变化的理念、中国国家自主贡献的目标、挑战、落实国家自主贡献取得的成效、控制温室气体排放工作的进展以及落实国家自主贡献新目标的主要举措进行了详细的阐述，[3] 其中的内容均可以视作我国应对气候变化和温室气体减排信息的公开。除此之外，前述的适应信息通报也可以通过融入国家自主贡献报告之中而对相关信息进行公开。

（三）其他常规途径

国家还可通过其他常规途径公开应对气候变化的相关信息，常规途径与国内法中的信息公开途径多有重合。相比于国际应对气候变化法律体系规定的信息公开的专门途径而言，常规信息公开途径十分广泛，几乎涉及信息发布、传播的各种路径。以国家档案馆作为信息公开途径为例，加拿大、英国、美国等欧美国家于国家档案馆提供在线使用、开发新的门户网站等方式，不仅进一步提高了信息公开效率，而且增强了公众获取和处理政府信息的能力。

---

〔1〕 作为《巴黎协定》缔约方会议的《联合国气候变化框架公约》缔约方会议：《国家自主贡献综合报告》，载 https://unfccc.int/sites/default/files/resource/cma2021_ 08C. pdf，最后访问日期：2021 年 1 月 22 日。

〔2〕《联合国公约》秘书处：《国家自主贡献登记册》，载 https://www4. unfccc. int/sites/NDCStaging/Pages/All. aspx，最后访问日期：2021 年 12 月 29 日。

〔3〕《中国落实国家自主贡献成效和新目标新举措》，载 https://www4. unfccc. int/sites/ndcstaging/PublishedDocuments/China%20First/%E4%B8%AD%E5%9B%BD%E8%90%BD%E5%AE%9E%E5%9B%BD%E5%AE%B6%E8%87%AA%E4%B8%BB%E8%B4%A1%E7%8C%AE%E6%88%90%E6%95%88%E5%92%8C%E6%96%B0%E7%9B%AE%E6%A0%87%E6%96%B0%E4%B8%BE%E6%8E%AA. pdf，最后访问日期：2021 年 12 月 27 日。

2004 年，加拿大国家档案馆和图书馆合并成加拿大图书档案馆；2007 年 11 月，加拿大政府网络档案馆正式开通，公众可以通过线上方式直接在加拿大图书档案馆和加拿大政府网络档案馆网站上浏览、查询相关信息。可见，美国、英国、加拿大在以国家档案馆公开信息方面先行一步，并且都建立起网络档案馆，以此来提升信息公开的效率和水平。对于应对气候变化信息公开而言，借助国家档案馆将各级政府关于应对气候变化的政策、措施、制度、办法等信息整理收集起来并借助档案馆进行公开无疑是一大有效途径。

　　当然，我国国家、省、市、县四级政府也均已通过多种形式发布应对气候变化的相关信息。例如，自 2007 年以来国务院每年以新闻发布会的形式公布《中国应对气候变化的政策与行动》白皮书，就我国应对气候变化的理念、目标、举措等内容进行公开；地方政府定期公布地方应对气候变化白皮书、应对气候变化的参阅材料，发布应对气候变化规划，如《内蒙古自治区"十四五"应对气候变化规划》《山东省"十四五"应对气候变化规划（征求意见稿）》《云南省应对气候变化规划（2021-2025 年）征求意见稿》《宁夏回族自治区应对气候变化"十四五规划"（征求意见稿）》《上海市 2021 年节能减排和应对气候变化重点工作安排》《浙江省应对气候变化"十四五规划"》《重庆市应对气候变化参阅资料》，等等。同时，在网络建设领域，我国还专门成立了中国气候变化信息网、清洁发展机制网、国家应对气候变化战略研究和国际合作中心网站，其中会定期公开应对气候变化的政策法规、国内国际动态、国际合作事项、减排技术、研究成果和战略、地方进展、相关地区碳排放的调研报告等。此外，发达国家中也有以互联网途径公开应对气候变化信息的范例，美国政府网站中有"气候危机（Climate Crisis）"栏目，并成立有全球变化办公室（Office of Global Change），该办公室负责实施和管理美国关于气候变化的国际政策，并代表美国参加《联合国气候变化框架公约》的谈判，以及许多其他以气候变化为重点的国际论坛，包括国际民用航空组织和国际海事组织。欧盟在其官方网站设置有"气候行动"专栏，在其中发布气候变化的原因和结果等信息，介绍欧盟应对气候变化的政策、计划、行动以及相关新闻信息等。在国际层面，联合国专门建立有《联合国气候变化框架公约》网站和平台，就缔约方会议情况、国际应对气候变化行动、国家信息、新闻咨讯活动等进行集中的公开和展示。总体而言，无论常规公开途径的形式是何种，这些途径都具有灵活性较强、适用场景广泛、适用范围受限较小、更加常规普遍的特征，而且具有直接面向公众的优势，能够便利公众获取气候变化相关信息。

二、信息公开的方式

通常而言，在政府信息公开语境下，环境信息公开方式主要有主动公开和依申请公开两种方式，这两种方式同样适用于国际应对气候变化法中的信息公开。应对气候变化信息公开的主动公开主要是国家依据国际应对气候变化法的要求定期、及时地公开相关信息；依申请公开是在国内依据公众的申请及时公开与气候变化相关的信息。两种方式相辅相成，共同组成应对气候变化信息公开的方式体系。

（一）主动公开

主动公开可以有效地解决政府与公众在环境信息拥有上的不对称问题，能够节省社会公众收集环境信息的成本，并且发挥公众对政府的监督作用。在国际法中，环境信息主动公开首见于1998年的《奥胡斯公约》。该公约第5条第1款明确规定为了确保公众获取环境信息的目的，公共当局需采取必要措施确保收集其职能范围内的或由其拥有的环境信息，积极向社会公众公开。缔约方应布在制定重大环境政策方面具有重要性的事实及其分析报告，公布或以其他方式提供于本公约范围内的问题上与公众相互联系的说明材料以及以提供各级政府在环境方面履行公告职能或提供公共服务情况的信息（第5条第7款）。《奥胡斯公约》以三种形式要求政府公开其环境信息：一是环境报告。政府须将环境资源统计数据、监测数据进行汇总、分析、评价、处理后以环境状况公报、环境统计资料或者环境质量报告的方式定期向社会公布，这是主动公开信息的主要形式。发布环境报告的机关并不限于专责机关，其他负有与环境保护相关任务的机关也可以定期发布环境报告。二是环境警告。在遇到特殊紧急的环境情况时，政府应对公众公开发布相关的声明，如提示公众注意环境问题的产生、避免环境的影响损及自身等。三是环境标识。政府可以发放环境标识、以国家的公信力引导消费者选购环境效益高的产品，从而促进绿色低碳农业的发展，并激励公众自觉抵制那些在生产过程中对环境造成有害影响的产品。《奥胡斯公约》开创了环境信息主动公开的先河，成为少数明文规定政府应主动公开环境信息的国际环境条约。这为分析国际应对气候变化法信息公开机制的主动公开方式提供了一个新的思路。

在国际应对气候变化法中，主动公开是指国家根据国际条约规定，主动地按时通过相应途径公开本国的应对气候变化的相关信息。从《联合国气候变化框架公约》《京都议定书》《巴黎协定》三大国际条约的具体内容来看，现有国际应对气候变化法的信息公开机制所规定的方式基本上都属于主动公开的范围。例如，《联合国气候变化框架公约》规定所有缔约方均应公开关于《蒙特利尔议定书》未予管制的所有温室气体的各种源的人为排放和各种汇的清除的国家清单、减缓和适应气候变化的措施与政策、技术做法和过程、科技、工艺、社会经济以及法律信息、履行信息等；《京都议定书》规定《联合国气候变化框架公约》附件一所列每一缔约方应公开经验和关于政策和措施的信息、报告国家信息、公布减缓和适应气候变化措施的国家方案和区域方案，所有缔约方均应向公众公开信息等；《巴黎协定》规定所有缔约方均应公开与气候变化相关信息、国家清单报告、支助信息、国家自主贡献信息以及国家自主贡献执行和实现的必需信息等。就具体规定而言，均采用"应"一词，体现了缔约方必须主动地根据条约规定公开这些信息，而无需缔约方会议、秘书处或其他缔约方的申请或请求。

主动公开是国际应对气候变化法信息公开的主要方式。因为在国际应对气候变化法中，信息公开在某种意义上其实是广义的国际气候合作的应有内容，是这些国际条约赋予缔约方的积极的国际义务，履行此类积极的国际义务当然需要缔约方主动进行，而不是像消极义务一样不作为。主动公开的信息内容具有封闭性的特征，是一种自上而下的发动机制，可以增强公众环境意识，提升公众参与应对全球气候变化行动的能力。

（二）依申请公开

国内法中的政府环境信息依申请公开是公众根据法律规定的权利向公开义务机关提出申请，由该机关公开特定的环境信息。依申请公开环境信息的核心要义就在于保障公众的环境信息公开请求权，也即环境知情权。1998 年《奥胡斯公约》在 1992 年的《里约环境与发展宣言》就公众在环境信息获取上的权利作出了原则性的规定[1]基础上，细化了《里约环境与发展宣言》

---

[1]《里约环境与发展宣言》原则 10 规定：环境问题最好是在全体有关市民的参与下，在有关级别上加以处理。在国家一级，每一个人都应能适当地获得公共当局所持有的关于环境的资料，包括关于在其社区内的危险物质和活动的资料，并应有机会参与各项决策进程。各国应通过广泛提供资料来便利及鼓励公众的认识和参与。应让人人都能有效地使用司法和行政程序，包括补偿和补救程序。

原则 10 的规定，即明确规定任何公众都可以向公共当局申请获取环境信息，公共当局最迟应在请求提交后的 1 个月内按照请求为公众提供环境信息。公共当局还应确保公众从公共当局获取环境信息的权利……[1]相比于主动公开，依申请公开具有被动性，必须具备申请人的申请这一前提要件。换言之，如若没有申请人主动申请公开相关信息，政府部门就不承担公开这一信息的义务。但是，一旦相关主体向政府提交公开相关信息的申请，政府就理应根据相关法律法规受理申请并进行审查、判断、决定是否予以公开。否则，将会承担不作为的责任。

顾名思义，依申请公开是指信息需求主体根据既定的标准、程序向有关部门或机构提交申请，请求公开气候变化的相关信息。依申请公开是一种被动的方式，信息公开的内容是开放性的，具有自下而上的发动机制，依赖于公众较强的环境意识。因此，依申请公开主要应用于国内法信息公开制度中，依申请公开的信息也大多是具有一定的隐秘性或涉及面较窄的信息。在国际范围内，政府根据公民的申请公开环境信息常被认为是环境信息公开制度的核心，其价值取向是为了实现公众的环境知情权利。[2]延伸至国际应对气候变化法中，依申请公开是应对气候变化信息公开的另一种方式。公众不仅享有知情权，还享有参与权，因此必须赋予公众申请公开信息的权利。

公众是应对气候变化的重要参与主体，其环境意识的增强将有助于提升全球气候治理能力。如何增强公众的环境意识？一种较为直接且有效的方式就是信息的公开。一方面，信息公开能够帮助公众及时获取信息，增进公众对气候变化知识的理解和领悟，认识气候变化的成因和机理，形成对气候变化的正确认知，从而纠正自身各种不符合低碳要求的行为；另一方面，应对气候变化信息的广泛公开能够促进环境教育的落实。环境教育可以弘扬环境法律，确立良好的环境社会秩序，没有科学的环境知识，伦理和法律会陷入盲目；没有正确的环境伦理观，科学和法律则有被用于奴役自然，成为环境危机"帮凶"的危险。[3]应对气候变化信息的公开是环境教育的前提，信息普及有助于知识普及，信息闭塞将导致知识垄断，充分的信息公开将有助于

---

[1] 参见 1998 年《奥胡斯公约》第 4 条第 1 款和第 2 款。

[2] 刘超、林亚真："政府环境信息公开的方式选择及其完善——以环境社会学为视角"，载《河南师范大学学报（哲学社会科学版）》2009 年第 6 期。

[3] 林灿铃："环境法实施的立法保障"，载《比较法研究》2016 年第 1 期。

环境教育内容的改善和质量的提升，从而提高人们适应和减缓气候变化的能力。更为关键的是，气候变化信息的公开以及广泛传播，将有助于形成积极参与全球气候治理的良好氛围。此外，气候变化信息公开还能够吸引公众深度参与应对气候变化。当公众对气候变化是什么、有何危害、如何应对等问题都不甚了解时，必然也不会关心和在意气候变化问题，更不会参与其中。

依申请公开应对气候变化相关信息在现有国际应对气候变化法中暂无明确规定，需要由国家在国内法中加以落实。尽管《联合国气候变化框架公约》《京都议定书》《巴黎协定》中均有促进和便利公众获取信息，交换有关气候变化及其影响的教育及提高公众意识的信息，但并未制定具体的实施细则或指明具体路径。因此，这些规定仍然有赖于国家在国内法中落实。具体而言，在国内法中落实依申请公开有关气候变化相关信息必须满足以下六个要件：①公众依法享有环境信息的请求权。②有受理申请的机构。一般为行政机关的政府信息公开工作机构。③有明确的程序和标准。主要包括申请的形式、需提交的材料。④有可依申请公开的信息范围。即要在法律法规中明确指出哪些信息属于依申请公开，哪些信息属于主动公开。⑤有合理的期限限制。主要指信息公开工作机构应在多长时限内受理和处理信息公开申请。⑥有适当的监督和救济程序。一国政府机构应建立健全依申请公开信息的监督机制，通过工作考核、社会评议和责任追究等形式监督依申请公开信息是否落实。另外，当公众依申请公开信息的权利遭受不法侵害或者信息公开机构不作为时，赋予公众监督权和救济权，通过复议、诉讼等方式依法维护自身的知情权，倒逼信息公开工作机构及时、准确、有效地公开信息。

第四节　气候变化信息公开机制存在的问题及其完善

信息公开机制中的减排信息制度主要由发达国家主导，不利于结合发展中国家国情，常常不适用于发展中国家。目前，发展中国家和发达国家在是否进行信息公开方面存在着分歧。这在一定程度上阻碍了气候变化信息的公开。因此，要进一步完善信息公开机制，则需要发达国家帮助发展中国家建设信息公开软硬件设施，增加信息公开的内容，保持国际国内两级法治的和谐统一。

一、信息公开机制存在的问题

温室气体是造成气候变化的主要原因，在气候变化信息公开机制中最为重要的是国家温室气体减排信息的公开。这也是国际社会普遍关注的气候变化治理问题。然而，目前国际社会尚未形成统一的全球性的温室气体减排信息公开机制。

（一）减排信息公开制度由发达国家主导

应对气候变化是人类的共同责任。人类只有一个地球，为了保护地球这个共同的家园，仅靠少数几个国家（不论是发达国家还是发展中国家）的努力是无法奏效的，因此，我们（包括发展中国家和发达国家）必须一起承担起保护全球环境的共同责任。[1]气候变化作为危及全人类的全球环境问题，全人类都有责任应对气候变化。应对气候变化中的共同责任意味着不论其大小、贫富、种族、资源禀赋等方面的差别，都对保护全球气候负有一份责任，都应当无一例外地参与到全球气候保护事业之中。这在国际应对气候变化法中也是得到肯定的。《联合国气候变化框架公约》承认"地球气候的变化及其不利影响是人类共同关心的问题"（公约"序言"），同时强调"在为人类当代和后代的利益保护气候系统方面，在减缓和适应气候变化方面，各缔约方负有共同的责任"（公约"第3条"）。在应对气候变化这种全球性的环境问题时，离开所有国家的共同努力和共同行动，要想应对气候变化无异于痴人说梦。应对气候变化的共同责任源自全球气候的整体性以及气候变化危害的全球性。当然，应对气候变化共同的责任并不否定责任的区别性，共同是前提，区别是承担责任的具体方式和限度。

《联合国气候变化框架公约》及其《京都议定书》按照"共同但有区别的责任原则"规定发展中国家和发达国家在应对气候变化时承担不同的责任，发展中国家没有量化的减排义务，这导致发展中国家减排信息公开制度缺乏明确的减排目标、合适的减排策略、合理的减排信息公开内容和程序。许多区域性的温室气体减排公开制度是由发达国家创立的，信息公开的内容以及公开的程序、频率均由发达国家商讨并制定，因此也存在许多弊端。

第一，由发达国家主导信息公开制度的建立，不利于结合发展中国家的

---

[1] 林灿铃：《国际环境法》，人民出版社2004年版，第181页。

具体国情，常常不适用于发展中国家。发达国家往往具备先进的技术手段，对几乎所有的排放源都安装了在线检测系统。同时，发达国家具有健全的法律保障，在全国或者某一区域进行了气候立法，并由行政人员进行监管。而发展中国家在资金、基础设施建设等方面都处于极其不利的困境，主导信息公开制度建设的发达国家往往忽视发展中国家的实际情况。因此，如果发达国家不给予发展中国家资金与技术支持投入，却片面要求发展中国家公开减排信息，不仅苛刻，也是不现实的。

第二，发达国家主导信息披露容易造成话语权垄断的问题。在制定信息公开制度时不能广泛听取声音，这在科学上是非常不正确的。哥本哈根会议前爆发的"邮件门"事件导致哥本哈根大会一时间由讨论全球变暖问题转移到讨论全球变暖问题的可信度，这应为国际社会所警醒。因此，在建立信息公开制度时应广泛听取各个国家的声音，给发展中国家更多的知情权和话语权，制定更加合理有序的全球气候变化信息公开制度。

（二）减排信息公开的前提条件存在分歧

发达国家要求发展中国家在认可其排放现状的基础上才会为发展中国家的减排提供一定的资金支持，并对发展中国家获得资金支持的减排状况提出了"可测量、可报告和可核证"（MRV）的严格信息公开要求。[1]因此，在是否承担信息公开的义务上，发达国家和发展中国家存在很大分歧，《联合国气候变化框架公约》及其《京都议定书》仅规定发展中国家在获得发达国家一定的资金和技术支持时，可以采取适当的方式进行减排以及公开相关信息。显然，随着气候变化问题的日益严重，此种规定已不能完全符合当前国际形势要求，但是一味要求发展中国家进行温室气体减排且公开其气候变化信息而不关注发展中国家的发展权也是不符合人道主义理念和人类命运共同体意识的。因此，减排信息公开的前提条件目前仍然存在分歧。

（三）减排信息公开的程序性重于实体性

作为人类法律制度的基本价值，正义一般有"实体正义"和"程序正义"（或称"自然正义"）两种表现形式。在国内法中，实体正义主要体现在实体法中，贯彻于司法裁判的结论上，构成一种对法官的实体性道德限制；

---

〔1〕 韩良："论国际温室气体减排信息公开制度的构建"，载《南京大学学报（哲学·人文科学·社会科学版）》2010年第6期。

而程序正义则体现于法律程序的设计以及司法裁判的过程之中，具有明确、具体且可操作的判断标准。[1]此种双重正义的实现要求案件不仅要判得正确、公平，符合实体法的规定和精神，而且还应当使人感受到判决过程的公平性和合理性，[2]这不仅体现于国内法中，在国际法层面亦追求此种双重正义之实现，在国际应对气候变化法中更是如此。"好的法律应该提供的不只是程序正义。它应该强有力地公平；应该有助于界定公共利益并致力于达到实体正义。"[3]这就要求国际社会在缔结国际应对气候变化法的过程中除制定相应的程序、标准监督国际应对气候变化法的实施外，更要以实体正义的实现为价值尺度，充分考虑最终实现全球应对气候变化目标的实际需求以及广大发展中国家的具体需要和特殊情况，以"共同但有区别的责任原则"指导各缔约方共同解决气候变化及其不利影响这一人类共同关心的问题。

目前，发达国家将减排信息公开的重点放在坚持国际温室气体减排的"可测量、可报告和可核证"（MRV）原则上，但是该原则要求检测技术、检测设备、报告与核证系统完备，并未涉及任何有关信息公开的实体公正问题，如学界一直有较大争议的各国的历史累积排放量、人均排放量、人均累积排放量等。发达国家在公正地分配各国排放量、建设信息公开制度时，应坚持实体正义与程序正义并重的原则，切实保证减排信息公开制度的公平、公正、合理。

二、信息公开机制的完善

迄今，信息公开机制的探讨多局限于国内法，于国际法并未得到应有的重视，因此，严重影响到国际应对气候变化行动的有序、稳定、持续、高效开展。对此，必须考虑到国际社会的实际情况，立足于国际应对气候变化法，对气候变化信息公开机制加以完善。

（一）敦促发达国家向发展中国家援建相关软硬件设施

信息公开不仅需要资金还需要技术等的支持，无论是评估监测还是报告的获得也都需要良好的软硬件设施。虽然，《联合国气候变化框架公约》及其

---

〔1〕 陈瑞华：《看得见的正义》，北京大学出版社 2013 年版，第 31~32 页。

〔2〕 陈瑞华：《看得见的正义》，北京大学出版社 2013 年版，第 33 页。

〔3〕 ［美］P. 诺内特、P. 塞尔兹尼克：《转变中的法律与社会：迈向回应型法》，张志铭译，中国政法大学出版社 2004 年版，第 82 页。

《京都议定书》和《巴黎协定》都强调发达国家应当为发展中国家提供资金、技术等的帮助以实施温室气体的减排。然而，这个"应当"多年来一直只停留于书面文件和空头支票之中，尚未有实质性进展。

很明显，发展中国家由于经济落后，技术水平低下，基础设施不完备，进行信息公开困难重重。要求发达国家完全进行无偿资助的确很难，即使一些发达国家偶有对发展中国家进行资金支持，也是很难持久进行下去的。因此，可以考虑建立"人均累积碳排放配额"体系，在某种程度上改变发达国家无偿提供资金和技术帮助发展中国家建立信息披露的软硬件设施的行为为有偿，即可以换取发展中国家的排放配额作为回报。[1] 以此调动发达国家的积极性，维持长期的资助关系，敦促发达国家向发展中国家援建相关软硬件设施，推进发展中国家减排信息公开制度的发展，有利于形成全球性的减排信息公开制度。

（二）增加信息公开的内容

目前温室气体公开的内容主要包括配额分配方法、登记及操作方法、监控和报告。此外，还应该公开以下内容：各国历史排放数据、最新气候科学发展的信息成果以及发展中国家使用发达国家气候补偿基金的情况说明。其中，最新气候科学发展的信息成果可以使国际社会上的每一个国家都清晰地知道当前气候科学的发展状况，便于各个国家作出正确合适的应对气候变化问题的策略。哥本哈根气候大会期间爆出的"邮件门"事件让国际社会认识到：气候科学发展的信息成果应该让国际社会所有国家均了解而不应该垄断在少数人的手中，基于此才能更好地应对气候变化问题。发展中国家使用发达国家气候补偿基金的情况说明是指，发达国家提供资金后，对于资金的具体使用情况，以及资金接受国是否按照约定的用途和程序使用资金，发达国家都是有知情权的。因此，资金接受国有义务对资金的具体使用情况进行公开，且该资金接受国不仅应向资金提供国公开资金的使用情况说明，还应该向所有的国家公开，由此才能达成良好的监督效果，更加有利于各国共同应对气候变化问题。

（三）强调发展中国家的主体地位

随着气候变化问题的日益严重，以及受到来自欧盟和"伞形国家"等各

---

〔1〕　韩良："论国际温室气体减排信息公开制度的构建"，载《南京大学学报（哲学·人文科学·社会科学版）》2010年第6期。

方压力的影响，在哥本哈根会议上中国和印度等多个发展中国家排放大国，达成了"碳强度减排"目标的协议（即《哥本哈根协议》）。虽然《哥本哈根协议》不具有法律约束力，发展中国家的减排信息公开还不具有强制约束力，但全球气候变化问题日益突出，导致气候变化的人为温室气体排放愈演愈烈。因此，签订国际减排协议是人类社会发展不可避免的必然趋势。中国等发展中国家将严格按照《哥本哈根协议》的约定减排，并且积极将各种减排信息以特定的形式和程序向国际社会公开、报告，并接受监督。以中国为例，近年来中国政府一直在主动积极应对气候变化问题，2016 年出台的《"十三五"控制温室气体排放工作方案》提出"推动建立企业温室气体排放信息披露制度"；全国碳市场于 2017 年启动，主管部门制定《全国碳排放权交易市场建设方案（发电行业）》，提出构建"监管有效、公开透明"的全国碳市场，要求"及时准确披露市场信息，全面接受社会监督"。[1] 我国在 2020 年 9 月联合国大会一般性辩论中提出："将力争于 2030 年前碳达峰以及努力争取 2060 年前实现碳中和。"这一更高的自主贡献目标的提出，不仅体现出我国以实际行动引领发展中国家进行温室气体排放信息公开，也体现出我国对于治理全球气候变化问题的大国担当与使命。该目标将引领我国加快建立温室气体排放信息披露制度，积极推动信息披露制度的立法进程，科学引导企业等社会主体积极核算并披露各自的碳排放信息。与此同时，为了符合国际社会的信息公开要求，中国在立法层面积极作为，以实际行动表明在应对气候变化问题上，发展中国家在抑制温室气体排放中发挥着巨大作用。由此可见，发展中国家在不久的将来，必将成为减排信息披露的新主体。

（四）重视非国家行为体的作用

非国家行为体特别是非政府组织、企业和个人在完善国际气候法律制度并保障其理性运行中也发挥着重要作用。在草拟国际气候法律规则时，非政府组织提供了丰富的知识和素材，它们可以通过不同国籍、不同领域、不同立场的科学工作者来分析和评估国内气候政策或国际气候法律规则对一国的影响，为制定国内气候政策和国际气候谈判提供相对中立的科学依据，[2] 其

---

〔1〕 刘海燕、郑爽："温室气体排放信息披露经验借鉴与政策建议"，载《气候变化研究进展》2021 年第 5 期。

〔2〕 Krisen A. Gronbjerg，"The U. S. Nonprofit Human Service Sector：A Creeping Revolution"，*Nonprofit and Voluntary Sector Quarterly*，Vol. 30，No. 2，2001.

至可以在气候大会上以政策咨询顾问的身份直接参与政府间谈判。[1]无论是新兴的更注重行动的非政府组织还是传统的更注重科学研究的非政府组织都非常注重自身专业知识的强化，许多非政府组织帮助一些国家提供其国家自主贡献的预案，为公众呈现实地调研报告和一手信息，在全球气候法治中为国际气候法律规则的草拟作出了巨大贡献。

（五）力求信息公开的国际法治化

法治作为人类一直追求的一种社会秩序形态，对其概念存在着不同的理解，对其标准也存在着不同的主张。"法治应包含两重含义：已成立的法律获得普遍的服从，而大家所服从的法律又应该本身是制订得良好的法律。"[2]国际气候法律规则应当确定妥当、合理、符合伦理要求的价值目标。国际环境法要求国际气候法律规则目标现实可行，具体规范语义清晰、内容明确、体系完整。国际应对气候变化法只有符合实体上的价值取向和形式上的规范要求才能形成公平合理的应对气候变化的国际新秩序。

从现代国际法中的信息公开规定来看，信息公开贯穿于国际法的各个领域之中，是国际法的一大核心制度。例如，在保护臭氧层，防止越境大气污染，保护极地、外层空间、海洋，保护生物和生境，保护文化遗产，保护国际（跨界）河流和水道，防止船舶污染、油污、危险废物和工业事故等领域的国际法律中均有信息公开的相关规定。另外，在军事和国际犯罪等传统国际法中，也可见信息公开的相关规定。在人权领域、核事故处理和核材料利用的国际法律中以及国际经济法领域，信息公开仍然是其中的主要内容。除此之外，在一些特殊领域，如国家继承涉及的自然人问题、反对使用兴奋剂以及国际卫生的相关国际法律中，信息公开亦有充分规定。如联合国大会2000年12月12日第55/153号决议通过的《国家继承涉及的自然人国籍问题》第18条第1款规定："有关国家应交换资料和进行协商，以便查明国家继承对有关的人的国籍和涉及其地位的其他相关问题所产生的任何不利影响。"缺乏信息公开，国际法就失去了灵魂。对于现代国际法的建立和发展而言，信息公开毫无疑问地发挥着重要作用，信息公开机制的确定构建起现代

---

〔1〕李昕蕾、王彬彬："国际非政府组织与全球气候治理"，载《国际展望》2018年第5期。

〔2〕［古希腊］亚里士多德：《政治学》，吴寿彭译，商务印书馆1965年版，第167～168、199页。

国际法的基本框架，信息公开的不断完善有助于推动现代国际法的向前发展，为未来国际法治的进一步完善提供更多可靠的信息和资料，为增强国际社会的广泛、真实合作提供更值得信赖的制度根基。同时，从现代国际法的信息公开规定来看，当前国际法中的信息公开大多与国际合作、公众参与制度等密切相关，这是由信息公开的定位和作用所决定的，也是信息公开的价值所在。有效落实气候变化所致损失损害责任的信息公开机制则贯穿于《联合国气候变化框架公约》及其《京都议定书》和《巴黎协定》中。

在应对气候变化问题上，实现国际法治需要从观念的指引和行为的塑造两个层次展开努力。行为的塑造主要是通过充分发挥并逐步改进监督和制约机制，从制度维度对国家进行调整和规制，故需要充分发挥信息公开机制的作用。1972年，斯德哥尔摩人类环境会议成功召开，会议通过了《联合国人类环境宣言》，标志着国际社会开始在世界范围内共同探讨保护和改善环境的问题，开启了全球气候治理的进程。自斯德哥尔摩人类环境会议以来，国际社会开启了全方位、多角度的合作来共同应对气候变化，达成了一系列双边、多边气候协议。其中具有普遍约束力的气候变化法律文件是《联合国气候变化框架公约》及《巴黎协定》，由于《联合国气候变化框架公约》本身多为倡议性、原则性的规定，不能有效指导各国在应对气候变化过程中的具体实践，因此主要通过讨论《巴黎协定》的完善和善意遵守的可能性来推导出在行为领域实现全球气候法治的可能性。

此外，要实现信息公开机制国际层面的法治化，要求国际应对气候变化立法必须符合民主和科学的标准。而民主的必然要求是广泛参与、平等交流。因此为满足这一要求就需要一个平台，在这一平台内各国一律平等地享有权利、参与交流、表达意见。而国际组织无疑是提供这一平台的最优选择。[1]国际组织可以对新兴的国际议题发起立法动议，拟定谈判日程，邀请相关行为体参与研讨并就研讨结果组织专家起草形成草案，而后请国家就草案文本进行磋商，直至形成文本、开放签署。现代的国际法律规则可以说大多是在

---

〔1〕 国家提供平台虽有先例可循，比如1864年瑞士邀请各国在日内瓦讨论战地人员的保护立法；1899年、1907年荷兰政府邀请各国在海牙讨论武器使用的国际立法，但现代国际立法协商步骤复杂、过程冗长，国家的负担过于沉重，很难有国家愿意负担。参见何志鹏："国际经济法治：内涵、标准与路径"，载《国际经济法学刊》2012年第4期。

国际组织（联合国）的平台下创制的。[1] 国际组织之所以能够对国际气候法律规则的订立和完善发挥重要作用，很大程度上取决于国际组织发表的意见具有可信性。[2] 如何使国际组织能够更有力地加强对国际气候法律规则的监督，促进国际气候法律规则的妥善实施，国际社会主要考虑设立规则内外两部分的监督机制来解决这一问题。

在《联合国气候变化框架公约》《京都议定书》《巴黎协定》以及诸多国际法律文件的指引下，各国对气候变化信息公开机制的作用的认识有了明显的提升。目前国际上已有诸多国家出台了低碳绿色发展、温室气体排放等应对气候变化法律法规。欧洲已正式颁布或完成起草公开征求意见的成果有：《欧盟气候法（草案）》《瑞士联邦二氧化碳减排法》《德国联邦气候保护法》《德国北莱茵威斯特法伦州气候保护促进法》《德国巴登符腾堡州气候保护法》《英国气候变化法》《法国绿色增长能源转型法》《芬兰气候变化法》《丹麦气候法案》等；[3] 在美洲，墨西哥正式颁布了《墨西哥气候变化基本法》，美国虽然在联邦气候政策上开倒车，但加州出台了《加利福尼亚州全球变暖解决方案法案》，引领了美国州级层面积极应对气候变化的政策与行动；亚太地区国家先后出台了《日本地球温暖化对策推进法》《新西兰 2002 年应对气候变化法》《菲律宾 2009 年气候变化法》《韩国气候变化对策基本法》和《韩国低碳绿色增长基本法》；非洲大陆的立法代表是南非，已经正式出台了《南非碳税法案》，完成了《南非国家气候变化法案》的起草并正式公开征求意见。[4] 与此同时，许多国家均已通过制定国内法的形式践行《联合国气候变化框架公约》等文件中应对气候变化的宗旨和原则，明确信息公开的范围和程序，将温室气体排放目标纳入相关国内立法之中。

---

〔1〕《联合国宪章》明确要求联合国逐步编纂和发展国际法。联合国这项工作产生的 500 多项公约、条约标准提供了促进国际和平与安全以及经济和社会发展的框架。

〔2〕薄燕："环境治理中的国际组织：权威性及其来源——以联合国环境规划署为例"，载《欧洲研究》2007 年第 1 期。

〔3〕田丹宇："应对气候变化信息公开制度研究"，载《中国经贸导刊》2015 年第 32 期。

〔4〕田丹宇、徐婷："论应对气候变化信息公开制度"，载《中国政法大学学报》2020 年第 5 期。

第六章

气候变化所致损失损害责任之防灾减灾机制

气候变化作为关乎人类生死存亡的国际环境问题，无一国家能在其影响下独善其身。诸如洪涝干旱、冰川消融、珊瑚死亡、海平面上升等缓慢发生事件不仅对人类社会造成重大经济影响，更对人类社会、卫生、文化乃至生存环境等方面造成极为严重的不利影响。对此，国际社会应加强气候灾害防灾减灾能力建设，进一步完善气候变化所致损失损害责任之防灾减灾机制。

第一节　气候灾害及其对人类社会的影响

于人类社会而言，灾难莫过于天灾人祸！而天灾往往导致人祸，人祸又加剧天灾。然，无论如何，不争的事实是自然灾害是实实在在影响人类社会经济增长的不可忽视的因素，其对生产、生活、交通、物流等衣食住行乃至人类文明皆具重大甚至是致命之影响，气候灾害尤甚。由自然和人为因素结合导致的"气候灾害"作为自然灾害的类型之一，对（自然）灾害的"贡献"正日益加大并在 21 世纪主导着（自然）灾害的格局。

一、自然灾害的界定

人们在日常生活中所讲的"灾害"通常即指"自然灾害"。[1]但对"自然灾害"下个准确的定义却不是一件容易的事情。因为，从不同的角度，对自然灾害可以有不同的理解。迄今，对自然灾害的理解有这样两种，其一是把自然灾害视为纯粹的自然现象；其二是强调人类活动对大自然的破坏而导

---

〔1〕 "灾害"（Disaster）的类型有很多种，除了通常意义上所指的"自然灾害"，还包括人类活动引起的生物灾害和技术灾害。参见 *UN Office for Disaster Risk Reduction*：*The human cost of disasters*：*an overview of the last 20 years*（2000-2019），p. 6.

致自然灾害的发生，认为环境危机、生态失衡皆由人类的实践活动而引发，是以"天灾"形式反映的"人祸"。[1]

（一）自然灾害：自然环境变异作用于人类社会的后果

根据国际法委员会（International Law Commission, ILC）一读通过的《发生灾害时的人员保护条款草案》对于相关用语的界定，"灾害"指的是造成广泛的生命损失、巨大的人类痛苦和危难或大规模的物质或环境损害，从而严重扰乱社会运转的一个灾难性事件或一系列事件。[2]《为减灾和救灾行动提供电信资源的坦佩雷公约》将"灾害"定义为"严重扰乱了社会的正常运转，给人类生命、健康、财产和环境带来了显著的、广泛的威胁，无论这种威胁是由意外事故、自然还是人类活动引起的，无论是突发性的还是复杂的长期后果"。[3]而联合国国际减灾战略署（United Nations Office for Disaster Risk Reduction, UNDRR，以下简称"国际减灾署"）则将"灾害"定义为：使社区或社会的正常运行出现剧烈改变的可能导致生命损失、损害或其他健康影响、财产损害、社会和经济破坏或环境退化的过程、现象或人类活动。[4]无论联合国相关组织机构对"灾害"这一用语的具体表述为何，其共通点在于灾难性事件以造成生命、健康、财产、环境等方面的损失损害为前提，以严重干扰人类社会的正常运行为结果。而自然灾害是人类依赖的自然界所发生的异常现象，其主要是指给人类生存带来危害或损害人类生活环境且对人类社会造成重大危害的现象和事件，包括地震、火山、高温、寒潮、冰雹、霜冻、暴雨、暴雪、冻雨、大雾、大风、结冰、雾霾、浮尘、扬沙、沙尘暴等突发性灾害，也包括土地沙化、地面沉降、海岸线变化等渐变性灾害。此外，还包括人类活动所导致的诸如大气污染、水土流失、气候变化等灾害。甚至包括因重大自然灾害所引发的传染病的大面积传播和流行。自然灾害是人与自然矛盾的一种表现形式，具有自然和社会两重属性，是人类过去、现在、将来所面对的最严峻的挑战之一。鉴此，可将"自然灾害"界定为：在自然环境

---

〔1〕　郭跃："自然灾害的社会学分析"，载《灾害学》2008 年第 2 期。

〔2〕　联合国大会第 69 届会议文件（A/69/10）第四章《关于发生灾害时的人员保护》，第 13 页。

〔3〕　参见《为减灾和救灾行动提供电信资源的坦佩雷公约》（国际电信联盟会议 1998 年 6 月 18 日通过并开放给各国签字、批准和加入，于 2005 年 1 月 8 日生效）之"定义"。

〔4〕　*UN Office for Disaster Risk Reduction : terminology（disaster）*, https://www.undrr.org/terminology/disaster.

中发生的，造成人类生命、健康、财产、环境等方面的损失损害的严重干扰人类社会正常运行的灾难性事件。依据不同的标准划分，自然灾害大致可分为气候灾害、气象灾害、[1]地质灾害、[2]天文灾害[3]等具体灾害类型。但无论依何标准，存在交叉关系的各类自然灾害之间并不存在绝对清晰、明确的界限（例如，当今以洪水和风暴为主的气候灾害同时也可称为气象灾害）。在此，严重干扰人类社会正常运行的事件只强调在自然环境中发生的导致社会正常运转遭受严重破坏的事件，并不包括其他诸如政治或经济危机等严重事件，尽管这些危难性事件的发生也可能会破坏社会的正常运转。此外，还必须满足自然灾害形成所需具备的两个条件，一是（无论是自然、人为因素还是两者相互作用导致的）自然环境变异造成生命、健康、财产、环境等方面的损失损害；二是造成的损失损害致使人类社会的正常运行受到严重干扰。例如，发生在海洋或深海底、广袤的无人区等的自然事件，如若未能同时满足上述两项条件，即不在本书自然灾害的讨论范围内。

事实上，"自然灾害"就是自然环境变异作用于人类社会的后果，没有人类的存在，自然灾害就仅仅是自然界能量释放和变异的自然现象。而"经济增长"则是人类追求社会物质财富积累的过程，目的是使人类自身能够获得更好的生活条件。因此，自然灾害与人类社会经济增长之间的关系，其实就是人与自然之间的关系。人与自然之间存在相互联系、相互依存、相互渗透、相互作用的关系。人类是自然的产物，人类本身就是自然界长期进化的结果，是大自然之子，人类的生存与发展离不开大自然的赐予，诸如阳光、空气、土壤、水源以及动植物等。这就决定了人与自然在本质上存在着一种共存共荣的关系。[4]当然，人类的生存与发展也必须通过生产劳动同自然界进行能

---

〔1〕 由大气圈变异活动引起的对人类生命财产和国民经济及国防建设等造成的直接或间接损害。中国气象灾害种类繁多，不仅包括台风、暴雨、冰雹等天气灾害，还包括干旱、洪涝等气候灾害，沙漠化、滑坡、泥石流等气象次生灾害或衍生灾害。

〔2〕 由岩石圈活动引起的灾害，即在地球某个薄弱的地方突然发生剧烈变形、位移或地表物质运动，给生活在这一区域的人们带来突如其来的灾难，称为地质灾害。主要有火山喷发、地震、海啸、滑坡、泥石流等。

〔3〕 天文灾害又称空间灾害，是指空间天体或其状态，如太阳表面、太阳风、电离层等瞬时或短时间内发生异常变化，可引起卫星运行、通讯、导航以及电站输送网络的崩溃，危及人类生命与健康，造成社会经济损失。

〔4〕 ［德］狄特富尔特等编：《哲人小语——人与自然》，周美琪译，生活·读书·新知三联书店1993年版，第11页。

量交换。在与自然界进行能量交换的同时人类也给大自然刻上了深深的烙印，此即"人造"或称"人化"自然。人类为了满足自身的生存和发展，总是不断地改变自然界的原始状态，把它改造成人类所需而为人类所用。但如果片面强调"人定胜天"而使人类对大自然的改造超越其承受力时，大自然就会以"自然灾害"的形式否定人类过分、过度的改造行为。因而，人与自然之间的矛盾只有通过人类正确地认识自然、顺应自然和改造自然，并与自然和谐共处，才能更好地得以化解。[1]

自然界与人类是同呼吸共命运的统一体。一方面，人类是自然的产物并在自然界中生存，自然遭受毁灭，人类的生存和发展将会变成无源之水，无本之木。另一方面，没有人类的生存及实践，自然界亦无法显示出它的存在论意义和生存论价值。显然，人类在认识、改造自然，促进社会进步的过程中，必须自觉接受自然和社会规律的支配，尊重大自然并与之和谐共处，唯此才能实现自然和人类社会的稳步协调发展。

（二）自然灾害的本质属性

于如今的现实而言，"热死人"这个词已经不再是修辞手法，而是对现实情况的真实描述。这几年多地持续高温，极端高温甚至超过 50℃，因高温造成的人数百甚至上千的死亡也并不鲜见。可见，自然灾害所造成的人员伤亡、环境变迁以及巨大的经济损失，已经成为影响世界各国经济社会发展所不可忽视的重要因素之一。随着科学与技术的不断进步，生产力水平的不断提高，人类抵御自然灾害的能力虽然得到不断增强，但由于工业化、城镇化、城市化步伐的加速，社会经济的快速增长以及人口与社会财富的高度集中，导致自然灾害对人类社会造成的损失损害总体上呈现上升趋势。

倘若从自然灾害的本质属性而言，自然灾害不仅仅具有其"自然性"，更具有其"社会性"。首先是自然灾害的"自然性"。自然灾害发生的原动力主要来自自然界的能量运动过程，而非人类行为。当然，人为因素有时也会发生作用，但只是不同程度地加速或加剧了自然灾害的发生。[2]自然灾害造成损失损害的规模以及对社会经济系统的影响程度和范围等都要受到灾害类型、

---

〔1〕 朱靖、黄寰："自然灾害与经济增长之辨析"，载《西南民族大学学报（人文社会科学版）》2014 年第 6 期。

〔2〕 汤爱平等："自然灾害的概念、等级"，载《自然灾害学报》1999 年第 3 期。

发生频率和时空分布等自然属性的影响。[1]其次是自然灾害的"社会性"。自然灾害的产生皆具有一定的社会经济根源。只有作用于人类社会生产实践过程或者经济活动过程并对人类社会的正常运行造成严重负面影响的灾难性事件才能称之为"自然灾害",否则就只能被视为是与人类社会无关的自然界能量的释放或变异的自然现象,如前文所述发生在海洋或深海底、广袤的无人区等的自然事件。任何方式的自然灾害,都直接或间接地与社会因素(如生产力水平、生产方式、政治经济制度等)有关,其发生看似表现为人与自然之间关系的失衡,但究其本质则是人与人之间关系的失衡,即社会经济关系的混乱加剧了自然灾害的发生频率与破坏力。因此,在不同的社会经济类型、生产发展阶段和人与人的财产占有关系下,相同类型的自然灾害可能会导致不同程度的损失损害后果,其致灾原因、过程和特征等也会有所不同。[2]

二、自然灾害对人类社会的影响

在现代社会,随着生产规模的不断扩大、人口数量的不断增加以及城镇密集化程度的不断加深,人类生产生活对自然环境造成巨大的压力。接连不断出现的种类繁多的自然灾害给人类赖以生存的自然环境造成了严重破坏。这不仅可能造成地球承载力的永久性下降,甚至还可能导致整个生态系统[3]失衡失灵。

尽管不排除仅由自然因素或人为因素导致自然灾害发生的可能,但可以说现代大多数的自然灾害都与人类破坏生态环境行为存在密切的关联,是自然因素与人为因素相互作用的结果。正如国际法委员会关于《发生灾害时的人员保护条款草案》之案文评注所言"灾害往往产生于复杂的原因,可能既包含完全天然的因素,也包含人类活动的因素"。[4]例如,气候变化、物种锐减等就是由于人类盲目追求增长而超越了地球生态环境的自净能力和能量平

---

[1] 宋冬林:"马克思主义生态自然观探析",载《科学社会主义》2007年第5期。

[2] 朱靖、黄寰:"自然灾害与经济增长之辨析",载《西南民族大学学报(人文社会科学版)》2014年第6期。

[3] "生态系统"(Ecosystem)是指由生物、非生物环境以及两者间的相互作用组成的功能单位,由环境媒介、环境客体、具体的空间(如海洋环境与太空环境保护)、相互关系(因果关系)因素共同构成。

[4] 联合国大会第69届会议文件(A/69/10)第四章《关于发生灾害时的人员保护》,第22页。

衡所导致的典型灾害。我们不得不承认，人类在经济社会发展进程中仍然存在防灾减灾举措真空以及效果欠佳的事实。因而，在经济社会发展进程中，如何最大限度地减轻自然灾害造成的损失损害即成为人类面临的极为紧迫和严峻的问题，如何在发展经济社会的同时更好地防灾减灾，从而实现人口、资源、环境与经济的可持续协调发展，实乃刻不容缓的现实课题。

三、气候变化主导 21 世纪灾害格局

"气候"是指一定时期内的气象情况，其系统是指大气圈、水圈、生物圈和地圈的整体及其相互作用；而"气候变化"则指除在类似时期内所观测的气候的自然变异之外，由于直接或间接的人类活动改变了地球大气的组成而导致的气候异常。[1]生态系统、人类经济社会等对气候变化具有明显的敏感性和脆弱性，农业、水资源等对气候变化具有的敏感性和脆弱性问题已经成为当今社会的焦点。气候变化给人类经济社会发展带来了极其严重的不利影响。自 20 世纪 50 年代以来，人为温室气体[2]排放导致的全球气候变暖是过去几十年甚至是几千年期间前所未有的。大气和海洋变暖，积雪和冰量减少，海平面上升……全球变暖的现实正不断地向世界各国的人们敲响警钟。未来，由温室气体持续排放引发的全球气候的进一步变暖将会导致气候系统的各个部分发生长久性的变化，从而增加对人类和生态系统造成严重、普遍和不可逆转影响的可能性。[3]

作为 21 世纪全球面临的最严重挑战之一，气候变化主导着 21 世纪的灾害格局。由气候变化导致的气候灾害给人类的生存和发展带来了巨大的代价，不仅给相关受灾国家的生命、财产、环境、旅游资源等在内的利用价值造成不可逆转和永久性的损失损害，甚至还可能会引发全球范围的能源短缺以及经济和政治动荡。其中，以广大发展中国家遭受的损失损害最为突出。环境无国界，气候灾害造成的不利影响具有显著的全球性。鉴此，如何加强气候

---

〔1〕 林灿铃：《荆斋论法——全球法治之我见》，学苑出版社 2011 年版，第 343 页。

〔2〕 "温室气体"（Greenhouse Gas，GHS）指大气中那些吸收和重新放出红外辐射的自然的和人为的气态成分。1997 年《京都议定书》规定了附件一缔约方排放的二氧化碳（CO_2）、甲烷（CH_4）、氧化亚氮（HFCS）、全氟化碳（PFCS）、六氟化硫（SF_6）六种温室气体的数量；2012 年多哈修正案（《京都议定书》修正案）将温室气体的数量由六种扩大至七种［增加三氟化氮（NF_3）］。

〔3〕 政府间气候变化专门委员会：《气候变化 2014 年综合报告》，政府间气候变化专门委员会 2014 年版，第 56 页。

变化防灾减灾能力建设并进一步完善气候变化防灾减灾机制成为摆在人类面前亟待解决的、关乎人类持续存在和发展的关键问题。

（一）气候灾害的界定及特点

正如前述，"自然灾害"即为自然环境变异作用于人类社会的后果。作为自然事件与脆弱的社会条件相互作用的产物，其以造成生命、健康、财产、环境等方面的损失损害为前提，以严重干扰人类社会的正常运行为结果。自然灾害的类型有很多种，气候灾害仅为其中之一。诸如贫穷和不平等现象、无序快速城市化和土地管理不善造成的后果以及造成问题复杂化的各种因素[1]亦可导致自然灾害的产生。[2]与仅由自然或人为因素导致的灾害不同，气候灾害与自然和人为因素的结合有关。[3]且有证据证明，由气候变化导致的气候灾害可归因于人为因素的证据有所加强。[4]

结合前述"自然灾害"的界定、"气候变化"的定义以及政府间气候变化专门委员会（Intergovernmental Panel on Climate Change，IPCC，以下简称"专门委员会"）2012年《管理极端事件和灾害风险推进气候变化适应特别报告》[5]及《气候变化2014年综合报告》[6]有关（气候）灾害、极端天气与气候事件、气候极端事件[7]等相关术语的解释，"气候灾害"可进一步理解为由自然和人为因素结合导致的气候极端事件造成某个社区或社会的正常

----

〔1〕 如人口变化、制度安排薄弱、非风险指引型决策、缺乏对减少灾害风险私人投资的规章和奖励办法、复杂的供应链、获得技术的机会有限、自然资源的不可持续使用、不断恶化的生态系统、大流行病和时疫等。

〔2〕 联合国大会第69届会议文件（A/69/L.67）《2015-2030年仙台减少灾害风险框架》，第3页。

〔3〕 *UN Office for Disaster Risk Reduction*：*terminology*（*hazard*），https://www.undrr.org/terminology/disaster.

〔4〕 *IPCC*：*AR6 Climate Change 2021——The Physical Science Basis*（*Summary for Policymakers*），p.10.

〔5〕 政府间气候变化专门委员会：《2012年〈管理极端事件和灾害风险推进气候变化适应特别报告〉决策者摘要》，第4页。

〔6〕 政府间气候变化专门委员会：《气候变化2014年综合报告》，政府间气候变化专门委员会2014年版，第122~123页。

〔7〕 应当认为"气候极端事件"（climate extremes）是"极端天气事件"（extreme weather events）及"极端气候事件"（extreme climate events）的总称，包含"极端"和"缓发"两个维度。"极端天气事件"与"极端气候事件"的区别在于时间尺度的不同，前者通常发生于不到一天至几周的时间范围内，而后者则发生在更长的时间尺度上。当"极端天气事件"（例如干旱或降水频率和强度）持续一定的时间，如某个季节，它可归类于一个"极端气候事件"，特别是如果该事件产生一个平均极值或总极值（如某个季节的干旱或暴雨）。从这个角度来说，"气候极端事件"包含"极端"（extreme weather）和"缓发"（slow-onset）两个维度。

运行出现剧烈改变，造成大范围人员、物质、经济或环境的不利影响，例如干旱灾害、洪涝灾害、风灾（包括台风、狂风、风暴潮）等，以及由此引起的土地沙漠化、沙尘暴、盐碱化、山体滑坡、泥石流、农作物生物灾害等。较之其他自然灾害类型，气候灾害主要具有以下特征：

第一，大气的环流效应以及大气、海洋、陆面的相互作用可导致同一时期在不同半球、不同纬度、不同地区、不同国家接连发生严重的气候灾害。这是由全球生态系统的一体性决定的。2010 年作为地震灾害的重灾年，该年共有包括所罗门群岛、海地地区、智利、土耳其等在内的 15 个国家或地区遭受地震带来的严重损失损害。[1]同年，全球各地也面临多重气候灾害的威胁，巴基斯坦遭遇"历史上最严重洪灾"、俄罗斯连续不断的高温干旱天气导致了森林大火、暴雪横扫纽约、中国甘肃舟曲县发生特大泥石流灾害，等等，这些气候灾害给各受灾国造成了严重的损失损害。回顾 2021 年，更可谓是挑战和探索都非比寻常的一年。新冠病毒变异毒株"奥密克戎"的疯狂肆虐、全球频发的气候异常、局部冲突的愈演愈烈……而在其中，对人类生命、健康、经济和环境影响远超往年的气候问题可谓是困扰全人类的头号挑战之一。[2]全球性野火的趋势不减反增，美国、加拿大、南非、法国等多个国家创下了有史以来的世界纪录；与此同时，北半球前所未有的热异常——致命热浪导致美国、加拿大、地中海的许多地区的气温高达 50 摄氏度，直接导致了全球大规模火灾的发生；破纪录的极端高温天气还导致全球多地的异常降水，2021 年 7 月，中国河南的平均降水量突破中国的历史最高值，一个小时降落了当于 106 个杭州西湖的降水强度达到"千年一遇"。与此同时，欧洲也经历了创纪录的"百年一遇"的洪水，大量的基础设施遭到了严重的破坏，数百余人在洪水中丧生。

第二，气候灾害作为一种不受国界限制的全球性威胁，容易引发全球范围的多米诺骨牌效应，发生于某一国家或地区范围的气候灾害造成的不利影响波及全球环境、人口、政治、经济、文化、卫生、安全等各个方面，具有全球属性。可以说，任何国家或地区发生的气候灾害都会是一个系统性事件，从某一个地点迅速波及全世界。例如，2008 年缅甸纳尔吉斯飓风事件风灾过

---

〔1〕　冯蔚、李卫平、赵荣国："2010 年全球地震活动性和地震灾害概要"，载《国际地震动态》2011 年第 10 期。

〔2〕　*World Meteorological Organization（WMO）*：2021：*Meeting the challenge of extreme weather*，http：//public. wmo. int/en/media/news/2021-meeting-challenge-of-extreme-weather.

后随之出现稻米出口供应不足的情形、2013 年台风"海燕"摧毁了菲律宾占世界总产量一半的椰油、美国卡特里那飓风曾对世界油价产生剧烈冲击、2011 年日本海啸及 2012 年春欧洲冰雪，均对世界经济复苏产生了严重的不利影响等。此外，就全球安全而言，由气候灾害导致的环境退化使武装团体能够扩大其影响力并操纵资源以谋取利益，从而加剧地区间的不稳定、冲突和恐怖主义，具有倍增效应。例如，在伊拉克和叙利亚，恐怖组织达伊沙（又称"伊黎伊斯兰国"）利用水资源短缺控制供水基础设施，将其意志强加于社区；而在乍得湖盆地地区，博科圣地已经能够很容易招募到新成员，特别是来自因缺乏经济机会和无法获得基本资源而失望的当地社区等。[1]

　　第三，20 世纪中叶以来，随着全球气候变暖程度的不断加深导致气候灾害的类型化特征明显，且不同类型的气候灾害的影响范围及周期性等特点也存在较大差异。有证据表明，估计目前人类活动造成了全球升温高于工业化前水约 1.0 摄氏度，并可能会在 2030 年至 2052 年间达到 1.5 摄氏度[2]，由此将导致热浪发生的频率更高，时间更长，很多地区极端降水的强度和频率将会增加，海洋将持续升温和酸化，全球平均海平面也将不断上升。在 2000 年至 2019 年这 20 年间里，气候灾害类型以洪水和风暴（分别占灾害事件总数的 44% 和 28%）为主，其次也包括极端温度、干旱、野火、地震和火山活动（共计约占灾害事件总数的 23%）等。[3]气候灾害类型化使基里巴斯、图瓦卢、马尔代夫、帕劳等小岛屿国家面临洪水肆虐、领土淹没、人口迁移等问题，地方居民由于受到生计、沿海人口健康（腹泻、疟疾和登革热传播）、水资源、土地适宜性等多重影响而选择外逃别国。较之不同类型的气候灾害，其在影响范围及周期性等特点上存在较大差异。例如，洪水和风暴往往会造成较大范围的影响，而地震和野火等气候灾害的影响范围则更为具体。尽管可能受到野火影响的范围相对较小，但由于其周期性特点往往会对受灾当地造成较大的影响。[4]

---

〔1〕 "联合国秘书长：气候变化是'加剧恐怖主义的因素'"，载 https://news. un. org/zh/story/2021/12/1095802.

〔2〕 政府间气候变化专门委员会：2019 年《全球升温 1.5℃特别报告》，第 6 页。

〔3〕 *UN Office for Disaster Risk Reduction: The human cost of disasters: an overview of the last 20 years* (2000−2019), p. 9.

〔4〕 *Center for Research on the Epidemiology of disasters: Natural Disasters* 2019, p. 8.

第四，气候灾害常常发生在发展不平衡的地区，如环境退化、在危险地区快速和无规划的城市化、管理失控和贫困人口缺少生计等暴露度和脆弱性[1]高的地区，是气候极端事件与脆弱的社会条件相互作用的结果。2000年至2019年间，灾害事件排名前10的国家中有8个在亚洲，就全球受灾国家而言，中国（577起）和美国（467起）报告的灾害事件最多，其次是印度（321起）、菲律宾（304起）和印度尼西亚（278起）。[2]这些受灾的国家大多都拥有幅员辽阔的异质性陆地，拥有经济和科技发展水平相对较弱、发展不平衡，人口密度又相对较高的地区。有证据表明，暴露度和脆弱性是导致气候极端事件发生并决定气候灾害后果的严重程度的主要驱动因素。[3]在开展防灾减灾工作时，了解气候极端事件如何引发灾害，并在此基础上进行预防、限制、减轻灾害发生及产生的不利影响的首要前提是要对暴露度和脆弱性的多面性进行全面了解和把控。

（二）气候变化导致气候灾害频发

气候变化影响着人类的生存和发展，是人类共同面临的一项长期挑战。气候变化作为产生灾害风险[4]的潜在因素之一，[5]自20世纪50年代以来，其对灾害的"贡献"正日益加大。2020年国际减灾署发布的《2000—2019年

---

〔1〕"暴露度"（Exposure）是指人员、生计、环境服务和各种资源、基础设施以及经济、社会或文化资产处在有可能受到不利影响的位置；而"脆弱性"（Vulnerability）则是指受到不利影响的倾向或趋势。"暴露度"和"脆弱性"是灾害风险及其影响的关键决定因素，灾害风险源于天气或气候事件与（承载体）暴露度和脆弱性的相互作用，前者属于灾害风险的物理贡献因子，而后者属于风险中人类方面的贡献因子。所谓"灾害风险"，则是指在某个特定时期由于危害性自然事件造成某个社区或社会的正常运行出现剧烈改变的可能性，这些事件与各种脆弱的社会条件相互作用，最终导致大范围不利的人员、物质、经济或环境影响，需要立即做出应急响应，以满足危急中的人员需要，而且可能需要外部援助方可恢复。参见政府间气候变化专门委员会：《2012年〈管理极端事件和灾害风险推进气候变化适应特别报告〉决策者摘要》，第4~5页。

〔2〕 *UN Office for Disaster Risk Reduction*：*The human cost of disasters*：*an overview of the last 20 years*（2000-2019），p. 9.

〔3〕 政府间气候变化专门委员会：《2012年〈管理极端事件和灾害风险推进气候变化适应特别报告〉决策者摘要》，第8页。

〔4〕 政府间气候变化专门委员会：《2012年〈管理极端事件和灾害风险推进气候变化适应特别报告〉决策者摘要》第4页中关于"核心概念的定义"，"灾害风险"是指"在某个特定时期由于危害性自然事件造成某个社区或社会的正常运行出现剧烈改变的可能性，这些事件与各种脆弱的社会条件相互作用，最终导致大范围不利的人员、物质、经济或环境影响，需要立即做出应急响应，以满足危急中的人员需要，而且可能需要外部援助方可恢复"。

〔5〕 联合国大会第69届会议文件（A/69/L. 67）《2015—2030年仙台减少灾害风险框架》，第3页。

灾害造成的人类损失》报告[1]称，气候变化在 21 世纪主导着灾害的格局。

气候变化导致地表气温升高，水循环加快且引发复杂的大气—海洋—陆地相互作用致使强暴雨、强暴雪等极端事件出现的频率增加。另外，由于植物、土壤、湖泊和水库中的水分蒸发加快，再加上气温升高，一些地区会遭受更频繁、更持久或更严重的干旱，还可能进而引发森林大火、热浪等极端事件的产生（例如，2010 年澳大利亚森林大火事件）。[2]气候变化还可进一步导致前所未有的极端天气和气候事件，[3]从而增加气候灾害发生的可能。此外，各气候极端事件间的综合作用还可能会进一步引发其他气候极端事件的发生从而导致新的气候灾害产生（例如，干旱加上极端高温和低湿度天气可增加野火的风险），这使得气候灾害变得更频繁、持续时间更长、灾害程度更严重。从实证角度来看，越来越多的证据表明，在过去的半个世纪里，与气候变化相关的灾害正在加剧，并变得更加频繁。[4]灾害数量在 50 年间增加了五倍，平均每天都在发生一场与天气、气候或水患有关的灾害，每天造成115 人死亡，并造成 2.02 亿美元的损失。[5]其中，2000 年至 2019 年这 20 年间灾害的数量增长了几乎一倍（从 4212 起升至 7348 起），与气候变化相关的灾害更是从 1980 年至 1999 年间的 3656 起增加到 2000 年至 2019 年间的 6681起。[6]单就 2020 年来讲，90% 以上的灾害与气候变化有关，灾害的发生致使3000 多万人流离失所，[7]而纵观 2021 年全年，全球气候灾害连绵不断，欧洲

---

〔1〕 *UN Office for Disaster Risk Reduction*：*The human cost of disasters*：*an overview of the last* 20 *years*（2000–2019），p. 6.

〔2〕 例如，2010 年夏，俄罗斯温度一度逼近 40 摄氏度，创造了该国历史上的最高纪录，连续不断的高温干旱天气导致了森林大火。每天火灾达到 600 起到 700 起，着火总面积超过 19 万公顷，经济损失逾 65 亿卢布，已经造成至少 53 人死亡、500 人受伤，超过 2000 间房屋被毁，烟雾蔓延欧洲。这种情况在世界的森林火灾史上也属罕见。

〔3〕 政府间气候变化专门委员会：《2012 年〈管理极端事件和灾害风险推进气候变化适应特别报告〉决策者摘要》，第 5 页。

〔4〕 *UN Office for Disaster Risk Reduction*：*Earth Day*：2020 *saw a major rise in floods and storms*，https://www. undrr. org/news/earth-day-2020-saw-major-rise-floods-and-storms.

〔5〕 "过去 50 年与天气有关的灾害增加，损失上升，死亡减少"，载 https://news. un. org/zh/story/2021/09/1090352.

〔6〕 *UN Office for Disaster Risk Reduction*：*The human cost of disasters*：*an overview of the last* 20 *years*（2000–2019），pp. 8-9.

〔7〕 "联合国秘书长：避免毁灭性气候影响的机会之窗正在'迅速关闭'"，载 https://news. un. org/zh/story/2021/09/1091672.

极端强降水、南非极端寒流、南美洲极端寒流、美国强龙卷风、印度气旋风暴、蒙古国强沙尘暴和暴风雪……种种迹象都在不断提醒着人们，气候变化确实提高了气候极端事件的发生频率和强度，由此带来的气候灾害愈发频繁，并且其多样性、突发性及极端性愈发明显，所致损失损害也愈发严重。

（三）气候灾害所致损失损害

正如前述，摆在人类面前的现实是：由气候变化导致的气候灾害可使生态环境进一步恶化进而诱发新灾害的发生。不只是某一个或某一些国家和地区，大气的流动性决定了气候变化所致损失损害的后果遍及全球所有国家和国家管辖以外的地区，[1]且有科学证据表明，当今发生频率更加频繁、持续时间更长、所致损失损害程度更加严重的气候灾害导致生态系统正在以前所未有的速度持续退化，预计未来几十年内这一状况还将进一步加剧。生态系统退化严重扰乱了全球各地的生产生活秩序，使全球越来越多的人面临粮食危机和生计完全崩溃，对生态系统自身的复原力或生产力、社会经济系统的运作以及人类健康和福利产生了重大的有害影响。[2]

灾害给人类社会生存和发展带来的代价是巨大的！可使原本可供人类居住的土地被夷为平地或是变为水乡泽国；很多世界文化遗产遭受严重损失损害；一些原始部落可能遭受灭顶之灾；生态环境短期内难以恢复；受灾国家的供水系统彻底瘫痪，无法提供可供饮用的净水增加了传染病肆虐的可能；许多获救者留下永久性心理创伤……回顾 21 世纪初对人类造成损失损害严重的三次灾难：2004 年印度洋海啸，2008 年缅甸"纳尔吉斯"飓风，2010 年海地 7.0 级大地震均造成超过数以十万计的人员死亡，对多个受灾国家的生命、财产、环境、旅游资源等在内的利用价值造成不可逆转和永久性的损失损害。

2004 年印度洋海啸事件发生时，大多数游客还在房间里睡觉，科幻大片《后天》里的灾难场景在印尼苏门答腊北部海域成为现实。由近 9 级地震引发的时速达 200 米每秒的特级海啸卷起数十米高的恶浪，给印尼、斯里兰卡、印度、泰国、缅甸等 12 个国家造成巨大的人员伤亡和经济损失。对于此场灾

---

〔1〕 林灿铃："气候变化所致损失损害补偿责任"，载《中国政法大学学报》2016 年第 6 期。

〔2〕 World Meteorological Organization（WMO）：*State of the Global Climate* 2021：*WMO Provisional report.*

难性空前的印度洋海啸事件，联合国时任秘书长安南在谈及灾后重建时说，灾区至少需要 5 年至 10 年的时间才能完全恢复……2008 年缅甸"纳尔吉斯"飓风事件亦对受灾国的人员、财产、经济、环境等造成了极为严重的损失损害。该事件发生后，缅甸仰光区、孟邦、伊洛瓦底区、勃固区和克伦邦等地区遭受重创，不仅造成人员伤亡，而且经济损失重大。缅甸是稻米出口大国，此次风灾侵袭的主要地区均为该国稻米产区，风灾过后随之出现稻米出口供应不足、粮食、燃料、电力和供水紧张等情况。如抢劫等恶性社会事件频发，不少商家被迫关门，灾民面临生命健康、财产安全以及心理健康等多重打击……2010 年 1 月 12 日，海地发生 200 年以来的最强地震，震级高达 7.0 级，震中距离首都太子港约 16 公里，震源深度 8 公里。在突如其来的强震后，海地首都太子港变得一片狼藉。总统府、教堂、医院、学校、监狱和所有社区均被严重损毁。世界卫生组织确认，此次海地地震造成 22.25 万人死亡，19.6 万人受伤，其中包括 8 名中国维和人员遇难……

前述气候灾害事件造成损失损害的严重性告诉我们，国际社会通过国际合作的方式加强气候变化防灾减灾能力建设，进一步完善气候变化防灾减灾机制已迫在眉睫。在气候变化主导 21 世纪灾害格局的时代背景下，如何有效预防灾害发生，把灾害造成的各种不利影响降到最低，成为国际社会需共同努力解决的问题。必须加强发展中国家，特别是最不发达国家、小岛屿发展中国家、内陆发展中国家和非洲国家以及面临特殊挑战的中等收入国家的执行能力和能量。[1]我们需要每一个国家都参与进来，进一步完善包括气候变化防灾减灾机制在内的应对气候变化的国际法制，否则不能抗击气候变化，更无法应对气候变化所致损失损害的严重后果。

第二节 气候变化防灾减灾机制框架

现行气候变化防灾减灾机制框架形成于联合国协调引领国际防灾减灾的历史进程中，迄今已有三十多年的历史。从 1989 年联合国大会（General Assembly of the United Nations，以下简称"联大"）通过《国际减轻自然灾害十

---

〔1〕 联合国大会第 69 届会议文件（A/69/L. 67）《2015—2030 年仙台减少灾害风险框架》，第 6 页。

年国际行动纲领》（以下简称《国际减灾十年行动纲领》）直至今日，与气候变化防灾减灾机制相关的国际框架被不断充实、完善及细化，逐渐形成了当前气候变化防灾减灾机制框架。现行气候变化防灾减灾机制框架的重点在于以国际、区域、次区域和跨边界合作的方式在全面理解灾害风险、加强灾害风险治理，管理灾害风险、投资以及灾后救援及重建方面开展广泛而深入的国际合作。

一、现行框架形成之历史进程

迄今为止，联合国协调引领国际防灾减灾[1]已有三十多年的历史。1987年12月11日联大通过决议将1990年至2000年定为"国际减少自然灾害十年"（以下简称"国际减灾十年"）[2]，其目标之一为"增强每一国家迅速有效地减轻自然灾害的影响的能力"，[3]而气候变化所致灾害的防灾减灾机制问题则于1989年12月第44届联大通过的《国际减灾十年行动纲领》中首次提出，[4]并特别注意发展中国家的气候变化所致灾害的防灾减灾机制问题，要求国际社会协助发展中国家估价灾害的潜在破坏力并建立预警机构和抗灾机构。[5]为实现包括此目标在内的五项目标，一并规定了国家一级须采取的政策措施及联合国将采取的行动。[6]随后，联合国成立的国际减灾署和在联

---

〔1〕 产生灾害风险的潜在因素有很多种，气候变化仅为其中之一，但在21世纪灾害的格局主要由气候变化主导。气候变化防灾减灾能力建设应被视为国际防灾减灾能力建设中的重要内容。

〔2〕 "国际减灾十年"由美国科学院原院长弗兰克·普雷斯博士于1984年7月在第八届世界地震工程会议上提出，此后这一计划得到了联合国和国际社会的广泛关注，联合国分别在1987年12月11日通过的第42届联大169号决议、1988年12月20日通过的第43届联大203号决议以及经济及社会理事会1989年的99号决议中对开展国际减灾十年的活动作了具体安排，1989年12月第44届联大通过了经社理事会关于国际减轻自然灾害十年的报告，决定从1990年至1999年开展"国际减轻自然灾害十年"活动，规定每年10月的第二个星期三为"国际减少自然灾害日（International Day for Natural Disaster Reduction）"，2009年联大通过决议改每年10月13日为国际减轻自然灾害日，简称"国际减灾日"。

〔3〕 联大第44届会议文件（A/RES/44/236）《国际减灾十年行动纲领》，第208页。

〔4〕 气候变化仅为导致灾害风险的潜在因素之一。其他诸如贫穷和不平等现象、无序快速城市化和土地管理不善造成的后果以及造成问题复杂化的各种因素，如人口变化、制度安排薄弱、非风险指引型决策、缺乏对减少灾害风险私人投资的规章和奖励办法、复杂的供应链、获得技术的机会有限、自然资源的不可持续使用、不断恶化的生态系统、大流行病和时疫等都可能导致灾害发生。尽管如此，一些灾害的强度越来越大并因气候变化而更加严重。

〔5〕 联大第44届会议文件（A/RES/44/236）《国际减灾十年行动纲领》，第208页。

〔6〕 联大第44届会议文件（A/RES/44/236）《国际减灾十年行动纲领》，第209页。

合国组织举行的三次世界减灾大会及其通过的相关减灾战略与行动框架〔1〕中对于气候变化防灾减灾机制问题均有涉及。

被称为国际防灾减灾里程碑的第一届世界减灾大会于 1994 年 5 月 23 日至 27 日在日本横滨举行，该次会议是世界上第一次以减灾为主题的世界性会议，会议评价了"国际减灾十年"前半期取得的成果，并通过了未来的行动纲领——《建立一个更安全的世界的横滨战略：预防、预备和减轻自然灾害的指导方针及其行动计划》（以下简称《横滨战略及其行动计划》），特别强调应将防灾和备灾纳入各级发展战略规划，将气候灾害置于自然灾害下予以整体性考虑，首次提出"预防灾害胜于应付灾害"，〔2〕将发展和加强防灾、减少或减轻灾害的能力作为"国际减灾十年"期间要致力从事的最高优先领域，并特别考虑到发展中国家特别是最不发达国家的脆弱性及易受灾害性，提出应对发展中国家提供技术、物质和财政资源以加强其减少自然灾害的能力。〔3〕称为防灾减灾领域的国际蓝图的《横滨战略及其行动计划》在 1999 年前"国际减灾十年"秘书处负责具体促进实施，1999 年后，为确保该行动计划的实施，联大决议同意设立国际减灾署，负责行动计划的协调实施。

2000 年以"减少由于自然致灾因子引发的灾害所造成的伤亡"为主要目标的国际减灾署成立，这是一个联合国下属的全球性减灾机构。其目标是发起和支持全球减灾运动的伙伴关系，系统实施联合国国际减灾战略。其核心职能包括为国家和区域以及全球范围的减灾努力提供支持、协调联合国机构和有关各方制定减少灾害风险政策与报告并共享信息、特别是将减少灾害风险纳入气候变化适应性，推动减少灾害风险国家多部门协调机制（国家平台）。

第二届世界减灾大会于 2005 年 1 月 18 日至 22 日在日本兵库县神户市举行，会议在回顾和审议《横滨战略及其行动计划》的基础上通过了《兵库宣言》和《2005—2015 年兵库行动框架：加强国家和社区的抗灾能力》（以下

---

〔1〕 减少灾害问题世界会议报告（A/CONF.172/9）《建立一个更安全的世界的横滨战略：预防、预备和减轻自然灾害的指导方针及其行动计划》；减少灾害问题世界会议报告（A/CONF.206/6）《兵库宣言》《2005—2015 年兵库行动框架：加强国家和社区的抗灾能力》；联大第 69 届会议文件（A/69/L.67）《2015—2030 年仙台减少灾害风险框架》。

〔2〕 A/CONF.172/9, p.8.

〔3〕 A/CONF.172/9, p.13.

简称《兵库行动框架》）等成果性文件。《兵库宣言》及《兵库行动框架》明确提出"调集必要的资源"，[1]包括通过资金和技术援助、处理债务的可持续能力、技术转让和公私伙伴关系以加强易受灾发展中国家减少灾害风险的总体能力。[2]此后通过的与气候变化防灾减灾机制相关的国际文件都特别注重国家和其他行为者对减少灾害风险、提高抗灾能力作出国际承诺和参与。

　　第三届世界减灾大会于 2015 年 3 月 14 日至 18 日在日本宫城县仙台市举行，与前两届世界减灾大会相比，本次会议的人员规模和范围有所扩大，会议代表包括 25 个国家的元首或政府首脑和 100 多名政府部长。会议意识到灾害严重阻碍了可持续发展进程的实现，其中许多灾害都因气候变化而变得更为严重，其频率和强度越来越高，因此，应将工作重心转移到灾害风险管理上以预测、规划和减少灾害风险，通过开展国际合作进一步努力降低暴露程度和脆弱性。[3]并提出由于发展中国家，尤其是最不发达国家、小岛屿发展中国家、内陆发展中国家和非洲国家以及面临特殊挑战的中等收入国家的脆弱性和风险水平较高，往往大大超过其应对灾害和灾后复原的能力，[4]因此需要得到特别关注和支持，以便通过双边和多边渠道增加国内资源和能量，确保根据国际承诺采取适当、可持续、及时的执行手段，开展能力建设、财政和技术援助以及技术转让。[5]因此，最终审议通过的大会成果性文件——《2015—2030 年仙台减少灾害风险框架》（以下简称《仙台框架》）要求每个国家各级政治领导层作出承诺并参与进来，要酌情依照本国国情和治理制度，由中央政府与次国家治理架构和全体利益攸关方分担责任。

　　此外，联大于 2015 年 9 月 25 日通过的第 70/1 号决议《变革我们的世界：2030 年可持续发展议程》（以下简称《2030 年议程》）提出了与灾害风险紧密地相互作用和影响的 169 个具体目标和 17 个可持续发展目标。其中，目标 9 "建设具有韧性的基础设施"，目标 11 "建设包容、安全、韧性和可持续的城市与居住区"，目标 13 "采取紧急行动应对气候变化及其影响"与气候变化防灾减灾能力建设密切相关，包括为了实现可持续发展目标向发展中国家

---

[1]　A/CONF. 206/6, p. 23.

[2]　A/CONF. 206/6, p. 21.

[3]　联大第 69 届会议文件（A/69/L. 67）《仙台框架》，第 5 页。

[4]　联大第 69 届会议文件（A/69/L. 67）《仙台框架》，第 20 页。

[5]　联大第 69 届会议文件（A/69/L. 67）《仙台框架》，第 4 页。

提供财政、技术和技能支持、有利的政策环境、以低廉的价格普遍提供因特网服务等。[1]2016年国际法委员会制定的《发生灾害时的人员保护》贯穿灾害发生的全过程，规定在灾前阶段、灾害发生后的立即应对行动以及早期的恢复阶段，包括灾后重建阶段，应对灾害的国际合作包括提供人道主义援助，协调国际救灾行动和通信，提供救灾人员、设备和物资以及科学、医学、技术资源。[2]从合作形式的范围上讲，不排除资金支持、技术转让（其中包括与卫星图像有关的技术）、培训、共享信息以及联合模拟演习和规划，需求评估和情况审查等其他合作形式。[3]2020年12月21日联大第75/216号决议《可持续发展：减少灾害风险》强调易受灾发展中国家应得到特别关注，面对气候灾害，必须加强国际合作，预防、限制、减少重大损失损害的发生并优先向发展中国家提供能力建设方面的支持。[4]

至关重要的是《联合国气候变化框架公约》下"气候变化影响相关损失和损害华沙国际机制"（Warsaw International Mechanism on Loss and Damage，WIM）即"华沙机制"的确立及其发展、《巴黎协定》第8条[5]的相关规定、政府间气候变化专门委员会《2012年〈管理极端事件和灾害风险推进气候变化适应特别报告〉决策者摘要》《气候变化2014年综合报告》等，无一不与气候变化防灾减灾机制的构建密切相关，可以说，气候变化防灾减灾机制一直以来都在不断地细化、充实和完善，尤其是防灾减灾的预警与防御以及防灾减灾的国际协作。

二、气候变化防灾减灾的预警与防御

在气候变化大背景下，旱灾、洪涝、高温热浪、沙尘暴、霜冻、冰雹、暴雨、雷雨、大风、雪灾等气候极端事件不断增多，使人类生存、生活、安

---

〔1〕 联大第70届会议文件（A/70/L.1）《变革我们的世界：2030年可持续发展议程》，第18、19、21页。

〔2〕 联大第69届会议文件（A/69/10）第四章《关于发生灾害时的人员保护》，第14页。

〔3〕 联大第69届会议文件（A/69/10）第四章《关于发生灾害时的人员保护》，第39页。

〔4〕 联大第75届会议文件（A/RES/75/216）《可持续发展：减少灾害风险》，第4、7页。

〔5〕 《巴黎协定》第8条规定："……二、气候变化影响相关损失和损害华沙国际机制置于作为本协定缔约方会议的《公约》缔约方会议的权力和指导下，并可由作为本协定缔约方会议的《公约》缔约方会议决定予以强化和加强。三、缔约方应当在合作和提供便利的基础上，包括酌情通过华沙国际机制，在气候变化不利影响所涉损失和损害方面加强理解、行动和支持……"

全等面临极其严峻的形势。因此，迫切需要加快气候变化所致损失损害预警与防御体系建设，加强气候灾害及气候极端事件发生规律的研究，提高人类对于气候灾害的监测和预测水平，增强气候极端事件的预警与防御能力，从而有效预防、限制、减轻由气候灾害造成的不利影响，促进人类社会健康发展。当前，国际社会在气候变化防灾减灾的预警与防御方面已存在一定的国际实践基础。例如，2005 年 1 月第二届世界减灾大会呼吁"尽早建立世界性预警系统"[1]以促进防灾减灾的国际合作；第三届世界气候大会[2]确立"气候预测和信息为决策服务"的主题，强调建立"全球气候服务框架"的终极目的，以帮助各国决策者获得准确、及时的气象信息以及气象预测情况。该框架的成功实施将有助于各国应对由气候变化和气候异常现象所带来的各种挑战，有利于改进各种气象服务并降低各种灾害风险，促进气象服务部门和用户之间更有效地交流，使其更好地应对各种自然灾害，如热浪、沙暴、飓风、干旱和洪水等，提高国际社会对气候异常和气候变化的适应能力，并促进人类社会经济的进一步发展。

　　气候变化防灾减灾预警与防御体系建设的主要目标是根据对气候变化所致损失损害防御的要求，改进对暴雨洪涝、台风和干旱等各种时间和空间尺度极端天气及气候事件的监测，建立有效的观测体系；研究致火灾天气系统的形成机理及活动规律，提高对气候极端事件的诊断、分析能力和预报水平；制定科学、有效的灾害防御对策和应急措施预案，建立重大气候灾害预警系统和快速反应的灾害应急体系以及灾害评估体系，以确保能够及时实施各种防灾减灾和灾后救援措施。其重点任务则是在重大气候灾害（暴雨洪涝、干旱、台风等）及其次生灾害（风暴潮、泥石流等）并发和频发区建立飞机、卫星、雷达、全球定位系统、大气廓线仪、自动气象站等三维立体监测系统，实现重大气候灾害发生、发展的跟踪监测；强化重大气候灾害预警预报业务，建立实时监测、快速传递、高效分发的综合信息处理系统及信息共享平台；制定气候灾害及突发性事件应急响应预案，建设气候变化防灾减灾预警与防

---

〔1〕　参见 2005 年 1 月 18 至 22 日第二届世界减灾大会通过的《兵库行动框架》。

〔2〕　第三届世界气候大会由世界气象组织及其合作伙伴共同组织于 2009 年 8 月 31 至 9 月 4 日在日内瓦召开，来自 150 多个国家和地区约 1500 位与会者将在为期 5 天的会议上讨论应对全球气候变化的问题。大会分为专家会议（8 月 31 日至 9 月 2 日）和高层会议（9 月 3 日至 4 日）两部分。专家会议旨在讨论"全球气候服务框架"的具体内容，高层会议主要讨论该框架的实施问题。

御协调体系，开展重大气候灾害防御措施效果评估研究，建立气候灾害咨询与评估系统。

气候灾害预警系统的建设是一个复杂的系统工程，有效的预警系统将是适应气候变化战略的一个基本组成部分，应该在考虑到所有国家特别是较脆弱的国家，受热浪、严重干旱、水灾和风暴、厄尔尼诺/拉尼娜[1]现象等全球性气候极端事件的基础上，坚持重在预防的原则，建立以人为本的完整而有效的全球综合性气候灾害预警机制，加强、改进和完善在各个领域建立气候变化影响监测系统，逐步将气象、水文、农牧业、林业、自然生态系统、海岸带和人体健康等部门的监测系统纳入适应气候变化统一的监测体系。建立国家、区域（亚洲减灾中心）、国际（联合国教科文组织"政府间海洋学委员会"）适应气候变化的预警服务体系，实现国际监测共享及应急联动，为适应气候变化战略和行动计划服务，要求各国明确政治承诺，将政治承诺转换为国家法律政策和监督框架予以保障。

风暴潮、台风和干旱等灾害性气候极端事件的发生，以及由此引发的次生灾害，给人类生命财产造成了重大损失。风暴潮是天文潮与强天气系统（热带气旋、温带气旋、冷锋等）产生的大风相叠加的结果，风暴潮往往伴随着狂风巨浪，导致水位暴涨，堤岸决口，农田淹没，人畜伤亡，带给人类的灾难无比巨大；位居全球十大自然灾害之首的台风所经之处必带来大雨、大风和风暴潮等灾害，远非其他天气系统可比；干旱亦是最主要的气象灾害之一，所造成的经济损失占各种气象灾害造成的总经济损失的50%左右，干旱能够引起一系列的环境恶化现象，威胁人类的生存环境，如河川径流、湖泊水位下降导致水资源持续减少，冰川退缩和变薄导致降水量减少和气温升高，土地沙化，等等。

从安全的角度看，建立综合灾害预警、防御、紧急救助体系，对重大多发性、连锁性自然灾害（例如持续大旱、持续性大暴雨、洪涝、台风等强灾害）做到及早预警、有效防御，具有重要的战略意义。

---

[1] "拉尼娜"是西班牙语"La Niña"（"小女孩"）的音译，是一种与"厄尔尼诺""El Niño"（"小男孩"）相对应的海洋大气现象，又被称为"反厄尔尼诺"或"冷事件"，是指赤道中、东太平洋海表温度异常出现大范围偏冷，且强度和持续时间达到一定的冷水现象。拉尼娜的气候影响与海面水温持续高于常年的厄尔尼诺大致相反，但都会引起全球气候异常，还可能会给全球许多地区带来灾害。

20 世纪 90 年代以来，世界上评估灾害及灾害防御措施效果的技术和工作方法有了重要进展，防灾减灾领域中所取得的许多重要的成就都与科学技术的应用有关。1999 年联合国国际减灾十年活动论坛通过的"科学技术在支持减灾分论坛声明"提出，重视科学技术在减轻自然灾害过程中的贡献，[1]以进一步促使自然科学与社会科学在减灾领域相互联系与合作。未来，要对重大气候灾害预警与防御措施效果开展研究，针对不同的气候灾害防御工作，建立相应的评价指标体系和评估方法，逐步建立完整的、科学的重大气候灾害预警与防御体系。

建立并不断完善对重大气候灾害和其他重大自然灾害的防灾减灾、抗灾救灾预警与防御业务体系，应成为国际社会公共安全保障中的核心内容之一。"国际减灾十年"的经验证明，广泛的灾害风险管理常常需要多部门、跨学科相互交叉、相互协作。因此，各学科和机构之间，要致力于互相促进交流和开展合作。防灾减灾需要全人类的广泛参与，每一个国家、每一个个体都有参与灾害预警与防御的义务，这对提高预防、限制、减轻包括气候灾害在内的自然灾害所致不利影响的整体能力而言，作用极其重大。正如《日内瓦减灾战略》[2]指出，要从总体上改变现有的减灾观念，即要从灾后反应转变为灾前防御。为此，应在国家、区域以及全球范围内进一步提高人们对自然灾害给人类社会造成危害的风险的认识，确立防灾减灾中的政府责任，提高社区防灾减灾能力，以切实预防、限制、减轻气候灾害造成的不利影响。

三、气候变化防灾减灾的国际协作

由于生态系统的各个要素相互关联，各种复杂的环境现象皆具普遍联系，因此，气候灾害不仅涉及某个方面、某些领域，更全面涉及人类生活的方方面面，不仅涉及灾害援助，更涉及人道主义，[3]不仅涉及受灾人群也涉及救

---

〔1〕　其贡献突出表现为：一是通过评价脆弱性，加强社区对灾害风险性质的认识；二是通过预警系统的实践使用，使得许多自然灾害早期预警的精确性和适时性得到了改进。

〔2〕　《日内瓦减灾战略》于 1999 年 7 月 9 日联合国国际减灾十年委员会在日内瓦举办的"国际减灾十年论坛"上通过。

〔3〕　受灾国在灾害发生时有责任在其领土上确实保护和协助那些人旨在维护受灾害影响的人的生命和尊严，并保证这些人获得所需要的人道主义援助。这个责任是在受灾国领土内确保生命权的核心。参见 2014 年国际法委员会报告：《发生灾害时的人员保护条款草案案文及其评注》之"第 14 条批注"。

灾人员，即"促进充分而有效地应对自然灾害以满足有关人员的基本需求，充分尊重其权利"。[1]所以，在气候灾害防治中，在气候变化防灾减灾机制中必须加强全方位、多主体的国际协作，协同致力于气候变化所致损失损害的援助。正如国际法委员会制定的《发生灾害时的人员保护条款草案》第 13 条所言：如所遭受的灾害超过了国家的应对能力，受灾国有责任酌情从其他国家、联合国、其他主管政府间组织和有关非政府组织寻求援助。自然灾害所造成的后果是严重的且大规模的，所以国际法应课以受灾国寻求外部援助的责任。当然，寻求援助的责任来源于超过受灾国家应对能力之程度的情况，并非所有的自然灾害都被视为达到压倒一个国家应对能力的程度。同时也必须明确，"进行国际合作以处理紧急情况和加强受灾国的应对能力"之合作应按照国际法和国内法，[2]且符合受灾国对提供外部援助的同意原则。[3]气候变化所致损失损害无疑已"达到压倒一个国家应对能力的程度"，尤其对于小岛屿发展中国家和地理不利国而言。

气候变化防灾减灾机制的国际协作应包括双边合作、区域合作与全球合作。

双边合作有如 2013 年中国和泰国共同合作建设的地球空间灾害监测、评估与预测系统，该系统不仅提供如农作物收成预测、气象灾害预测等服务于泰国农业产业，还服务于泰国的环境、交通、电力等重点领域，为泰国的防灾减灾、经济发展作出重要贡献。

区域合作比较典型的是为交流亚太区域各国减灾领域的优秀实践、推动区域交流与合作，并监督全球和区域合作框架与行动计划的执行。例如，自中国政府发起的亚洲区域部长级减灾大会成立以来，经过各方的共同努力，于 2005 年 9 月 27 日至 29 日在北京举行了由中国政府主办，联合国开发计划署、联合国亚太经社理事会、国际减灾署、世界气象组织和亚洲备灾中心协办的首届"亚洲减灾大会"；2009 年 9 月，由联合国亚太经社理事会申请，中国政府资助的加强亚太区域减轻灾害风险区域合作项目正式立项，该项目

---

〔1〕 参见 2014 年国际法委员会报告：《发生灾害时的人员保护条款草案案文及其评注》之"第 9 条批注"。

〔2〕 参见 2014 年国际法委员会报告：《发生灾害时的人员保护条款草案案文及其评注》之"第 13 条批注"。

〔3〕 《发生灾害时的人员保护条款草案案文》第 14 条"受灾国对外部援助的同意"规定："1. 提供外部援助需要征得受灾国的同意。2. 受灾国不得任意拒绝外部援助。3. 对按照本条款草案提出的援助提议，受灾国只要有可能，应告知就该援助提议作出的决定。"

旨在加强减轻灾害风险和灾害管理信息共享和分析的区域合作机制，包含搭建亚太区域减轻灾害风险和灾害管理信息共享平台和尽快形成旱灾监测和早期预警的区域合作机制。

全球性国际合作主要指的是联合国减灾救灾合作[1]和世界减灾大会[2]确立的减灾救灾重点领域。

气候变化所导致的灾害风险危及全世界且在日益扩大。为促进气候变化防灾减灾国际协作，建立统一的适应气候变化和发展经济的国际框架，国际减灾署不仅参与《联合国气候变化框架公约》议定书的谈判进程，其秘书处还与《联合国气候变化框架公约》秘书处及其附属机构建立起了密切工作关系，以促进减灾框架与气候变化框架的统一。

毋庸置疑，历届世界减灾大会明确并彰显了减灾救灾国际合作的重大意义。正如第一届世界减灾大会所强调："各国应通过技术转让、信息交流等，进一步加强区域和国际间的合作。特别是发达国家应该向发展中国家免费和及时提供有关防灾和减灾的技术以及有关数据……并且协助寻找有效的手段来减少灾害的影响。"[3]第二届世界减灾大会总结了多年来国际社会在减灾方面积累的经验和存在的差距，呼吁尽早建立包括共享信息等内容在内的区域性减灾机制，讨论制订世界性预警系统的具体方案，并在此基础上审议通过了《兵库宣言》和《兵库行动框架》。《兵库行动框架》再次强调了应使减灾观念深入今后的可持续发展行动中，加强减灾体系建设，提高减灾能力，降低灾后重建阶段的风险。

2015 年 3 月 18 日，为期 5 天的第三届世界减灾大会在日本仙台落幕，来自世界 187 个国家的代表就全球今后 15 年的减灾框架——《仙台框架》达成一致，[4]这是全球第一个与 2015 年后发展议程相关的重要协议，对抗击气

---

〔1〕　联合国减灾救灾合作指的是由联合国国际减灾战略系统（ISDR）和人道主义事务协调厅（OCHA）制定协调具体的减灾救灾行动计划，报联合国副秘书长兼紧急救济协调员（ERC）批准，与众多联合国机构开展的协同工作。

〔2〕　世界减灾大会即"联合国世界减灾十年会议"，第一届世界减灾大会于 1994 年 5 月 23 日在日本横滨召开，第二届世界减灾大会于 2005 年 1 月 18 日至 22 日在日本神户召开，第三届世界减灾大会于 2015 年 3 月 18 日在日本仙台召开。

〔3〕　参见 1994 年 5 月 23 日至 27 日第一届世界减灾大会通过的《横滨声明》。

〔4〕　第三届世界减灾大会成果在《仙台框架》之外还通过了《仙台宣言》和《利益攸关方自愿承诺》两项文件。

候变化和实现可持续发展起着举足轻重的作用。该协议为国家和地方各级、全球和区域各级减少灾害风险、提高抗灾能力提供了切实的行动和方向，是许多气候变化适应行动的关键。没有减灾，发展的可持续性就无从谈起，因为减灾在气候变化和可持续发展之间起着重要的桥梁作用，人们在气候极端事件冲击下得不到保护生计就会遭受破坏，即使是发达国家，保持经济发展的能力也会受到严重影响。

面对灾害，联合国始终恪守人道主义的援助指导原则。2004 年印度洋发生海啸，联合国秘书长在收到受灾国申请国际援助的请求后，立即任命紧急救灾副协调员作为人道主义援助特别协调员，前往灾区与受灾国政府进行高级别协商以提供国际援助。与此同时，人道主义事务协调厅（United Nations Office for the Coordination of Humanitarian Affair，OCHA）在第一时间派遣 5 个联合国灾害与评估协调小组（United Nations Disaster Assessment Coordination，UNDAC）到受灾国家评估受灾程度与所需援助的详情，并在印尼和斯里兰卡设立了人道主义信息协调中心，协调 16 个联合国机构、18 个国际联合会救灾小组、35 个国家的军事资源以及 160 多个非政府组织、私营公司、民间社会团体的救灾行动。

可见，在联合国主导下，进行灾情评估、灾害信息搜集和传递、呼吁国际社会关注、协调各方联合救援并制定长期复原计划等防灾减灾救灾的国际协作取得了实质性进展，通过并确立了协调人道主义救灾援助、转让防灾减灾知识与技术、交流防灾减灾结果与经验教训、促进防灾减灾与气候变化挂钩等重点领域。

第三节　气候变化防灾减灾能力建设

气候变化防灾减灾能力建设是当前广大发展中国家在应对气候变化领域中所进行的能力建设的重要组成部分，是有关发展中国家的能力建设问题在气候变化防灾减灾领域中的具体体现。基于气候灾害所致不利影响的全球属性，加强气候变化防灾减灾能力建设不仅能够帮助广大发展中国家有效减少灾害风险、提高抗灾能力，亦对全球稳定秩序的维护以及可持续发展目标的最终实现起到积极的促进作用。现行气候变化防灾减灾能力建设主要围绕全面理解灾害风险、加强灾害风险治理，管理灾害风险、投资、灾后救援及重建展开，显示出侧重"防灾"阶段减少灾害风险、相关国际框架缺乏系统性及执行力等特点，并在与相关政府间进程的统筹协调力度以及资金支助规模等方面展露出明显的局限性。在现行气候变化防灾减灾机制框架下，最不发达国家、内陆发展中国家和小岛屿发展中国家正在因气候灾害而继续遭受着不成比例的巨大人员和经济损失。

一、气候变化防灾减灾能力建设的内涵

预防气候灾害风险，减轻、限制气候灾害所致不利影响是国际应对气候变化的重要内容之一。由于全球应对气候变化资源分布的不均衡性，广大发展中国家，尤其是小岛屿发展中国家以及最不发达国家更易受到气候变化所致损失损害的不利影响。气候变化防灾减灾能力建设作为广大发展中国家在应对气候变化领域开展的能力建设活动的重要组成部分，对广大发展中国家应对气候变化的整体能力的提升起到了显著的推动作用。就气候变化防灾减灾能力建设的内涵来讲，具体涉及"防灾减灾"与"能力建设"两个方面。

对于"防灾减灾"而言，根据国际减灾署的相关界定，[1]"防灾"意指全面防止致灾因子引发相关灾害的产生，强调事前采取预防措施以减少灾害风险。而"减灾"则是指减轻或限制致灾因子引发相关灾害造成的不利影响，意在无法进行及时、有效、充分的风险预防情形下，尽可能地减轻或限制相关灾害的不利影响。就防灾与减灾的关系而言，防灾表达的是通过事先采取行动，完全避免潜在不利影响的概念和意愿。但在很多情况下，完全避免损失是不可能的，所以防灾任务转变成了减灾任务，即通过各种战略和行动切实地减轻它们的规模或危害程度。[2]"防灾减灾"不是"防灾""减灾"的简单相加，也不是均衡的二等分。在整个灾害过程中，防灾与减灾相辅相成、相互协调、互相作用，通过防灾可达到减灾的目的，在防灾不足时以减灾予以补充，防灾应被视为整个防灾减灾工作的首要关切。在国际实践中，国际社会也逐渐意识到防灾、备灾、及早采取行动和建设抗灾能力在相当程度上

---

〔1〕"UN Office for Disaster Risk Reduction: terminology（Prevention/Mitigation）"，https://www.undrr.org/terminology.

〔2〕"UN Office for Disaster Risk Reduction: terminology（Prevention/Mitigation）"，https://www.undrr.org/terminology.

比紧急应对更具成本效益。[1]

而就国际应对气候变化领域中的能力建设问题来讲，从《联合国气候变化框架公约》到《巴厘岛行动计划》及《哥本哈根协议》，国际气候谈判对能力建设问题的关注不断提高。2015年《巴黎协定》第11条在已有成果基础上细化了关于能力建设议题的条文设计，专门规定了能力建设条款，再次强调了发达国家需要定期对发展中国家提供能力建设支助，要求发达国家对发展中国家尤其是最不发达国家和小岛屿发展中国家提供技术开发、气候资金获取、教育培训和透明信息通报等援助，并提出发达国家应当提供透明、及时、准确的信息通报，认为各国应当尽快制定适当的体制安排以实现该条规定。可见，随着对已有文件成果的细化和深入，能力建设的范围不仅限于资金和技术方面，亦涉及推广和部署、教育培训和公共宣传等其他可以起到提高发展中国家适应气候变化和参与全球气候环境保护合作能力的方面。在此基础上，当今"能力建设"可被理解为由发达国家提供资金和技术、教育培训、公共宣传和透明信息通报等各种援助措施以提高发展中国家适应气候变化和参与国际气候变化保护合作的能力。

由此，结合前述关于"气候灾害"的界定，"气候变化防灾减灾能力建设"可进一步理解为，由发达国家提供资金和技术、教育培训、公共宣传和透明信息通报等各种援助措施，旨在提高发展中国家预防、限制、减轻由自然和人为因素结合导致的气候极端事件造成某个社区或社会的正常运行出现剧烈改变，造成大范围不利的人员、物质、经济或环境影响的能力。

二、气候变化防灾减灾能力建设的意义

当今，气候灾害的频发性、多样性、所致损失损害的严重性及其造成不利影响的全球性告诫我们由气候变化导致的气候灾害已经成为严重威胁人类生存和人类社会发展共同面临的严峻挑战。不仅是广大发展中国家，生态系统各组成部分间的相互联系、相互影响、相互制约决定了一个国家或地区的气候灾害造成的不利影响会不同程度直接、间接地影响到其他国家或地区的环境状况，危及其他国家或地区的人口、政治、经济、文化、卫生、安全等

---

[1] 联大第75届会议文件（A/RES/75/216）《可持续发展：减少灾害风险》，第10页。

方方面面。[1]

人类赖以生存的地球是一个整体，发生在任何国家或地区的气候灾害都可能带来不可抗拒的全球性的后果。在气候灾害已然成为全人类共同面临的不受国界限制的全球性威胁的现实背景下，为了人类的持续生存和发展，为了全人类的共同福祉，世界各个国家必须超越民族、文化、宗教和社会制度的区别共同采取行动。对此，加强气候变化防灾减灾能力建设不仅对于广大发展中国家，对于世界各国来讲均具有重要意义。

（一）有效减低灾害风险并增强抗灾能力

不可否认，当前由发达国家助力广大发展中国家开展的气候变化防灾减灾能力建设已在减少灾害风险提高抗灾能力方面取得一定进展。从 2005 年第二届世界减灾大会通过《兵库行动框架》至 2015 年《仙台框架》通过的十年时间里，各国和其他相关利益攸关方已在地方、国家、区域和全球各级减少灾害风险方面取得进展，使一些灾患的死亡率有所下降，各国都加强了本国灾害风险管理能力。[2]在《仙台框架》通过五年之后，该框架的执行也正在取得成果。许多国家增强了实施减少灾害风险方案的能力，并通过对备灾和应灾的投资，在拯救生命和生计方面取得了进展。[3]以亚洲地区为例，自《仙台框架》通过并实施以来，在整个地区，各国在降低某些灾害死亡率方面取得了明显进展。[4]2017 年至 2018 年，亚洲地区的大多数国家已经确定了减少灾害风险的联络点并着重加强了减少灾害风险的宣传和公众意识，一些国家建立了灾害管理信息系统和应急行动协调中心，以改进损失和损害数据的收集。此外，亚洲地区在制定国家减少灾害风险战略、计划和政策方面亦取得了进展。[5]尽管如此，该地区的灾害频率、死亡率和受灾人数方面仍占全

---

〔1〕 林灿铃：《荆斋论法——全球法治之我见》，学苑出版社 2011 年版，第 135 页。

〔2〕 联大第 69 届会议文件（A/69/L. 67）《仙台框架》，第 3 页。

〔3〕 联大第 75 届会议文件（A/75/226）《〈2015-2030 年仙台减少灾害风险框架〉的执行情况秘书长的报告》，第 2 页。

〔4〕 *The occasion of the* 2018 *Asian Ministerial Conference on Disaster Risk Reduction*：*Action Plan* 2018-2020. *of the Asia Regional Plan for Implementation of the Sendai Framework for Disaster Risk Reduction* 2015-2030，p. 3.

〔5〕 *The occasion of the* 2018 *Asian Ministerial Conference on Disaster Risk Reduction*：*Action Plan* 2018-2020. *of the Asia Regional Plan for Implementation of the Sendai Framework for Disaster Risk Reduction* 2015-2030，p. 4.

球灾害影响的一半。在灾害风险、损失和损害数据的系统和分类收集、分析和传播方面仍需与多部门合作改善方式方法。大多数国家在按性别、年龄和残疾等不同参数分类的数据收集方面也面临挑战。一些国家在历史数据的可用性和准确性以及收集方面仍能力有限，少数几个国家建立了地方减少灾害风险平台。较少国家制定了地方减少灾害风险战略，但并未整合仙台框架的关键要素，如预防新的灾害风险、减少现有风险以及加强经济、社会、健康和环境复原力等。一些国家已经修订或正在修订其现有战略和计划，以与《仙台框架》保持一致。[1]

总之，尽管当前广大发展中国家在开展气候变化防灾减灾能力建设方面仍存在很大不足，但不可否认加强气候变化防灾减灾能力建设对于减少灾害风险提高抗灾能力的关键作用。在现有基础上加强气候变化防灾减灾能力建设可为进一步有效减少灾害风险、提高抗灾能力提供机遇。对此，国际社会应着力于加强气候灾害防灾减灾能力建设，进一步完善气候变化防灾减灾机制。

（二）稳定全球秩序

正如前述，气候灾害不仅会对相关受灾国家造成严重的损失损害，其造成不利影响的全球性决定了由气候灾害引发的不利后果将威胁全球环境、人口、政治、经济、文化、卫生、安全等各个方面。在许多情形下，气候灾害造成的不利影响不仅影响全球农业和粮食安全，更进一步加剧了移民、难民和流离失所人口的迁移和脆弱性，恶化了健康风险，并加剧了环境问题和自然生态系统的损失，对全球秩序的稳定造成极大冲击。例如，2020 年至 2021 年"拉尼娜"期间的极端天气改变了降雨季节，使世界各地的生计和农业活动受到破坏，对全球粮食安全带来巨大风险；[2]极端高温天气、致命热浪、干旱直接影响着海洋-大气耦合，继而影响区域和全球环流以及海洋生物，造成全球可再生地表水和地下水资源竞争加剧以及生物多样性下降；[3]气候灾

---

〔1〕 *The occasion of the* 2018 *Asian Ministerial Conference on Disaster Risk Reduction*: *Action Plan* 2018-2020 *of the Asia Regional Plan for Implementation of the Sendai Framework for Disaster Risk Reduction* 2015-2030, p. 5.

〔2〕 *World Meteorological Organization（WMO）*: *State of Climate in* 2021: *Extreme events and major impacts*, https://public.wmo.int/en/media/press-release/state-of-climate-2021-extreme-events-and-major-impacts.

〔3〕 *World Meteorological Organization（WMO）*: *Weather and climate extremes in Asia killed thousands*, *displaced millions and cost billions in* 2020, https://public.wmo.int/en/media/press-release/weather-and-climate-extremes-asia-killed-thousands-displaced-millions-and-cost.

害导致的环境退化亦为加剧恐怖主义的因素，使武装团体能够借此契机扩大其影响力并操纵资源以谋取利益；[1]此外，气候灾害亦会对国家间的经济贸易关系产生诸多不利影响，限制国家间的经济贸易交往，破坏全球经济贸易秩序。目前，由气候变化导致的气候灾害等不利影响正在使生态系统以前所未有的速度恶化，而且预计未来几十年会加速恶化，限制其保障人类福祉的能力并损害其适应能力，无法形成复原力。[2]

鉴此，由发达国家提供资金和技术、教育培训、公共宣传和透明信息通报等各种援助措施以加强广大发展中国家气候变化防灾减灾能力建设不仅对于广大发展中国家，对于全球所有国家和地区人民的健康和生存、整个生态系统，乃至全球秩序的稳定来讲，均具有重要意义。2020 年联大第 75/216 号决议《可持续发展：减少灾害风险》即指出包括气候灾害在内的所有灾害类型（包括生物、技术灾害以及自然灾害的其他类型，如天文灾害、地质灾害等）给世界各地的脆弱社会带来长期负面的经济、社会和环境后果，为了维护全球秩序稳定、实现人类社会可持续发展，务必防备和减少灾害风险并作出规划。[3]在包括气候灾害在内的各类自然以及人为灾害面前，国家、区域以及全球的行动或不行动产生的不利影响都可以产生影响整个生态系统以及全球秩序稳定的风险。因此，为了进一步减少气候灾害风险，预防、限制、减轻气候灾害造成的不利影响，降低世界范围内由气候变化导致的气候灾害造成的生命、财产、环境等方面的损失损害，维护全球秩序稳定，广大发展中国家在发达国家援助下进一步加强气候变化防灾减灾能力建设是使人类赖以生存的物质基础——地球"治愈创伤"、提高复原力，进而实现人类社会持续繁荣稳定发展的关键一步。

（三）实现可持续发展目标

环境与发展是当今世界最为关注的问题之一，可持续发展（sustainable development）业已成为建设生态文明的象征和人类经济社会发展共同追求的

---

〔1〕 "联合国秘书长：气候变化是'加剧恐怖主义的因素'"，载 https://news. un. org/zh/story/2021/12/1095802.

〔2〕 *World Meteorological Organization（WMO）：State of Climate in* 2021：*Extreme events and major impacts*，https://public. wmo. int/en/media/press-release/state-of-climate-2021-extreme-events-and-major-impacts.

〔3〕 联大第 75 届会议文件（A/RES/75/216）《可持续发展：减少灾害风险》，第 2~3 页。

目标。

气候变化所致损失损害所产生的不利影响不仅严重削弱了人类可持续发展的能力，而且，对全人类，所有国家，尤其是最不发达国家和小岛屿国家更是造成大范围不利的人员、物质、经济或环境影响。在气候变化大背景下，加强气候变化防灾减灾能力建设是实现可持续发展目标的必然要求。几乎所有涉及气候变化防灾减灾能力建设的国际文件都提及了可持续发展目标。1994 年第一届世界减灾大会通过的《横滨战略及其行动计划》即明确了防灾、减灾、备灾和救灾是有助于实现可持续发展的四个政策，同时指出要实现国际减灾十年的目标，防灾、减灾和备灾比救灾更有效。[1] 2005 年《兵库行动框架》则明确灾害的影响依然是可持续发展的重大挑战之一，[2] 并确认减灾、可持续发展以及消除贫困等事项之间存在的内在关系，[3] 即减少灾害风险的努力必须系统地纳入可持续发展和减贫政策、计划和方案，并通过双边、区域和国际合作，包括伙伴关系给予支持。[4] 2015 年《仙台框架》则明确表明灾害严重阻碍了实现可持续发展的进程，[5] 有效的灾害风险管理将有助于实现可持续发展。[6] 同年，联大第 70 届大会通过的以消除贫困与促进包容性发展为核心的《变革我们的世界：2030 年可持续发展议程》（以下简称《2030 年议程》）提出通过最大限度地发挥 17 个大目标及相关 169 个具体目标的协同效应，在保护地球环境的同时，指导人类在未来 15 年对繁荣和福祉的追求，并将经济、社会、环境三个领域列为其支柱。在这些发展目标中，如目标 9 "建设具有韧性的基础设施"，[7] 目标 11 "建设包容、安全、韧性和可持续的城市与居住区"，[8] 目标 13 "采取紧急行动应对气候变化及其影

---

[1] A/CONF. 172/9, p. 3.

[2] A/CONF. 206/6, p. 4.

[3] A/CONF. 206/6, p. 4.

[4] A/CONF. 206/6, p. 7.

[5] 联大第 69 届会议文件（A/69/L. 67）《仙台框架》，第 3 页。

[6] 联大第 69 届会议文件（A/69/L. 67）《仙台框架》，第 3 页。

[7] 联大第 70 届会议文件（A/70/L. 1）《变革我们的世界：2030 年可持续发展议程》，第 18 页。

[8] 联大第 70 届会议文件（A/70/L. 1）《变革我们的世界：2030 年可持续发展议程》，第 19 页。

响"[1]都与灾害风险紧密地相互作用和影响。此后，在 2018 年亚洲部长级减灾大会上通过的《亚洲地区实施〈仙台框架〉行动计划（2019-2020年）》中，亦通过总结 2017 年至 2018 年已取得的进展表明在实现发展与减少灾害风险之间的一致性方面，大多数国家制订中长期发展计划都将灾害风险作为实现可持续发展需要解决的关键问题。[2]2020 年，联大通过的第 75/216 号决议《可持续发展：减少灾害风险》在忆及该年和近些年来灾害的数量、规模及其破坏性影响的基础上，提出应注重加强抗灾能力建设以及实现可持续性和可持续发展目标，[3]有效执行《仙台宣言》和《仙台框架》并重视发挥其与《2030 年议程》及《巴黎协定》之间的协同增效作用，[4]希望看到所有国家和人民以及社会各阶层都实现可持续发展目标和具体目标。[5]

三、气候变化防灾减灾能力建设的主要内容

当前广大发展中国家开展气候变化防灾减灾能力建设的重点在于以国际、区域、次区域和跨边界合作的方式，由发达国家提供资金和技术、教育培训、公共宣传和透明信息通报等各种援助措施，并在灾前采取各种旨在降低脆弱性和暴露度的行动以预测、规划和减少灾害风险，灾后提供人道主义援助，协调国际救灾行动和通信，提供救灾人员、设备和物资以及科学、医学、技术资源等，以增强发展中国家的抗灾能力。

国家以国际、区域、次区域和跨边界的方式开展国际合作的行动领域主要是：①灾害风险的全面理解；②灾害风险的治理和管理；③推动关于防灾减灾的全球和区域金融机构的合作；④灾后救援及重建。基于此，当前气候变化防灾减灾能力建设的主要内容应包括：

第一，对灾害风险的全面理解是进行有效防灾减灾的基础，在此方面主

---

[1] 联大第 70 届会议文件（A/70/L.1）《变革我们的世界：2030 年可持续发展议程》，第21 页。

[2] *The occasion of the 2018 Asian Ministerial Conference on Disaster Risk Reduction: Action Plan 2018-2020 of the Asia Regional Plan for Implementation of the Sendai Framework for Disaster Risk Reduction 2015-2030*, p. 5.

[3] 联大第 75 届会议文件（A/RES/75/216）《可持续发展：减少灾害风险》，第 2 页。

[4] 联大第 75 届会议文件（A/RES/75/216）《可持续发展：减少灾害风险》，第 4~5 页。

[5] 联大第 75 届会议文件（A/RES/75/216）《可持续发展：减少灾害风险》，第 4 页。

要通过包括技术转让在内的国际合作以促进、加强、交流获得、分享和使用适当非敏感性数据和信息、通信、地理空间和天基技术及相关服务，[1]并在国际上建立、传播和分享关于此方面的良好做法。在公众意识的培养和教育方面，促进防灾、抗灾以及负责任公民意识的文化，培养对灾害风险的了解，支持相互学习并分享经验。[2]关于核心数据获取方面，灾害流行病学研究中心（Center for Research on the Epidemiology of Disasters，CRED）的EM-DAT数据库[3]包含1900年至今世界上二万二千多起大规模灾难的发生和影响的基本核心数据，可为旨在使备灾决策合理化，并为脆弱性评估和确定优先事项提供客观基础的国家和国际层面的人道主义行动服务。除灾害流行病学研究中心的EM-DAT数据库外，仙台框架监测系统（Sendai Framework Monitor）对于了解灾害损失和风险亦起着至关重要的作用，其通过"国际自愿"（international voluntary）方式收集《仙台框架》下七个全球具体目标[4]的综合数据并向相关国家政府机构和利益攸关方披露有关灾害风险的非敏感信息，以便进一步规划防灾、减灾和备灾措施，减轻灾害所致损失损害。国际减灾署管理下的"防灾网"（PreventionWeb）[5]亦提供一系列有关减少灾害风险的知识产品和服务，以促进减少灾害发生的从业人员的工作。此外，联合国开发计划署（以下简称"开发署"）、外层空间事务厅、粮食及农业组织、亚洲及太平洋经济社会委员会在支持各国收集和分析相关领域的灾害损失和风险数据、利用相关观测技术以及发展能力方面发挥了重要作用。[6]

---

〔1〕 联大第69届会议文件（A/69/L. 67）《仙台框架》，第10页。

〔2〕 联大第69届会议文件（A/69/L. 67）《仙台框架》，第11页。

〔3〕 *Emergency Events Database*（*EM-DAT*），https://www. emdat. be.

〔4〕《仙台框架》：为支持对实现本框架成果和目标的全球进展情况进行评估，商定了七个全球性具体目标……这七个全球具体目标是：(a) 到2030年大幅降低全球灾害死亡率，力求使2020年至2030年十年全球平均每100 000人死亡率低于2005年至2015年水平；(b) 到2030年大幅减少全球受灾人数，力求使2020年至2030十年全球平均每100 000人受灾人数低于2005年至2015年水平；(c) 到2030年使灾害直接经济损失与全球国内生产总值的比例下降；(d) 到2030年，通过提高抗灾能力等办法，大幅减少灾害对重要基础设施的损害以及基础服务包括卫生和教育设施的中断；(e) 到2020年大幅增加已制订国家和地方减少灾害风险战略的国家数目；(f) 到2030年，通过提供适当和可持续支持，补充发展中国家为执行本框架所采取的国家行动，大幅提高对发展中国家的国际合作水平；(g) 到2030年大幅增加人民获得和利用多灾种预警系统以及灾害风险信息和评估结果的概率。

〔5〕 PreventionWeb：https://www. preventionweb. net.

〔6〕 联大第75届会议文件（A/75/226）《〈2015—2030年仙台减少灾害风险框架〉的执行情况秘书长的报告》，第3~4页。

第二，加强灾害风险治理[1]是实现有效灾害风险管理[2]的重要前提，在此方面主要通过积极参与全球、区域和次区域减少灾害风险平台建立共同信息系统以交流与灾害风险指引型政策、方案和投资有关的做法、良好经验和知识。联大在此方面设立了旨在审查减少灾害风险的进展、分享良好做法并讨论最新发展和趋势的全球减少灾害风险平台。[3]在区域性减少灾害风险平台方面，目前有非洲、美洲和加勒比地区、阿拉伯国家、亚太地区以及欧洲和中亚五个旨在展示减少灾害风险的实际应用、交流经验并制定联合声明、战略和行动计划，为决策者和从业人员提供指导的区域平台。[4]在2015年之后的《仙台框架》时代，区域平台主要围绕防灾减灾提供指导并提出相关解决方案来应对灾害风险并加强社区和国家复原力。

第三，资金对于预防和减少灾害风险，提高抗灾能力从而确保有效的复原和恢复而言必不可少。目前用于气候变化防灾减灾能力建设的资金主要来源于应对气候变化的四大基金［分别为：由《联合国气候变化框架公约》指定的全球环境基金（Global Environment Facility，GEF）；负责运作的气候变化特别基金（Special Climate Change Fund，SCCF）和最不发达国家基金（Least Developed Countries Fund，LDCF）；《京都议定书》项下的适应基金（Adaptation Fund，AF）］和2009年哥本哈根气候大会建立的绿色气候基金（Green Climate Fund，GCF）、官方发展援助（Official Development Assistance，ODA）、世界银行和区域开发银行等国际金融机构及包括联合国减灾信托基金[5]在内的融资

---

〔1〕 "灾害风险治理"是指指导、协调和监督减少灾害风险和相关政策领域的机构、机制、政策和法律框架以及其他安排体系以实现透明、包容、集体和高效的善治。See "The United Nations Office for Disaster Risk Reduction（UNDRR）：terminology（Disaster risk management）"，https：//www. undrr. org/terminology/disaster-risk-management.

〔2〕 "灾害风险管理"是指应用减少灾害风险政策和战略来预防新的灾害风险，减少现有灾害风险和管理残余风险，有助于加强复原力和减少灾害损失。See "The United Nations Office for Disaster Risk Reduction（UNDRR）：terminology（Disaster risk governance）"，https：//www. undrr. org/terminology/disaster-risk-governance.

〔3〕 "Global Platform for Disaster Risk Reduction"，https：//www. unisdr. org/conference/2019/global-platform/home/.

〔4〕 Regional Platforms，https：//www. undrr. org/implementing-sendai-framework/regional-platforms.

〔5〕 联大第44/236号决议《国际减少自然灾害十年》设立"联合国减灾信托基金"（the United Nations Trust Fund for Disaster Reduction），该基金源于各国政府、国际组织和包括私人部门的其他来源提供的自愿捐助并由联合国秘书长经管。

机制提供的财政支持和贷款[1]、援助国及其他援助方[2]给予的人道主义援助等。值得一提的是,目前国际社会、企业、国际金融机构和其他利益攸关方正密切合作以推动制定和加强灾害风险转移和分担机制。[3]在灾害风险转移方面,开发署于2020年启动主权风险保险和防范风险融资机制,为此将在六年内调动私营部门提供50亿美元。在降低风险措施不可行或成本太高的情况下,这类工具可以起到针对残余风险提供金融保护的关键作用。[4]尽管如此,风险转移也并不能替代为减少现有风险和预防新风险提供资金的工具,[5]协调、持续和适当的资金支助对于协助广大发展中国家发展和增强其本国防灾减灾能力而言依然是至关重要的一环。

第四,为了确保各受灾国有能力在灾害发生时及时、有效地开展应对和恢复工作,应加强备灾以确保做出有效响应,同时亦应在复原、恢复中实现灾区更好的重建。[6]在此方面的主要措施包括通过各国在全球和区域层面交流和分享经验教训和良好做法、在灾中和灾后共享救灾能力和资源、促进多灾种预警机制的信息分享和交流、共同举办演习和演练。2016年国际法委员会《发生灾害时的人员保护条款草案》要求援助国及其他援助方在灾害发生后的救灾阶段提供人道主义援助,为后勤协调、监督、提供救灾人员、设备和物资以及为救灾人员和设备的活动及通行提供便利、分享和交流与灾害有关的信息以及科学、医学、技术资源等。[7]国际恢复平台[8]在此方面召集相关高级决策者和从业人员,在年度国际复苏论坛上交流经验,分享在复原、恢复和重建中的经验和教训。

---

〔1〕 联大第69届会议文件(A/69/L.67)《仙台框架》,第22页。

〔2〕 “援助国”是指经受灾国同意向其提供援助的国家,而“其他援助方”是指经受灾国同意向其提供援助的主管政府间组织或有关非政府组织或实体。参见 联大第69届会议文件(A/69/10)第四章《关于发生灾害时的人员保护》,第13页。

〔3〕 联大第69届会议文件(A/69/L.67)《仙台框架》,第15页。

〔4〕 联大第75届会议文件(A/75/226)《〈2015-2030年仙台减少灾害风险框架〉的执行情况秘书长的报告》,第8页。

〔5〕 联大第75届会议文件(A/75/226)《〈2015-2030年仙台减少灾害风险框架〉的执行情况秘书长的报告》,第8页。

〔6〕 联大第69届会议文件(A/69/L.67)《仙台框架》,第16页。

〔7〕 联大第69届会议文件(A/69/10)第四章《关于发生灾害时的人员保护》,第38~40页。

〔8〕 International Recovery Platform (IRP), https://www.undrr.org/building-risk-knowledge-drr-community/international-recovery-platform.

从上述气候变化防灾减灾能力建设的主要内容来看，较之"减灾"阶段被动减轻和限制灾害风险产生后所致灾害的不利影响，当前气候变化防灾减灾能力建设更加侧重"防灾"阶段事前主动采取预防措施以减少灾害风险，并积极倡导国家和其他利益攸关方对减少灾害风险、提高抗灾能力作出国际承诺和参与，通过国际、区域、次区域和跨边界合作的方式补充发展中国家的行动和能力，并进一步强化现有举措以对广大发展中国家提供更为适当、可持续、及时的国际支持。与此特点相对应，当前气候变化防灾减灾能力建设活动的开展亦明显存在理论性不足，且缺乏系统性、协调性及执行力的问题。在"防灾"阶段，尽管目前国际社会积极倡导通过国际、区域、次区域和跨边界合作方式来进一步减少包括气候灾害风险在内的由自然或人为因素或者两者相互作用产生的灾害风险，降低世界范围内灾害所造成的生命和财产损失并特别关注和支持广大发展中国家的需要，通过提供财政和技术援助、技术转让以及能力建设等各种援助措施补充广大发展中国家减少灾害风险的行动和能力，并建立起相应的监测系统（如仙台框架监测系统）来监督全球性减少灾害风险目标的落实与进展，但在国际执行方面，各国依"国际自主承诺"（Voluntary Commitments）的方式开展相关国际合作、落实旨在预测、规划和减少灾害风险的战略、框架、计划及措施使得现行"防灾"举措缺乏相应的执行力。而在"减灾"阶段，包括提供资金支持、技术转让（其中包括与卫星图像有关的技术）、培训、共享信息以及联合模拟演习和规划、需求评估和情况审查等在内国际合作形式在现行气候变化防灾减灾机制框架下仅为援助国及其他援助方可能向受灾国提供救济援助的方式，而非其必须予以遵守的强制性法律义务。这导致现行气候变化防灾减灾机制框架在实际运作过程中与预期目标存在较大差距，广大发展中国家因气候灾害导致的损失损害仍未得到有效的控制。

四、气候变化防灾减灾能力建设的不足

尽管致力于帮助广大发展中国家促进减少灾害风险、提高抗灾能力，实现可持续发展政策目标的气候变化防灾减灾能力建设涉及灾前减少灾害风险以及灾后救援、复原、恢复和重建等方方面面，但不可否认，在当前气候变化防灾减灾能力建设活动的开展过程中，亦存在与相关政府间进程的统筹协调力度不足、缺乏系统性及执行力以及资金支助规模不足等问题而显示出其

明显的局限性。

（一）与相关政府间进程的统筹协调力度不足

正如前述，气候灾害所致不利影响的全球属性及其联动效应决定气候变化防灾减灾能力建设活动的开展必须与气候变化、生物多样性、土地荒漠化、可持续发展等相关政府间进程统筹协调、协同增效才能从真正意义上对广大发展中国家起到减少灾害风险、提高抗灾能力的作用。这亦体现于诸多与气候变化防灾减灾能力建设相关的政府间进程中。例如，2013 年为处理特别易受气候变化不利影响的发展中国家与气候变化影响相关的损失和损害问题而设立的"华沙机制"即要求各缔约方通过其他相关进程，促进处理包括气候变化所致损失损害在内的气候变化不利影响方针的一致性；[1]2015 年通过的旨在建设抗灾能力和减少灾害所致损失损害的《仙台框架》即明确指出该框架提及的有关气候变化问题属于《联合国气候变化框架公约》的任务范畴，对此，应在所有相互关联的政府间进程内以有效连贯方式减少灾害风险；[2]在 2015 年《2030 年议程》中，除可持续发展目标 9、11 及 13 与减少灾害风险、提高抗灾能力密切相关外，亦要求加强可持续发展政策的一致性。[3]这是基于可持续发展目标间的相互联系、相互作用而决定的。确有证据表明，向任何一项可持续发展目标迈进都有助于增强国家间应对气候变化的能力。[4]与之相关联，2015 年《巴黎协定》中的"全球适应目标"为促进政府间进程的统筹协调提供了保护伞，呼吁"缔约方兹确立关于提高适应能力、加强复原力和减少对气候变化的脆弱性的全球适应目标，以促进可持续发展……"[5]此外，联大第 75/216 号决议《可持续发展：减少灾害风险》在忆及当年和近些年来灾害的数量、规模及其破坏性影响的基础上提出应注重加强抗灾能力以及实现可持续性和可持续发展目标[6]，在根据《联合国气候变化框架公约》通过的《巴黎协定》和《仙台框架》以及《生物多样性公

---

〔1〕 FCCC/CP/2013/10/Add. 1，p. 8.

〔2〕 联大第 69 届会议文件（A/69/L. 67）《仙台框架》，第 5 页。

〔3〕 联大第 70 届会议文件（A/70/L. 1）《变革我们的世界：2030 年可持续发展议程》，第 25 页。

〔4〕 FCCC/TP/2017/3，P11.

〔5〕 《联合国气候变化框架公约》第二十一次缔约方会议文件（FCCC/CP/2015/L. 9/Rev. 1）《通过〈巴黎协定〉》附件《巴黎协定》，第 23 页。

〔6〕 联大第 75 届会议文件（A/RES/75/216）《可持续发展：减少灾害风险》，第 2 页。

约》《防治荒漠化公约》《2030 年议程》等方面酌情进行有效的统筹协调，[1]联大第 76/204 号决议亦对此进行重申，提出在对相关联合国气候变化框架公约进行有效的统筹协调的同时，"尊重有关的任务规定，以增进协同增效和抗灾能力"。[2]

但就当前气候变化防灾减灾能力建设活动的开展来看，其与相关政府间进程之间的统筹协调力度明显不足。为有效实现 2015 年后三大全球议程——《巴黎协定》《仙台框架》及《2030 年议程》的目标，加强各联合国气候变化框架公约之间的一致性并更有效地利用有限资源的设想还处于初步阶段，追求更大的政策整合和强化适应行动面临着前所未有的协调水平的要求、对更多和更高分辨率数据的需求以及获得财政和技术支持的能力等多重挑战。[3]

（二）缺乏系统性及执行力

就当前气候变化防灾减灾能力建设的不足而言，除与相关政府间进程的统筹协调力度不足以外，由发达国家助力广大发展中国家开展的气候变化防灾减灾能力建设活动亦缺乏系统性，有关战略、框架、计划及措施的落实主要依靠各个国家各级政治领导层的国际承诺来推进实施，[4]此种"国际自主承诺"的方式导致相关举措执行力不足，在现实运作过程中与预期目标存在较大差距。

正如前述，尽管自联合国协调引领国际防灾减灾三十余年以来通过的一系列国际宣言、纲领、战略、计划和框架都不可避免地涉及气候变化防灾减灾能力建设问题，规定以发达国家与广大发展中国家在气候灾害发生前后开展国际、区域、次区域和跨边界合作的方式为广大发展中国家提供灾害风险治理和管理、投资以及灾害救援和重建等方面的国际支持，但总体上针对广大发展中国家开展的气候变化防灾减灾能力建设更加侧重"防灾"领域，且本身即具有较强原则性的相关国际规则举措往往围绕特定行动领域展开，相关组织机构间协作的系统性和协调性方面存在的不足以及相关国际规则举措监督和执行机制的缺失导致气候变化防灾减灾能力建设体系缺乏明显的系统性。以确立 2015 年至 2030 年地方、国家、区域和全球各级各部门减少灾害风险行动计划以及预期成果目标的《仙台框架》为例，该框架围绕"加强发展中国家……的执行能力和能

---

〔1〕 联大第 75 届会议文件（A/RES/75/216）《可持续发展：减少灾害风险》，第 4~5 页。

〔2〕 联大第 76 届会议文件（A/RES/76/204）《可持续发展：减少灾害风险》，第 8 页。

〔3〕 FCCC/TP/2017/3，p. 29.

〔4〕 联大第 69 届会议文件（A/69/L. 67）《仙台框架》，第 6 页。

量""大幅提高对发展中国家的国际合作水平"[1]展开，针对"投资"作出了原则性规定，明确为了实现减少灾害风险、提高抗灾能力的目标，全球和区域各级应"推动学术、科研实体和网络与私营部门之间的合作，开发有助于减少灾害风险的新产品和新服务，尤其是那些能够帮助发展中国家和应对其特殊挑战的产品和服务"[2]。在相关国际规则举措的监督和执行方面，《仙台框架》的执行、贯彻和审查主要由国际减灾署以"适当和及时的方式定期审查进展情况"[3]的方式进行，对于地方、国家、区域和全球各级各部门并未履行相关承诺或履行承诺的程度并未达到框架预期目标的情形，国际减灾署往往通过加强建议和倡议的方式倡导各级各部门积极履行相关承诺。如此气候变化防灾减灾能力建设开展行动领域的特定性、相关国际规则举措规定的原则性以及具有针对性、可操作性和执行力的监督和执行机制的缺失使现行气候变化防灾减灾能力建设活动的开展缺乏明显的系统性，不能从根本上起到广大发展中国家减少灾害风险、提高抗灾能力的实际效果。

根据最不发达国家 2019 年向仙台框架监测系统提供的数据，由于灾害而导致死亡和失踪人员、生计中断或被毁人员、经济损失以及关键基础设施毁坏或损坏的比例离《仙台框架》预期目标相差甚远，制定国家减少灾害风险战略、有机会利用多灾种预警系统[4]以及有机会获得灾害风险信息的国家比例依然不能满足预期标准。[5]全球和区域性减少灾害风险平台的行动步伐还无法满足《仙台框架》具体目标（e）规定[6]的到 2020 年底大幅增加已制订国家和地方减少灾害风险战略的国家数目的要求。[7]在全面了解灾害风险方面，广大发展中国家在减少灾害风险战略制定、多灾种预警系统开发及利用、获得创新技术转让，获得按收入、性别、年龄和残疾状况分列的数据和

---

〔1〕 联大第 69 届会议文件（A/69/L. 67）《仙台框架》，第 6 页。

〔2〕 联大第 69 届会议文件（A/69/L. 67）《仙台框架》，第 15 页。

〔3〕 联大第 69 届会议文件（A/69/L. 67）《仙台框架》，第 22 页。

〔4〕 "预警系统"包括：（a）以往有关各社区所面临风险的知识；（b）针对这些风险的技术监测和警报服务；（c）向面临风险的人发出易懂的警报，以及（d）知识、公众意识和行动准备。参见《减少灾害问题世界会议报告》（A/CONF. 206/6）《兵库宣言》《兵库行动框架》，第 38 页。

〔5〕 联大第 75 届会议文件（A/75/226）《〈2015—2030 年仙台减少灾害风险框架〉的执行情况秘书长的报告》，第 11 页。

〔6〕 《仙台框架》具体目标（e）："到 2020 年大幅增加已制订国家和地方减少灾害风险战略的国家数目"。

〔7〕 联大第 75 届会议文件（A/RES/75/216）《可持续发展：减少灾害风险》，第 5 页。

信息，并获得受版权和专利保护的材料的机会和能力明显不足，国际社会无法对广大发展中国家提供适当和可持续的支持。[1]目前，在灾害发生后的立即应对行动、早期恢复阶段以及灾后重建阶段，对受灾国提供人道主义援助，协调国际救灾行动和通信，提供救灾人员、设备和物资以及科学、医学、技术资源等在内的可能的救济援助[2]并不是援助国或其他援助方必须予以严格履行的国际义务，[3]且在灾后救援、复原、恢复和重建方面开展的工作往往在灾害发生后才予以考虑和处理，在此方面开展的准备工作仍然有限，[4]尚不能达到使广大发展中受灾国家实现"重建得更好"的要求。总之，尽管各国政府和利益攸关方对减少灾害风险作出了"坚定承诺"，但最不发达国家、内陆发展中国家和小岛屿发展中国家仍然因气候灾害而继续遭受着不成比例的巨大人员和经济损失，对于这些国家的资金、技术转让和能力建设方面的支持显然尚未达到充足、可持续和及时的要求。

（三）资金支助不足

在资金支助方面，目前为减少灾害风险、灾后救援及重建提供的资金支助落后于灾害风险的产生速度及其日益增加的复杂性，不足以实施针对多灾种、注重预防的减少灾害风险战略，以人道主义援助为主的灾后救援资金支助不足以使广大发展中国家，特别是最不发达国家、小岛屿发展中国家、内陆发展中国家和非洲国家以及面临特殊挑战的中等收入国家实现加强备灾以作出有效响应并在复原、恢复和重建中让灾区"重建得更好"的目标。

就官方发展援助[5]而言，其本身即存在援助不足的问题。2010年发展援助委员会（Development Assistance Committee，DAC）成员国提供的官方发展援助总额达到历史最高值，约占成员国国民总收入的0.32%，离联合国设定

---

〔1〕 联大第75届会议文件（A/75/226）《〈2015-2030年仙台减少灾害风险框架〉的执行情况秘书长的报告》，第2页。

〔2〕 联大第69届会议文件（A/69/10）第四章《关于发生灾害时的人员保护》，第14页。

〔3〕 联大第69届会议文件（A/69/10）第四章《关于发生灾害时的人员保护》，第39页。

〔4〕 联大第75届会议文件（A/75/226）《〈2015-2030年仙台减少灾害风险框架〉的执行情况秘书长的报告》，第9页。

〔5〕 "官方发展援助"（Official Development Assistance，ODA）是旨在促进发展中国家经济发展和福利的政府援助。其有两个来源：联合国专门机构、基金和方案的赠款援助及诸如世界银行和国际农业发展基金（农发基金）等联合国系统贷款机构的贷款。

的 0.7% 的目标存在较大差距。[1]在援助规模不足的情形下，与灾害相关的资金更是仅占官方发展援助总额的一小部分。对过去十年经济合作与发展组织数据的分析表明，在 2010 年至 2019 年总计 1.17 万亿美元的官方发展援助资金中，只有 11%（1330 亿美元）与灾害相关。在这 1330 亿美元中，只有 55 亿美元用于防灾和备灾，而用于应急或灾害响应的资金数额则达到 1198 亿美元，77 亿美元用于重建、复原和恢复。[2]由此可见，用于应急或灾害响应的资金比例远远超过了重建、复原和恢复以及防灾和备灾的比例，用于减少灾害风险的资金仅占官方发展援助总额的 0.5%。[3]有限用于减少灾害风险的官方发展援助资金还存在缺乏有效针对性的问题，许多高灾害死亡率的国家在防灾和备灾方面获得资金支助的水平微乎其微。[4]许多中等收入国家面临高灾害风险，但多数由于没有资格获得多边和双边贷款机构的优惠贷款，因此，这些国家的政府常常借助公共或私人债务来为灾后恢复和重建供资，包括中等收入国家在内的发展中国家获得融资的机会明显不足。[5]此外，实践表明，用于防灾备灾、灾后重建、复原和恢复的资金支助总是在重大灾害发生之后才予以系统供资，此种供资的事后性并不能及时有效地帮助广大发展中国家预防、限制和减少重大损失损害的发生。[6]除官方发展援助外，依靠各国政府、国际组织和包括私人部门的各种来源自愿捐助而设立的，包括联合国减灾信托基金在内的融资机制[7]及人道主义援助在为广大发展中国家统筹

---

〔1〕 *Organization for Economic Co - operation and Development（OECD）: OECD Factbook 2011 - 2012——Economic, Environmental and Social Statistics Official development assistance*, p. 252.

〔2〕 *UN Office for Disaster Risk Reduction: International Cooperation in Disaster Risk Reduction Target F*, p. 7.

〔3〕 *UN Office for Disaster Risk Reduction: International Cooperation in Disaster Risk Reduction Target F*, p. 8.

〔4〕 *UN Office for Disaster Risk Reduction: International Cooperation in Disaster Risk Reduction Target F*, P. 9.

〔5〕 联大第 75 届会议文件（A/75/226）《〈2015-2030 年仙台减少灾害风险框架〉的执行情况秘书长的报告》，第 12 页。

〔6〕 例如，在 2015 年尼泊尔地震发生后，支助尼泊尔用于防灾和备灾的官方发展援助资金从 2010 年至 2014 年平均 700 万美元增加到 2015 年至 2019 年的 7050 万美元（即 2015 年戈尔喀地震前后）；在泰国 2012 年大洪水发生后，支助尼泊尔用于防灾和备灾的官方发展援助资金占 2010 年至 2019 年获得支助总额的近 2/3。See *UN Office for Disaster Risk Reduction: International Cooperation in Disaster Risk Reduction Target F*, P. 10.

〔7〕 国际货币基金组织项下的减灾信托基金，向符合条件国家提供前期赠款，用于减免它们对国际货币基金组织的到期债务。目前减灾信托基金也存在资金不足的问题，仅有略高于 2 亿美元，而潜在需求为 10 亿美元。国际货币基金组织呼吁成员国协助确保这一机制得到充足的资金补充，以便应对当前的危机。See "International Monetary Fund: IMF Makes Available ＄50 Billion to Help Address

减少灾害风险、灾后救援及重建方面提供的资金支助也显然不能满足其实际需求。

在国际应对气候变化资金机制方面，长期以来，以公共赠款筹资方式为主的应对气候变化四大基金存在资金规模小、重减缓轻适应[1]、申请附加条件多、难以满足发展中国家的要求等问题。在当前国际气候资金实施的五个主要领域中，很明显国际气候资金投入减缓气候变化领域中的资金量远远大于投入适应气候变化、低碳技术转让、能力建设和帮助发展中国家履约四个领域。[2]而防灾减灾作为国际气候资金在适应领域资助的项目类型之一[3]，在此方面获得的资金支助更是难以满足广大发展中国家的需要。即便是专门用于资助适应气候变化领域的适应基金，截至目前也才仅为54个国家资助开展66个适应气候变化项目，其中资助开展防灾减灾的项目更是仅占7%[4]，远远不能满足广大发展中国家有效减少灾害风险提高抗灾能力的需求。就绿色气候资金[5]而言，尽管其致力于在缓解和适应气候变化领域实现资金支助的均衡并旨在将适应领域至少50%的资金用于支助特别脆弱国家，包括最不发达国家、小岛屿发展中国家和非洲国家[6]，但就2020年资金支助情况来

（接上页）Corona virus", https://www.imf.org/en/News/Articles/2020/03/04/sp030420-imf-makes-avail-able-50-billion-to-help-address-coronavirus.

〔1〕　"减缓"及"适应"的区别："减缓"即限制温室气体净排放，从而阻碍气候变化进程和幅度。其措施从根本上讲就是增"汇"，减"源"和建"库"。（增"汇"指从大气中清除温室气体、气溶胶或温室气体前体的任何过程、活动或机制；减"源"指向大气排放温室气体、气溶胶或温室气体前体的任何过程或活动；建"库"指气候系统内存储温室气体或其前体的一个或多个组成部分。）而"适应"是指人类在面对全球气候变化所造成的各类负面后果时所应该采取的应对措施。如果将适应与减缓相比，减缓气候变化的重点是要依赖全球密切合作，任何国家做出的减缓温室气体排放的努力都是对全球作出贡献，解决的是全球问题。而适应气候变化则主要涉及一国国内事务，解决的是自己的"门前雪"问题。适应气候变化的主要动力来自一国国内。

〔2〕　田丹宇："国际应对气候变化资金机制研究"，中国政法大学2014年博士学位论文。

〔3〕　国际气候资金在适应领域资助的项目主要分为三个类型：一是宏观政策项目；二是防灾减灾项目；三是公众适应意识提升项目。

〔4〕　*Adaption Fund*：*Adaption Fund 10 Years of Innovation*, *Action & Learning*, https://www.adaptation-fund.org/wp-content/uploads/2017/11/Adaptation-Fund-10-Years-of-Innovation-Action-Learning_WEB.pdf, p.12.

〔5〕　当前绿色气候资金下设减缓和适应两个资金窗口，致力于在（缓解气候变化领域）能源生产和获取；运输；建筑、城市、工业和设施；森林和土地利用；（适应气候变化领域）健康、食品和水安全；人民和社区的生计；基础设施和环境建设；生态系统和生态系统服务八个部门提供资金支助。*See Green Climate Fund*：*Areas of work*, https://www.greenclimate.fund/themes-result-areas.

〔6〕　*Green Climate Fund*：*List of approved projects*, https://www.greenclimate.fund/projects.

看，用于缓解气候变化领域的资金总额约为适应领域的二倍[1]，离均衡资助比例1：1的目标还存在较大差距，用于防灾减灾方面的资金支助并不能满足广大发展中国家的实际需求。

总的来说，在当前气候变化防灾减灾能力建设下，国际社会在资金支助方面为广大发展中国家提供的国际支持还不能达到协调、持续和适当的要求，显然还不能起到协助广大发展中国家发展和增强其本国能力的作用，广大发展中国家继续因气候灾害而遭受不成比例的巨大人员和经济损失。

（四）"南北合作"主导性不强

各国在进行国际、区域、次区域和跨边界的国际合作的过程中，也离"南北合作辅之以南南合作和三角合作"[2]相差较远。[3]就南南合作、南北合作以及三角合作的关系而言，目前"南北合作辅之以南南合作和三角合作"已被证明是减少灾害风险提高抗灾能力的关键，而南南合作和三角合作是南北合作的补充，发展中国家倡导南南合作和三角合作的努力亦不应削弱发达国家提供的南北合作。[4]气候变化防灾减灾能力建设主要依靠发达国家与发展中国家在应对气候变化防灾减灾领域开展广泛而深入的"南北合作"来实现。在国际应对气候变化领域，尽管不断重申"南南合作"是补充而非取代"南北合作"，但就目前的国际现实来看，囿于南北国家间价值观念、利益诉求等方面的差异，"南北合作"在应对气候变化国际合作模式中的主导性并未得到充分体现。

---

〔1〕 *Green Climate Fund：Annual Results Report* 2020，https://www.greenclimate.fund/sites/default/files/document/gcf-annual-results-report-2020_0.pdf，p. 1.

〔2〕 联大第69届会议文件（A/69/L.67）《仙台框架》，第21页。

〔3〕 所谓"南南合作"（South-South cooperation），是指发展中国家之间分享知识和技术并采取集体行动来应对共同的发展等各种挑战；而"南北合作"（North-South cooperation）则是指发达国家向发展中国家提供资金、技术和能力建设的支持；"三角合作"又称"三方合作"（Triangular Cooperation）作为一种新的、可充分调动多方资源开展气候变化国际合作的模式，于2009年联合国南南合作高级别会议发表的《内罗毕宣言》中被正式提出，是指传统捐助国和多边组织通过提供资金、培训、管理和技术系统以及其他形式的支持促进南南倡议的合作。参见左佳鹭、张磊、陈敏鹏："全球应对气候变化的合作新模式——探析'气候变化三方合作'"，载《气候变化研究进展》2021年第1期。

〔4〕 联大第69届会议文件（A/69/L.67）《仙台框架》，第21页。

第四节　气候变化防灾减灾机制的完善

因应国际应对气候灾害之现实不足以及当前气候变化防灾减灾能力建设存在之局限性，国际社会应加强气候灾害防灾减灾能力建设，进一步完善气候变化防灾减灾机制。显然，将气候变化防灾减灾能力建设问题置于现行气候变化规则制度安排下予以考虑而非进行具有系统性、针对性及执行力的机制安排恐怕难以真正实现加强广大发展中国家减少灾害风险提高抗灾能力的效果。就气候变化防灾减灾机制的完善而言，应以预防原则为核心，在气候变化所致损失损害补偿责任范畴内对气候变化防灾减灾能力建设问题作出机制性安排，细化"华沙机制"的相关规定并加强相关组织机构间的协调统一。

一、存在的问题

如前所述，当前气候变化防灾减灾能力建设活动的开展因与相关政府间进程的统筹协调力度不足、缺乏系统性及执行力以及资金支助规模不足等问题而显示出其明显的局限性。与之相对，国际应对气候灾害之现实实践亦存在诸多不足之处。就气候变化防灾减灾机制的完善而言，囿于现行气候变化规则制度安排的局限性，试图在现行应对气候变化规则制度安排下对气候变化防灾减灾能力建设问题进行行之有效的国际法规制并不具备现实性，在路径选择方面，国际社会应突破现行气候变化规则制度安排以确保相关战略、框架、计划及措施落到实处。

（一）国际应对气候灾害之实践经验现实不足

不可否认的是，由于气候变化导致气候灾害的发生可对相关受灾国家的生命、财产、环境、旅游资源等在内的利用价值造成不可逆转和永久性的损失损害。在国际应对气候灾害之现实实践方面，以前述 21 世纪初对人类造成损失损害最为严重的三次灾难——2004 年印度洋海啸，2008 年缅甸"纳尔吉斯"飓风，2010 年海地 7.0 级大地震为例，可见导致相关受灾国家遭受气候灾害的气候极端事件本身以及社会和自然系统的暴露度和脆弱性、国际应对气候灾害的阶段性、倾向性以及国际救援方式、力度等诸多方面与相关受灾国家遭受气候灾害的规模、程度、所致损失损害的严重性之间存在诸多难以调和的矛盾。

在 2004 年印度洋海啸发生后的灾后救援方面，不仅是广大发展中国家，包括美国、日本、加拿大、澳大利亚等发达国家也参与其中，通过派出医疗队和救援小组、出动海空军队、承诺援助资金的方式对受灾国提供救援支持。印度、日本、澳大利亚和美国发起名为"国际救助联盟"的联合救援行动以应对灾后救援。此外，包括工商团体、教会、非政府组织在内的非政府力量亦在灾后救援活动中发挥了不可忽视的作用。[1]救援规模堪称空前。尽管各方力量在灾难发生后迅速反应，及时开展灾后紧急救助行动，但仍暴露出一些不可忽视的问题。例如，由于数以百计的非政府救援组织之间缺乏切实有效的协调机制，导致提供了很多不适宜的援助[2]；由于缺乏预警机制，使得受灾国家无法提前接收海啸警报，更造成了这些国家与其他国家在分享相关信息时渠道不畅[3]；不同救援国家间也因缺乏统一有效的指挥而呈现"群龙无首"的局面；由于缺乏沟通与协调导致国家、非政府力量援助的资金分配不力等。

2008 年缅甸遭受"纳尔吉斯"飓风风灾，国际社会即迅速启动人道主义援助，印度出动海军军舰参与救灾，一些非政府组织如国际红十字会、国际救济组织世界宣明会、世界粮食计划署等救援组织也迅速行动，向缅甸提供饮用水、衣物、食品、医药等救援物资。[4]东盟在此次灾后救援过程中积极倡导建立一个以东盟为主导的缅甸救灾协调机制，并与联合国协同促进国际社会为缅甸灾后重建提供进一步援助。可以说，缅甸风灾最后在很大程度上是依靠东盟和联合国的援助解决的。总的来看，由于灾情发生于新宪法公投之关键时期，力保"纳尔吉斯"风灾不对国内政局造成冲击，导致缅甸政府对国际援助并不积极，最终采取了只限于接受食品、药品、其他物资以及财

---

〔1〕 印度洋海啸发生后，国际红十字会与联合国人权委员会、联合国计划发展署、世界粮食计划署、联合国儿童基金会、世界卫生组织、联合国新闻中心、联合国难民署、多个国际非政府组织以及受害国的红十字会积极合作，共同成立海啸救援小组以指导各国救灾。

〔2〕 一些国际救援机构把数以千计防寒用的无窗的厚帐篷发放到斯里兰卡，在那里它们却变成了"桑拿浴室"。斯里兰卡还收到了冬天戴的帽子、古龙香水和性感内衣。

〔3〕 以本次海啸为例，美国地质调查局在检测到大地震后本来试图通知印度洋沿岸各国准备预防海啸，可是竟然无法找到与这些国家沟通的途径。

〔4〕 翟崑："缅甸风灾与重大灾难的全球应对机制建设"，载《中国国际战略评论》2009 年第 2 期。

政援助，而不允许外国专业救援人员进入的做法。美国和法国的军舰由于无法获得缅甸政府的许可而无法对偏远农村灾区提供援助所必需的食物、医疗物资和净水系统。联合国秘书长对此呼吁缅甸应不分国籍允许所有援助人员进入，在泰国外长和联合国的推动下缅甸才逐渐开始接受较广泛的国际援助。[1]

2010 年海地 7.0 级大地震发生后，海地政府通过不同渠道呼吁国际援助。在资金援助方面，各国政府和国际社会在此次灾后救援行动中提供了 3.8 亿美元的物资和 10 亿美元的资金援助。29 个国家在灾后救援行动中出动运输机、直升机海军舰船、海岸警卫队等，在搜救、治安维护、医疗、运输、救援物资、基本生活保障等方面展开救援行动。联合国海地稳定特派团建立了紧急联合行动中心总体协调各人道主义响应力量和行动。[2]

以上述 21 世纪初对人类造成损失损害最为严重的三次灾难为例，可见过去一段时间内国际社会应对气候灾害以"事后"的人道主义救助性质的国际紧急救援为主，灾害发生之后的被动"减灾"与事前采取预防措施的主动"防灾"发展不平衡。不可否认，国际社会在应对上述气候灾害过程中采取的紧急救援行动对于挽救生命及财产损失以及遏制灾害影响的进一步扩大起到了积极的推动作用，但仍存在危机处理机制不完善、援助国和其他援助方之间缺乏有效沟通协调、资金支助力度不足、缺乏灾前预警机制等许多问题。第一，防灾减灾机制不完善。广大发展中国家受资金限制和相应人才的缺乏，很难具备像发达国家那样能够迅速启动卫生、医疗、交通、财政等各部门协调的综合应对措施，防灾减灾机制极其不完善，根本不具备单独处理危机的能力。[3]第二，灾后救援行动开展之前并未对受灾国家自身应对能力进行评估，受灾国家与援助国和其他援助方相互之间并未对国际合作效率、合作方式等进行有效沟通协调，因而导致物资运输、信息互联互通、人力物力协调

---

〔1〕 姜世波："国际救灾法中的人道主义与主权原则之冲突及协调"，载《科学·经济·社会》2013 年第 3 期。

〔2〕 陈虹、王志秋、李成日："海地地震灾害及其经验教训"，载《国际地震动态》2011 年第 9 期。

〔3〕 例如，在 2004 年印度洋海啸事件中，在亚齐，由于人手不足并缺乏搬运工具，大量国内外救济品囤积在苏北首府棉兰的机场。由于损害程度远远超过国家所能负担，马尔代夫政府已打算放弃部分岛屿的重建。世界卫生组织驻东南亚的女发言人哈莎兰说："我们担心很多人可能需要心理辅导，但这些社区的民众根本不知道如何去进行。"

分配等救灾工作开展混乱，缺乏统一有效的沟通协调。第三，在资金方面，通过紧急呼吁、国际捐助者会议和其他财务机制要求的资金数额不能满足应急和恢复的需要，且在资金分配方面亦缺乏统一有效的沟通协调，资金使用缺乏透明度及报告制度，进而导致应急救灾及灾后重建工作进展缓慢。第四，受灾国家缺乏有效的灾前预警机制，导致无法在事前进行针对性的响应及预案，更造成了受灾国家与援助国或其他援助方在分享相关信息时渠道不畅。[1]第五，国家在收集和分析灾害损失和风险数据方面能力薄弱，在防灾过程中对于影响灾害风险的潜在因素和风险预防缺乏充分认识。第六，在受灾国家自救及国际社会开展人道主义救援的减灾过程中，往往为了"救灾"而"救灾"，在救灾过程中基于缺乏专业知识等原因没有将影响暴露度和脆弱性的环境及发展因素考虑其中，人力及物力要素安排与环境及发展要素不相适应，导致灾后恢复进展缓慢，灾后复原和恢复工作未能与可持续发展目标有机结合。第七，开展救灾工作的人员缺乏专业经验，导致救灾效率低下。第八，受灾国家及公众的灾害防范意识淡薄，受灾国家对于气候灾害防灾减灾基本知识的宣传普及力度及公众在面对气候灾害时的自救和互救能力明显不足。[2]

总之，从国际应对气候灾害的现实实践来看，发展中国家经济与科技发展水平落后等原因导致其在预防、限制、减轻由气候极端事件造成的气候灾害不利影响方面的能力明显不足。发展中国家，尤其是最不发达国家、小岛屿发展中国家、内陆发展中国家和非洲国家以及面临特殊挑战的中等收入国家，需要得到特别关注和支持，以便通过双边和多边渠道增加国内资源和能量。因应国际应对气候灾害的客观现实，发达国家与发展中国家、国家与国际组织之间应进一步加强国际合作，加强气候变化防灾减灾能力建设并推动完善相关国际法机制，切实有效地提高广大发展中国家的抗灾能力。

（二）现行国际应对气候变化法制度的局限性

就气候变化防灾减灾能力建设国际法规制的路径选择而言，有学者着眼

---

〔1〕 以2004年印度洋海啸事件为例，美国地质调查局在检测到大地震后本来试图通知印度洋沿岸各国准备预防海啸，可是竟然无法找到与这些国家沟通的途径。

〔2〕 Telford, J, J Cosgrave and R Houghton (2006) *Joint Evaluation of the international response to the Indian Ocean tsunami: Synthesis Report. London: Tsunami Evaluation Coalition*, https://www.recoveryplatform.org/assets/publication/Tsunami%20Reocvery/evaluation%20of%20tsunami%20response.pdf; *Haiti Earthquake Response Context Analysis*, https://www.recoveryplatform.org/assets/publication/haiti-context-analysis-final.pdf.

于灾后救援，提出应将气候灾害的救济与气候变化适应[1]联系起来，使"救灾"与"适应"两者相互支持和强化，在确立国际团结原则的基础上，明确各国救助受灾国的国际法义务。[2]亦有学者从气候变化所致损失损害问题未来国际立法的规制路径和规范模式出发，强调"事前救济"和"事后救济"并举，提出应以《公约》为主平台并积极吸收和借鉴国际减灾框架尤其是国家层面的优良实践经验，同时将国际责任法[3]作为解决气候变化损失损害问题的补充性制度工具。[4]

　　显然，上述路径并不能从根本上起到加强广大发展中国家减少灾害风险提高抗灾能力的作用。首先，从防灾减灾与适应气候变化的关系上讲，包括减少灾害风险、提高抗灾能力在内的气候变化防灾减灾能力建设本就是国家、区域、社区适应气候变化的重要内容。尽管将防灾减灾与适应气候变化更为紧密地融为一体，并将两者纳入地方、次国家、国家和国际发展政策和实践可在所有层面带来效益[5]，但从国际气候谈判进程、应对气候变化的本质意义、制度发展以及广大发展中国家进行气候变化防灾减灾能力建设现状来看，较之减缓气候变化而言，适应气候变化发展相对缓慢。在国际层面，若满足于当前国际社会在适应气候变化方面做出的努力而不对气候变化防灾减灾能力建设问题作出具有针对性的机制安排恐怕不能满足现实需要。其次，基于

---

　　〔1〕 减缓、适应、技术和资金是应对气候变化的四大支柱。"减缓"即限制温室气体净排放，从而阻碍气候变化进程和幅度；而"适应"是指通过增加人类或生态系统顺应气候变化能力的方式降低气候变化的不利后果，即采取各种行动帮助人类社会和生态系统应对不断变化的气候条件，旨在为降低自然系统和人类系统对实际的或预计的气候变化影响的脆弱性而提出的倡议和采取的措施。就两者的关系而言，"减缓"是根本，"适应"是补充。

　　〔2〕 龚向前教授在"论气候变化背景下自然灾害的国际法应对与我国的选择"一文中将"气候灾害"表述为"气候变化背景下自然灾害"，两者并无实质不同。参见龚向前："论气候变化背景下自然灾害的国际法应对与我国的选择"，载《可持续发展·环境保护·防灾减灾——2012年全国环境资源法学研究会（年会）论文集》2012年。

　　〔3〕 "论气候变化损失与损害的国际法规则"一文中提出国际硬法规则以解决气候变化损失损害问题的具体制度路径有两条：其一，视气候变化损失损害为国家间的损害赔偿问题，并主张适用国际责任法项下的"国际不法行为责任"及其在近代针对"国际法不加禁止行为"而形成的"国家严格赔偿责任"。其二，鉴于传统国际责任法的效力不足以及国际环境损害责任私法化的当然趋势，可利用"侵权法"通过跨国环境侵权机制以实现损害救济。参见程玉："论气候变化损失与损害的国际法规则"，载《太平洋学报》2016年第11期。

　　〔4〕 程玉："论气候变化损失与损害的国际法规则"，载《太平洋学报》2016年第11期。

　　〔5〕 政府间气候变化专门委员会：《2012年〈管理极端事件和灾害风险推进气候变化适应特别报告〉决策者摘要》，第10页。

国家主权原则及各国救助能力的差异性，在国际法层面很难将灾后救援上升为各国应当承担的救助受害者的国际义务。当前，灾害后救援要求援助国和其他援助方在征得受害国同意的前提下遵依人道、中立和公正的原则进行，要求在不歧视的基础上同时考虑到特别弱势者的需要。[1]再次，在当前《公约》平台下讨论气候变化所致损失损害问题收效甚微，在国际社会各方利益妥协之下建立的"华沙机制"[2]也并未涉及如何处理与气候变化影响相关的损失和损害问题的实质内容，与其设立之主要目的相左。自2013年该机制确立至今，在如何处理与气候变化影响相关的损失损害方面仍无实质性进展。基于各国之价值观念的差异和对损失损害核心问题所持立场不同，以及问题本身的复杂性，针对包括气候变化防灾减灾能力建设在内的气候变化所致损失损害问题，若拘泥于现行《联合国气候变化框架公约》平台下相关规则制度安排，恐怕难以从本质上起到提高广大发展中国家减少灾害风险提高抗灾能力的效果。另外，有关学者提出"引入国际硬法规则以解决气候变化损失损害问题"，"将国际责任法作为解决气候变化损失损害问题的补充性制度工具"[3]的观点看似具有理论上的可行性，实则混淆了现代国家责任理论中"国家对其国际不法行为所承担的责任"（即"传统国家责任"）以及"国际法不加禁止的行为所产生的损害性后果的国际责任"（即"跨界损害责任"）与气候变化所致损失损害的责任属性间的差异性，具有重大理论缺陷（关于三者间的异同容后详述）。最后，就当前气候变化防灾减灾能力建设活动的开展来讲，其本身即存在与相关政府间进程的统筹协调力度不足、缺乏系统性及执行力以及资金支助规模不足等问题，在现实运作过程中与预期目标存在较大差距。在此基础上，若试图在现行《联合国气候变化框架公约》规则制度安排下吸收和借鉴现行气候变化防灾减灾能力建设国际框架下的相关经验恐怕难以满足广大发展中国家的现实需求。

综上，试图在现行国际应对气候变化法制度下对气候变化防灾减灾能力建设问题进行行之有效的国际法规制并不具备现实性。气候灾害在许多情况下造成的不利影响是不可逆转且不可恢复的，对于广大发展中国家，特别是

---

〔1〕 联大第69届会议文件（A/69/10）第四章《关于发生灾害时的人员保护》，第31页。

〔2〕 FCCC/CP/2013/10/Add.1.

〔3〕 程玉："论气候变化损失与损害的国际法规则"，载《太平洋学报》2016年第11期。

最不发达国家、小岛屿发展中国家、内陆发展中国家和非洲国家以及面临特殊挑战的中等收入国家遭受灭顶之灾再行救济显然于事无补。气候变化防灾减灾能力建设应着眼于气候灾害发生前的风险预防以及灾害发生后的损失损害预防全过程，以减少气候灾害风险为首要目标，并辅之采取各种措施以预防、限制、减轻气候灾害造成的不利影响。其中，确保相关战略、框架、计划及措施落到实处才是真正实现广大发展中国家减少灾害风险、提高抗灾能力，获得更为适当、可持续、及时的国际支持的关键。

二、完善气候变化防灾减灾机制的路径选择及举措

完善气候变化防灾减灾机制的关键在于确保与气候变化防灾减灾能力建设相关的战略、框架、计划及措施落到实处。国际社会应进一步加强国际合作将气候变化防灾减灾能力建设问题置于气候变化所致损失损害责任范畴内予以考虑并以国际环境法的"黄金规则"——预防原则为核心，以"华沙机制"为中心加强组织机构间的协调并细化其中相关规定。

（一）置于气候变化所致损失损害责任范畴内

气候变化所致损失损害问题于 2007 年巴厘岛气候变化大会被正式提出，大会通过之《巴厘岛行动计划》[1]要求缔约方考虑特别脆弱的发展中国家应对气候变化不利影响相关损失与危害的方法与策略。基于在气候变化所致损失损害问题上各国价值观念、利益诉求的差异性，以美国为首的发达国家和以小岛屿国家联盟为核心的发展中国家就此问题斗争激烈。经过极其漫长且复杂的气候谈判，最终于 2013 年建立"华沙机制"，旨在为最脆弱国家和地区应对气候变化带来的极端气候提供帮助。但令人遗憾的是，该机制并未涉及如何处理此种损失损害的实质内容，如"……通过相关行动填补在解决与气候变化不利影响相关的损失与危害的手段方面的知识和专业经验的差距，……提供解决损失与危害的手段方面的最佳实践、困难、经验和教训；……为解决与气候变化影响相关的、包括极端事件和缓慢发生事件造成的损失与危害的手段提供技术支持和指导；……"[2]

所谓"气候变化所致损失损害"，是指由人类温室气体排放行为引起的气

---

〔1〕　FCCC/CP/2007/6/Add.1, pp.3-7.

〔2〕　FCCC/CP/2013/10/Add.1.

候变化导致的在生命、健康、财产、环境等方面出现的严重威胁国家生存和可持续发展的可避免的或不可避免的、实际的或潜在的不利后果。就"气候变化所致损失损害"与"气候灾害所致不利影响"的关系而言，两者之间具有天然紧密的联系。应当认为气候变化所致损失损害包括但不仅限于由气候变化导致的气候灾害所造成的各种不利影响，诸如由于气候变化导致海平面上升而失去土地等可能不会或在短时间内不会导致气候灾害的发生，但由于海岸侵蚀、失去土地等不利后果的产生亦对相关受灾国家造成了不同程度的损失损害。此外，政府间气候变化专门委员会的评估报告[1]亦表明，虽然气候变化所致损失损害的产生有一个过程，但已经发生的气候灾害事件都直接证明了气候变化所致损失损害的存在。就气候变化所致损失损害的责任属性而言，基于导致气候变化所致损失损害发生的行为性质、损害后果的有形/无形性及其后果的跨界性等方面的特征，气候变化所致损失损害并非"帕劳提案"所指的"跨界损害"，也不适用"国家对其国际不法行为所承担的责任"，而应适用传统国家责任与跨界损害责任之外的另一合乎其特性的责任——"气候变化所致损失损害国家补偿责任"。

正如前述，试图在现行应对气候变化规则制度安排下对气候变化防灾减灾能力建设问题进行行之有效的国际法规制是不现实的。缺乏系统性及执行力的规则制度也难以从根本上起到加强广大发展中国家减少灾害风险提高抗灾能力的作用。笔者认为，就气候变化防灾减灾能力建设国际法规制路径选择而言，应以预防原则为核心，在气候变化所致损失损害补偿责任范畴内对气候变化防灾减灾能力建设问题作出机制性安排，细化"华沙机制"相关规定、加强组织机构间的协调统一以完善气候变化防灾减灾机制（在气候变化所致损失损害补偿责任范畴内或称"气候变化所致损失损害责任之防灾减灾机制"）。其中，"资金"作为最敏感、最核心的问题，可参照《京都议定书》强制减排表课以发达国家资金支助义务，以确保对遭受气候灾害的发展中国家提供应对气候变化、减少灾害风险提高抗灾能力的相应资金，亦即课予发达国家"气候变化所致损失损害国家补偿责任"之"补偿"之责。

---

[1] 参见政府间气候变化专门委员会：《气候变化 2014 年综合报告》，政府间气候变化专门委员会 2014 年版。

（二）以预防原则为核心

"预防原则"[1]是国际环境法中一项被普遍接受的基本原则，被称为环境保护的"黄金规则"。其含义为，在国际性、区域性的环境管理中，对于那些可能有害于环境的物质和行为，即使缺乏其有害的结论性证据，亦应采取各种预防性手段和措施，对这些物质或行为进行控制或管理，以防止环境损害的发生。[2]该项原则是与"先污染、后治理"为特征的末端治理原则相对应的损害控制原则，其旨在对于那些可能会产生的环境损害，应当采取积极的事前预防措施以避免损害性行为或事件的发生，或将不可避免和已经产生的环境损害控制在法律允许的范围内，要求一国不能仅仅因其行为在科学上还不能完全被证实是否会造成损害而拒绝规制该行为。[3]

从该原则的内涵及外延上讲，应当认为该原则着眼于可能产生环境损害的物质或行为，其首要目标在于采取积极的、预期性的事前措施以避免环境损害行为或事件的发生，反映完全避免潜在不利影响的概念和意愿（减少环境损害风险）；在环境损害行为或事件已经发生或不可避免的情况下，其目标则转化为限制、减轻由环境损害行为或事件引发的损害后果（限制、减轻环境损害后果）。也就是说，预防原则贯穿环境损害发生前的风险预防以及损害发生后的损害预防全过程，其所要致力于实现的目标具有层次性，在无法实现首要目标的情形下才能"退而求其次"，[4]以体现防患于未然的思想。

正如前述，气候灾害作为一种不受国界限制的全球性威胁，其造成的不利影响往往波及全球各个国家和地区且在许多情况下由气候灾害造成的不利影响往往也是不可逆转和不可恢复的，因此对于气候变化所致损失损害责任之防灾减灾机制的完善而言，更应将国际社会在世界环境日益恶化，环境保护意识普遍增强的背景下提出的"预防原则"作为气候变化所致损失损害责

---

〔1〕有学者将"风险预防原则"（precautionary principle）作为国际环境法的基本原则，但实际上"预防原则"包含所谓"风险预防原则"；还有学者将"预防原则"进一步划分为"损害预防原则"（或称"防止原则"，在英文中表述为"principle of prevention"或"principle of preventive action"或"preventive principle"）和"风险预防原则"，这一划分实则毫无必要。

〔2〕林灿铃：《国际环境法》（修订版），人民出版社2011年版，第166页。

〔3〕周忠海："论危险活动所致跨界损害的国际赔偿责任"，载《河南省政法管理干部学院学报》2007年第5期。

〔4〕周忠海："论危险活动所致跨界损害的国际赔偿责任"，载《河南省政法管理干部学院学报》2007年第5期。

任之防灾减灾机制的核心原则，将发达国家向广大发展中国家提供资金和技术、教育培训、公共宣传和透明信息通报等在内的各种能力建设手段适用于气候灾害发生前的风险预防阶段以及灾害发生后的损失损害预防阶段。

与预防原则致力于实现的目标所具有的层次性相对应，在进行气候变化防灾减灾能力建设的过程中也应区分层次、把握关键。从 1994 年第一届世界减灾大会通过的成果性文件《横滨战略及其行动计划》中首次提出"预防灾害胜于应付灾害"以后，几乎所有关于气候变化防灾减灾的国际法律文件都特别强调灾害风险"预防"的重要性及优先性。此外，国际减灾署的统计数据亦表明，每投资 1 美元用于减少灾害风险，就可以为灾后救援节省约 15 美元。[1] 而在广大发展中国家的预警系统上花费 8 亿美元每年即可避免 30 亿美元至 160 亿美元的损失。[2] 由此可见，减少灾害风险在相当程度上比灾害发生后的紧急应对更具成本效益。因此，在进行气候变化防灾减灾能力建设过程中应以气候灾害风险预防为首要目标并辅之采取各种措施以预防、限制、减轻气候灾害造成的不利影响，体现防患于未然之精神。

（三）以华沙机制执行委员会为中心加强组织机构间的协调

气候变化防灾减灾能力建设涉及资金和技术、教育培训、公共宣传和透明信息通报等多个方面，涉及领域的复杂性及综合性要求在气候变化所致损失损害责任之防灾减灾机制的完善过程中应当充分考虑《联合国气候变化框架公约》内外组织机构的协调统一性。加强有关信息交流和互享，充分发挥各相关组织机构的作用，以使在气候变化防灾减灾能力建设方面提供的国际支持更为协调、持续和适当。应当考虑在"华沙机制"与各相关组织机构间开辟直接的联络渠道，使及时的信息流能够推进具体工作领域。此种组织机构间的协作模式不仅作用于气候变化防灾减灾能力建设方面，亦可使其他相关组织机构更易获得与气候变化防灾减灾能力建设相关的信息，反之可为其他相关组织机构的工作提供参考，最终增强各组织机构间工作的协调统一性，起到协同增效的作用。

---

〔1〕 UN Office for Disaster Risk Reduction：*About UNDRR，Our Work*，https：//www. undrr. org/about-undrr/our-work.

〔2〕 UN Office for Disaster Risk Reduction：*International Cooperation in Disaster Risk Reduction Target F*，p. 7.

1. 设立综合行动专家组

气候变化防灾减灾能力建设作为处理气候变化所致损失损害问题的重要内容之一，应在当组织机构设置层面纳入"华沙机制"的制度设计中。

2013 年建立的旨在为最脆弱国家和地区应对气候变化带来的极端气候提供帮助的"华沙机制"下设有"华沙国际机制执行委员会"（以下简称"执行委员会"），其在缔约方会议的指导下行使"以全面、综合和一致的方式，推动执行处理与气候变化不利影响相关的损失和损害的方针"的职能。[1]为协助执行委员会指导履行华沙国际机制相关职能的实施，2014 年第二十届缔约方会议决定可在执行委员会下设立以顾问身份视情况协助其完成指导华沙国际机制运行的工作专家组、小组委员会、专门小组、专题咨询小组或重点任务特设工作组，协助履行华沙机制的职能并向执行委员会报告。[2]当前，执行委员会下设有侧重于缓发事件、非经济损失、行动和支持、综合风险管理技术、移民、流离失所和人员流动共五个协助其履行任务的专家工作组[3]，但就各个专家工作组开展工作的情况来看，目前每个专家工作组下的行动计划主要涉及查明、探索和推进潜在政策、对数据、工具和知识进行盘点、编制工作开展清单、总结国际经验教训等[4]，仍未涉及有关如何处理气候变化所致损失损害的实质性问题，各个专家工作组所开展的工作还处于初级阶段。在执行委员会下专家工作组的设置上讲，为了促进包括加强气候变化防灾减灾能力建设在内的有关气候变化所致损失损害问题不断向前发展，未来可将上述五个专家工作组作为与其他组织机构进行信息收集、获取及互换的枢纽，可考虑在执行委员会下另设综合行动专家组，将上述五个专家组获取的相关信息按照诸如资金、技术、能力建设等国际支持领域进行进一步分类、归纳及处理，用以针对性地指导上述相关方面的国际支助，并结合具体国际实践中存在的问题通过综合行动专家组对上述五个专家组的行动计划及时作出调整，最大程度地保证相关国际支助满足广大发展中国家的实际需求。

---

〔1〕 FCCC/CP/2013/10/Add. 1, p. 6.

〔2〕 第 2/CP. 20 号决定，第 8 段。

〔3〕 UNFCCC：*Areas of work-L&D Excom*，https://unfccc. int/wim-excom/areas-of-work.

〔4〕 《联合国气候变化框架公约》第二十七次届缔约方会议文件（FCCC/SB/2021/4）《气候变化影响相关损失和损害华沙国际机制执行委员会的报告》。

2. 加强《联合国气候变化框架公约》内外相关组织机构的协同性

如前所述，在气候变化所致损失损害责任之防灾减灾机制的完善过程中应当充分考虑《联合国气候变化框架公约》内外组织机构间的协调统一性。气候变化防灾减灾能力建设涉及资金和技术、教育培训、公共宣传和透明信息通报等各种援助措施，联合国相关机构、基金和方案及其他相关机构和利益攸关方应当考虑到各部门工作开展的协调一致性，推动资源的最佳使用。此外，亦应加强联合国和涉及减少灾害风险提高抗灾能力工作的其他国际和区域组织、国际和区域金融机构及捐助机构在气候变化防灾减灾能力建设方面的协调，推动根据《联合国气候变化框架公约》通过的《巴黎协定》和《仙台框架》以及《2030年议程》《生物多样性公约》《防治荒漠化公约》等方面酌情进行有效的统筹协调，同时尊重有关的任务规定，以增进协同增效和抗灾能力。

充足的资金支持是广大发展中国家有效减少灾害风险提高抗灾能力的关键。在此方面，应当加强与应对气候变化的四大基金、官方发展援助、世界银行和区域开发银行等国际金融机构及包括联合国减灾信托基金在内的融资机制、人道主义援助等相关组织机构的协调，保证各组织机构、部门在气候变化防灾减灾能力建设方面开展工作的统筹协调性。在涉及气候变化防灾减灾能力建设资金支助的相关组织机构层面，建立良好的信息互通机制，在信息互通互享的基础上实现对各自任务的调整以促进气候灾害风险预防为主辅之灾后救援及重建等其他方面的资金支助。综合行动专家组可根据各组织机构间就气候变化防灾减灾资金支助方面存在的问题进行经验总结、分享最佳做法并指导华沙执行委员会下的五个专家工作组对其行动计划进行调整以促进广大发展中国家获得更为协调、持续和适当的资金支助。

（四）细化"华沙机制"

"华沙机制"对气候变化所致损失损害既没有法律定性也没有规定具有法律拘束力的规范措施，而仅提出一些原则性的建议措施，并未涉及如何处理有关气候变化所致损失损害问题的实质性内容。但无论如何，该机制的存在本身就说明国际社会对气候变化所致损失损害问题的重视。就气候变化防灾减灾能力建设而言，未来可通过进一步谈判，以预防原则为核心在气候变化所致损失损害责任范畴内将"华沙机制"下没有实质性承诺的规则充实细化为具有针对性、可操作性及执行力的规则，真正实现该机制设立之目的。

正如前述，在预防原则的指导下，在气候变化防灾减灾能力建设过程中应以气候灾害预防为首要目标并辅之采取各种措施以预防、限制、减轻气候灾害造成的不利影响，体现防患于未然之精神。21 世纪初对人类造成损失损害最为严重的三次灾难性事件告诉我们，待灾害发生之后再行应对措施必然导致灾害不利影响的进一步扩大。对此，国际社会应致力将贯穿气候灾害发生全过程的气候灾害预防、灾后救援及重建置于气候灾害发生之前予以考虑，根据各个国家、地区的气候灾害的类型化、周期性、暴露度及脆弱性等特征针对性地制定预案，将气候变化防灾减灾能力建设置于气候灾害发生前的减少灾害风险阶段予以重点考虑。

具体而言，就资金支助而言，除目前用于气候变化防灾减灾能力建设的主要资金来源以外，亦可在气候变化所致损失损害补偿责任范畴内，参照《京都议定书》强制减排表要求发达国家在气候灾害预防阶段即与广大发展中国家开展国际合作以在减少灾害风险提高抗灾能力方面提供资金支持。此外，也应更加积极地推动绿色气候基金在开展项目合作中为气候变化防灾减灾能力建设提供更为充分的资金资助。从该基金的战略目标来看，标志着国际气候资金机制走向独立的绿色气候基金本身即致力于在减缓和适应气候变化领域实现资金资助的均衡，并旨在将适应领域至少 50% 的资金用于资助特别脆弱国家，包括最不发达国家、小岛屿发展中国家和非洲国家；而就该基金当前的资金运行状况而言，截至 2020 年底，捐助者已向绿色气候基金认捐远超过 10 亿美元且已有 96% 的资金认捐经通过创建捐款协议得到确认。[1]这为该基金在气候变化防灾减灾能力建设领域进一步提供更为充分的资金资助提供现实基础。未来应当更为积极地推动扩大绿色气候基金在气候变化防灾减灾能力建设领域的资助比例，助力广大发展中国家获得更为协调、持续和适当的资金资助。此外，亦应充分发挥灾害风险转移方面产品和服务的作用，推动制定和加强灾害风险转移和分担机制用以对残余风险提供金融保护作用。

在强化支持方面，有效减少气候灾害风险需要开展广泛的适应活动，包括开展暴露性和脆弱性评估，以及加强气候灾害相关信息的获取与互享、建立多灾种预警系统等。[2]对此，国际社会应进一步推动全球、区域、次区域

---

〔1〕 Green Climate Fund：*Annual Results Report* 2020，https：//www. greenclimate. fund/sites/default/files/document/gcf-annual-results-report-2020_ 0. pdf.

〔2〕 Adaption Fund：*Project Sectors（Disaster Risk Reduction）*，https：//www. adaptation-fund. org/projects-programmes/project-sectors/disaster-risk-reduction/.

的国际合作，增强防灾减灾信息共享和气候灾害风险评估能力，亦应在国际、区域开展项目合作层面，进一步加强对于建立气候信息系统、气候灾害预警系统、增强建设以及加强和扩大复原力和适应能力等项目[1]的支持，促进气候灾害风险的国内公共和私人投资以及外国直接投资等，以为广大发展中国家提供更为广泛的国际支持。此外，在预防原则指导下，应将气候灾害灾后救援及重建纳入全球、区域、次区域和专题平台国际合作的范围，将灾害发生后应对灾害的合作例如协调国际救灾行动、人道主义援助以及提供救灾设备和物资，并将科学、技术、医疗等资源置于灾害发生前予以考虑，结合不同国家、地区气候灾害的类型化特征、不同类型的气候灾害的影响范围及周期性等特点制定针对性响应预案，以实现对于广大发展中国家更为协调、持续和适当的国际支助。

在积极动员和保证专业知识方面，应当利用和整合当地社区在气候变化防灾减灾方面所具有的传统知识、做法和价值以及当今科技水平不断发展下不断积累的科学知识并应充分发挥相关利益攸关方的作用，鼓励包括民间社会、志愿者、有组织的志愿工作组织和社区组织、妇女、儿童和青年、残疾人及其组织、老年人、土著人等利益攸关方广泛参与到气候变化防灾减灾能力建设进程中并积极采取行动，提供知识、经验和资源，推动广大发展中国家实现减少灾害风险提高抗灾能力的目标。促进广大发展中国家将当地传统经验和知识与其他科技知识实现整合以进一步降低气候灾害风险，加强有关减少气候灾害风险及提高抗灾能力的公众教育和认识，将有关气候灾害信息传播给公众以提高公众气候灾害防范意识，促进受灾国家对于气候灾害防灾减灾基本知识的宣传普及力度及公众在面对气候灾害时的自救和互救能力等，加强地方当局面对气候灾害时疏散受灾当地居民、提供资源、指导和协调相关防灾减灾工作开展的应对能力。此外，掌握专业技术的高水平人才作为防灾减灾能力建设工作顺利开展的重要基础，亦应促进广大发展中国家加强医疗小组、搜寻和救援小组、工程师和技术专家等专业人员的培训，以提高灾后救援效率。

---

[1] 目前，绿色气候资金在适应气候变化领域下针对建立气候信息系统、气候灾害预警系统、增强建设、加强和扩大复原力和适应能力等项目正在开展针对性的项目合作支助。See Green Climate Fund，https://www.greenclimate.fund/themes/adaptation#projects.

第七章

气候变化所致损失损害责任之磋商机制

气候变化是人类共同直面的事关生存与发展的任何国家任何人都无法单独解决的问题。为此，为预防或解决国际应对气候变化进程中可能或已经出现的意见分歧，作为落实气候变化所致损失损害责任的行之有效的关键路径之一的磋商机制的建立健全就极为重要。

第一节　磋商机制的产生及其特征

磋商（consultation）也称为协商，意指"（为预防或解决纠纷的）协商方式"。[1]在国际法上，磋商一般是指"两个或两个以上国家为使有关问题得到解决或获致谅解而进行的国际交涉的一种方法"。[2]磋商机制可以被视为国际法主体之间为了达成特定目的的国际交往行为机制。就气候变化所致损失损害责任而言，也就是以《联合国气候变化框架公约》所规定的"解决与公约履行有关的问题的多边协商程序，供缔约方有此要求时予以利用"为基础，用以处理因气候变化所致公共利益遭受特别损失者的救济问题的国际法机制。

一、磋商机制的产生

随着气候极端事件发生频率和强度的增加，[3]20 世纪 80 年代后，公众

---

〔1〕　薛波主编：《元照英美法词典》，法律出版社 2003 年版，第 306 页。

〔2〕　周忠海主编：《国际法》（第 3 版），中国政法大学出版社 2017 年版，第 364 页。

〔3〕　有记录以来的最高气温的年份的 9/10 在 1987 年至 1997 年间，而且 20 世纪 90 年代预计是 14 世纪以来最热的 10 年。虽然这种巨大而又迅速的变化是在自然的变化范围内，但是在过去的 200 万年内罕有发生，也许在过去的 1 万年内从未出现，而且在过去的 600 年内肯定没有。Mann et al., "Global-Scale Temperature Patterns And Climate Forcing Over The Past Six Centuries", Nature, 392: 779~787, (1998), 转引自 [美] J. R. 麦克尼尔：《阳光下的新事物：20 世纪世界环境史》，韩莉、韩晓雯 译，商务印书馆 2013 年版，第 112 页。还可以参见 P. Vellinga and W. J. van Verseveld, *Climate Change and Extreme Weather Events*, 2000.

和科学界开始对气候变化问题予以更高的关注，气候治理问题开始被更广泛地纳入国际社会的磋商议程。1985 年和 1987 年在奥地利维拉赫（Villach）举行的大气科学家会议为处理全球气候变暖问题提供了重要的结论和建议。1986 年 5 月在渥太华举行的世界环境与发展委员会（World Commission on Environment and Development，WCED）的公开听证会上，加拿大时任环境部长汤姆·麦克米伦（Tom McMillan）表示，加拿大将很乐意主办一次国际会议，考虑如何提高世界预测环境变化的能力。1987 年 9 月，世界环境与发展委员会向联大提交报告，称地球支持生命的能力正受到人类影响的严重威胁，其中尤以气候变化所产生的不利影响最为突出。温室气体浓度的增加和高空臭氧层的减少正在改变大气层独特的生命支持特性，而酸雨和空气污染物的远距离传播也正在影响全球大部分地区脆弱的生态系统。[1]

因此，在全球各国 300 多名决策者及科学家的共同参与下，1988 年 6 月在加拿大多伦多召开了主题为"变化中的大气：对全球安全的影响"的世界大会。由于关注到全球应对气候变化问题需要共同采取行动，而国际社会的主要行为体依旧还是国家，因此多伦多会议后对气候变化问题的关注逐渐转移到政府间国际组织层面，这是意图加强国际合作以应对气候变化的一个信号。[2]1988 年政府间气候变化委员会（Intergovernmental Panel on Climate Change，IPCC）的成立就是重要的证明。[3]

基于政府间气候变化委员会的建议，为有效应对气候变化提供一个国际交流与合作的全球性磋商平台，联大于 1990 年 12 月 11 日通过决议，决定设立气候变化政府间谈判委员会（Intergovernmental Negotiating Committee，INC，以下简称"谈判委员会"）。1991 年 2 月，谈判委员会在美国华盛顿举行第一次谈判，其后，谈判委员会又举行了四次谈判，终于 1992 年 5 月 9 日就《联合国气候变化框架公约》文本达成最后协议，《联合国气候变化框架公

---

〔1〕 WMO-No. 710, FOREWORD.

〔2〕 After the Toronto meeting, the climate change issue continued to attract substantial attention. Increasingly, however, the discussions moved onto an intergovernmental track. Pamela S. Chasek：*Earth Negotiations*：*Analyzing Thirty Years of Environmental Diplomacy*，UNU Press，2001，124.

〔3〕 在世界气象组织和联合国环境规划署的共同促成下，1988 年建立了政府间气候变化委员会。杨兴："《联合国气候变化框架公约》研究——兼论气候变化问题与国际法"，武汉大学 2005 年博士学位论文，第 14 页。

约》于 1992 年 6 月在联合国环境与发展大会上开放签署。[1]

《联合国气候变化框架公约》是 1992 年联合国环境与发展大会的主要成果之一。在谈判委员会第三届、第四届和第五届会议期间，曾就根据《联合国气候变化框架公约》设立一个可以在《联合国气候变化框架公约》缔约方之间解决与履行公约有关问题的程序进行了讨论，并在《联合国气候变化框架公约》第 13 条[2]中规定了在公约生效后设立这一程序的可能性。[3]谈判委员会在第十届会议报告中，针对这一程序进行了较为深入的分析，并且详细阐述了建立磋商机制的理由。谈判委员会认为，设立多边磋商程序的主要理由包括：第一，全球性的气候变化现象引发的气候变化问题牵涉全球所有国家的共同利益；第二，不遵约（《联合国气候变化框架公约》）的不良影响的累加效应决定气候变化所致损失损害问题可能在很长时间之后才会显现，因此预防措施和补救办法可能比争端解决办法更能有效地解决问题；第三，多边协商程序强调缔约方之间进行国际合作以实现应对气候变化的共同目标，而不是互相对抗。虽然这种程序通常缺少实际执行权力，往往以缔约方之间互相监督及要求各缔约方定期提交履约报告的方式确保运行；第四，这种程序鼓励缔约方间寻求共识，设法作出确保程序稳定、有效运行的解释和决定。这样，条约的履约情况就可以通过磋商和谈判，而不是争端解决的方式得到促进。[4]上述理由反映出谈判委员会对于建立磋商机制的基本立场，谈判委员会通过简要提出磋商机制的基本结构、与审查程序之间的关系、与附属履行机构之间的关系，以及与争端解决机制之间的关系等，为机制构建奠定了基础。[5]同时，谈判委员会建议各缔约方设立一个包括技术和法律专家在内的特设工作组（Ad Hoc Working Group，即后来的 AG13），进一步处理磋商机制所涉问题。[6]

1995 年《联合国气候变化框架公约》第一次缔约方会议（COP1）通过

---

〔1〕　林灿铃主编：《国际环境条约选编》，学苑出版社 2011 年版，第 506 页。

〔2〕　1992 年《联合国气候变化框架公约》第 13 条 "解决与履行有关的问题" 规定："缔约方会议应在其第一届会议上考虑设立一个解决与公约履行有关的问题的多边协商程序，供缔约方有此要求时予以利用。"

〔3〕　A/AC. 237/59, para 2, page 3.

〔4〕　A/AC. 237/59, para 11.

〔5〕　A/AC. 237/59, para 19-28.

〔6〕　A/AC. 237/76, para 114, page 31.

决定，设立一个不限成员名额的技术和法律专家特设工作组来研究与建立多边磋商程序及其涉及的所有问题。[1]特设工作组的工作可以分为三个阶段：第一阶段是收集各国以及国际组织和非政府组织的来文以确立磋商机制的定位；第二阶段是根据来文确立行动计划并广泛收集《联合国气候变化框架公约》缔约方、非缔约方、政府间国际组织和非政府组织对于特设工作组开展研究和建立行动的意见；第三阶段是在收集、整合相关意见的基础上正式建立磋商机制。特设工作组在1996年第三次会议召开之前，共收到来自十九个缔约方、一个非缔约方以及十个非政府组织提交的意见，既包括"伞型集团"（Umbrella Group）的日本、加拿大、澳大利亚，也包括欧盟、中国和"77国集团"（Group of 77，G77）这一发展中国家联盟中的一些国家[2]，在一定程度上具有代表性地反映出了相关缔约方或非缔约方对于建立磋商机制的态度。

在此过程中，《联合国气候变化框架公约》缔约方对于磋商机制的定位展开了激烈的争论，最终达成了妥协性意见，认为：磋商机制是具有建议性而非监督性的国际法机制。在此基础上，特设工作组对多边磋商程序的建立和研究展开了广泛的讨论，力图反映出各缔约方在该问题上达成意见的一致性。[3]1998年，特设工作组第六次会议通过建立磋商机制的文本草案，正式提交当年《联合国气候变化框架公约》第四次缔约方会议（COP4）批准（文本草案第8条和第9条中的部分问题除外）。[4]在《联合国气候变化框架公约》第四次缔约方会议（COP4）上，各国认为可以通过会下的非正式协商来解决未完成议题，但是至今也未解决，而是采用妥协性的做法，由附属实施机构和科技咨询机构共同完成对缔约国遵约行为的认定和评判。可以说，1998年《联合国气候变化框架公约》第四次缔约方会议（COP4）通过的多

---

〔1〕 FCCC/CP/1995/7/Add.1，第20/CP.1号决定。

〔2〕 发达国家和发展中国家呈现"碎片化"：充当气候领袖的欧盟国家、态度消极的"伞形集团"、地位突兀的"基础四国"、态度急迫的"小岛屿国家联盟"、无可奈何的"最不发达国家集团"，皆因气候利益重新聚合而成。因此，国际立法应对气候变化呈现许多新动向。傅前明："气候变化立法动向分析及中国对策——以国际民航业减排为视角"，载《北京航空航天大学学报（社会科学版）》2012年第5期，对于国际气候谈判格局之中国家利益集团的分类，可以参考朱守先、庄贵阳编著：《气候变化的国际背景与条约》，科学技术文献出版社2015年版，第62~64页。

〔3〕 然而，缔约方是否应当为其遵约行为接受审查，则被忽略了。王晓丽："论《气候变化框架公约》遵约机制的构建"，载《武汉理工大学学报（社会科学版）》2010年第6期。

〔4〕 FCCC/CP/1998/16/Add.1，第10/CP.4号决定。

边协商程序只是部分内容，只是部分通过了该机制的提案。[1]与已经存在并运行良好的《蒙特利尔议定书》磋商机制不同，《联合国气候变化框架公约》缔约方在磋商机制构建方面开展的国际合作面临诸多阻碍，由于各缔约方始终未就文本草案第 8 条和第 9 条中所涉磋商机制委员会的组成问题达成一致，《联合国气候变化框架公约》第四次缔约方会议最终仅批准了特设工作组提交的部分文本（以下简称"文本"）。2001 年《联合国气候变化框架公约》第七次缔约方会议决定是否构建磋商机制仍有待缔约方会议的进一步决定；不同于过去几次缔约方会议，《联合国气候变化框架公约》第八次和第九次缔约方会议并未涉及任何有关多边磋商程序的事项，即使在"其他事项"议题下也没有任何体现，磋商机制的建立问题至此被搁置。[2]

在《联合国气候变化框架公约》体系下，《京都议定书》和《巴黎协定》都进一步发展并完善了公约的相关规则体系和制度安排，其中也涉及磋商机制。《京都议定书》第 18 条对于遵约程序和机制作出了专门规定，[3]《巴黎协定》第 15 条规定的遵约机制亦在《联合国气候变化框架公约》第四次缔约方会议（COP4）批准"文本"的基础上继续前进。[4]

上述《联合国气候变化框架公约》磋商机制的国际谈判历程表明，在全球气候治理领域尤其是涉及与人类持续生存和持续发展密切相关的温室气体排放问题上，各缔约方之间的国际合作远未达到预期水平。气候变化所致损失损害后果的严重性与《联合国气候变化框架公约》磋商机制构建过程中所面临的障碍构成鲜明对比。对此，各缔约方应进一步强化和发展当前在磋商机制构建方面达成的部分共识，推动建设和完善现行磋商机制国际框架，进一步明确磋商机制运行过程中所应遵循的原则及其在气候变化所致损失损害责任领域中所具有的特殊性。

---

〔1〕　王晓丽："论《气候变化框架公约》遵约机制的构建"，载《武汉理工大学学报（社会科学版）》2010 年第 6 期。

〔2〕　Mar Campins Eritja, Xavier Fernández Pons & Laura Huici Sancho, "Compliance Mechanisms in the Framework Convention on Climate Change and the Kyoto Protocol", 34 REV. GEN. 51 2004, p. 67.

〔3〕　FCCC/CP/2001/13/Add. 3，第 24/CP. 7 号决定。

〔4〕　参见杨博文："《巴黎协定》减排承诺下不遵约情事程序研究"，载《北京理工大学学报（社会科学版）》2020 年第 2 期；宋冬："论《巴黎协定》遵约机制的构建"，外交学院 2018 年博士学位论文。

二、磋商机制的性质

磋商机制被认为是国际争端解决机制（dispute settlement）的组成部分。虽然在多边磋商程序（磋商机制）作为一种促进遵约（compliance procedure）的机制出现之后，国际环境法中的磋商机制相较于一般的争端解决机制而言已经有了较大的发展。这种促进遵约的磋商机制最先产生于国际劳工条约及其组织，由于实施保障效果显著，迅速在国际人权条约、国际军控条约和国际环境条约、世界贸易组织（WTO）等多边国际条约中被广泛借鉴施行。[1]国际环境法领域中的遵约机制最早产生于 1987 年《蒙特利尔议定书》第 8 条规定的"不遵约机制"中，其后 1989 年《控制危险废物越境转移及其处置巴塞尔公约》（以下简称《巴塞尔公约》）将其发展为"促进履约与遵约的机制"，后续的《卡塔赫纳生物安全议定书》《名古屋议定书》《持久有机污染物的斯德哥尔摩公约》《京都议定书》等基本上都延续了这一机制。[2]但从广义上而言，促进遵约的磋商机制仍可归入争端解决机制的范畴之中。磋商是一种兼具法律属性和政治色彩的争端解决活动，在国际法领域，磋商以最终实现法治价值追求为根本目的，并兼具一定政治色彩的国际交往行为方式。此种法治价值追求与政治色彩的有机统一使得磋商机制有异于其他争端解决方式。

就国际法上的争端解决机制而言，"从一开始，国家就创设了两类解决争端的方法：促使双方达成一致的争端解决方法，以及赋予第三方有权通过作出具有拘束力的决定以解决争端的方法"。[3]这通常可以依据有无第三者的干预和权限的强弱，规定顺序为谈判→斡旋→调停→仲裁→司法解决。这一顺序规定被称为争端解决方法的"单线构造"。[4]在这些争端解决方式中，除却谈判外，其他争端解决方式一般针对的都是现实出现的争端，而针对潜在的或正在发展中的争端，显然无法利用这些方法。

---

〔1〕 蒲昌伟："作为国际法实施新机制的不遵约机制新探"，载《哈尔滨师范大学社会科学学报》2016 年第 4 期，第 46 页。

〔2〕 秦天宝、侯芳："论国际环境公约遵约机制的演变"，载《区域与全球发展》2017 年第 2 期，第 54 页。

〔3〕 ［意］安东尼奥·卡塞斯：《国际法》，蔡从燕等译，法律出版社 2009 年版，第 369 页。

〔4〕 ［日］松井芳郎等：《国际法》（第 4 版），辛崇阳译，中国政法大学出版社 2004 年版，第 228 页。

　　谈判作为解决国际争端的政治性方法之一，是指"两个或两个以上国家为获致谅解或解决争端而开始和进行的来往"。[1]区别于其他争端解决方式，虽然谈判涉及的有关当事方的范围可能相当广泛，但是始终是在相关方"彼此之间"直接进行的，没有第三方的介入。但谈判往往可能成为司法解决的前提，也就是当争端提交给司法解决等由第三者解决时，由于需要论点明确，所以，众多情况下谈判为提交司法解决的前提。[2]磋商机制作为对争端解决机制的补充和发展，承担解决潜在的或正在发展中的争端的功能。而磋商有时也被看作是谈判的一种形式，两者之间既密切联系又存在一定的差异。

　　在磋商和谈判的联系方面，两者之间存在一些相似之处。首先即体现为在现有争端解决机制下，二者较之解决现实性争端的其他方式而言更加具有灵活性。此外，二者的类似之处还包括争端当事方直接交换意见、适用于各种类型的国际争端等。[3]但总体而言，从参与方的构成、相关的交往形式以及所涉及的议题范围和发挥作用的领域等方面综合比较而言，磋商的灵活性相较于谈判而言更为明显。此外，从实施效果上看，两者之间亦存在明显共性。《奥本海国际法》指出："这种规定（磋商条款）的法律作用并不总是清楚的。这种条约有时把磋商当作一种制订共同政策或态度的方法，而不问各当事国之间的任何现有争端。就关于磋商的规定的目的是要便利解决各缔约国间的争端这一点而言，这种规定的法律作用是和必须进行谈判的义务所具有的法律作用没有什么区别的。"[4]磋商和谈判的作用相同，即为便利当事国之间争端的解决。然而在实践中所起到的效果相同并不代表无需对两者进行区别。因为磋商的作用并不仅仅在于解决当事方之间可能发生的争端，而且在协助缔约方履行承诺、关注履约问题等领域亦发挥重要作用，磋商在上述其他领域所发挥的作用是传统的谈判所难以达成的。

　　磋商与谈判是有区别的。"严格意义上讲，协商不同于谈判，它所联系的更多是某种情势和潜在的矛盾，而不是现实的争端。所以，一旦协商条款是

---

　　〔1〕　[英]劳特派特修订：《奥本海国际法》（第1卷第2分册），王铁崖、陈体强译，商务印书馆1973年版，第302页。

　　〔2〕　[日]松井芳郎等：《国际法》（第4版），辛崇阳译，中国政法大学出版社2004年版，第231页。

　　〔3〕　王铁崖主编：《国际法》，法律出版社1995年版，第418页。

　　〔4〕　[英]劳特派特修订：《奥本海国际法》（第2卷第1分册），王铁崖、陈体强译，商务印书馆1973年版，第3页。

为了解决某一现实的争端，那它和谈判条款就无法区分了。"[1]与之类似，也有观点认为谈判不仅仅是一种解决争端的可能的方法，而且也是预防争端产生的策略，磋商便是争端的预防形式。[2]这对于磋商和谈判之间更多是共性层面的强调，突出磋商和谈判所针对的都是国际争端，但是其依据解决的矛盾现实与否作为区别磋商和谈判的标准是不妥当的。预防的内涵包括防止某种事态的出现，或者在事态出现之后防止其扩大，如果认为这种预防作用针对的是某种"潜在的矛盾"，而任何现有的矛盾都可能隐藏着潜在的矛盾，显然这种区别标准并不妥当。如果要从客体上进行区别，更加准确的做法是关注客体的范围：磋商往往更加灵活，其涵盖的范围要比谈判宽泛很多，而谈判往往是在当事方进行一定程度的磋商的基础上展开的，是当事方针对争议焦点有明确的认识之后进行的正式国际交往。

就磋商和谈判的参与方而言，两者之间也存在一定的区别。"谈判一般是当事国之间，而协商可以允许其他相关方参与。"[3]磋商之所以在过去长期被认为是谈判的一种特殊形式，原因在于磋商的参与方和谈判的当事国基本是一致的，在拉努湖案中，法庭强调的也是法国和西班牙这两个当事国之间的磋商。[4]但是随着国际实践的发展，磋商不仅仅发生在当事国之间，由于对"其他相关方"可以采取不同层面的理解，参与方也就有了丰富的内涵。[5]这是磋商和谈判主要的区别所在。

---

[1] 潘俊武："解析国际争端解决机制及其发展前景"，载《法律科学（西北政法大学学报）》2009年第4期。

[2] J. G. 梅里尔斯的观点，其认为协商是在决定尚未实际作出，争端尚未发生的时候双方进行的具有预防争端功能的沟通。[英] J. G. 梅里尔斯：《国际争端解决》，韩秀丽等译，法律出版社2013年版，第3页。

[3] 朱鹏飞："国际环境争端解决机制研究"，华东政法大学2009年博士学位论文，第56页。

[4] Philippe Sands, Jacqueline Peel, Adriana Fabra and Ruth MacKenzie, *Principles of International Environmental Law*, (*Third edition*) Cambridge University Press, 2012, p. 160.

[5] 这一点也得到了我国国际实践的证明，例如在朝鲜战争之后，"按照停战协定第六十款的规定，应当由双方司令官向双方有关各国政府建议，在停战协定签字并生效后的三个月内，分别派代表召开双方高一级的政治会议，中国对召开政治会议的意见是，政治会议应采取圆桌会议的形式，不采取双边谈判的形式参加国包括苏、中、美、英、法、朝鲜民主主义人民共和国、大韩民国，以及四个中立国波兰、印度、瑞典、缅甸"。《毛泽东传》编写组："创造一个和平的国际环境——《毛泽东传1949～1976》节选"，载《当代中国史研究》2003年第6期。以及在北美的案例中，加拿大能源管理委员会和加拿大官方从加拿大国民议会委员会得到证实之前，美国的天然气进口商就已经出现在加拿大境内。[英] J. G. 梅里尔斯：《国际争端解决》，韩秀丽等译，法律出版社2013年版，第9页。

由此可见，磋商机制作为国际法上的一项机制，始终围绕潜在的或正在发展中的争端展开，针对此种潜在的或正在发展中的争端的解决就构成了磋商机制的核心内容。同时，相比于司法仲裁这类具有浓厚法律性质的争端解决方式而言，磋商本身乃是一种兼具法律属性和政治色彩的争端解决活动。磋商与谈判之间既密切联系又存在明显差异，其中，尤以参与主体的广泛性最为突出。广泛的磋商主体就需要更加制度化的安排，"在多边背景下，磋商通常需要某种制度性结构安排。……国家间磋商通常是临时程序，但磋商安排的互惠性能促使为当事方设立常设性磋商安排"。[1]就气候变化所致损失损害责任之磋商机制而言，由于气候变化所致损失损害所具有的共同性等相关特征使得磋商机制在其中需要被更进一步地加以考察。在此之前，对磋商机制所具有的一般内容及其特殊性要加以理解。

三、磋商机制的原则与特征

磋商机制的一般内容和特殊性也就是其必须符合的原则以及体现出来的特征，正如前述，磋商本身是一种兼具法律属性和政治色彩的争端解决活动，因此，理解原则与特征离不开对法律属性和政治色彩的整体把握。

（一）磋商机制的原则

磋商机制具有丰富的内涵和明显的特性。尽管磋商机制所涉内容纷繁，但亦有其共同之处，也即机制运行所需遵循的原则。作为法律程序的一种，磋商机制所需遵循的一般性原则包括：磋商应当是简要的、目的明确的；磋商应当提供充分的信息并应具备合适的时间；磋商应具有针对性，应考虑利益相关方；磋商应及时回应等。[2]这些都是磋商机制本身所需遵循的原则，主要涉及如何进行程序性安排以充分体现出程序正义的理念。

对于国际法上的磋商机制而言，以下几个原则需要特别加以注意：

第一，利益攸关方充分参与原则。在何种具体的磋商机制中确立何种类

---

〔1〕 ［英］J. G. 梅里尔斯：《国际争端解决》，韩秀丽等译，法律出版社 2013 年版，第 8 页。

〔2〕 See *Consultation principles: guidance*, https://www.gov.uk/government/publications/consultation-principles-guidance. And (a) consultation must be at a time when proposals are still at a formative stage; (b) the proposer must give sufficient reasons for any proposal to permit of intelligent consideration and response; (c) adequate time must be given for consideration and response; and (d) the product of the consultation must be conscientiously taken into account in finalising any proposals, Nigel Pleming, *Consultation*, Judicial Review 15, no. 2 (June 2010), page 126-127. And *The World Bank Group Consultation Guidelines*, page 6-7.

型的参与主体是磋商机制面临的主要问题之一。以清洁发展机制（Clean Development Mechanism, CDM）之中的磋商机制为例，在 2012 年的政策对话之中，共展开了 18 次磋商，其中大多以区域为标准进行划分，同时磋商的主题也存在差异，导致在参与主体方面也存在明显不同。此外，由于环境问题具有很强的专业性，因此往往需要发挥环境专家的作用，磋商也就常常发生在专家之间。[1]

第二，在磋商结果方面，由于"现在还没有使各国必须通过仲裁或司法程序以解决它们的争端的普遍性的国际法律义务"，[2]同时兼具法律属性和政治色彩的磋商机制本身即以灵活性见长，因此更通常的情况往往是磋商本身以一种非正式（informal）的方式进行信息交换，辅助开展谈判，或者作为其他争端解决进程的一部分。[3]即便如此，对于磋商结果的公开性也应当予以关注，这涉及程序正义的基本要求，世界贸易组织的争端谅解机制（The Dispute Settlement Understanding, DSU）就明确规定，磋商结果应当通知 DSB 和利益相关方。[4]

第三，与磋商机制表决问题相关的磋商如何达成结果的规则。由于磋商机制本身乃是为了促成各当事方利益协调一致的争端解决机制，因此磋商结

---

〔1〕 例如，在 2022 年 3 月份深圳的磋商会议中，参与者包括：More than 50 participants, including representatives from developed countries, developing countries, international organizations, carbon market industry players and researchers, *CDM Policy Dialogue*: *summary of stakeholder engagement meeting in Shenzhen, China*；而在 2022 年 3 月份波恩的磋商会议中，参与者包括：The participants in the sessions consisted of representatives from various stakeholder groups such as the Executive Board and its support structures, Designated Operational Entities（DOEs）, Designated National Authorities（DNAs）, environmental NGOs, emissions traders, project developers, and consultants. *CDM Policy Dialogue*: *Summary of stakeholder engagement at the Sustainable Development Mechanisms Joint Coordination Workshop in Bonn, Germany*.

〔2〕 ［英］劳特派特修订：《奥本海国际法》（第 2 卷第 1 分册），王铁崖、陈体强译，商务印书馆 1973 年版，第 3 页。

〔3〕 例如，This meeting was held as part of the project on Enhancing capacities for data collection for the national reporting under the Basel and Stockholm conventions, import responses under the Rotterdam Convention and SDGs funded by the European Union. *Multistakeholder consultation workshop on enhancing data collection under MEAs and SDG reporting November* 12, 2019.

〔4〕 Understanding on rules and procedures governing the settlement of disputes, Annex 2 of the WTO Agreement, Article 4 consultation, 4. All such requests for consultations shall be notified to the DSB and the relevant Councils and Committees by the Member which requests consultations. Any request for consultations shall be submitted in writing and shall give the reasons for the request, including identification of the measures at issue and an indication of the legal basis for the complaint.

果的达成一般都以所有参与方同意或者没有明确反对作为条件，在国际法上，往往被表述为"共同同意"。[1]

对于国际环境法中的磋商，除了上述所列几项原则以外，应遵循国际环境法的基本原则，即国家主权原则、只有一个地球原则、不损害国外环境原则、共同责任原则、国际合作原则等。[2]对于气候变化所致损失损害责任之磋商机制而言，以下几个原则尤为重要：

第一，国家主权原则。国家主权原则构成现代国际法的基础。磋商机制正是为了体现和遵循这一基本原则，防止出现国家环境主权的损害结果而设立的一种机制，因此这一原则尤为重要。磋商机制始终是在国家主权原则的框架之下展开的，"任何国家、组织和个人不得以保护环境为借口，干涉别国内政"。[3]

第二，善意原则。不论是国内法还是国际法，磋商始终要在善意原则的指导下进行[4]，于国际法上尤其是对于气候变化所致损失损害责任而言，磋商机制所应遵循的善意原则被认为"应当支配国际关系"，"在履行协定时，诚信对国家所施加的义务并不低于其对个人施加的义务"。[5]事实上，善意原则包含了"国际关系的整个结构"。[6]因此，气候变化所致损失损害责任之磋商机制就必然要求利益相关方遵循善意进行磋商。

第三，磋商机制应以"共同责任"为基础。气候变化所致损失损害责任之磋商机制的根本目的乃是保护人类可持续的生存环境，只有意识到不论是哪一个国家对于此根本目的都负有共同责任，磋商机制才不至于沦为各国利益斗争的平台或者作为拖延其他争端解决程序的工具，进而导致在妥协和推

---

〔1〕　例如，《南极条约》就规定南极条约协商国会议在交换信息资料、共同协商有关南极的共同利益问题，并规划、审议以及向其本国政府建议旨在促进本条约原则和宗旨的措施之时，其最终的决议必须是所有缔约方同意。The Antarctic Treaty, Article 10, 4. The measures referred to in paragraph 1 of this Article shall become effective when approved by all the Contracting Parties whose representatives were entitled to participate in the meetings held to consider those measures.

〔2〕　参见林灿铃：《国际环境法》（修订版），人民出版社 2011 年版，第五章：国际环境法基本原则。

〔3〕　林灿铃：《国际环境法》（修订版），人民出版社 2011 年版，第 151 页。

〔4〕　DSU 第 4 条第 3 款规定了在一方请求下进行善意磋商的义务。[英] J. G. 梅里尔斯：《国际争端解决》，韩秀丽等译，法律出版社 2013 年版，第 252 页。

〔5〕　Germany, Great Britain, Italy/Venezuela et al., 1 H. C. R., p. 55, at p. 60, 转引自郑斌：《国际法院与法庭适用的一般法律原则》，韩秀丽、蔡从燕译，法律出版社 2012 年版，第 108 页。

〔6〕　国际法委员会第 53 届会议工作报告，第五章，第 98 段，第四条评注（2）。

卸责任之中损害全球环境。共同责任原则使得国际环境法中的磋商机制能够在正轨上运行，尽可能减少由于磋商机制的政治色彩带来的风险，追求国际环境保护秩序中的公平正义。

第四，尤其要强调的是国际合作原则。国际环境法层面的磋商机制当然可以被归于国家针对环境问题进行的国际法制度层面的合作。在气候变化等全球环境治理领域，"各国应为保护和改善环境进行合作使国际组织发挥协调、有效和推动性的作用"[1]，这些规则的遵守需要各国善意合作而非对抗，因此多边环境条约需要一种能够促进各国合作、鼓励各缔约国遵守条约义务的机制[2]，只有各缔约国共同以国际合作原则为约束，磋商机制的最终目标——预防或解决纠纷才能得以实现。[3]因此，明确和进一步落实国际合作原则于磋商机制的运行而言显得尤为重要。

(二) 磋商机制的特征

除却磋商机制所具有的共性原则外，气候变化所致损失损害领域中的磋商机制有其领域所具有的特殊性，使得磋商机制能够更好地在该领域中发挥效果。这种特征使得磋商机制能够有效地应对气候变化这一全球性的环境议题，针对关系到人类持续生存和持续发展的气候变化及其所产生的损失损害问题作出具有针对性的妥善安排。

1. 预防争端——争端解决的提前性

在现代化不断发展的新时代，社会学家安东尼·吉登斯和乌尔里希·贝克等人提出风险社会的理论，认为："风险是'预测和控制人类行为未来后果的现代方式'，而这些后果是'彻底（radicalized）的现代化产生的意料之外的后果'。风险已经'成为政治动员的主要力量'，成为一种造成传统政治范畴过时的话语体系。"[4]显然，由于环境问题所带来的物质后果的复杂性将进一步加剧这种基于认知而产生的风险。

如前所述，传统的争端解决机制主要在于解决具体的现实争端，而应用在国际环境法中的磋商机制明显地表现出其预防争端发生的性质。预防原则

---

〔1〕 林灿铃：《荆斋论法——全球法治之我见》，学苑出版社 2011 年版，第 291 页。

〔2〕 兰花：《多边环境条约的实施机制》，知识产权出版社 2011 年版，第 231 页。

〔3〕 Ehrmann, M., "Procedures of compliance control in international environmental treaties", *Colorado Journal of International Environmental Law and Policy*, 13 (2), 2002, p. 442.

〔4〕 杨雪冬："全球化、风险社会与复合治理"，载《马克思主义与现实》2004 年第 4 期。

乃是国际环境法中的基本原则之一，由于其重要性而被称为环境保护领域的"黄金规则"。预防原则所追求的防止环境损害的目的，可以通过具有预防争端发生性质的磋商机制加以实现，国际环境法中的磋商机制就体现了这一点。[1]磋商机制通过预防争端发生的手段从而实现预防环境损害的目的，正体现出对风险进行制度化规制从而使风险能够在制度框架内被妥善解决。《在跨界背景下环境影响评价公约》（以下简称《埃斯波公约》）第5条就提出，起源国应在其完成环境评价文件后毫不迟疑地向相关方进行磋商。[2]这一磋商机制，使得本就在实际环境损害争端发生之前进行的环境影响评价能够充分发挥预防环境损害的作用，是预防原则在国际环境争端解决中的体现。《生物多样性公约》第14条1款c项也要求，每一缔约国应尽可能并酌情：在互惠基础上，就其管辖或控制范围内对其他国家或国家管辖范围以外地区生物多样性可能产生严重不利影响的活动促进通报、交流信息和磋商。[3]这些都说明了国际环境法中的磋商机制有其特别之处，也即强调在环境损害尚未发生之前，通过对潜在的可能发生的争端进行磋商，从而实现争端预防的效果。通常而言，争端解决机制往往在争端实际发生之后方可启动，而国际环境法中的磋商机制实现了思维范式的转变，体现了预防原则这一黄金规则在国际环境法中的作用。

对于气候变化所致损失损害而言，其在很大程度上应当被认为是一种不可逆的或者难以逆转的损害，倘若已遭灭顶之灾再行救济则毫无意义。因此，应对气候变化的根本应在预防。[4]磋商机制对此能够提供良好的合作机会，促进《联合国气候变化框架公约》各缔约方一秉善意针对公约履约过程中面

---

〔1〕　不遵守情事程序具有很强的预防性。在不遵守情事程序中，非常注重预先防止争端的发生，因此它与国际环境法的风险预防原则是一脉相承的。朱鹏飞："国际环境争端解决机制研究"，华东政法大学2009年博士学位论文，第28页。

〔2〕　Convention on Environmental Impact Assessment in A Transboundary Context, Article 5, The Party of origin shall, after completion of the environmental impact assessment documentation, without undue delay enter into consultations with the affected Party concerning, inter alia, the potential transboundary impact of the proposed activity and measures to reduce or eliminate its impact.

〔3〕　Convention on Biological Diversity, Article 14. 1. Each Contracting Party, as far as possible and as appropriate, shal1：Promote, on the basis of reciprocity, notification, exchange of information and consultation on activities under their jurisdiction or control which are likely to significantly affect adversely the biological diversity of other States or areas beyond the limits of national jurisdiction.

〔4〕　林灿铃："气候变化所致损失损害补偿责任"，载《中国政法大学学报》2016年第6期。

临的各种问题进行友好协商，确保各缔约方在预防气候变化所致损失损害方面具备充分的行为可能性，厘清相关缔约方在所涉问题中所应具有的权利义务关系，并且可为实际发生的损失损害提供寻求协调一致救济的全球性磋商平台，以避免更为严重的危急情势出现。

2. 泛化主体——参与者的扩大

磋商扩大了参与者的主体范围，这是由磋商的法律属性和政治色彩共同决定的。国际法上的国际争端日益复杂化，尤其是在国际环境法领域，不论是跨界环境损害还是环境难民危机等的影响范围往往超出国家界限而具有跨界效应。可以说，磋商的根本目的就在于预防、限制、减轻此种跨界效应所带来的不利影响。磋商可以被视为利益各方进行决策的法律和政治活动过程，从政策的制定到政策的执行，这是磋商的法律属性和政治色彩所共同决定的。[1]这就要求利益相关方能够充分表达自身正当的利益需求，要求利益相关方能够参与到磋商进程中。在《名古屋议定书》第21条第e项中，要求同土著和地方社区以及相关利益攸关方协商宣传自愿性行为守则、准则和最佳做法和/或标准。[2]而在《埃斯波公约议定书》中，更是将公众作为磋商的主体之一[3]，甚至外国国民都有参与环境评估磋商的权利。[4]而且这一主体不仅限于环境领域，在投资领域和环境领域的交叉部分，国际环境法中的磋商制

---

〔1〕 Consultation can be viewed within the context of individual or strategic decision making. Thus, there are the provisions on publicity and consultation with various statutory consultees across a range of application procedures for environmental consents. Consultation can be seen within the context of achieving a compromised consensus between those who will be directly affected by the outcome of the consultation exercise. Stuart Bell & Laurence Etherington, *The Role of Consultation in Making Environmental Policy and Law*, 8 NOTTINGHAM L. J. 48 (1999). page 49.

〔2〕 Nagoya Protocol on Access to Genetic Resources and The Fair And Equitable Sharing of Benefits Arising from Their Utilization to The Convention on Biological Diversity, Article 21, awareness raising (e) Promotion of voluntary codes of conduct, guidelines and best practices and/or standards in consultation with indigenous and local communities and relevant stakeholders.

〔3〕 Protocol on Strategic Environmental Assessment to The Convention on Environmental Impact Assessment in A Transboundary Context, article 8. Public participation 5. Each Party shall ensure that the detailed arrangements for informing the public and consulting the public concerned are determined and made publicly available.

〔4〕 It is worth noting that following the non-discrimination principle the foreign public should be entitled to the same participation rights as the citizens who may be directly affected by the decision-making regarding a strategic document. See *Practical guidance on reforming legal and institutional structures with regard to the application of the Protocol on Strategic Environmental Assessment*, para 126.

度也有体现，同样要求针对当地可能受影响的居民社群进行磋商，同时这种磋商也可以在跨国投资企业和居民之间进行。[1]这一主体还包括诸多被国际社会认可的非政府组织，[2]其在解决国际环境争端的磋商机制中当然可以占有一席之地。由此可见，国际环境法中的磋商机制在参与主体方面涵盖范围广泛，这是由环境问题的整体性决定的。环境问题是整体性的，这就使得环境争端事实上同每个人都具有联系，虽然在这其中又有程度上的差异，但是国际环境法中的磋商机制应该尽可能地保障利益相关方参与磋商的权利。正是这种环境一体的观念，使得参与环境争端解决、参与环境权利保护的主体大为扩展，使之成为国际环境法中的磋商机制所具备的特征之一。可见，多方主体的广泛参与并使各参与方在双边/多边协商进程中最终达到意志的协调统一使得磋商的法律属性得以充分显现。

气候变化所致损失损害责任之磋商机制充分体现出参与主体的广泛性。气候变化所致损失损害作为一种不受国界限制的全球性威胁，由其产生的不利影响具有显著的全球性和普遍性的特征，不仅仅影响到海平面较低的小岛屿发展中国家、最不发达国家以及内陆发展中国家，更造成整个气候系统的紊乱从而引发全球范围的多米诺骨牌效应，波及全球环境、人口、政治、经济、文化、卫生、安全等各个方面。扩大磋商机制的参与主体，既是全球应对气候变化问题的合理选择，也是当然的结果。

---

〔1〕 Human rights principles set out various entitlements to information and participation for communities and community members who may potentially be affected by a natural resource investment. These and other rights can be interpreted as requiring governments to meaningfully consult with such communities. Szoke-Burke, S., & Cordes, K. Y. (2020). *Mechanisms for consultation and free, prior and informed consent in the negotiation of investment contracts*. Northwestern Journal of International Law & Business, 41 (1), page 57~58.

〔2〕 NGOs are formally associated with the UN through article 71 of the UN Charter, which gives NGOs consultative status with the United Nations Economic and Social Council (ECOSOC) on matters within ECOSOC's competence. Art 71, UN Charter: "The Economic and Social Council may make suitable arrangements for consultation with non-governmental organizations which are concerned with matters within its competence. Such arrangements may be made with international organizations and, where appropriate, with national organizations after consultation with the Members of the United Nations concerned." Zoe Pearson, *Non-Governmental Organisations and International Law: Mapping New Mechanisms for Governance*, Australian Year Book of International Law 23 (2004), page 88.

3. 强化效力——合法性的评价

于磋商而言，"解决国际（环境）争端，必须严格遵守国家主权平等原则，在谈判中坚持利益平衡原则"[1]，其最终追求的不仅仅是潜在的/可能发生的争端的解决，更强调此种潜在的/可能发生的争端解决的和平性。这种和平，必须建立在法律秩序的基础上，而不是建立在国家现实力量的基础上，如此才合乎和平解决国际争端的含义。

磋商作为一种法律程序，可以被划分为"作为义务事项的磋商和国家青睐的自愿磋商"两种，磋商是在国家实践中逐渐发展的，并且逐步得到国际法的规范。"尽管磋商机制越来越多被纳入国际法规范之中，但是在可预见的将来还是不太可能发展出任何包罗万象的事先磋商义务。因此，在这个意义上，发展出为事先磋商服务的正式性程序结构也许才是可取的。"[2]磋商之所以难以制度化，正是由于当前的国际社会的主要主体是主权国家，而磋商本身又是从国家青睐的自愿磋商发展而来的，现实和历史的双重因素给磋商的法律属性施加了阻碍，但是这并不意味着磋商的制度化进程不可能实现。一种采取渐进方式解决的方法就是通过确立磋商机制的基本构成要素进而逐步推进磋商的制度化进程。通过制度化磋商体系的建立，在实现磋商机制所具有的程序性效力的基础上，推进发展磋商机制中所包含的义务性事项，使其法律属性得到强化。

因此就气候变化所致损失损害责任之磋商机制而言，使相关参与主体具备达成具有法律拘束力的结果的可能性，对其发展十分必要。气候变化所致损失损害责任追究即通过法律手段，通过调整全球国家之间的权利义务关系，课以温室气体排放之行为主体国家以补偿之责。对此，通过强化磋商机制的法律属性，发挥国际法在分配全球环境资源方面的作用，对于因公共利益而遭受特别损失者提供补救将起到明显的保障作用。

第二节　磋商机制的主体与程序

就气候变化所致损失损害责任之磋商机制而言，国家具有当然的磋商主

---

〔1〕　林灿铃：《国际环境法》（修订版），人民出版社 2011 年版，第 228 页。

〔2〕　Kirgis, *Prior Consultation*, p. 375. See also I. W. Zartman（ed.），*Preventive Negotiation*，Lanham，2001，转引自［英］J. G. 梅里尔斯：《国际争端解决》，韩秀丽等译，法律出版社 2013 年版，第 10 页。

体资格。但是仅仅确立起国家的主体地位不足以应对作为全球危机的气候变化问题，还需要更多主体广泛参与到磋商之中，因此还应当建立一个相对开放的磋商框架，对于其中各类主体的相应地位采用确立而不限制的态度，以灵活应对气候变化。

一、磋商机制的主体

按照磋商机制的基本机构，磋商主体可以分为启动方、相对方、参与方和决策方四大类。其中，由于可以针对自身提起磋商机制，因此并不是在所有情形下的磋商主体都必须包括相对方。在《联合国气候变化框架公约》第四次缔约方会议（COP4）批准的磋商机制（以下简称"磋商机制"）下，决策方即为会议最终批准的"文本"第1条所规定的"常设的多边协商委员会"（以下简称"磋商机制委员会"）。[1]磋商机制涉及的相关主体主要包括缔约方、缔约方会议和磋商机制委员会。[2]同时，"文本"规定磋商机制委员会可以利用其认为必要的外部专家。磋商主体问题作为《联合国气候变化框架公约》下磋商机制的核心问题之一，不可否认在"文本"的现有规定下尚存一定的模糊之处。

（一）磋商机制的启动方

赋予何种主体以启动磋商机制的权力，这是一个非常关键的问题，因为磋商机制虽然被规定为一种提供便利、相互合作和非对抗性的程序，这种非对抗性也会在相关问题中体现出来。正如在讨论磋商机制的过程中，已经有观点指出，虽然磋商机制本身并不具有对抗性，但是这并不代表磋商机制不能处理存在意见分歧的情况。[3]对于存在意见分歧的情形，为了体现磋商机

---

〔1〕　FCCC/CP/1998/16/Add.1.

〔2〕　依据《联合国气候变化框架公约》第四次缔约方会议（COP4）通过的第10/CP.4号决定所核可的关于磋商机制的附件案文（下称"案文"）第5条，磋商机制可以提出与履行公约有关的问题，连同佐证资料；具体分为：（a）一缔约方，提出与本方履行公约有关的问题；（b）一些缔约方，提出与它们自己履行公约有关的问题；（c）一缔约方或一些缔约方，提出与另一个或另一些缔约方履行公约有关的问题；（d）缔约方会议。FCCC/CP/1998/16/Add.1.

〔3〕　The principle of non-confrontation is an important one in this context, but it should not be interpreted in a way that restricts systematic and detailed examination of possible problems relating to particular parties' implementation of their commitments. Response to Questionnaire relating to the Work of the Ad-Hoc Group on Article 13, NGO submission: University of Bradford, UK. FCCC/AG13/1996/MISC.1/Add.1, p.43.

制"非对抗性的程序"特征，必须合理地考虑磋商机制的启动方。为此首先应考察的就是相关条约中的规定，这能够在很大程度上消除条文本身所具有的模糊性。奥康内尔指出，条约的解释问题是一个探明条约的内在逻辑并借口这就是当事国之所期望的问题。在参照条约的用语可以发现这种逻辑时，就不允许脱离这些用语。如果不能，则允许脱离。这两项命题构成所谓"条约解释准则（即原则）"的基础。[1]由于条约文本可以在一定程度上表明逻辑关系，这就包括何者将成为磋商机制的主体的可能解释，因此首先应从探求相关条约文本入手。

从条约解释的角度看，磋商机制的启动方仅包含《联合国气候变化框架公约》缔约方会议及其各缔约方。这在《联合国气候变化框架公约》的很多条文中都有所体现。设立一个解决与公约履行有关问题的多边协商程序，供缔约方有此要求时予以利用。[2]此言即将磋商机制的启动方限定在《联合国气候变化框架公约》缔约方这一用语中。但是这样的用语还是不够明确的，对此存在以下三种理解：第一，磋商机制仅能够在缔约方认为自身履行公约存在问题时由缔约方启动，这种做法也最符合磋商机制所具有的自愿性特征；第二，磋商机制还可以在缔约方之间启动，也就是缔约方可以提出对其他缔约方履行公约的相关问题，此时磋商机制能够发挥一定的监督作用；第三，磋商机制最多可扩大至由缔约方会议启动，也就是由缔约方会议针对其认为有必要启动磋商机制的情势主动启动之。[3]对此，缔约方会议作为《联合国气候变化框架公约》的最高权力机构显然有权处理《联合国气候变化框架公约》下的一切事项，缔约方会议作为实现磋商机制预期目标的主要场所，将磋商机制的启动主体地位赋予缔约方会议显然具有充分合理的理由。因此，根据各缔约方在《联合国气候变化框架公约》第 13 条中所体现出的意愿的合理解释，可以看出，对于磋商机制的启动方，其在条约解释的范畴中就已经被限定在缔约方内部，而不将其扩大到非缔约方或者政府间国际组织以及非政府组织或者其他国际机构等。

---

〔1〕 O'Connell, *International Law*,（2nd edn, 1970），转引自［英］安托尼·奥斯特：《现代条约法与实践》，江国青译，中国人民大学出版社 2005 年版，第 201 页。

〔2〕 参见《联合国气候变化框架公约》第 13 条。

〔3〕 *Designing a Compliance System for the United Nations Framework Convention on Climate Change*. Jacob Werksman. FCCC/AG13/1996/MISC. 1/Add. 1, p. 18.

但是将磋商机制的启动方限定在缔约方内部并不是磋商机制的普遍模式，例如，《京都议定书》第8条规定磋商机制的启动方还可以由负责审评缔约方所提交的国家信息通报的"专家审评组"担任；《蒙特利尔议定书》规定磋商机制还可以由"秘书处"启动等。因此，对于《联合国气候变化框架公约》而言，有必要进一步分析公约相关机构诸如秘书处、附属履行机构之间的联系。此外，基于非政府组织在磋商机制中所能起到的广泛作用以及存在的部分国际实践[1]，许多非政府组织还关注自身能否成为磋商机制的启动主体。无论如何，还需要进一步阐述磋商机制的启动方应该被限定在《联合国气候变化框架公约》缔约方会议及其各缔约方间的合理原因，如此才能证明条文逻辑的合理性。

1. 条约制定的历史背景

关于磋商机制的参与主体问题，从条约制定的历史背景看，全球气候治理最初是由国家发挥首要作用，因此在作为气候治理早期成果的《联合国气候变化框架公约》中最突出的阻力也体现为南北矛盾。[2]但是随着越来越多的非政府组织、跨国行为体参与到全球气候治理之中的客观现实[3]，不同情形下的参与主体范围逐渐扩大，在此需要回顾全球气候治理条约制定的历史背景，以此为基础讨论将《联合国气候变化框架公约》磋商机制的启动方限定为公约缔约方会议及其各缔约方的逻辑合理性。

在国际法主体主要还是国家的时代背景下，诸多国家对于国家主权原则的敏感性显然使之并不愿意将启动磋商机制的主体资格赋予除却国家之外的其他实体，因此磋商机制的启动主体资格也就被限制在缔约方之间，这是基于历史性的合理解释，具备相当的逻辑合理性。而缔约方会议作为《联合国

---

〔1〕　也有部分条约允许非政府组织参与遵约机制。美国与苏联在冷战时期所达成的《限制地下核武器试验条约》已授权非政府组织监督条约的执行，而区域性的《奥胡斯公约》也明确赋予非政府组织启动遵约机制的权力。宋冬："论《巴黎协定》遵约机制的构建"，外交学院2018年博士学位论文，第31页。

〔2〕　郦莉："国际发展与全球环境治理中的公私合作——以中印CDM项目实践为例"，载《复旦国际关系评论》2016年第2期。

〔3〕　Here, actors beyond central governments have taken center stage in many policy processes. New types of transnational governance have become important components of the political process. Frank Biermann and Philipp Pattberg, eds, *Global Environmental Governance Reconsidered*, Cambridge, London: The MIT Press, 2012, p. 2.

气候变化框架公约》的最高权力机关，本就是各缔约方进行磋商的主要场所，历次缔约方会议通过审查《联合国气候变化框架公约》以及任何其他相关法律文书的执行情况并作出必要的决定，这对于促进《联合国气候变化框架公约》的有效执行，推动实现全球应对气候变化进程而言发挥着极为重要的作用，因此缔约方会议也当然具有磋商机制启动方的主体资格。

尽管许多实体都具有参与全球气候治理的主体资格，但这并不意味着在所有情形下都应当毫无保留地承认所有实体的主体资格。这在《联合国气候变化框架公约》之后的《京都议定书》等相关协定中亦有所体现，也就是"国家政府与非国家行为体以公私合作项目机制推动实现的地方治理实践和排污权交易为主要形式"。[1]

在此需要区别磋商机制的启动方和参与方，将前者限定在缔约方内部并不影响磋商机制的开放性，因为磋商机制的参与方可以是相当广泛的。不论是非政府组织还是社区群众，或者是有关领域的专家，都可以成为磋商机制的参与方，但并非所有的实体都具有磋商机制启动方的主体资格。

2. 条约相关机构的职能限定

在特设工作组收集的来文中，磋商机制和条约相关机构或机制之间的联系备受《联合国气候变化框架公约》缔约方、非缔约方、政府间国际组织和非政府组织的关注，其中，尤以磋商机制与公约秘书处、附属履行机构之间的关系问题最为突出。

鉴于秘书处和《联合国气候变化框架公约》第13条"多边协商程序"都能够为资金机制、缔约方会议和其他机构确定需要援助的缔约方，以及例如《蒙特利尔议定书》和《关于硫的第二号议定书》框架下的秘书处有权针对缔约方"不遵约"问题启动磋商机制，因此一些非政府组织希望在磋商机制和秘书处之间建立联系，扩大公约秘书处的职能，提出在《联合国气候变化框架公约》第13条"多边协商程序"体系下，应当赋予秘书处、缔约方和缔约方会议在某一/某些缔约方未履行其公约义务时，能够启动磋商机制的主体资格。尽管《联合国气候变化框架公约》秘书处能够掌握许多信息，但从其职能设定上讲仍属于辅助性机构，如果要赋予秘书处以启动磋商机制的权限，

---

〔1〕 郦莉："国际发展与全球环境治理中的公私合作——以中印CDM项目实践为例"，载《复旦国际关系评论》2016年第2期。

无疑需要突破《联合国气候变化框架公约》的规则体系和制度安排，这对于启动磋商机制而言未必合理。所以，对于《联合国气候变化框架公约》下的磋商机制而言，启动方之中不包括秘书处并不是一个需要进一步修正的事项，将秘书处排除在启动磋商机制的主体范畴外是具有其合理性的。

与秘书处相同，《联合国气候变化框架公约》附属履行机构也并非启动磋商机制的适格主体。《联合国气候变化框架公约》第 10 条[1]已经明确公约下附属履行机构的职能范围，其核心职能在于评估和审评履行情况，并不涉及建议和协助的问题，因此同样也不应赋予其磋商机制的启动方的主体资格。

3. 磋商机制的性质特征

将磋商机制的启动方限定在《联合国气候变化框架公约》缔约方及其缔约方会议，还可以从磋商机制的性质特征方面加以说明。不论是磋商机制应该具有非对抗性、相互合作和提供便利的性质，还是磋商机制所关注的对象并不主要在于争端解决而是促进履约，都可以认为磋商机制本身的一大特征即为自愿性。这种自愿性要求各缔约方积极主动地进行自我审查，提供有关履行《联合国气候变化框架公约》义务的相关信息，主动寻求遵约过程中出现的问题的解决方法。

或许更具强制性的磋商机制是未来发展的方向，但是当前磋商机制仍表现出明显的自愿性特征，这往往使得磋商机制在建立之初就明确排除"对抗性"的性质，将机制的性质限定在非对抗性的前提下，从而鼓励和促使各缔约方自觉履行相关公约义务。[2]可以认为，磋商机制的自愿性和非对抗性及促进解决履约的目标具有内在的一致性，基于此种内在关联，并不应赋予过多主体以磋商机制启动方的主体资格。尽管随着制度化和体系化的不断发展

---

　　[1]　1992 年《联合国气候变化框架公约》第 10 条规定："1. 兹设立附属履行机构，以协助缔约方会议评估和审评本公约的有效履行。该机构应开放供所有缔约方参加，并由为气候变化问题专家的政府代表组成。该机构应定期就其工作的一切方面向缔约方会议报告。2. 在缔约方会议的指导下，该机构应：（a）考虑依第十二条第 1 款提供的信息，参照有关气候变化的最新科学评估，对各缔约方所采取步骤的总体合计影响作出评估；（b）考虑依第十二条第 2 款提供的信息，以协助缔约方会议进行第四条第 2 款（d）项所要求的审评；和（c）酌情协助缔约方会议拟订和执行其决定。"
　　[2]　启动方式中最为特殊的就是，缔约方自身提出报告从而启动不遵约机制。这是不遵约机制的独特之处，也是不遵约机制的一个亮点。也就是说，缔约方向遵约委员会提出涉及自己履约情况的报告，从而启动关涉自身的不遵约情事审查。陈文彬："国际环境条约不遵约机制的强制性问题研究"，载《东南学术》2017 年第 6 期。

完善，磋商机制的自愿性特征已面临多重考验，但考虑到国家主权尤其是国家的发展需要仍然是磋商机制必须慎重对待的内容，环境和发展之间的利益平衡问题，在气候变化领域则体现为温室气体排放和经济发展之间的密切联系问题，为了避免磋商机制成为干涉或者影响某一国家（尤其是该国经济发展）的手段，将磋商机制启动方的主体资格限定在较小范围内也是合理的。

总之，不论是从条约解释的角度，还是从条约制定的历史背景、相关机构的职能或者磋商机制本身的性质特征来看，将《联合国气候变化框架公约》下磋商机制的启动方限定在缔约方及其缔约方会议都是合理的。如果泛化磋商机制的启动主体，无疑会造成对《联合国气候变化框架公约》缔约方的缔约旨意的违背。尽管包括《联合国气候变化框架公约》秘书处、附属履行机构等其他相关实体并不享有启动磋商机制的主体资格，但亦不影响其参与磋商机制的权利（即为磋商机制的参与方），以更好地实现全球气候治理的参与性目标。

（二）磋商机制委员会

磋商机制委员会作为磋商机制的重要主体之一，享有广泛的权利，甚至可以影响或者主导磋商机制的进程和结果。在《联合国气候变化框架公约》第四次缔约方会议最终批准的"文本"中，磋商机制委员会的任务被确定为协商审议有关履行公约的问题，以及提供适当的协助，同时委员会还应向缔约方会议提出报告，以便缔约方会议作出决定。在整个磋商进程中，委员会就公约履约问题提出的建议和结论（主要包括为推进公约目标而进行合作的建议，以及委员会认为应该采取的措施等）要转交相关缔约方供其考虑，对协助缔约方履行承诺、解决可能发生的争端等具有相当程度的重要性。由于各缔约方始终未就委员会的组成问题达成一致，因此《联合国气候变化框架公约》第四次缔约方会议（COP4）最终仅批准了特设工作组提交的部分草案文本。

1. 委员会组成之分歧

缔约方会议的谈判历程表明，磋商机制委员会的组成问题是最终阻碍缔约方会议通过磋商机制的关键问题。在工作组向《联合国气候变化框架公约》第四次缔约方会议（COP4）提交的"文本"中，各缔约方对于第8条和第9条所涉磋商机制委员会的组成问题存在分歧。该案文的表述为："委员会成员应由缔约方会议根据公平地域分配和轮换原则指定，任期三年（其中一半由附件一缔约方指定、另一半由非附件一缔约方指定），成员可连任一期。公约附属机构主席可作为观察员参加委员会会议。"对此，中国和 77 国集团表示，基于联合国的既定做法，应当始终坚持"公平地域分配"原则，强烈反对某些缔约方忽视该原则的重要意义的行为。而另一些缔约方却表示，"公平地域分配"一语是不可接受的，应当在案文"轮换原则"之后加之"其中一半由附件一缔约方指定，另一半由非附件一缔约方指定"。

由于各缔约方在磋商机制委员会的组成问题上存在重大分歧，《联合国气候变化框架公约》第四次缔约方会议（COP4）并未对此问题达成一致，在接下来的缔约方会议上，磋商机制彻底被搁置。正如前文所述，《联合国气候变化框架公约》第八次和第九次缔约方会议（COP8、9）的议程没有提及任何有关多边磋商程序的事项。[1]由于委员会享有广泛的权利，各缔约方很容易将其作为关注的焦点，甚至有非政府组织明确指出，委员会可能会涉及一些关系到解释性、政治性的问题，这与相对较为客观中立的附属履行机构和附属科技咨询机构不同。[2]对此，可以通过对委员会本身的性质的讨论进一步明确之。

2. 委员会的性质

各缔约方对磋商机制委员会的权利范围并不明确，同时考虑到作为管理者或者决策者的委员会在磋商进程中享有较为广泛的权利，对于委员会的组成问题也就自然成为争议的焦点。基于委员会的任务所在，委员会最主要的权利应为建议权。这种建议权的本质是一种协助，也就是通过参与方提交的信息，连同管理者收集到的必要信息，向缔约方提供适当的协助。[3]如此才符合磋商机制所具有的合作性的特征。

正如中国在关于《联合国气候变化框架公约》第 13 条"多边协商程序"及其结构的意见中所指出的，多边协商程序的性质应该是一种非对抗性的多边调解机制，如果出现缔约方不遵守义务，应通过多边协商程序采取各种措

---

〔1〕　Mar Campins Eritja, Xavier Fernández Pons & Laura Huici Sancho, *Compliance Mechanisms in the Framework Convention on Climate Change and the Kyoto Protocol*, 34 REV. GEN. 51 2004, p. 67.

〔2〕　But some less technical and more interpretive, sometimes political, questions will remain. The Multilateral Consultative Process could be the forum where they are discussed rapidly and efficiently. Answer to article 13 questions NGO submission: International Institute for Applied Systems Analysis（IIASA）, FCCC/AG13/1996/MISC. 1/Add. 1, p. 33.

〔3〕　这种建议权体现在案文第 6 条中："（a）澄清和解决问题；（b）提供关于如何为与解决这些困难而获得技术和资金的意见和建议；（c）就汇编和交流信息提供咨询意见。"

施帮助和鼓励缔约方遵守公约，而非采取强制措施，因此其性质应具有协助下的协商性与合作性。[1]同时在特设工作组从国际劳工组织、世界贸易组织和蒙特利尔议定书执行委员会等相关机制所获得的经验中指出，多边协商程序大多寻求通过与国际合作以便利有关文书的执行。[2]这就表明磋商机制委员会的性质应当同时具备协商性和合作性，此种性质亦应反映于磋商机制委员会的委员组成方面。

然而从技术和法律专家特设工作组提交的草案和最终被批准的文本之间的差距可以看出，缔约方实际上对委员会的合作性抱有犹豫的态度。在委员会的成员组成方面，1997 年特设工作组提交的文本草案将政府代表作为委员会成员的构成之一单独提出，表述为：委员会将由在公约方面［有相关知识的］身为［社会、经济、法律、技术、科学与技术，和/或环境领域］专家的［政府代表］［经政府提名而以个人身份参加的人］组成。[3]而在《联合国气候变化框架公约》第四次缔约方会议（COP4）上批准的文本中，委员会成员的政府代表性被隐去，并将关注点聚集于成员的指定或者提名上，最终表述为：由缔约方提名的科学、社会、经济及环境有关领域的专家。此种成员组成的变化表明缔约方对委员会的性质及其运行依旧不够明确。

实际上，委员会所具有的合作性应该主要体现为公正性，此种公正性不仅体现在委员会成员的个人身份上，还体现于委员会成员的整体组成上。从气候正义的角度看，应对气候变化显然不是某一国家或某些国家所面临的问题，作为关乎全球各个国家持续生存和持续发展的国际环境问题，需要所有国家共同的决策和全球的关心。为此应当具备全球视野，在委员会的成员组成方面贯彻落实"公平地域分配原则"以体现委员会所应具备的合作性。倘若基于附件一和非附件一缔约方的差异而进行委员会成员的提名/指定，无疑将进一步加剧委员会成员之间的内部冲突，与委员会所应具备的合作性相悖。从制度稳定性的角度看，以经济发展水平为标准区分出的附件一和非附件一缔约方也并不是一成不变的，非附件一缔约方可以由于经济发展水平的提高进入附件一缔约方之列，从而承担强制减排义务；同样，附件一缔约方也可

---

［1］ FCCC/AG13/1996/MISC.1, p.32.

［2］ FCCC/AG13/1996/2, p.9.

［3］ FCCC/AG13/1997/2, 附件二。

能由于经济发展衰退而被从附件一缔约方中除名。[1]此种情况下，这些缔约方在提名委员会成员时就会遇到困难，因此依据附件一和非附件一的划分标准进行委员会成员的提名/指定并不利于磋商机制稳定运行和发展，亦不利于实现全球应对气候变化的目标。

3.《京都议定书》的经验

正如前述，磋商机制委员会作为磋商机制的决策者，其组成问题成为数次《联合国气候变化框架公约》缔约方会议争论的焦点。对此，1997 年通过的《京都议定书》也可为此提供经验借鉴。

根据《京都议定书》下磋商机制的相关规定，为了充分强调磋商机制所具有的公正性特征，委员会以及候补委员会应当以个人身份任职，并将各种气候利益集团明确分化出来，强调以附件一和非附件一缔约方的分类方式确定委员会的成员组成。基于磋商机制委员会处理所涉气候变化问题的国家利益相关性以及全球气候治理的整体性，此种分类方式无疑将进一步加剧各气候利益集团在应对气候变化问题上的立场对立，与磋商机制所代表的协商与合作的精神相背离。相较于附件一和非附件一缔约方的分类标准，依据联合国区域集团的划分充分贯彻公平地域分配原则，以地理分布的均衡性以及所代表的气候利益的集合性反映出全球参与气候变化的整体性，才是更加适合《联合国气候变化框架公约》下磋商机制委员会组成的分类方法。同时应特别考虑到气候变化对小岛屿发展中国家造成的不利影响，允许小岛屿发展中国家参与提名。[2]

概括而言，缔约方对磋商机制委员会自身性质缺乏清晰、准确的认识造成其成员组成问题成为"文本"争议的焦点。建立在区别原则上的磋商机制

---

〔1〕　例如，捷克和克罗地亚等国是按照缔约方会议第三届会议第 4/CP. 3 号决定，经 1998 年 8 月 13 日生效的修正案增加列入附件一的国家。马耳他是按照缔约方会议第十五届会议第 3/CP. 15 号决定，经 2010 年 10 月 26 日生效的修正案增加列入附件一的国家。塞浦路斯是按照缔约方会议第十七届会议第 10/CP. 17 号决定，经 2013 年 1 月 9 日生效的修正案增加列入附件一的国家。

〔2〕　对照国际法院等诉讼程序之中的法官任命，虽然从国际法院规约的角度看，特设法官应该是指定国的公民似乎并不重要，但是诉讼当事国之所以重视其公民担任法官，法学家咨询委员会给出的原因是，法官们在审议案件方面应该能够自始至终地提出并解释各国提出的声明与主张，并且确保所判决的文句不会导致诉讼当事国产生特定的敏感情绪，此外，如果相反的意见在法庭中都体现出来，它们就会取得平衡。郑斌：《国际法院与法庭适用的一般法律原则》，韩秀丽、蔡从燕译，法律出版社 2012 年版，第 294 页。

委员会难以承担协调全球气候治理工作的重任，唯有以共同责任为基础，充分贯彻落实"公平地域分配原则"才能体现出全球应对气候变化磋商机制所具有的合作性、公正性以及稳定性的特征，推进全球范围内气候正义的实现。磋商机制委员会的主要任务并非协调进行具有强烈对抗性的气候诉讼，其主要目标在于促成各缔约方于其气候变化领域的国际合作。虽然当前各缔约方在磋商机制决策者组成方面仍存在较大分歧，但随着气候变化所致损失损害后果的严重性不断加深、影响范围不断扩大，未来《联合国气候变化框架公约》磋商机制委员会组成或许将更加公平、也更能体现气候变化所致损失损害责任问题的特殊性——人类必须通力合作，妥善解决气候变化所致损失损害可能/已经造成的环境争端，充分体现"公平地域分配原则"。毋庸置疑，气候变化所致损失损害补偿责任只是解决气候变化问题的第一步，在此基础上加强全球合作，进一步切实有效地实行减排，从根本上解决气候变化问题，才是应当追求的最终目标。[1]

（三）磋商机制参与方

与磋商机制的启动方和决策方并列，参与方的广泛参与同样也是磋商机制中不可或缺的重要一环。虽然参与方在磋商机制中并不享有启动机制或者作出相关决定的权利，但其同样能够参与到机制运行中，充分享有表达意见的权利，也能够对磋商机制的运行产生重要的影响。因此，参与方同样也是磋商机制的重要主体之一。正如特设工作组从其他类似的程序中获取经验时所指出的，各类非国家实体可对多边协商程序的运转作出宝贵的贡献。这些实体包括《联合国气候变化框架公约》各附属机构及非政府组织和个人。

1. 附属履行机构

《联合国气候变化框架公约》第 10 条规定，兹设立附属履行机构以协助缔约方会议评估和审查《联合国气候变化框架公约》的切实履行情况。在特设工作组收集的有关其开展研究和建立行动的意见的来文中，《联合国气候变化框架公约》缔约方、非缔约方、政府间国际组织和非政府组织对于磋商机制和附属履行机构之间的关系展开了广泛的讨论。许多来文认为公约附属履行机构应作为负责多边协商程序运行的主要机构；还有若干来文建议在附属

---

〔1〕 林灿铃："气候变化所致损失损害补偿责任"，载《中国政法大学学报》2016 年第 6 期。

履行机构下设立一个执行《联合国气候变化框架公约》第 13 条的常设委员会[1]；还有一些缔约方将磋商机制看作是协助或支持附属履行机构开展工作的专门机制。[2]

实际上，磋商机制和附属履行机构之间既有联系又有区别。从机构/机制设置职能上讲，附属履行机构的协助、审查职能同磋商机制存在相近之处；此外，附属履行机构本身还具有履约的性质，在 2010 年《联合国气候变化框架公约》第十六次缔约方会议（COP16）上，公约缔约方决定在附属履行机构下设立国际磋商和分析进程（International Consultation and Analysis Process，ICA），以分析发展中国家提交的两年期更新报告，从机构/机制设置的性质上讲，磋商机制与 ICA 的性质也存在相似之处，例如，非侵扰性、非惩罚性、尊重国家主权等。[3]

但这并不意味着两者之间不存在明显的区别。在机构/机制职能设定方面，相较于磋商机制所具有的广泛职能，附属履行机构的职能主要集中在评估和审查方面，侧重为缔约方会议提供评估和审查等重要参考。附属履行机构作为负责评估《联合国气候变化框架公约》执行情况的专门机构，在缔约方会议闭会期间仍能针对公约执行情况开展长期、全面、细致的评估和审查；而赋予磋商机制的专业性和及时性要求使机制应将更多的精力用在应对某个或某些缔约方提出的与公约履行有关的问题上。气候变化政府间谈判委员会对此认为，附属履行机构很可能能够确定应提交多边协商程序的问题，这使得附属履行机构能够在更大程度上为磋商机制作出贡献，但这并不等同于赋予附属履行机构启动磋商机制的权利。[4]由于《联合国气候变化框架公约》下磋商机制尚未正式建立，当前由公约附属科技咨询机构和附属履行机构暂时执行磋商机制部分功能的现实也证明磋商机制和附属履行机构在履行职能方面存在一定的相似之处，但亦不能模糊彼此之间存在的独立性。

---

[1] FCCC/AG13/1996/1. para 28.

[2] FCCC/AG13/1996/1. para 29.

[3] 63. Decides to conduct international consultations and analysis of biennial reports under the Subsidiary Body for Implementation, in a manner that is non-intrusive, non-punitive and respectful of national sovereignty; the international consultations and analysis will aim to increase transparency of mitigation actions and their effects, through analysis by technical experts in consultation with the Party concerned and through a facilitative sharing of views, and will result in a summary report. FCCC/CP/2010/7/Add. 1.

[4] AC/A. 237/59, para 24.

2. 秘书处

《联合国气候变化框架公约》第 8 条第 2 款（c）项规定，秘书处应便利应要求时协助各缔约方特别是发展中国家缔约方汇编和转递依本公约规定所需的信息。正如前述，将公约秘书处排除于启动磋商机制的主体范畴之外是具有其合理性的，但这并不影响其成为磋商机制的参与方。不同的国际环境公约对此有不同的规定。在《蒙特利尔议定书》遵约机制〔1〕、《巴塞尔公约》遵约机制〔2〕下，秘书处具有启动程序的主体资格；而在《卡塔赫纳议定书》〔3〕以及《关于在国际贸易中对某些危险化学品和农药采用事先知情同意程序的鹿特丹公约》（以下简称《鹿特丹公约》）〔4〕下，相关机制即采取与《联合国气候变化框架公约》相同的制度安排，并未赋予秘书处以启动磋商机制的权限。虽然有非政府组织认为应参照《蒙特利尔议定书》赋予秘书处以磋商机制启动方的主体资格，但这显然超出《联合国气候变化框架公约》第 8 条所列明的秘书处的职能范围，亦与《联合国气候变化框架公约》第四次缔约方会议（COP4）最终批准的"文本"不符。

---

〔1〕《蒙特利尔议定书》遵约机制相关规定：3. Where the Secretariat, during the course of preparing its report, becomes aware of possible non-compliance by any Party with its obligations under the Protocol, it may request the Party concerned to furnish necessary information about the matter. UNEP/OzL. Pro. 4/15 Annex IV.

〔2〕《巴塞尔公约》遵约机制相关规定：9. Submissions may be made to the Committee by：…（c）The secretariat, if, while acting pursuant to its functions under articles 13 and 16, it becomes aware of possible difficulties of any Party in complying with its reporting obligations under article 13, paragraph 3 of the Convention, provided that the matter has not been resolved within three months by consultation with the Party concerned. BC-Ⅵ/12.

〔3〕《卡塔赫纳议定书》遵约机制相关规定：委员会应通过秘书处接收以下各方提交的涉及履约事项的任何报告：（a）任何缔约方特产关于自身的报告；（b）任何受到或可能受到另一缔约方影响的缔约方相应提出的报告；在铭记《议定书》目标的情况下，委员会得拒绝审议根据本节 1（b）段提出的逃脱责任或没有根据的报告。UNEP/CND/BS/COP-MOP/1/15, BS-I/7 号决定附件。

〔4〕《鹿特丹公约》遵约机制相关规定：12. 下列缔约方可采用书面形式，通过秘书处提交其呈文：（a）某一缔约方，其认为尽管它已做出最大努力，但仍不能或将不能遵守《联合国气候变化框架公约》为之规定的某些义务。此种呈文，应列有所涉义务的具体细节以及对致使该缔约方不能遵守所涉义务的原因的评估。如有可能，亦可提交相关的证明材料或可从何处找到此种证明材料的建议。相关呈文中可列出该缔约方认为对于其特定需求最为适宜的解决方法的建议；（b）某一缔约方，其受到或可能受到另一缔约方未能遵守《联合国气候变化框架公约》规定的义务的直接影响。缔约方在按本项规定提交呈文之前，应首先与在遵约方面遇到问题的相关缔约方进行协商。呈文中应列有所涉具体义务的细节，以及证明该呈文的信息材料，包括该缔约方如何受到或可能受到影响。RC-9/7 号决定附件七。

从磋商机制和秘书处的职能范围来看，两者之间存在密切合作的关系。[1]秘书处对缔约方相关履约信息的收集和评价，毫无疑问构成磋商机制的基础性准备工作。对此，磋商机制和公约秘书处在其各自职能范围内的交流合作关系更加类似于一种支持和被支持的关系，对于磋商机制所涉部分事项可以交由公约秘书处协助完成，机制的顺利运行离不开秘书处的支持。因此，在磋商机制的主体方面，尽管公约秘书处并不具有机制启动方的主体资格，但亦不影响其成为机制中重要的参与方。正如前述，根据条约解释的相关规则，《联合国气候变化框架公约》第13条中即蕴含将公约秘书处作为磋商机制的参与方的潜在含义，因此在磋商机制主体资格的讨论中，将公约秘书处视为机制重要的参与方之一无疑具有相当程度的必要性和合理性。

3. 国际组织

考虑到国际组织在环境领域中发挥的巨大作用（在该部分的论述中主要讨论非政府组织，当然这样的讨论也同样适用于其他政府间国际组织），同样应该赋予相关国际组织以参与磋商机制的主体资格。《联合国气候变化框架公约》第四次缔约方会议（COP4）最终批准的"文本"并未明确提及非政府组织的主体资格问题，仅仅表述为"委员会可以利用其认为必要的外部专家"。可见，非政府组织在磋商机制之中的地位并不十分明确。

在非政府组织向特设工作组提交的有关工作组开展研究和建立行动的意见的来文中，充分体现出非政府组织希望参与磋商机制的强烈意愿。一些非政府组织要求对其参与不加任何限制；还有一些非政府组织认为相关非政府组织的广泛参与能够对磋商机制运行起到积极的推动作用，较之其他主体，非政府组织能够充分获取来自非政府渠道的信息[2]；甚至有些非政府组织建议应在履约方面设立一个非政府组织咨询小组，以支持这一程序的顺利运行。[3]从现行国际实践的层面来看，已有相关国际环境条约承认非政府组织于磋商机制中的参与者主体资格。例如，《蒙特利尔议定书》和《关于硫的第二号议定书》即规定，相关非政府组织有参与磋商机制的权利。

不可否认，非政府组织在全球环境治理进程中发挥着重要的作用，于气

---

〔1〕　26. 许多来文设想秘书处会提供技术、行政和会议支持，与多边协商程序密切合作。FCCC/AG13/1996/1.

〔2〕　FCCC/AG13/1996/1, Para 54.

〔3〕　FCCC/AG13/1996/1, Para 21.

候变化领域而言更是如此。在气候变化所致损失损害责任之磋商机制中应当确立非政府组织以参与方的主体资格。正如《联合国气候变化框架公约》第4条所要求各国承诺的"促进和合作进行与气候变化有关的教育、培训和提高公众意识的工作，并鼓励人们对这个过程最广泛参与，包括鼓励各种非政府组织的参与"，非政府组织虽然在全球生态环境治理中发挥着补充性角色，但其能量和优势是显而易见的，全球环境问题的治理需求，为国际环境非政府组织发挥其职能优势提供了广阔的前景。[1]非政府组织能够在磋商机制中发挥提供信息和促进公众参与等重要作用，赋予其机制参与方的主体资格既是基于全球环境治理现实的客观需要，又具备相当程度的合理性。

4. 个人

鉴于个人在与环境保护密切相关的国际交往中具有的重要地位，在国际环境法上确立个人的法律地位，使个人成为国际环境法中权利义务的承担者，乃是客观的需要。[2]与非政府组织的主体地位相近，个人亦可被视为与官方组织机构相对的非政府行为者。[3]于磋商机制而言，与非政府组织相同，个人也同样具备磋商机制参与方的主体资格。《联合国气候变化框架公约》第四次缔约方会议（COP4）批准的"文本"也规定"委员会可利用其认为必要的外部专家"。[4]

于气候变化所致损失损害责任之磋商机制而言，确立个人以机制参与方的主体地位不仅能够确保诸如气候难民等因气候变化而遭受特别损失群体获得国际社会更为广泛的关注，亦能够从权利实现方面扩展其获得救济的可能性。扩大磋商机制参与方的主体范围，赋予公约附属履行机构、秘书处、国际组织及个人以机制参与者的主体资格也并不会动摇"国家主权原则"这一国际法基本原则的地位。正如特设工作组所指出的，"在制定和适用一项多边协商程序中，重要的是使各国不致认为其主权因此而受到损害"。[5]在个人等参与方的广泛参与下，磋商机制启动方、机制委员会与参与主体通过开展广泛而深入的国际磋商助力解决相关缔约方之间的履约问题，合乎磋商机制

---

〔1〕 蔡拓、杨雪冬、吴志成主编：《全球治理概论》，北京大学出版社2016年版，第230页。

〔2〕 林灿铃：《国际环境法》（修订版），人民出版社2011年版，第107页。

〔3〕 林灿铃：《国际环境法》（修订版），人民出版社2011年版，第108~109页。

〔4〕 FCCC/CP1998/16/Add.1, p.37.

〔5〕 FCCC/AG13/1996/2.

"预防或解决纠纷"的目的和宗旨。

综上所述，在磋商机制的主体资格问题上，应肯定《联合国气候变化框架公约》治理框架下公约内部相关机构以及公约外部相关实体的广泛参与。包括气候变化问题在内的全球环境问题与每一个依赖地球——人类持续存在和持续发展的物质基础的个体以及由个体组成的集合体（组织）都是密切相关的，此种"人"与环境的相互依赖性以及环境与发展的密切相关性构成全球气候治理的现实基础。因此，在磋商机制主体范围方面，泛化相关参与主体的范围，赋予包括公约附属履行机构、秘书处、国际组织及个人在内的主体以广泛的参与权，既为推动实现《联合国气候变化框架公约》既定目标的当然选择，又为全球气候治理模式下的必然结果。

二、磋商机制的程序

磋商机制的程序性规范是机制运作的核心组成部分，机制的程序构成主体行动的依据，可为主体参与机制运作、保障权利实现、推动预防或解决纠纷提供路径。但就《联合国气候变化框架公约》下磋商机制的程序而言，第四次缔约方会议（COP4）最终批准的"文本"中并没有直接涉及磋商机制的程序问题。对此，可以从纵向分析和横向比较两个方面入手，通过分析程序的一般性构成要素，并将程序问题进一步分解为程序的启动、处理的程序与组织以及认定后的后续责任与后果[1]几个方面，结合现有相关磋商机制，例如《蒙特利尔议定书》《巴塞尔公约》《卡塔赫纳议定书》以及《鹿特丹公约》等相关国际环境条约下的磋商机制，通过对比不同磋商机制的共性，并结合《联合国气候变化框架公约》所面临的特殊挑战，以实现对《联合国气候变化框架公约》下磋商机制的程序构建。

具体而言，程序的启动主要是指何种主体在何种情况下可以申请启动磋商机制；而处理的程序则指磋商机制委员会对于收到的磋商申请应当如何应对，包括对事实进行认定以及所采取的措施等诸多方面；认定之后的程序涉

---

〔1〕 hese principles were realized at three levels of the procedure: (1) the initiation of the procedure; (2) the actual operation of the procedure by the Implementation Committee; and (3) the measures taken in respect of non-compliance by a party with the Protocol. Markus Ehrmann, "Procedures of Compliance Control in International Environmental Treaties", 13 COLO. J. INT'l ENVTL. L. & POL'y 377 (2002). p. 395.

及磋商结果的公开、上诉和执行等相关问题。[1]

(一) 磋商机制的启动程序

《联合国气候变化框架公约》下磋商机制的启动程序在特设工作组提交的文本草案中即有所涉及[2]，其中所涉相关规定在一定程度上说明了磋商机制的启动条件。其中，关于机制启动主体问题前文已有所提及，在当前《联合国气候变化框架公约》体系下，应当认为公约缔约方以及缔约方会议当然享有磋商机制启动方的主体资格，公约秘书处、附属机构等仅以机制参与方的主体身份广泛参与机制运行，推进机制目标的实现。

在何种情况下可以申请启动磋商机制，以及磋商机制委员会在何种情况下可以拒绝启动磋商机制的申请，《联合国气候变化框架公约》下的相关规定较为简单，仅仅强调相关申请应连同佐证资料一并提出。在此方面，不同的国际环境条约所设条件各有不同。例如，《卡塔赫纳生物安全议定书》针对议定书下某一缔约方对另一缔约方提出启动"不遵约机制"的条件设置了门槛：某一缔约方必须与另一缔约方不遵约的情形或者所引起的后果相关联才可以提出申请[3]，也即"任何受到或可能受到另一缔约方影响的缔约方相应提出的报告"[4]；而《巴塞尔公约》则规定"需要受到影响"[5]；在《蒙特利尔议定书》下，要求只要某一缔约方对另一缔约方的履约情况有保留（reservations）即可提出相应申请。[6]《京都议定书》则将启动机制的条件泛化，规定凡是涉及"履约问题"的相关事项，都可以启动磋商机制。[7]但实际上，

---

〔1〕 Markus Ehrmann, "Procedures of Compliance Control in International Environmental Treaties", 13 COLO. J. INT'l ENVTL. L. & POL'y 377 (2002), pp. 435-438.

〔2〕 FCCC/CP/1998/16/Add. 1. 第 10/CP. 4 号决定附件。

〔3〕 陈文彬："《卡塔赫纳生物安全议定书》不遵约机制研究"，载《福建师范大学福清分校学报》2016 年第 4 期。

〔4〕 UNEP/CND/BS/COP-MOP/1/15，BS-I/7 号决定附件。

〔5〕 9. Submissions may be made to the Committee by: … (b) A Party that has concerns or is affected by a failure to comply with and/or implement the Convention's obligations by another Party with whom it is directly involved under the Convention. BC-VI/12.

〔6〕 1. If one or more Parties have reservations regarding another Party's implementation of its obligations under the Protocol, those concerns may be addressed in writing to the Secretariat. UNEP/OzL. Pro. 4/15 Annex IV.

〔7〕 六、提交 1. 委员会应通过秘书处接收专家审评组根据《议定书》第 8 条提交的报告所指或下列各方提交的履行问题以及由作为报告主体方提出的任何书面意见……FCCC/CP/2001/13/Add. 3，第 24/CP. 7 号决定附件。

磋商机制显然不能拥有处理一切问题的职权，这一点亦体现于《联合国气候变化框架公约》第四次缔约方会议（COP4）最终批准的"文本"中，规定"委员会不应重复本公约其他机构开展的活动"。[1]正如气候变化政府间谈判委员会在报告中所建议的那样，在发展多边协商程序的起始阶段，"最好不要试图建立一个缺乏灵活性的或是旨在处理一切可能发生的情势的程序"。[2]由于"文本"中并未就启动磋商机制的相关情势作出明确规定，这就赋予了磋商机制委员会以自由裁量权，使得委员会有权自行决定受理申请的范围。结合磋商机制的目标及其预防/解决可能发生/已经发生的纠纷的途径来看，机制委员会应在缔约方存在履约困难、存在对公约的理解困难以及缔约方之间可能就履约问题产生纠纷时，及时启动磋商机制。

磋商机制的启动方在提出磋商申请时，亦应提交相关"佐证资料"。在提交"佐证资料"的必要性以及相关材料的证明力方面，不同国际环境条约的相关规定亦存在较大差异。例如，《卡塔赫纳议定书》即规定，如果议定书下的启动磋商机制的申请是由一个缔约方针对另一缔约方的相关履约事项提出的，机制委员会将考虑其是否属于"没有根据的申请"从而拒绝审议该申请[3]；《巴塞尔公约》下的磋商机制则规定，"如果情况是轻微的（de minimis）或者是明显没有根据（manifestly ill-founded）的，那么（机制）委员会同样可以拒绝启动磋商机制"[4]；《蒙特利尔议定书》在"佐证资料"的证明力方面则更进一步，要求"相关的证据应该是确切的（corroborating）"。[5]对此，《京都议定书》与《联合国气候变化框架公约》的规定最为相近，要求磋商机制启动方在提交磋商申请时应将"佐证信息支持"一并提交，此种"佐证信息支持"实际上是对磋商申请附加的一定的证据要求。

概括而言，《联合国气候变化框架公约》下磋商机制在限制机制启动方主体资格的同时，采取较为宽松的情势标准，凡是与履约问题相关的，涉及缔约方履约困难、对公约的理解困难以及缔约方之间可能就履约问题产生纠纷

---

〔1〕　FCCC/CP/1998/16/Add. 1. 第 10/CP. 4 号决定附件。

〔2〕　A/AC. 237/59, para 32.

〔3〕　在铭记《议定书》目标的情况下，委员会得拒绝审议根据本节 1（b）段提出的逃脱责任或没有根据的报告。UNEP/CND/BS/COP-MOP/1/15, BS-I/7 号决定附件。

〔4〕　18. The Committee may decide not to proceed with a submission which it considers is：(a) de minimis；or (b) manifestly ill-founded. BC-Ⅵ/12.

〔5〕　Such a submission shall be supported by corroborating information. UNEP/OzL. Pro. 4/15 Annex IV.

的客观情势理论上都属于机制委员会受理申请的范围。此外，亦对磋商申请附加了一定的证据要求，要求机制启动方应将"佐证信息支持"与磋商申请一并提交。此种灵活的制度设计既弥补了其他公约（例如《蒙特利尔议定书》）下磋商机制的制度不足，同时也充分体现出全球气候变化治理进程中所应遵循的共同原则。正如学者所指出的："在《蒙特利尔议定书》中，提出启动不遵约机制的缔约方不必证明其是这种不遵约行为的受损害国或者可能受影响国，它只需要有证据支撑其指控就行，即在议定书框架内，任何缔约国都可以为了全体缔约国的利益而启动不遵约机制。"[1]

气候变化威胁整个人类持续生存和持续发展，不同于其他国际条约中涉及的更加具有针对性的问题，气候变化问题作为关乎全球各个国家、各个地区乃至全人类生死存亡的共同问题，对此与其相关的规则体系和制度安排应充分考虑。"气候变化所致损失损害中的行为国之行为毫无例外地导致包括其自身在内的所有国家和地区遭受损失损害。"[2]在气候变化大背景下，相关缔约方是否遭受由气候变化造成的特别损失损害是提出磋商申请的充分但不必要的条件。但这并不意味着放宽"佐证信息支持"的要求，在相关缔约方之间就气候变化所致损失损害问题产生纠纷时，要求缔约方证明其所遭受的是诸如人员伤亡、文化和社会传统遗失等的"特别损失损害"，就成为其提出磋商申请的必要条件。

（二）磋商机制的运作程序

在磋商机制启动之后，机制运行就迈入具体运作阶段，其中涉及的核心问题即为磋商机制委员会将如何处理相关的申请。[3]就磋商机制而言，其在运作程序方面总体上依赖于《联合国气候变化框架公约》的规定，此外，相关国际环境条约下的机制运作程序也可为《联合国气候变化框架公约》下磋商机制的运作提供有益借鉴。

在运作程序设置方面，《巴塞尔协定》与《鹿特丹公约》较之《蒙特利

---

〔1〕 陈文彬："《卡塔赫纳生物安全议定书》不遵约机制研究"，载《福建师范大学福清分校学报》2016年第4期。

〔2〕 林灿铃："气候变化所致损失损害补偿责任"，载《中国政法大学学报》2016年第6期。

〔3〕 在案文中，其仅仅是规定委员会应在收到请求后与所涉缔约方协商审议有关履行公约的问题，并根据问题的性质就缔约方在履行过程中遇到的困难向其提供适当的协助，途径是：（a）澄清和解决问题；（b）提供关于如何为与解决这些困难而获取技术和资金的意见和建议；（c）就汇编和交流信息提供咨询意见。FCCC/CP/1998/16/Add. 1. 第10/CP. 4号决定附件。

尔议定书》《卡塔赫纳议定书》等较早的国际环境条约有所不同，《巴塞尔协定》与《鹿特丹公约》下磋商机制都对处理的相关申请中所涉问题进行细化，将问题进一步分为涉及个别缔约方遵约的具体呈文和审议总体遵约的系统性问题[1]；并设置便利程序和增补措施两个相互承接的程序，《巴塞尔协定》下便利程序规定在第 19 条中，增补措施规定在第 20 条中。[2]此外，《巴塞尔协定》与《鹿特丹公约》下磋商机制也更加清晰地体现出磋商机制和缔约方会议之间的关系，在强调缔约方会议承担磋商机制最终保障平台的职能的同时，也体现出条约相关机构之间的等级关系，规定磋商机制委员会相关工作的开展应受到缔约方会议的监督。这一点在《联合国气候变化框架公约》下磋商机制中亦有体现，即将缔约方会议作为启动磋商机制程序的主体。在《联合国气候变化框架公约》下磋商机制的构建过程中，同样可以借鉴《巴塞尔协定》与《鹿特丹公约》下的制度安排，从而更进一步地明确气候变化作为一项人类共同面临的全球环境问题所需进行的集体行动。正如气候变化政府间谈判委员会所指出的："设立多边协商程序的理由有若干。第一，由于气候变化现象是全球性的，可以说所有国家的利益都牵涉到。……这种程序鼓励缔约方同意寻求对问题的共识，设法作出有助于整个制度的稳定性和有效性的解释和决定。"[3]

为了增强磋商机制的执行力，《京都议定书》下磋商机制进一步细化机制委员会的职能设置，将其分为促进委员会和执行委员会。[4]但这一职能分化的制度选择对于《联合国气候变化框架公约》本身义务性规定还较为模糊的规则体系而言，未必显得妥当。除了《京都议定书》下磋商机制之外，不论是早期的《蒙特利尔议定书》，还是 2019 年通过的《鹿特丹公约》磋商机制，

---

　　[1]　具体规定见：《巴塞尔协定》磋商机制第 9 段、第 21 段，BC-Ⅵ/12.《鹿特丹公约》磋商机制第 12 段、第 25 段，UNEP/FAO/RC/COP. 9/23，RC-9/7 号决定附件七。

　　[2]　19."委员会应审议任何向其提交的来文，以期确定有关事项的事实真相和根本原因，并帮助解决这一问题。作为这一程序的一个组成部分，委员会可在经与所涉缔约方协调后，向它提供咨询意见、无约束性的建议和资料"；20."如果委员会在采取了上文第 19 段所述便利程序并考虑到各种遵约困难的原因、类型、程度和频度以及其遵约状况出现争议的缔约方的相关能力之后，认为有必要为解决一缔约方的遵约问题而采取进一步措施，则它可建议缔约方大会考虑采取进一步的措施"。BC-Ⅵ/12, Appendix.

　　[3]　A/AC. 237/59. Para 11.

　　[4]　二、遵约委员会 2. 委员会应通过全体会议、主席团和两个分支机构——即促进分支机构和强制执行分支机构——开展工作。FCCC/CP/2001/13/Add. 3，第 24/CP. 7 号决定附件。

均未采取此种职能分化模式。[1]就现阶段而言，过于细化的职能分化制度并不适用于《联合国气候变化框架公约》下磋商机制的制度构建。

磋商机制的运作程序还涉及相关信息的获取。区别于其他国际环境条约，《巴塞尔协定》下磋商机制在此方面作出规定：在缔约方同意下，在所涉缔约方或其他缔约方的领土内收集资料，以便于委员会履行其职责。[2]磋商机制的运作离不开相关的信息支持，这一信息应该是由缔约方主动提供还是委员会可以依据职权进行收集？《联合国气候变化框架公约》下磋商机制在要求缔约方提供"佐证信息支持"的同时并未赋予委员会主动调查、收集资料的权利，虽然"委员会可利用其认为必要的外部专家"，但这也并不意味着委员会具有主动收集资料的权限。实际上，这与委员会的职能也并不完全协调，委员会作为磋商机制的决策机构，如若主动依职权进行相关信息收集，则有作出不客观决定的可能。特殊情势下，如果委员会确有收集、获取相关信息的必要，则应该向缔约方会议进行报告，交由缔约方会议进一步决定。

与《联合国气候变化框架公约》下磋商机制的运行密切相关，透明度作为应对气候变化国际合作的重要内容，构成各缔约方了解、建立互信的基础，相关透明度制度的构建影响机制内容和最终决策结果的公正性，必然构成磋商机制的重要内容。正如特设工作组主席在研究报告中指出，许多协商/争端解决程序都规定出版报告，其中有些引起了公众注意，这一事实为许多国家遵行有关规定提供了一种额外的刺激。[3]磋商机制中相关信息的公开涉及程序正义的基本要求，对此，WTO 的磋商机制在透明度制度构建方面，通过设立专门的组织机构以便利相关公众团体的参与，进而提高机制的透明度：在海虾-海龟案中，通过正式确立专家组在争端解决审理过程中可以直接接受案外非政府组织提交的书面补充材料，从而为磋商机制增强透明度作出重要贡献。[4]磋商机制的透明度安排贯穿机制运行的全过程，覆盖相关信息的收集、

---

〔1〕 观察到诸多的不遵约机制，能够行使实质性措施决策权的遵约委员会，也只存在于《京都议定书》，哪怕是随后设立的《粮食和农业植物遗传资源国际条约》的不遵约机制，以及还在讨论中的《鹿特丹公约》和《斯德哥尔摩公约》的不遵约机制的草案，它们的遵约委员会也只有协助所涉缔约方和向缔约方大会建议的权利，遵约委员会同样无实质性措施的决定权。陈文彬："国际环境条约不遵约机制的强制性问题研究"，载《东南学术》2017 年第 6 期。

〔2〕 《巴塞尔协定》磋商机制第 22 段，BC-VI/12.

〔3〕 FCCC/AG13/1996/2，附件《第 13 条特设小组主席关于研究组介绍和讨论情况的报告》。

〔4〕 林灿铃等编著：《国际环境法案例解析》，中国政法大学出版社 2020 年版，第 48~49 页。

获取以及决策的最终作出等各个方面，诸如《巴黎协定》的遵约机制就以明显的透明度安排为特点，包括"透明度框架""全球盘点"机制、"适应信息通报"机制等。[1]《巴塞尔协定》下磋商机制允许相关缔约方对决策结果提出评论意见，当然，也对此加以限定，规定"磋商机制是针对个别缔约方的情况下，不向其他缔约方或公众开放"。[2]这种区分方法也在一定程度上进一步激励缔约方主动申请以启动遵约机制。在此方面，《联合国气候变化框架公约》下磋商机制并未对于是否应就磋商程序的运行出版报告作出详细规定。

　　磋商机制的运作还涉及缔约方的参与权，以及其他非缔约方、公约附属机构、政府间国际组织、非政府组织乃至个人的主体地位问题。在此方面，磋商机制应当保障所涉缔约方对机制运作程序的全面参与权，正如《联合国气候变化框架公约》第四次缔约方会议（COP4）最终批准的"文本"中所规定的，"所涉缔约方有权全面参与这一程序"。为了保证机制程序的公开透明以及结果的客观公正，几乎所有的国际环境条约都对相关缔约方的参与权进行规定。[3]需要强调的是，所涉缔约方享有程序参与权并不意味着机制委员会需要在所涉缔约方同意的情况下作出决定，机制委员会应在客观独立的情况下作出决定，不应受到所涉缔约方的任何干涉。[4]除了所涉缔约方的参与权之外，鉴于政府间国际组织、非政府组织以及个人在气候变化等国际环境领域中所具有的价值，通过国际组织收集、获取相关信息助力磋商机制运作程序的顺利运行对于整个机制的良好运转而言发挥着重要的作用，因此政府间国际组织、非政府组织乃至个人虽然并不具备磋商机制启动方的主体资格，但应赋予其广泛的参与权，允许其参与到磋商机制中，而中立性的主体地位更有益于这些组织或个人充分发挥作用。

---

　　〔1〕《巴黎协定》的最大贡献在于确立了国家自主贡献减排模式的法律地位，从而有效避免了近年来国家间气候合作的制度性危机。需要指出的是，国家自主贡献赋予了缔约方较大的自由裁量权，且不具有严格的法律拘束力。这就为国家不作为或降低减排空间留下了致命的"法律罅隙"。为此，《巴黎协定》创设了新的遵约机制——透明度框架与全球盘点以期形成制衡，从而保障全球应对气候变化始终处于进步状态。梁晓菲："论《巴黎协定》遵约机制：透明度框架与全球盘点"，载《西安交通大学学报（社会科学版）》2018年第2期，第109页。

　　〔2〕《巴塞尔协定》磋商机制第15、16段，BC-VI/12.

　　〔3〕高晓露："国际环境条约遵约机制研究——以《卡塔赫纳生物安全议定书》为例"，载《当代法学》2008年第2期。

　　〔4〕这也是《蒙特利尔议定书》《京都议定书》《生物安全议定书》等一系列公约磋商机制的普遍做法。

（三）磋商机制的决策程序

磋商机制的决策程序是机制运作程序的最后一个环节，在此环节中主要涉及机制的最终决策是如何作出的以及决策是否允许被上诉的问题。作为机制委员会的最终决定，决策是磋商机制中的重要环节。几乎所有的国际环境条约都规定机制委员会应保持其客观中立性，赋予机制委员会以独立决策的权利，排除缔约方对机制委员会决策的干扰。从《蒙特利尔议定书》开始，规定缔约方不得参与机制委员会的最终决策成为诸多国际环境条约的惯常选择，大多数条约都将此项规定明确列入磋商机制的相关条款中。同时，为了监督机制委员会决策权的实施，对于机制委员会的决策，一般也允许相关缔约方进行评论并提出意见。在拟定《联合国气候变化框架公约》下磋商机制文本草案的过程中，各缔约方就曾将"结论和建议须经所涉一个或多个缔约方同意"列入文本条款的备选方案之一，明显体现出各缔约方希望于磋商机制决策程序中施加更多影响。[1]最终由《联合国气候变化框架公约》第四次缔约方会议（COP4）批准的"文本"中并未采纳此项规定，而仅仅表述为"所涉各缔约方应有机会就结论和建议提出意见"，这就确保了磋商机制决策程序的客观独立性，同时也规定委员会决策的合理性应受到相关缔约方的监督与评价。

就机制委员会作出决策的表决方式而言，发达国家倾向于"表决制"强调决策效率，而发展中国家则倾向于"协商一致"，以提升在决策问题上的话语权。[2]《京都议定书》就此采取了折中的办法：首先采取协商一致的方法，如果不能达成一致结论，则采取表决通过决策的方法。[3]《巴塞尔协定》《卡塔赫纳议定书》以及《鹿特丹公约》下磋商机制也同样采取类似于《京都议定书》的表决方式，但在进行表决的具体要求上，不同的国际环境条约之间存在一定程度的差异。[4]与《蒙特利尔议定书》相同，《联合国气候变化框架公约》第四次缔约方会议（COP4）最终批准的"文本"并未就机制委员会的表决方式作出明确规定。考虑到磋商机制的完整性，最终决策规则作为

---

〔1〕 FCCC/AG13/1992/2，附件二。

〔2〕 宋冬："论《巴黎协定》遵约机制的构建"，外交学院 2018 年博士学位论文，第 26 页。

〔3〕 FCCC/CP/2001/13/Add. 3，第 24/CP. 7 号决定。

〔4〕 《巴塞尔协定》磋商机制和《卡塔赫纳议定书》磋商机制要求 2/3 多数或者 8 位委员通过，《鹿特丹公约》磋商机制则要求 4/5 多数或者 8 位委员通过。

磋商机制的重要组成部分，未来应细化《联合国气候变化框架公约》下的相关规定。实际上，采取"表决制"的方式不会减损磋商机制的效力，也不会对磋商机制所追求的促进合作、预防/减少纠纷的目标构成阻碍。磋商机制委员会的最终决策并不产生强制约束相关缔约方的结果，其最终作出的决策往往被称为"建议"或者"警告"，因此磋商机制的决策程序中采取多数表决的原则并不会对机制运行的合作实质造成影响。

"决策是否允许被上诉"是磋商机制决策程序中的另一个重要问题。对此，《京都议定书》下磋商机制规定缔约方可以以"执行委员会作出决策的程序是否具有正当性"为由向缔约方会议提出上诉请求，且该项请求要求以缔约方会议 3/4 多数方可通过。[1]较之《京都议定书》下磋商机制，《联合国气候变化框架公约》并未对此作出详细规定，但这并不意味着机制委员会所具有的广泛的决策权不受到任何限制。在磋商机制与《联合国气候变化框架公约》缔约方会议的关系方面，尽管机制委员会具有独立作出最终决策的权利，但就整个机制的运行而言，公约下磋商机制从属于缔约方会议并应受到其相应监督。[2]正如气候变化政府间谈判委员会所言，"可将《联合国气候变化框架公约》中与履约相关的规定看作是一个连续的统一体"。[3]在《联合国气候变化框架公约》下，缔约方会议的最高权力机构的地位决定磋商机制的运行应接受缔约方会议的监督，在缔约方会议的指导下充分发挥机制委员会的客观中立性，确保机制委员会独立决策的权利不受干扰，推动磋商机制的良好运作。

第三节　磋商机制的职能

磋商机制的职能有其外部边界及内在界限。明确磋商机制的职能，不仅有助于进一步理解磋商机制所能适用的情形，更有助于明确磋商机制于气候变化所致损失损害责任领域中的重要作用。

---

〔1〕　FCCC/KP/CMP/2005/8/Add.3，第 27 号决定附件。

〔2〕　FCCC/CP/1998/16/Add.1, page 38.

〔3〕　A/AC.237/59, para 18.

一、磋商机制的外部边界

《联合国气候变化框架公约》下磋商机制与公约许多相关的机构和机制之间存在密切联系，例如，与公约秘书处、附属履行机构，或者是与传统的争端解决机制之间的关系等。厘清磋商机制与上述相关机构和机制之间的关系可为确认磋商机制的外部边界提供重要参考。[1]通过对比磋商机制与相关机构和机制之间的异同之处，有助于明确磋商机制的职能范围，进而进一步理解磋商机制所能适用的情形。

《联合国气候变化框架公约》第7条第2款（c）项规定，缔约方会议应两个或两个以上缔约方的要求，应便利对这些缔约方为应对气候变化及其影响而采取的措施加以协调。[2]这一条款强调了缔约方会议有权对于各缔约方之间为应对气候变化而分别采取的措施进行协调。磋商机制和缔约方会议在此方面的协调并不存在矛盾之处，主要理由包括开展行动的优先性以及两者之间所属的等级关系两个方面。两者之间的相同之处在于两者均旨在协调缔约方之间的行为，但由于磋商机制乃是常设性的，因此在缔约方会议闭会期间，缔约方会议的部分职能由磋商机制承担。此外，在两者所属等级方面，缔约方会议乃《联合国气候变化框架公约》的最高权力机关，对于缔约方会议开展的协调活动，磋商机制委员会应予以必要的协助。尽管磋商机制委员会享有独立作出磋商机制最终决策的权利，但亦应将相关决策结果提交缔约方会审议。[3]概括而言，缔约方会议作为全体缔约方共同意志的协调机构，对于《联合国气候变化框架公约》下相关工作的开展具有决定性的作用，磋商机制的运行始终受到缔约方会议的制约。磋商机制的常设性和灵活性使得其在缔约方会议闭会期间能够更加灵活、及时地处理有关《联合国气候变化

---

〔1〕 FCCC/AG13/1996/1, section B.

〔2〕 FCCC/CP/1998/16/Add. 1. 第10/CP. 4号决定附件。

〔3〕 23. 许多来文认为，第13条程序的职能可能包括提供技术援助、对义务作解释以及对遵守《联合国气候变化框架公约》提出建议，因而将能有效地协调缔约方之间为应对气候变化而采取的措施。因此，许多国家和非政府组织在回答问题6的这一部分时，描述了缔约方会议在第13条程序中的作用。以及 24. 若干来文说，为实施13条程序而设立的委员会、机构或机关将提出建议，这些建议最终将提交缔约方会议通过。另一些来文建议，委员会协商活动的最后结果不必经缔约方会议通过。在这种情况下，将向缔约方会议提交委员会活动报告。有些国家建议，缔约方会议应能直接向第13条的机制提出问题。FCCC/AG13/1996/1.

框架公约》履约方面的相关问题。[1]在这种等级关系下，磋商机制可以协助缔约方会议执行部分相关职能。

《联合国气候变化框架公约》第12条要求各缔约方"提供有关履行的信息"。在此方面，有关特设工作组开展研究和建立行动的意见的若干来文均强调，磋商机制可便利审查各缔约方提供的相关履约信息。[2]尽管磋商机制可对各缔约方依据公约第12条提供的履约信息进行审查，但从相关信息审查范围上讲，可由磋商机制进行信息审查的范围并不局限于各缔约方提交的相关履约信息。基于磋商机制预防/减少纠纷的目标设置，磋商机制广泛涉及包括公约履约情况在内的各种交涉，[3]其中，各缔约方依据《联合国气候变化框架公约》第12提交的相关履约信息是磋商机制程序运行的重要信息来源。信息的收集与获取作为磋商机制运行过程中的关键环节之一，与公约第12条之间具有密不可分的联系。[4]正如气候变化政府间谈判委员会所言，"磋商机制是确保缔约方会议能够收集、获取为执行其职责所需的相关信息的重要手段"。[5]

《联合国气候变化框架公约》第14条涉及"争端的解决"。在非政府组织向特设工作组提交的有关工作组开展研究和建立行动的意见的来文中，有组织从气候变化议题的特殊性角度出发，对公约下各缔约方是否会援用传统争端解决程序表示怀疑，进而说明磋商机制和争端解决程序之间的联系，认为两者之间具有以下区别：（a）第13条程序是避免争端的，而第14条程序是解决争端的；（b）第13条程序是前瞻性的，而第14条程序是后顾性的；（c）第

---

[1]　因为对遵约委员会进行授权通常是发生在缔约方大会的闭会期间，即两次缔约方大会之间的空档期，这样一旦发生不遵约情事，可以针对不遵约情事作出及时、有效的反应。陈文彬："国际环境条约不遵约机制的强制性问题研究"，载《东南学术》2017年第6期，第146页。

[2]　FCCC/AG13/1996/1. para 31.

[3]　在作出反应的基础上，有些国家还认为，多边协商程序应对国家来文引起的与缔约方普遍有关的问题作出解释或找到解决方法；另一些国家认为，第13条程序使各缔约方有机会讨论他们如何履行《联合国气候变化框架公约》，从而推动实现第12条的来文提交目标。FCCC/AG13/1996/1. para 32.

[4]　If a noncompliance/Article 13 mechanism were to be established under the climate change convention, and if parties agreed, the communications pursuant to Article 12, as well as the in-depth reviews, could provide crucial information to such a mechanism. Jo Elizabeth Butler, *The Establishment of a Dispute Resolution/Noncompliance Mechanism in the Climate Change Convention*, American Society of International Law Proceedings 91, 1997, page 253.

[5]　AC/A.237/59, para 20.

13 条程序不同于第 14 条程序的是，它是在不一定发生不遵约或争端的情况下提供指导和解释；（d）第 13 条程序可以"充当在解决争论之前的一种程序，它可以进一步澄清任何具体遵约或其他有关情况的范围，从而避免缔约方之间的争论"。[1] 显然，磋商机制承担着不同于争端解决程序的职能。根据《联合国气候变化框架公约》第四次缔约方会议（COP4）最终批准的"文本"中第 4 条的相关规定，多边协商程序的运行应与公约第 14 条（争端的解决）的所涉规定相互区别且互不影响。但这并不意味着两类程序之间毫无联系，从开展行动的范围上讲，磋商机制与争端解决程序之间存在一定的递进关系。在实践中，磋商机制以其所具有的灵活性和及时性而可能受到更多的缔约方的偏好，但当磋商不足以解决问题时，或当缔约方之间对于公约相关规范的理解或内涵发生争议时，透过遵约机制强调遵约或履约一来无助于解决公约"有效性"的缺陷，二来可能成为一伪装成技术问题的政治角力：试图推翻某些关于公约标准或规范的解释，或甚至透过协商予以妥协，此时就需要通过传统争端解决方式加以解决。争端解决程序作为解决《联合国气候变化框架公约》下所涉公约解释或适用问题的传统方式，并不因磋商机制的建立健全而被搁置，而磋商机制本身作为诸多国际环境条约的重要特征，对于相关国际环境领域纠纷的预防/减少起到了积极的推动作用，也在国际法其他领域发挥着重要作用。[2]

概括而言，磋商机制的外部边界是能够被确定的。从磋商机制与公约下许多相关的机构和机制之间的关系来看，磋商机制本身能够执行诸多与履约相关的重要职能。在气候变化所致损失损害责任领域中，磋商机制可在缔约方会议的指导下更进一步促进相应补偿责任的承担，并与公约下其他机构/机制相互配合、互相协调、协同增效，为预防/减少由气候变化所致损失损害产生的纠纷发挥重要的作用。

---

〔1〕 FCCC/AG13/1996/1. para 36. 对此问题还可以参考杨兴："《联合国气候变化框架公约》研究——兼论气候变化问题与国际法"，武汉大学 2005 年博士学位论文，第 192~194 页。

〔2〕 As a significant international issue, compliance control-the international monitoring and supervision of states parties' implementation of and compliance with international treaty-based obligations -has, of course, arisen with regard to multilateral treaty relations before, most notably in the fields of arms control, human rights and international labor relations. Gunther Handl, *Compliance Control Mechanisms and International Environmental Obligations*, Tulane Journal of International and Comparative Law 5, 1997, p. 30.

二、磋商机制的内在职能

磋商机制的内在职能主要包括协助《联合国气候变化框架公约》缔约方履行承诺、关注履约问题、解决可能发生的争端以及增进对公约的理解几个方面。[1]

（一）协助缔约方履行承诺

协助缔约方履行承诺是磋商机制的重要内在职能之一。在此方面，有关特设工作组开展研究和建立行动的意见的若干来文均强调，多边协商程序的设立应便利《联合国气候变化框架公约》缔约方获得相应的法律、经济和技术专业知识，助力各缔约方在编写履约报告、制订气候变化政策以及履行在《联合国气候变化框架公约》或未来的议定书下所承担的其他义务方面获取咨询意见。[2]在"文本"中，此种协助缔约方履行承诺的职能主要体现在第2条（a）项（就如何协助缔约方克服履行公约过程中的困难提供咨询意见）以及第6条（b）项（提供为解决上述履约困难而获取资金支助和技术支持的意见和建议）中。由此可见，磋商机制所承担的协助缔约方履行承诺的职能并不是含义宽泛而没有范围的，协助缔约方履行承诺所关注的焦点在于专业知识的获取，涉及国际应对气候变化的四大支柱——减缓、适应、技术和资金领域的各个方面。

就减缓而言，温室气体的减排需要明确障碍因素，考察技术潜力，采取必要且相应的法律、政策措施。由于技术、经济、政治、文化等种种壁垒，阻碍了温室气体减排巨大技术强力的实现；[3]而对于适应而言，适应就是自然或人类系统对新的或变化的环境的调整过程，这种调整能减轻损害或开发有利的机会。适应主要有三个目的：第一是增强适应能力；第二是减小脆弱性；第三是开发新的机会。促进适应能力的措施包括提高公众意识、能力建设、制度建设、信息网络建设、法律框架等，减小脆弱性则是包括减小地域

---

〔1〕　FCCC/AG13/1996/1, Para 6.

〔2〕　FCCC/AG13/1996/1, Para 6.

〔3〕　朱守先、庄贵阳编著：《气候变化的国际背景与条约》，科学技术文献出版社2015年版，第77页。

上的脆弱性、技术上的脆弱性、经济上的脆弱性和社会文化因素导致的脆弱性。[1]可见，不论是减缓还是适应，与各缔约方通过磋商机制所能够获得的法律、经济和技术专业知识等都存在密切关联。国际于气候变化领域内相关工作的开展离不开相关专业知识的获取，从此方面看，磋商机制下协助缔约方履行承诺的职能有助于推进《联合国气候变化框架公约》下相关义务的履行。

在磋商机制便利获取专业知识，提供咨询意见的约束力方面，磋商机制在执行协助缔约方履行承诺的职能时仅仅对于所涉问题提供相应的参考意见，并不产生具有拘束力的任何决定，最终是否遵照磋商机制所提供的参考意见开展行动应由相关缔约方自行决定。在此过程中，磋商机制委员会作为客观中立的相关专业知识的提供者，应当接受缔约方会议的监督并应将其所提供的咨询意见向缔约方会议报告。考虑到磋商机制委员会所具有的权威性，对于机制委员会提供的咨询意见，如果缔约方没有合理的理由加以反对，则应尽量避免对其构成违背。在此过程中，应在充分重视磋商机制委员会作出的专业性结论的同时，避免过于强调磋商机制委员会的权威，从而导致对国家主权原则产生本质的影响。[2]为了避免委员会的过度扩张，同时提高委员会的客观中立性，应在磋商机制运行过程中充分发挥公约附属履行机构、秘书处、国际组织及个人的机制参与方的作用，在形成最终决策的过程中允许相关参与方充分参与并发表意见。

（二）关注履约问题

磋商机制的第二个重要内在职能是对公约履行问题的关注，例如某个或某些缔约方不愿或没有能力遵守其在《联合国气候变化框架公约》或未来的议定书下所承担的义务的情况。在特设工作组研究与建立多边磋商程序的过程中，参与讨论的缔约方认为，如果某个缔约方在履约方面遇到困难，则该

---

〔1〕 朱守先、庄贵阳编著：《气候变化的国际背景与条约》，科学技术文献出版社 2015 年版，第 83~93 页。

〔2〕 A further, enumerated function of more developed compliance systems, is the power of the Committee to make specific recommendations to the COP on measures to assist or to bring about compliance by a Party. This power, though it is recommendatory in nature and is filtered through the political processes of the COP, is highly significant in that it entitles the subsidiary body to form a preliminary conclusion as to whether or not a Party is in-compliance, and an initial assessment of why a Party has failed to comply. The publication of a report of the Committee, detailing an impartial review that concludes that a Party is wrongfully violating the Convention, will prove a useful a tool for bringing to bear public and diplomatic pressure on a Party to comply. FIELD: *Design a Compliance System*, FCCC/AG133/1996/MISC. 1/Add. 1, p. 19.

缔约方可以自行或者应其他缔约方的要求与负责多边协商程序的主要机构进行协商。[1]尽管在《联合国气候变化框架公约》第四次缔约方会议最终批准的"文本"中并没有直接体现磋商机制"关注履约问题"的内在职能，但从相关案文的关联解释以及磋商机制致力于实现的总体目标来看，"关注履约问题"应被视为磋商机制的重要内在职能之一。

在相关案文的关联解释层面，可依据《维也纳条约法公约》第31条"条约之解释"规则善意理解之。[2]相关的"用语""目的及宗旨"应被妥善加以考虑。就磋商机制的目的和宗旨而言，机制的总体目标在于预防/减少纠纷，促进缔约方履行《联合国气候变化框架公约》下的相关承诺，为实现这一总体目标，关注履约问题应被视为机制协助缔约方履行相关承诺、预防/解决可能发生的纠纷的重要前提。而从用语方面来看，《联合国气候变化框架公约》第13条要求磋商机制应"解决与公约履行有关的问题"，而关注履约问题作为各缔约方进一步解决相关履约问题的基础，与机制预防/减少纠纷，促进缔约方履行承诺的目标存在密不可分的联系，处理对履约问题的关注应被视为最终"解决与公约履行有关的问题"这一总体目标的重要组成部分。此外，《联合国气候变化框架公约》第13条还指出，磋商机制应"供缔约方有此需求时予以利用"，在特设工作组研究与建立多边磋商程序的过程中，曾就"缔约方有此需求"展开广泛讨论。许多来文认为，缔约方在关注另一缔约方履行《联合国气候变化框架公约》的实际进展时也可以启动此机制，并指出"关注"这一用语更多表明的是对一种情况或者态势的关切，并不一定要求对这一情况或者态势立即采取行动，唯有首先处理缔约方对公约履约问题的关注，才可能进一步作出决定。[3]这说明"关注"一词强调的应该是相关缔约方对履约问题的态度，也即缔约方对自己履约能力不足的关注，或者是对其

---

〔1〕　FCCC/AG13/1996/1, Para 6.

〔2〕　该条第1款规定，"条约应依其用语按其上下文并参照条约之目的及宗旨所具有之通常意义，善意解释之"。按照国际法委员会的释义，首先，第31条的精神是：约文必须被推定为各条约当事国的意思的权威性的表示，从而解释的出发点是阐明约文的意义，而不是从头调查各当事国的意思。其次，该委员会认为条约解释程序是一个统一体，从而该条的各项规定组成一个单一的、互相紧密地连在一起的完整的规则。最后，该委员会指出，该第31条并不为其中包含的条约解释规则规定法律上的上下等级关系，而只是按照逻辑把一些解释因素进行适当的排列。参见李浩培：《条约法概论》，法律出版社1987年版，第426~427页。

〔3〕　FCCC/AG13/1996/1, Para 51.

他缔约方不遵守公约义务而产生的关注，[1]涉及遵约意愿和遵约能力两个方面的问题。[2]只有在探求和促进所涉缔约方的遵约意愿，并在此基础上增强和发展缔约方的遵约能力，才能更好地实现对遵约问题的处理。

概括而言，正是基于磋商机制对于各缔约方遵约问题的关注才使得机制有被启动的可能[3]，磋商机制的这一内在职能与协助缔约方履行承诺，预防/减少争端互相促进、相互补充，贯穿于磋商机制中，是机制应被考虑并加重视的首要职能。正如"文本"第6条所强调的，为了实现磋商机制的总体任务，机制委员会应向所涉缔约方提供适当的协助。[4]委员会开展的行动作为实现预防/减少纠纷，促进解决公约履约问题的途径/方法，"关注履约问题"这一机制内在职能的实现应由委员会加以承担。

（三）解决可能发生的争端

磋商机制第三个重要的内在职能是以有助益和非冲突的方式解决缔约方之间可能发生的冲突。对此，有关特设工作组开展研究和建立行动的意见的来文强调，预计于公约缔约方之间最有可能发生的冲突是某个缔约方觉得自己因其他缔约方未遵守《联合国气候变化框架公约》或其他相关法律文书的规定而受到伤害。[5]为预防/减少可能发生的纠纷，必须赋予磋商机制以"解决可能发生的争端"的内在职能。正如前述，磋商机制这一内在职能与传统争端解决程序之间具有千丝万缕的联系，两者之间既有联系，又存在一定的区别。

《联合国气候变化框架公约》第四次缔约方会议最终批准的"文本"第4条规定，多边协商程序的运行应与公约第14条（争端的解决）的所涉规定相互区别且互不影响。相较于国际法上传统的争端解决程序，磋商机制实现了一种创新和突破，正如英国所强调的，建立磋商机制的本质目的在于预防/减

[1] FCCC/AG13/1996/1, Para 6.

[2] The study on national compliance revealed that when countries join agreements they are in quite different positions with regard to their intent to comply and their capacity to do so, and that both factors change over time. Edith Brown Weiss, *Strengthening National Compliance with International Environmental Agreements*, Environmental Policy and Law 27, no. 4, 1997, p. 298.

[3] Este mecanismo no puede actuar de oficio, sino solo a peticion de parte interesada. This mechanism cannot operate 'de oficio', but only on request of a concerned party. Chile: *Answer to questionnaire related to the special working group on article* 13. FCCC/AG133/1996/MISC. 1, p. 30.

[4] FCCC/CP/1998/16/Add. 1.

[5] FCCC/AG13/1996/1, Para 6.

少纠纷，而争端解决机制则是为解决已经产生的纠纷而存在的。[1]可见，两种机制/程序的内在职能存在明显的差异。

　　具体而言，磋商机制致力于实现的预防/减少纠纷更强调对于所涉问题提供一种可能的途径以供所涉缔约方进行选择，其关注的焦点在于通过事先的协调机制促进所涉缔约方之间潜在争端的妥善处理[2]，而非传统争端解决程序方面的"解决"（settlement）。此外，较之争端解决程序解决既存争端的后顾性，磋商机制的目标在于预防/减少纠纷，具有相当程度的前瞻性。除了预防/减少纠纷，磋商机制亦可为各缔约方提供涉及公约履约方面的咨询意见，在协助缔约方履行承诺方面提供专业意见。同时，磋商机制所关注的往往是与公约履行相关的"问题（questions）"，针对的是更具有普遍性或全球性的全人类的共同关切，而不是通常仅在双边/多边争端解决程序中所强调的"争端（disputes）"。[3]尽管在实践中，磋商机制以其所具有的灵活性和及时性而可能受到更多的缔约方的偏好，但当磋商不足以解决其所欲处理的环境问题或当缔约方之间对于公约相关规范的理解或内涵发生争议时，就需要通过传统争端解决方式加以解决。在两者所具有的联系方面，磋商机制作为启动争端解决程序之前的预先性程序，可以通过解释《联合国气候变化框架公约》下的相关规则并协助处理公约的适用问题，从而避免缔约方之间纠纷的产生。[4]

---

〔1〕　With regard to the relationship with Article 14, it is a settlement of dispute procedure whilst the procedure of the proposed MCP would be more that of an avoidance of disputes procedure. UNITED KINGDOM OF GREAT BRITAIN AND NORTHERN IRELAND, *AG*13 - *QUESTIONAIRE COMMENTS FROM THE UNITED KINGDOM*, FCCC/AG13/1996/MISC. 1, p. 68.

〔2〕　The objective of the process is to resolve questions regarding the implementation of the Convention by providing advice and assistance to parties to overcome difficulties encountered in their implementation of the Convention, promoting understanding of the Convention, and preventing disputes from arising. Markus Ehrmann, *Procedures of Compliance Control in International Environmental Treaties*, 13 COLO. J. INT' l ENVTL. L. & POL' y 377 (2002), p. 427.

〔3〕　It seems to suggest that a process could be established by which one or more Parties could seek a resolution of "questions", not "disputes", regarding the implementation of the Convention, not resolving disagreements between Parties. If an informal companion process to Article 14 were to be established under Article 13. then it is clear that Article will likely never be used. Global Climate coalition: *Response to Questionnaire and Request for Submission Relating to the Consideration of a Multilateral Consultative Process and It's Design* (*AG*13), FCCC/AG13/1996/MISC. 1/Add. 1, page 25; Dispute resolution mechanism in multilateral environmental agreements are rarely used by parties. Canada: *Questionnaire Relating to The Work of The Ad Hoc Group on The Article* 13. FCCC/AG13/1996/MISC. 1, p. 20.

〔4〕　FCCC/AG13/1996/1, Para 36.

磋商机制作为《联合国气候变化框架公约》下各缔约方进行国际交流合作以预防/减少纠纷的重要平台,在"现在还没有使各国必须通过仲裁或司法程序以解决它们的争端的普遍性的国际法律义务"[1]的现实情况下,磋商机制程序的运行对于预防/减少公约缔约方之间可能因履约问题而产生的纠纷发挥着积极的促进作用。尽管在磋商机制实际运行的过程中并不能产生具有拘束力的效果,但这亦不能否认磋商机制对于预防/减少纠纷、协助/促进缔约方履行承诺、推进《联合国气候变化框架公约》下减缓、适应、技术和资金等相关领域工作的稳步进行所起到的重要作用。

(四)关于《联合国气候变化框架公约》的解释

磋商机制的第四个重要内在职能与《联合国气候变化框架公约》的解释密切相关。有关特设工作组开展研究和建立行动的意见的多项来文均将澄清和解释与公约履行的相关问题作为磋商机制的一项重要职能。[2]此项职能也被明确列入《联合国气候变化框架公约》第四次缔约方会议(COP4)最终批准的"文本"中。其中,"文本"第2条(b)款规定建立多边协商程序应"增进对公约的理解"(promoting understanding of the Convention);"文本"第6条进一步表明"增进对公约的理解"的职能应由磋商机制委员会依职权承担,规定委员会应依据问题的性质就缔约方在履约过程中遇到的困难向其提供适当的协助,主要途径包括:(a)澄清和解决问题(clarifying and resolving questions);(b)提供关于如何为与解决这些困难而获取技术和资金的意见和建议;(c)就汇编和交流信息提供咨询意见。[3]

围绕磋商机制"澄清和解决问题"这一职能,存在两种不同的观点:第一种观点认为磋商机制并不能提供权威性的解释,由机制产生的任何结果仅具有咨询意见的性质,并不具有拘束力。例如,有缔约方认为,依据1969年《维也纳条约法公约》的相关规定,磋商机制并不能对《联合国气候变化框架公约》作出权威性解释,该机制仅可以起到协助缔约方履约的作用,就缔约方履行《联合国气候变化框架公约》过程中涉及的公约解释或实施问题向某个缔约方单独提供/向某些缔约方集体提供咨询意见;而第二种观点从结果出

---

[1] [英]劳特派特修订:《奥本海国际法》(第2卷第1分册),王铁崖、陈体强译,商务印书馆1973年版,第3页。

[2] FCCC/AG13/1996/1, para 6.

[3] FCCC/CP/1998/16/Add. 1.

发，认为《联合国气候变化框架公约》第四次缔约方会议（COP4）最终批准的"文本"并未对磋商机制规定太多的限制，因此磋商机制所具有的职能相对广泛，可以处理与公约解释有关的问题。[1]

应当认为，与一般意义上条约的"解释和适用"（interpretation or application）不同，磋商机制仅具有"增进对公约的理解、澄清和解决问题"的职能，并未被赋予解释和适用《联合国气候变化框架公约》的权限。在此方面，条约的"解释和适用"一般发生在所涉缔约方之间发生能够诉诸司法裁判的争端（disputes）的情形下；而"增进对公约的理解、澄清和解决问题"更多强调的是在履行公约的过程中，当缔约方存在对公约的相关规定理解不明的情况时，通过启动磋商机制请求磋商机制委员会进一步澄清和解决所涉问题（questions）。因此，磋商机制所处理的问题应该是与公约履约相关的问题，而不是针对公约的解释和适用所产生的争端，通过磋商机制所产生的结果从性质上讲应属于不具有拘束力的咨询意见，而不是通过司法裁决程序最终形成的含有合法性判断的约束性结果。

这一点也可以从磋商机制本身所具有的性质中加以印证。《联合国气候变化框架公约》第四次缔约方会议（COP4）最终批准的"文本"规定，磋商机制应具有"非裁判"的属性。有关特设工作组开展研究和建立行动的意见的多项来文也强调，"（多边协商）程序应简单、透明、有促进作用和不具冲突性"[2]，并进一步指出"（多边协商）程序不应是司法性的，也不应与审判有关"。[3]这意味着磋商机制本身并不是一个司法性质的多边协商程序，由

---

〔1〕 "Questions regarding the implementation of the Convention"——The fact that the word "questions" is used rather than disputes or concerns implies that the nature of the issues being raised is not necessarily contentious. As long as a question deals with the implementation of the Convention, it is not limited by subject. It is foreseeable that questions could deal with the interpretation of the Convention or with scientific or technical issues relating to the Convention. Similarly legal issues and funding issues could be raised. Most questions will relate to obligations under the Convention. Canada：*Questionnaire Relating to the Work of the Ad Hoc Group on Article 13*. FCCC/AG13/1996/MISC. 1.

〔2〕 FCCC/AG13/1996/1, Para 11.

〔3〕 例如，欧共体明确表明，这一程序应该是非裁判性质的。A MCP should be simple, cooperative, non-judicial and transparent. FCCC/AG13/1996/MISC. 1，page 40. 英国同样也持这种观点。The term "multilateral" indicated that the process is one that must involve more than two parties whilst "consultive" emphasises that the procedure is not to be judicial or otherwise inquisitorial or confrontational. FCCC/AG13/1996/MISC. 1, p. 68.

机制产生的任何结果自然对所涉缔约方不具拘束力，除非所涉缔约方通过其国家行为明确表明其将由机制产生的相关结果视为自身应当承担的国际义务。此外，"文本"还表明，"（磋商机制）委员会的结论和任何建议应转交所涉各缔约方供其考虑"，这就进一步说明磋商机制并不能产生具有拘束力的解释，由机制产生的结果仅具有建议的性质。由此亦可看出磋商机制"增进对公约的理解、澄清和解决问题"的内在职能与通常意义上具有拘束力的条约的"解释和适用"（interpretation or application）之间存在的明显差异。

尽管如此，于气候变化领域而言，由磋商机制提供的任何意见仍具有十分重要的作用，不仅有助于各缔约方之间预防/减少纠纷，亦有利于协助/促进缔约方履行《联合国气候变化框架公约》下的相关承诺。通过以协助和协商为核心的磋商机制"增进对公约的理解、澄清和解决问题"，能够促使公约各缔约方一秉善意共同参与全球气候治理，激励缔约方之间通过开展广泛而深入的国际合作，进而预防/减少气候变化领域中矛盾和冲突的产生，并在此基础上，推动实现气候所致损失损害责任问题的妥善解决。

第四节　磋商机制的完善

气候变化所致损失损害责任问题的妥善处理涉及国际应对气候变化的四大支柱——减缓、适应、技术和资金。其中，"资金"是其他三个支柱的支柱，是其他三个问题的基础，及时、充足的资金支持对于因公共利益而遭受特别损失者提供补救，从而预防、限制或减轻气候变化所致损失损害带来的不利影响具有极为关键，甚至是决定性的作用。在此过程中，必然涉及在价值观念、利益诉求等方面各有所异的《联合国气候变化框架公约》各缔约方之间的意志协调。磋商机制在此承载着全球气候治理的希望，唯有进一步加强磋商机制的建设和完善，预防/减少包括气候变化所致损失损害责任在内的国际应对气候变化领域中矛盾和冲突的产生，关乎人类持续存在和持续发展的气候变化这一人类共同面临的国际环境问题才可能得到妥善解决。

一、磋商机制的法律价值

通过对磋商机制主要职能的分析，可以看出磋商机制并不产生具有拘束力的结果。但这并不意味着磋商机制本身的法律价值就因此而失去。法律是一个社会内人类行为规则的总体，这些行为规则，依据这个社会的共同同意，应由成为强制执行的对象的人本身以外的力量也就是外力来执行。[1]同时各国在实践之中也经常承认国际法为法律，各国政府认为，它们在法律上和道义上是受到国际法拘束的。[2]

法律的本质在于体现自由与理性。理解国际法的法律性，可以从法律本身的价值出发。黑格尔在《法哲学原理》中一针见血地指出，对自由最普通的看法是任性的看法——这是在单单由自然冲动所规定的意志和绝对自由的意志之间经过反思选择的中间物。当我们听说自由就是指可以为所欲为，我们只能把这种看法认为完全缺乏思想教养，他对于什么是绝对自由的意志、法、伦理等毫无所知。[3]从这种角度来看，单单因《联合国气候变化框架公约》下磋商机制产生的任何结果并不具有拘束力便否认机制本身所具有的法律性，显然是一种任性，并不符合对法律的真正认知。

妥善理解磋商机制应将其置于国际合作的语境下。建立《联合国气候变化框架公约》下磋商机制的目的并不在于管辖各缔约方之间因履约问题而产生的争端，其作为促进预防/减少纠纷，推动各缔约方更好地履行公约下相关国际承诺的国际机制，建立在缔约方平等自愿的基础上。对此，并不能以此自愿性以及机制所产生的结果是否具有拘束力作为评判标准否认磋商机制所具有的独特的法律价值，而应当充分重视机制在具体运行过程中在促进公约履约方面所发挥的重要作用。

法律的生命在于实践。于气候变化所致损失损害责任领域而言，具有决策者主体资格的磋商机制委员会可通过提供相应的咨询意见，协助处理因气候变化所致公共利益遭受特别损失者的损失损害问题，进而促进气候变化所致损失损害补偿责任的妥善确定和有效落实。同时通过磋商机制在气候变化所致损失损害责任领域的适用，也将不断加深磋商机制的灵活性、非对抗性以及及时性等特征，对于促进公约各缔约方履行相关国际承诺，进一步加深

---

〔1〕　参见［英］劳特派特修订：《奥本海国际法》（第 1 卷第 1 分册），王铁崖、陈体强译，商务印书馆 1973 年版，第五目。

〔2〕　参见［英］劳特派特修订：《奥本海国际法》（第 1 卷第 1 分册），王铁崖、陈体强译，商务印书馆 1973 年版，第十目。

〔3〕　参见［德］黑格尔：《法哲学原理——或自然法与国家学纲要》，范扬、张企泰译，商务印书馆 1961 年版，第十五节。

各缔约方对于全球应对气候变化领域国际合作的理解与落实起到了积极的推动作用。可以说，《联合国气候变化框架公约》下磋商机制的建立与完善为推动全球气候治理，预防/减少国际环境争端提供了一种新的可能。

二、磋商机制的发展构想

不可否认，现行《联合国气候变化框架公约》体系下与磋商机制相关的规则体系和制度安排尚存一定的模糊之处。涉及磋商机制的主体、程序以及效力等方面的相关规定有待进一步细化并完善之。

（一）磋商机制的主体

正如前述，磋商机制的主体主要包括机制的启动方、决策者和参与方三种类型。享有磋商机制的主体资格意味着能够在机制运行中享有一定的权利并承担相应的义务。在现行《联合国气候变化框架公约》体系下，磋商机制的主体被限定在较小的范围内。《联合国气候变化框架公约》第四次缔约方会议（COP4）最终批准的"文本"仅赋予公约缔约方、缔约方会议以磋商机制启动方的主体地位，并规定应由委员会充当磋商机制的决策者。[1]尽管"文本"中并未提及公约附属履行机构、秘书处、国家组织和个人的主体资格问题，但鉴于上述各类非国家实体对于多边协商程序的运转所作出宝贵的贡献，在磋商机制的程序运行中，亦应当确保上述各类主体的广泛参与，赋予其磋商机制参与方的主体资格。

应当认为，现行《联合国气候变化框架公约》体系下有关磋商机制主体的规定充分适应当前全球气候治理的基本格局，在各类主体的广泛参与下，磋商机制可以保持平稳、良好的运行，公约各缔约方在此方面亦形成了较强的适应能力。因此，在磋商机制的未来完善中，相较于进一步调整磋商机制所涉主体范围，充分保障并落实各类主体在机制运行中的相应权利及其所应承担的义务显得更为重要。

在此过程中，应特别注意区别磋商机制运行中所涉各种主体类型，对于不同类型的主体赋予不同的权利并课以相互区别的义务。在气候变化所致损失损害领域，广大发展中国家，特别是小岛屿发展中国家、最不发达国家等因气候变化所致公共利益遭受特别损失者所面临的突出困境必须得到重视，

---

[1] 这种限制磋商主体的条约并不是唯一的，例如《生物安全议定书》的不遵约机制同样如此。

对此，必须承认相关非政府组织、跨国公司乃至个人在应对气候变化领域中所发挥的重要作用。在全球气候治理进程中，应促进形成更具协调力的中心机制，通过进一步发挥如联合国环境规划署（United Nations Environment Programme，UNEP）等国际机构的协调功能，并借助《联合国气候变化框架公约》下磋商机制的运行进一步推动优化全球气候治理模式，促进全球气候治理取得更加突出的成果。采取渐进式的手段，即通过完善并发展磋商机制以促进形成更具协调力的中心机制，有助于早日实现向世界环境组织（World Environment Organization，WEO）[1]这一全球环境治理模式的迈进，也是解决全球环境问题，造福全球人类，实现人类持续生存和持续发展进程中的重要一环。

（二）磋商机制的程序

正如前述，磋商机制的程序涉及机制的启动、运行和决策三大步骤。[2]《联合国气候变化框架公约》第四次缔约方会议（COP4）最终批准的"文本"为磋商机制的建立奠定了基础。相较于其他国际环境公约下磋商机制所具有的"便利、促进和执行"公约相关规定的性质，《联合国气候变化框架公约》下磋商机制应更多地强调机制所具有的合作性和非强制性等特征。这亦为建立磋商机制的基本原则。[3]

在磋商机制的启动程序中，主要涉及在何种情况下由何种主体启动机制的问题。在现行《联合国气候变化框架公约》下，公约缔约方和缔约方会议是启动磋商机制的适格主体。[4]鉴于磋商机制在公约履行、预防/减少纠纷方

---

〔1〕　世界环境组织的职能除了提供一个信息和数据交换的平台外，可以对各国在环境领域以及公域环境所面临的利益和共同问题进行政策分析，通过谈判和协商等方式，协调各国在这些区域的利益和活动，保护人类的共同利益。参见林灿铃：《跨界损害的归责与赔偿研究》，中国政法大学出版社2014年版，第162页。

〔2〕　也有文章将其称为报告、核查、采取措施。The routine procedure of a compliance system involves three steps: reporting, verification of implementation and taking measures. Xueman Wang, *Towards a System of Compliance: Designing a Mechanism for the Climate Change Convention*, Review of European, Comparative & International Environmental Law 7, no. 2 (1998), p. 177.

〔3〕　In general, compliance strategies have focused heavily on elements of the sunshine approach in both the human rights and the labour areas. By contrast, trade agreements and arms control instruments have relied more on sanctions and other enforcement measures. Edith Brown Weiss, "Strengthening National Compliance with International Environmental Agreements", *Environmental Policy and Law* 27, no. 4, 1997, p. 303.

〔4〕　有研究认为，对于提起磋商的情况要求，由于磋商机制的活动范围相当广泛，同时也具有预防发生争端的目标，因此不要求以有关环境争端国受到一定的环境损害为条件。杨兴："《联合国气候变化框架公约》研究——兼论气候变化问题与国际法"，武汉大学2005年博士学位论文，第204页。

面所起到的积极作用，未来在磋商机制的发展完善过程中，不应过于限制启动磋商机制的条件[1]，当公约缔约方存在履约困难、对公约的理解困难以及缔约方之间可能就履约问题产生纠纷时，应由公约缔约方或缔约方会议及时启动磋商机制。但这并不意味着由不同主体启动磋商机制所需提交的"佐证信息支持"的充足程度亦应完全相同。对于由公约缔约方针对自身履约困难或对公约相关规定的理解困难提交的机制启动申请，不应要求其提交充足程度过高的佐证信息；而对于其他缔约方或者缔约方会议所提出的启动申请，由于所涉申请往往更具多方利益攸关性与冲突性，因此应当要求相关启动方提交的佐证信息具有更高的证明力。[2]此外，对于由其他缔约方启动磋商机制的情况，还涉及机制启动之前是否应设置前置性程序的问题。对此，《联合国气候变化框架公约》下旨在预防/减少纠纷、协助公约缔约方履约的磋商机制而言，应当采取通行的做法，而不应在机制启动程序之前附加其他的程序性要求，否则将有可能阻碍机制的顺利运行。

在磋商机制正式启动之后，在磋商机制委员会进一步确定履约情况，作出决策的过程中，还涉及相关信息的获取。《联合国气候变化框架公约》第四次缔约方会议（COP4）最终批准的"文本"中并未明确指明机制运作过程中磋商机制委员会获取信息的来源，"文本"中的现有规定尚存相当程度的模糊之处。较之《联合国气候变化框架公约》，《京都议定书》则明确规定磋商机制的信息来源应包括政府间国际组织和非政府组织。[3]充分获取相关信息作为磋商机制运作程序中的关键环节，享有机制决策者主体地位的磋商机制委员会最终决策必须依赖机制启动方及相关参与方所提供的信息。正如前述，就《联合国气候变化框架公约》下磋商机制而言，公约附属履行机构、秘书处、政府间国际组织、非政府组织以及个人都可以参与到磋商机制的运行程

---

〔1〕 遵约程序是否仅调查特定的不遵约状况，亦即是否仅有违反特定的条约义务方得启动，仅有进度一定是以及华盛顿公约由此规定，其他之遵约程序均仅抽象的规定不遵守公约的义务。

〔2〕 关于他国启动的实质要求，《蒙特利尔议定书》遵约机制规定，提请审查应有确凿的资料予以支持。《巴塞尔公约》遵约机制规定，来文应提供确证的资料；委员会如认为来文属无关紧要的琐事或依据明显不足，可拒绝受理。《生物安全议定书》遵约机制规定，在铭记议定书目标的情况下，委员会得拒绝审议其他缔约方提出的逃脱责任或没有根据的报告。《京都议定书》遵约机制规定，他国启动应具备充分信息的佐证，不是微不足道或无确实根据，并以议定书的要求为依据。苟海波、孔祥文："国际环境条约的磋商机制介评"，载《中国国际法年刊》2005年第2期。

〔3〕 FCCC/CP/2001/13/Add. 3，第24/CP. 7号决定。

序中，为委员会的最终决策提供相应的信息支持。在此过程中，除却涉及国家秘密、商业秘密、个人隐私等不应公布的相关信息，磋商机制委员会应当公布最终决策结果并且向缔约方会议报告，确保磋商机制委员会开展相关工作的公开透明性。

在磋商机制的决策程序中，应由磋商机制委员会处理相关主体提交的信息并作出最终决策。在此过程中，应当排除公约缔约方对于磋商机制委员会行使决策权的干扰。在《联合国气候变化框架公约》下磋商机制的最终决策规则方面，《联合国气候变化框架公约》第四次缔约方会议（COP4）最终批准的"文本"中亦缺乏详细规定。就委员会作出的最终决策的性质而言，通过磋商机制产生的结果从性质上讲应属于不具有拘束力的咨询意见，是机制决策者在对相关主体提交的信息进行客观中立的事实分析之后提出的建议性措施。考虑到磋商机制的完整性及其本身所具有的非对抗性以及合作性的特征，在磋商机制的决策程序中采取多数表决的原则并不会对机制的良好运行造成实质性影响。

（三）磋商机制的效力

一般来说，磋商机制的效力可以分为三种，也就是促进性的、警示性的和惩罚性的。促进性措施就是协助当事国制定促进履约的行动计划，向当事国就履约问题提供咨询意见和建议，或给当事国提供一定的资金、技术或能力建设支持。警示性措施主要是向不遵约的当事国发出警告，将其不遵约状况公之于众。惩罚性措施，主要包括暂停或中止不遵约当事国在条约框架下的权利，或者进行一定形式的制裁。[1]也有观点将其概括为激励机制、透明度安排和制裁措施。[2]

在《联合国气候变化框架公约》下磋商机制的运作过程中，并不包含向

---

〔1〕　宋冬："论《巴黎协定》遵约机制的构建"，外交学院 2018 年博士学位论文，第 27 页。

〔2〕　International legal strategies to encourage compliance may be grouped into three categories: negative incentives in the form of penalties, sanctions and with-drawal of privileges; sunshine methods such as monitoring, reporting, transparency and NGO participation; and positive incentives, such as special funds for financial or technical assistance, access to technology or training programmes. In addition there are traditional public international law remedies for breach of an agreement, as set forth in the Vienna Convention on Treaties and in customary international law. The question is which methods work best under what set of circumstances. Edith Brown Weiss, *Strengthening National Compliance with International Environmental Agreements*, Environmental Policy and Law 27, no. 4, 1997, pp. 298-302.

相关缔约方施以制裁性措施的内容。磋商机制作为一种提供便利、相互合作和非对抗性的多边协商程序，以向相关缔约方或缔约方会议提供与履约相关的咨询意见和建议为己任，在其所开展的行动中并不带有任何惩罚性或对抗性的内容。[1]磋商机制产生的结果近似于一种客观信息的提供，所涉缔约方如何对待这一信息应属于各自国家主权范围内的事项。《联合国气候变化框架公约》第四次缔约方会议（COP4）最终批准的"文本"第12条亦规定，"（机制）委员会的结论和任何建议应转交所涉各缔约方供其考虑"，而不是任何具有强制性效力的用语。[2]上述意见/规定均体现出磋商机制本身所具有的非强制性/非惩罚性的特征。

在现存国际实践方面，赋予磋商机制强制性/惩罚性的效力不仅不能进一步有效推动公约履约问题的妥善解决，甚至还可能导致机制目标落空。这一点明显体现于《京都议定书》下磋商机制的规则中。[3]目前，国际环境条约以规定"磋商机制的效力应以促进性为主"为惯常做法[4]，在促进性、非对抗性以及合作性原则的指导下，《联合国气候变化框架公约》下磋商机制应从遵约意愿和遵约能力两方面入手，进一步扩大"文本"第6条所规定的磋

---

〔1〕　虽然强制性措施的根本目的也在于通过威慑促进条约的履行，但有可能影响条约的普遍性，引起缔约国之间的对抗，损害条约的实施效果，因此强制性措施并未被各遵约机制一致采用。苟海波、孔祥文："国际环境条约的磋商机制介评"，载《中国国际法年刊》2005年第2期。

〔2〕　FCCC/CP/1998/16/Add.1，第10/CP.4号决定附件。

〔3〕　一个例子是克罗地亚和《京都议定书》遵约委员会之间的冲突，在这一个冲突之中，《京都议定书》遵约机构下的强制执行分支按《京都议定书》的有关条款来审议克罗地亚的遵约情况，宣布克罗地亚违约。但即使宣布克罗地亚违约，按照克罗地亚的标准，它事实上也无法达到《京都议定书》2012年的目标，属于无能力遵约，这也就达不到设置国际环境条约遵守机制的目的。2009年10月13日，秘书处收到专家评审组报告中就审评克罗地亚初次报告中提出的一个执行问题。这个问题涉及克罗地亚对其分配数量的计算及其遵守《京都议定书》第3条第7款和第8款的情况以及根据《京都议定书》第7条第4款核算分配数量的方式，专家组认为克罗地亚在第7/CP.12号决定通过以后，在其基准年水平上增加350万吨二氧化碳当量，这不符合《京都议定书》第3条第7款和第8款以及分配数量核算方法。遵约委员会不承认《联合国气候变化框架公约》缔约方作出的决定在《京都议定书》范围内的法律效力，即不承认7/CP.12号决定的法律效力。曾亦栋："反思《京都议定书》不遵约机制"，载《法制与经济》2012年第3期。

〔4〕　遵约机制均强调以促进性措施为主，具体措施大致相同，有以下几类：①提供咨询，包括就发展中国家和经济转轨国家如何获得财政和技术援助提供建议；②要求或协助缔约方制订履约计划，并定期审查履约计划的实施情况，以便在商定时间内实现遵约；③提供资金和技术援助，加强能力建设，包括协助收集和汇报数据、提供信息、培训、转让技术、协助建立和加强管理体系等；④警告并视情公布不遵守情事。苟海波、孔祥文："国际环境条约的磋商机制介评"，载《中国国际法年刊》2005年第2期。

商机制委员会的职能范围，在"澄清和解决问题""提供关于如何为与解决这些困难而获取技术和资金的意见和建议"以及"就汇编和交流信息提供咨询意见"的基础上，赋予委员会提出相关制度和政策方面的建议以加强缔约方遵约意愿建设，以及提供咨询意见促进缔约方在减缓、适应方面的能力建设以进一步加强缔约方遵约能力建设的权利。对此，气候变化政府间谈判委员会表明，在国际应对气候变化进程中，随着缔约方对于《联合国气候变化框架公约》下磋商机制认识程度及应用程度的不断增强，未来可在"文本"的基础上，进一步完善磋商机制以适应新的气候治理形势。[1]"文本"第14条亦规定，"委员会职权范围可由缔约方会议参照对公约的任何修正、缔约方会议的任何决定或本程序运作过程中取得的经验加以修改"。[2]

就气候变化所致损失损害责任领域而言，未来应在更好发挥《联合国气候变化框架公约》协调各缔约方应对气候变化行动的中心作用的基础上，强化磋商机制所具有的预防/减少纠纷，协助缔约方履行公约承诺的作用，积极促进公约各缔约方在气候变化所致损失损害责任确定和责任承担方面协调意志，助力因气候变化所致公共利益遭受特别损失者得到及时、充分的补偿。

三、从分散走向统一的磋商机制

当前全球化程度正不断加深。其中，环境保护领域的全球化已经成为当今时代最为突出的特征之一。就环境保护领域而言，由气候变化带来的是涉及包括政治、经济、社会、文化、发展、传统、法律等在内的多维度的国际问题。气候变化的不利影响[3]严重阻碍了部分国家或地区实现可持续发展，但全球大气一体及大气环流作用决定气候变化无法由单独的国家来解决，气候变化所致损失损害也是如此。在包括气候变化在内的全球环境治理进程中，主权国家依旧是最为关键的行为体，在环境保护全球化的时代背景下，建立在联合国体系下的与国际合作相关的规则体系和制度安排应该被重新发掘，从而实现对全球环境治理的完善和发展。

---

〔1〕 A/AC. 237/59, para 32.

〔2〕 FCCC/CP/1998/16/Add. 1，第10/CP. 4号决定附件。

〔3〕 "气候变化的不利影响"指气候变化所造成的自然环境或生物区系的变化，这些变化对自然和管理下的生态系统的组成、复原力或生产力，或对社会经济系统的运作，或对人类的健康和福利产生重大的有害影响。参见《联合国气候变化框架公约》第1条第1款。

可持续发展理论已经指出，人和自然和谐发展才是最适合人类持续生存和持续发展需求的。如果人类继续否认自然的存在价值，否认自然存在的权利，那么人和自然之间和谐共生的关系就永远不可能实现。良好的人类生存空间和环境质量只有在科学的经济运作和正常的经济秩序条件下才能实现，否则就会以牺牲环境为代价。[1]环境权、发展权的实现离不开法律的保障，由此产生的重要实践方式就是利用法律规定的明确性确立"人对自然的权利和义务"。这种通过立法方式实现的人与自然之间权利义务关系的确定，使得人和自然之间的双向关系得到规范。通过对经济发展和环境保护之间的辩证统一关系的认识，消除对环境保护的忧虑，从而实现全球环境治理进程的稳步推进。对此，促进全球各国深入理解可持续发展理念，推进实现全球各国环境伦理观念亦离不开磋商机制的良好运行。

在不同的国际环境条约体系下，磋商机制所需解决的问题均可大致划分为遵约意愿和遵约能力两个方面。从遵约意愿的强弱程度来看，不同缔约方之间的意愿是存在差异的。鉴于各缔约方在经济发展水平、科技发展水平以及环境保护水平方面存在的差异，一些缔约方的行为可能在尚未加入条约之前就已经符合条约所规定的某些特定义务；而对于另一些缔约方来讲，即使已加入条约，仍可能由于缺乏履约意愿或履约能力而对条约的相关规定构成违背。囿于缔约方之间价值观念、利益诉求等方面的差异，在现实条件下不排除有些国家可能会对其他国家的"诱惑"/"威胁"做出回应；同样地，有些国家也可能因意愿通过加强促进国际合作以期待其他回报为出发点加入进来。[2]由此可见，遵约意愿在不同的缔约方之间存在一定程度的差异，并且此方面的差异可能最终影响缔约方对于公约的履行。加强遵约意愿建设，在遵约意愿上尽量达成一致是磋商机制需要解决的重要内容。

与履约意愿相对，各缔约方也必须具有相应的履约能力。就履约能力而言，许多相关的内容都很重要：有效和诚实的行政组织、经济资源、公众支持和技术专长等。不同国家加入条约时所具备的履约能力有所不同，并随着时间的变化相应发生一定程度的变化。在履约过程中，不同缔约方将面临优

---

[1] 裴广川主编：《环境伦理学》，高等教育出版社 2002 年版，第 195~196 页。

[2] Edith Brown Weiss, "Strengthening National Compliance with International Environmental Agreements", *Environmental Policy and Law* 27, no. 4, 1997, p. 298.

先性选择：例如，需要投入多少资源以遵守不同条约中规定的特定义务。当涉及中央政府部门与地方各级部门的合作时，这个问题将变得尤为困难。[1]可见，遵约能力问题不单单只是一个国际法上的问题，其亦涉及各个国家国内层面的制度安排。但无论如何，加强条约各缔约方的遵约能力建设，对于保障各缔约方切实履行公约义务，推动特定全球环境治理领域工作的稳步进行起到极为关键的促进作用。

根本而言，实现环境保护和经济发展之间的平衡是加强缔约方遵约意愿和遵约能力建设的首要前提。遵约意愿涉及各缔约方对国际环境保护重要性的理性认识，遵约能力则涉及缔约方国内的资源配置等实践问题。磋商机制可通过促进缔约方之间广泛而深入的国际合作加强各缔约方在遵约意愿和遵约能力方面的统一认识。在全球应对气候变化领域，《联合国气候变化框架公约》下磋商机制作为国际社会在气候变化领域进行广泛而深入的国际合作的重要手段，代表着商谈理论在国际应对气候变化领域中所取得的进一步发展，也是全球环境治理思想具体落实于气候变化领域中的突出体现。但不可否认，当前《联合国气候变化框架公约》下磋商机制的现有规定尚存模糊之处，在特设工作组研究和建立磋商机制及其涉及的所有问题的过程中，许多《联合国气候变化框架公约》缔约方、非缔约方、政府间国际组织和非政府组织要求对磋商机制下的规则体系和制度安排作出更加清晰的表述。同时诸多国际环境条约下建立的磋商机制林林总总，导致不同条约下涉及磋商机制的规定相对分散，全球环境治理进程需要得到更好的协调。[2]对于国际环境法中的磋商机制，在环境保护全球化的时代背景下，未来应进一步完善磋商机制下的规则体系和制度安排，推动磋商机制从分散走向统一。

鉴此，当前不同国际环境条约下遵约机制各自为政的情况应当有所改变。可以在国际层面建立一个统一的机构以促进不同国际环境条约之间的整合，也即建立推进全球环境治理进程的国际组织——世界环境组织。通过世界环境组织的建立，推进不同国际环境条约下磋商机制的协调发展，对于加强缔约方遵约意愿和遵约能力建设有着积极的促进作用。根本而言，世界环境组

---

〔1〕 Edith Brown Weiss, "Strengthening National Compliance with International Environmental Agreements", *Environmental Policy and Law* 27, no. 4, 1997, p. 298.

〔2〕 Steve Charnovitz, "A World Environmental Organization", 27 COLUM. J. ENVTL. L., 323 (2002), pp. 338~339.

织的最大优势就在于促进全球各国在环境领域的利益和活动的协调统一，以保护人类的共同利益。[1]通过组织化的构建，能够实现对全球环境治理的领导力、合理性、一致性和关注度的全面提升。尤其应该强调的是作为遵约意愿的一致性，全球生态环境治理体系的关键目标在于促进一致性。这意味着各组织应该有一个共同的全球环境远见，并朝着共同目标一致行动。一致性需要所有组织间适当地协调和经常地沟通。[2]

---

[1] 参见林灿铃：《跨界损害的归责与赔偿研究》，中国政法大学出版社 2014 年版，第 162 页。

[2] 蔡拓、杨雪冬、吴志成主编：《全球治理概论》，北京大学出版社 2016 年版，第 238 页。

第八章

气候变化所致损失损害责任的中国立场与贡献

为了有效应对全球气候变化，实现人类的持续生存和发展，进一步厘清并落实气候变化所致损失损害责任，建立健全气候变化所致损失损害责任的国际法机制乃是必然的选择。中国作为国际气候立法的积极参与者和协调者，"地球家园"的国家立场、人类命运共同体意识和"两山"理论以及生态文明理念，不仅为自身的气候法治建设夯实了基础，更为国际应对气候变化立法贡献了东方智慧。

第一节　大变局中的中国气候外交

地球只有一个，人类只有合作才能共生。面对波谲云诡的全球气候政治，中国的"地球家园"国家立场充分体现了人类的公益情怀，向世界昭示了以"人类一体"为视角的中国气候外交之博大胸襟。

一、气候变化国际新情势

早在 20 世纪 90 年代，气候变化就纳入了政治议事日程。[1]由于气候问题直接涉及各国的核心利益，对其讨论逐步由科学议题转向政治问题。各国政要穿梭互访，纵横捭阖，以图在气候变化领域掌握话语权与规则制定权。在京都模式陷入困境的情况下，多边气候谈判的阵营开始分化重组。[2]气候变化不仅重塑着 21 世纪的世界经济秩序，也正在以前所未有的力度重塑着 21

---

〔1〕　［美］安德鲁·德斯勒、爱德华·A. 帕尔森：《气候变化：科学还是政治?》，李淑琴等译，中国环境科学出版社 2012 年版，第 149 页。

〔2〕　于宏源："《巴黎协定》、新的全球气候治理与中国的战略选择"，载《太平洋学报》2016年第 11 期。

世纪的国际政治格局，应对气候变化将导致国际关系格局的重大调整。[1]

当前气候政治局势瞬息万变，大国间的气候博弈日益白热化。首先，伞形集团[2]和欧盟气候利益集团中的发达国家强调减缓气候变化，弱化适应气候变化，并要求与发展中国家共同减排；而发展中国家则强调适应气候变化，要求发达国家率先减排并承担更多的减排义务，双方斗争焦点围绕历史责任、发展空间、资金与技术减让展开；其次，"77国集团+中国"[3]强烈要求发达国家承认发展中国家已为减排作出巨大努力；要求发达国家向发展中国家为应对气候变化提供资金和技术支持并要求发达国家进行深度减排；最后，伴随着新兴经济体日益勃发，不同经济利益集团围绕气候变化、能源资源安全等全球性问题的博弈更加激烈，特别是发展中国家阵营内部的协调难度加大，分化和离心凸显，不同的利益诉求和声音出现了较大的冲突。在发达国家不断挑拨和离间"基础四国"[4]以及"77国集团+中国"内部的小岛国联盟、非洲集团、最不发达国家和少数拉美国家关系的情形下，"基础四国"和"77国集团+中国"的战略依托出现分化。

此外，美国政府一改过往游离在全球应对气候变化的积极阵营之外[5]的态度，视气候变化为重塑国际形象的重要公关契机，借由新的减排目标推动

---

[1] 张海滨："气候变化正在塑造21世纪的国际政治"，载《外交评论》2009年第6期。

[2] 伞形集团（Umbrella Group）是一个区别于传统西方发达国家的阵营划分，用以特指在当前全球气候变化议题上不同立场的国家利益集团，具体是指除欧盟以外的其他发达国家，包括美国、日本、加拿大、澳大利亚、新西兰、挪威、俄国、乌克兰。因为从地图上看，这些国家的分布很像一把"伞"，也象征地球环境"保护伞"，故得此名。

[3] 77国集团（Group of 77），是发展中国家在反对超级大国的控制、剥削、掠夺的斗争中，逐渐形成和发展起来的一个国际集团。中国虽不是77国集团成员，但一贯支持该组织正义主张和合理要求。自20世纪90年代以来，中国同77国集团关系在原有基础上有了较大发展，通过"77国集团+中国"这一机制开展协调与合作。

[4] 基础四国（The BASIC Countries）是由巴西（Brazil）、南非（South Africa）、印度（India）和中国（China）四个主要发展中经济个体组成的《联合国气候变化框架公约》下的谈判集团。

[5] 2001年，美国时任总统布什以"给美国经济发展带来过重负担"为由，宣布美国退出《京都议定书》。2020年，美国时任总统特朗普以"该协议给美国带来了不公平的经济负担"为由，退出《巴黎协定》。2011年加拿大时任环境部长的彼得·肯特在议会举行的新闻发布会上宣布，加拿大正式退出《京都议定书》。2010年坎昆会议上，日本代表连续在不同场合宣称"永远"不会就议定书第二阶段承诺减排目标。2021年12月多哈会议上，新西兰宣布退出《京都议定书》第二承诺期。它们不但拒绝接受提高减排力度和透明度方面的要求，同时还阻挠气候资金、绿色技术转让等谈判的进展，游离在全球应对气候变化的积极阵营之外。这导致第二承诺期的减排雄心不足、环境漏洞突出，减排效力大打折扣；发展中国家关切的气候资金等重要问题也并未得到妥善解决。

清洁能源革命，确保既能带动美国经济复苏，又能保证美国继续独占科技鳌头并重夺全球气候治理的领导地位。与此同时，昔日的全球气候领导者欧盟亦不甘示弱，从三方面对美国进行了"阻击"：一是希望转变成为现代、高效、有竞争力的经济体，在 2030 年达到气候目标并在 2050 年实现碳中和[1]；二是欧洲多国在气候议题上积极谋求与中国的共识，近年来中法德领导人多次共同围绕如何应对气候变化问题举行会晤；三是在美国举办"领导人气候峰会"前一天，欧盟发布了被认为是极力推动金融体系将资本转向低碳经济的《可持续金融分类授权法案》（Taxonomy Regulation First Delegated Act），有助于缩小《巴黎协定》签署以来气候行动与实体经济投资之间的差距。[2]

全球气候治理陷入困境，很大一部分原因是西方发达国家视气候变化问题为对发展中国家实施"绿色遏制"的重要手段。发达国家借机巩固自身经济优势、拉开与发展中国家经济差距的做法在本质上延续了"生态帝国主义"的逻辑，成为全球气候治理的内在障碍。[3]

然而，在这国际秩序新旧交替的时代，面对风云万变的国际气候政治新情势，身处百年未有大变局中的中国开启了积极参与全球气候治理的新征程。不可否认，当前中国的气候外交仍面临诸多挑战，最为核心的冲突在于中美之间的博弈。中美双方都曾试图通过气候外交为两国关系打开新航道，但是美国飘忽不定的单边主义气候外交政策[4]让中美关系仍然存在巨大的不稳定性。特别是双方对于应对气候变化中责任承担问题的解读不同——美方认为中国作为新兴发展中国家需要承担更多减排责任，制定更有力度的短期气候行动和"国家自主贡献"目标；而中国则认为美国作为世界第一大经济体与发达国家，需要承担历史责任与大国道义责任，这亦从侧面反映出发达国家和发展

---

〔1〕　Quoted from：Canfora, P., Dri, M., Polidori, O., Solzbacher, C. and Arranz Padilla, M., *Substantial contribution to climate change mitigation-a framework to define technical screening criteria for the EU taxonomy*, Publications Office of the European Union, 2021. European Parliament, The European Green Deal, (25 March 2022), https://www.europarl.europa.eu/doceo/document/P-9-2020-005732_ EN.html.

〔2〕　Paolo C, Marco D, Olivier P, et al. *Substantial contribution to climate change mitigation -a framework to define technical screening criteria for the EU taxonomy*. JRC Working Papers, 2021.

〔3〕　参见郇庆治："'碳政治'的生态帝国主义逻辑批判及其超越"，载《中国社会科学》2016年第 3 期。

〔4〕　特朗普政府的单边主义和极限施压政策，让中美之间的互信力严重受损。后美国重返《巴黎协定》，在格拉斯哥气候峰会上拜登就特朗普政府退出《巴黎协定》向世界各国领导人道歉，并表示这一举动让美国在达成气候目标上落后了。

中国家围绕温室气体减排的权责分配和执行时间等方面的重重矛盾与斗争。[1]

概而言之，在全球各国共同致力实现温控目标与当前应对气候变化的国际新情势下，中国应在全球气候博弈中展现大国风范和领导力，发挥大国气候外交的应有作用，为全球气候行动注入更强大的推力。

二、"地球家园"的国家立场

在参与全球气候治理合作初期，中国基于自身经济相对落后、地域辽阔、生态环境脆弱、各类灾害频发的特殊国情，一直坚持"任何减排目标都会制约中国的发展，阻碍中国现代化进程的实现"的基本气候价值立场。在此阶段，中国的国家立场十分明确，即全心全意发展经济并对承担温室气体减排责任十分抗拒。早在 20 世纪 80 年代末 90 年代初，即便中国已经认识到环境问题是国际关系中的一个重要问题并开始登上"环境外交"的世界舞台[2]，但在 1997 年 12 月 11 日日本京都召开的《联合国气候变化框架公约》第三次缔约方会议（COP3）上，中国依然明确反对发展中国家承担新的减排义务，认为所谓的"自愿承诺"条款和"排放贸易"制度会阻碍发展中国家的发展，并坚称中国在达到中等发达水平前不会承担减排义务。在 1998 年 11 月 2 日阿根廷布宜诺斯艾利斯举行的 COP4 上，中国仍然坚持不承诺减排义务。

然而，伴随着国家经济腾飞，中国一跃成为世界第一大温室气体排放国，为在世界舞台维护"十分注重自身国际形象的维护以及和谐国际关系的营造"的世界大国形象，[3]中国面临为经济发展争取排放空间抑或牺牲短期经济利益，履行温室气体减排责任的两难选择。

千禧年之后，中国提出了构建和谐世界的外交新理念。在这种新理念的指导下，中国的环境外交活动更加主动、视野更加宽阔、理论更加成熟。[4]中国共产党第十七次全国代表大会的报告首次从构建和谐世界的高度明确表

---

〔1〕 薄燕："中美在全球气候变化治理中的合作与分歧"，载《上海交通大学学报（哲学社会科学版）》2016 年第 1 期。

〔2〕 王之佳编著：《中国环境外交》，中国环境科学出版社 1999 年版，第 112~113 页。

〔3〕 史军：《中国参与国际气候合作的价值立场研究》，中国社会科学出版社 2018 年版，第 17 页。

〔4〕 齐峰："改革开放 30 年中国环境外交的解读与思考——兼论构建环境外交新战略"，载《中国科技论坛》2009 年第 3 期。

达了中国的新环境外交观:"我们主张,各国人民携手努力,推动建设持久和平、共同繁荣的和谐世界。为此,在环境保护问题上相互帮助、协力推进,共同呵护人类赖以生存的地球家园",[1]强调对内建设生态文明,创建和谐社会;对外加强环保合作,共建和谐世界。如此,为中国应对气候变化指引了前进方向。在此阶段,伴随着"地球家园"概念的提出,中国逐渐意识到应对气候变化与发展转型要求并不完全矛盾,国内发展的内在诉求与国际气候合作的外部议程逐渐趋于一致。鉴此,在2008年召开的"第63届联合国大会"中,中国外交部公布的《第63届联合国大会中国立场文件》对气候变化问题的本质进行了解析:首先向发达国家强调应对气候变化问题需要国际合作,而合作的基础则是"共同但有区别的责任";其次向其他发展中国家确认应对气候变化这一问题实质上应归属于发展问题,进而与发展中国家确立统一阵线,敦促发达国家在应对气候变化的发展中兑现帮助发展中国家的承诺。随后,于2009年丹麦哥本哈根《联合国气候变化框架公约》第十五次缔约方会议(COP15)上,中国强调:气候变化是当今全球面临的重大挑战。遏制气候变暖,拯救地球家园,是全人类共同的使命,每个国家和民族,每个企业和个人,都应当责无旁贷地行动起来。[2]中国自此迈入以国际合作的方式,积极承担减缓温室气体排放责任和经济发展相结合的新阶段。

此后,随着中国参与国际事务的程度日渐加深,中国开展应对气候变化国际合作的范围和程度亦逐渐加深。中国加入了诸多与气候变化相关的国际组织;承办了诸多国际气候会议;积极参与环境保护国际交流;引导各国达成共识并积极进行国际援助,大大提高了中国参与全球气候治理的能力。中国于2015年6月30日向《联合国气候变化框架公约》秘书处提交了《中国国家自主贡献计划(China's Nationally Determined Contributions)》[3];2021年10月24日中共中央、国务院印发的《关于完整准确全面贯彻新发展理念做好碳达峰碳中和工作的意见》为2030年碳达峰、2060年碳中和进行了系统

---

〔1〕 参见《中国共产党第十七次全国代表大会文件汇编》,人民出版社2007年版,第45页。

〔2〕 参见"温家宝总理在哥本哈根气候变化会议领导人会议上的讲话",载中国政府网:http://www.gov.cn/ldhd/2009-12/19/content_ 1491149. htm,最后访问日期:2022年3月15日。

〔3〕 文件强调了国际社会要携手应对气候变化这个全球性问题,肯定了《联合国气候变化框架公约》实施进程中各缔约方加强合作取得的成果,确认中国在未来会积极制定措施控制减排以及提高适应能力。提出了到2030年二氧化碳达峰以及争取尽早达峰的目标,同时提出二氧化碳排放及非化石能源消费占比和森林蓄积量的量化目标,并且针对以上目标的达成提出了十五类具体政策和行动。

谋划与总体部署，不仅体现了中国提高国家自主贡献的力度，也向世界展示了在发达国家未能有效落实"共同但有区别责任"的情况下，中国政府依然积极兑现气候减排的承诺的气候决心。[1]此外，级别越来越高的领导人参加气候变化大会并发表讲话，例如，中国国家主席习近平于 2015 年 11 月 30 日在法国巴黎参加《联合国气候变化框架公约》第二十一次缔约方会议（COP21）并发表重要讲话等，无一不表明中国国家立场的转变，彰显中国综合国力的提升，也让中国在"地球家园"建设中逐渐掌握话语权。当下，深度参与全球气候治理乃中国参与国际制度与规则制定、履行大国责任、提升国际形象的历史新机遇。

综上所述，中国"地球家园"的国家立场彰显了中国在应对气候变化国际合作领域中的可持续发展理念，表明了中国不仅视应对气候变化为国家要务，更从"人类整体"出发积极引领建设"地球家园"，体现了中国的大国责任与担当。

三、合作共生

在工业革命之前，全球气候系统趋于稳定，一定周期内的气温升幅较为平稳；而工业革命以来，发达国家在实现工业化、现代化的过程中，为了满足本国国民奢侈舒适的生活方式和消费模式，对自然资源浪费性开采并向公共空间挥霍性排放以二氧化碳为主的温室气体，引发了气候变化问题。由气候变化导致的损失损害不仅影响人们的身体健康，降低了其生活质量和福利，还对社会经济发展造成严重影响，对人类的生存和发展构成严重威胁。在此过程中，诸多发展中国家为了发展经济、摆脱贫困，纷纷效仿发达国家"传统工业化增长模式"的发展路径，使得全球气候变化程度不断加深。

20 世纪 90 年代以来，全球化促成了全球范围内的投资、贸易、开发、产业转移等大量的经济活动，大大促进了各国的经济增长，推动了世界的共同繁荣，而这些经济活动伴随着航运、海运、工厂生产等亦将大量的温室气体排入大气中。地球生态系统是一个不可分割的整体，地球环境的各部分之间具有千丝万缕的联系，地球生态依赖关系使得气候变化及其所带来的不利影

---

〔1〕 邵莉莉："碳中和背景下国际碳排放治理的'共同责任'构建——共同但有区别责任的困境及消解"，载《政治与法律》2022 年第 2 期。

响不可能仅产生于特定的国家或地区。对于气候变化这一关乎人类生死存亡的国际环境问题，无一国家能独善其身。

基于气候变化及其所致损失损害的全球属性，仅凭某一国家或某一地区的一己之力是无法挽救"地球"这颗蔚蓝星球的。对此，全球各国、各民族乃至每个人应共同参与全球气候合作，建立起一种新型的全球伙伴关系，一起让"共生"成为可能。现代复杂的生态依存约束所有国家，它创建了一种新的依赖关系，即单个国家对所有其他国家的依赖。[1]对此，1972年的《联合国人类环境宣言》指出："有关保护和改善环境的国际问题应当由所有的国家，不论其大小，在平等的基础上本着合作精神加以处理。"[2]2002年的《约翰内斯堡可持续发展宣言》进一步强调："我们欢迎并支持强大的地区性组织和联盟的出现，例如非洲发展新伙伴倡议，以促进地区合作，改善国际合作，促进可持续发展。"[3]"我们认识到人类团结的重要性，敦促世界不同文明和民族，不论种族、是否残疾、宗教、语言、文化和传统，加强对话与合作。"[4]

就当前全球气候治理而言，唯有合作才能"共生"。自1992年《联合国气候变化框架公约》通过至今，世界各国围绕温室气体减排的权责分配和执行时间等方面的重重矛盾与斗争日益公开化。[5]一些国家甚至以"搭便车"的方式在全球气候治理中"滥竽充数"窃取果实。全球气候系统具有明显的公共物品属性，其为所有地球生物所共享，也由所有国家共同使用。基于此种特殊属性，全球气候治理必须由整个社会共同作出努力，通过合作实现有效保护和治理，从而避免"公地悲剧"[6]的发生。任何国家都需要在应对气候变化中承担起应有的责任，那些不积极承担减排义务并试

---

〔1〕　庄贵阳等：《全球环境与气候治理》，浙江人民出版社2009年版，第27页。

〔2〕　参见《斯德哥尔摩人类环境宣言》原则24。

〔3〕　参见《约翰内斯堡可持续发展宣言》原则23。

〔4〕　参见《约翰内斯堡可持续发展宣言》原则17。

〔5〕　徐保风："习近平生态文明思想与中国应对气候变化的新态势"，载《长沙理工大学学报（社会科学版）》2019年第1期。

〔6〕　公地悲剧（Tragedy of the Commons）：公地作为一项资源或财产有许多拥有者，他们每个人都有权使用，但没有权利阻止他人使用它。每个人都倾向于过度使用，导致资源匮乏。"公地悲剧"所反映出的公共资源滥用和公共环境毁灭，实质上是所谓"理性经济人"为了追求个人利益而无限制地搜取公共资源、破坏公共环境，施外部性于他人从而导致环境公共利益受到严重损害的表现。

图通过"搭便车"的方式坐享其成的国家的持续排放行为无疑进一步加剧了气候变化。

在全球应对气候变化进程中，中国积极承担援助责任，以身作则向发展中国家提供国际援助，展现出积极应对气候变化的大国担当。2009 年 9 月 22 日，中国原国家主席胡锦涛于纽约联合国气候变化峰会开幕式上强调："在应对气候变化过程中，必须充分考虑发展中国家的发展阶段和基本需求。国际社会应该重视发展中国家特别是小岛屿国家、最不发达国家、内陆国家、非洲国家的困难处境，倾听发展中国家声音，尊重发展中国家诉求，把应对气候变化和促进发展中国家发展、提高发展中国家发展内在动力和可持续发展能力紧密结合起来。"[1]

对于全球气候合作不可或缺的重要组成部分——气候变化南南合作[2]而言，中国为广大发展中国家提供了诸多帮助。2014 年 9 月 23 日，原副总理张高丽在纽约联合国气候变化峰会上表示，中国政府和中国领导人高度重视应对气候变化问题，中方愿继续加强与联合国的合作，将提供 600 万美元支持联合国秘书长推动应对气候变化的南南合作；2015 年 9 月，中国国家主席习近平在巴黎气候大会上宣布设立 200 亿元人民币的中国气候变化南南合作基金[3]，截至 2015 年底，累计通过该基金对外赠送发光二极管灯 120 余万支，发光二极管路灯 9000 余套，节能空调 2 万余台，太阳能光伏发电系统 8000 余套。[4] 截至目前，中国已累计安排约 12 亿元人民币用于开展气候变化南南合作，与 36 个发展中国家签署 41 份气候变化合作文件，与老挝、柬埔寨、塞舌尔合作建设低碳示范区，与埃塞俄比亚、巴基斯坦、萨摩亚、智利、古巴、埃及等 30 余个发展中国家开展 38 个减缓和适应气候变化项目，同时积极开展能力建设培训，累计在华举办 45 期应对气候变化南南合作培训班，为 120 多个发展

---

〔1〕 "携手应对气候变化挑战"，载中华人民共和国外交部官网：https://www.fmprc.gov.cn/ce/cgct/chn/xwdt/t605990.htm，最后访问日期：2022 年 3 月 26 日。

〔2〕 由于大部分发展中国家分布在南半球或北半球的南部，因此，将发展中国家间的经济技术合作称为"南南合作"。

〔3〕 "携手构建合作共赢、公平合理的气候变化治理机制"，载中华人民共和国外交部官网：https://www.mfa.gov.cn/ce/celr/chn/zgyw/t1319993.htm，最后访问日期：2022 年 4 月 23 日。

〔4〕 "中华人民共和国气候变化第三次国家信息通报"，载 UNFCCC 官网：http://unfccc.int/sites/default/files/resource/China_ NC3_ Chinese_ 0.pdf，最后访问日期：2022 年 4 月 1 日。

中国家培训约 2000 名气候变化领域的官员和技术人员。[1]

2021 年以来，中国在应对气候变化南南合作领域又提出诸多新举措，发布《中非应对气候变化合作宣言》，启动中非应对气候变化三年行动计划并成立中国——太平洋岛国应对气候变化南南合作中心，为助力其他发展中国家积极应对气候变化提供 "中国方案"。[2]中国作为新兴经济体，在承担自身减排任务的同时，也主动帮助发展中国家应对气候变化，对推动全球应对气候变化进程起到了积极的促进作用。

概括而言，全球所有国家应始终以 "共同但有区别责任" 原则作为处理气候变化问题的基本准则，面对气候变化所致损失损害给世界各国带来的巨大压力和挑战，唯有各国齐心合作才能 "共生"。全球所有国家必须采取通力合作的和平手段，用 "双赢" 替代传统的 "零和" 游戏，互谅互让，加强对话，从而建立起合作共生的全球伙伴关系。

第二节　中国应对气候变化的责任意识

气候变化问题的实质并非每个国家的经济与技术问题，而是文化和价值的问题，其解决必须突破民族、地区和国家的狭隘意识形态，跨越单一的人类种族的边界，这不仅需要宽广的胸襟与超越的智慧，还需要切实可行的气候治理模式。对此，中国基于自身传统文化与现实实践所总结提炼出的人类命运共同体理念、"两山" 理论、生态文明建设理念，不仅是中国应对气候变化责任意识的具体体现，也是中国为全球应对气候变化所作出的贡献的集中体现。

一、人类命运共同体

自中华人民共和国成立以来，中国始终坚持独立自主的和平外交政策，积极与其他国家发展友好关系，创新性地提出和平共处五项原则等国际社会

---

〔1〕 "外交部副部长谢锋在 2022 年'国际生物多样性日'宣传活动上的讲话"，载中华人民共和国外交部官网：http://new.fmprc.gov.cn/web/wjdt_674879/wjbxw_674885/202205/t20220520_106905 45.shtml，最后访问日期：2022 年 5 月 23 日。

〔2〕 徐卫星："推进'1+N'政策体系落实，形成减污降碳激励约束机制"，载《中国环境报》2022 年 3 月 28 日。

公认的原则，为重大问题的解决提出了中国方案，2011 年，中国在《中国的和平发展》白皮书中首次提出了"命运共同体"概念，旋即于 2012 年中国共产党十八大报告谈及"加强国际交流合作"问题时正式提出"人类命运共同体"概念。随后，中国国家主席习近平于 2015 年 9 月 28 日在第 70 届联大发表《携手构建合作共赢新伙伴，同心打造人类命运共同体》的讲话，阐述了"人类命运共同体"内涵——建立平等相待、互商互谅的伙伴关系；营造公道正义、共建共享的安全格局；谋求开放创新、包容互惠的发展前景；促进和而不同、兼收并蓄的文明交流；构筑尊崇自然、绿色发展的生态体系。人类命运共同体理念是中国智慧在当代国际社会中的运用，对于推动世界各国实现深入合作、共赢发展及全球治理体系新变革具有深远影响。[1]

"人类命运共同体"概念源于中华民族始终秉持的"以和为贵""和而不同""天下大同"的传统理念，核心在于建设持久和平、普遍安全、共同繁荣、开放包容、清洁美丽的世界。"人类命运共同体"理念为国际法的发展开辟了新路径，指明了新方向——在以《联合国宪章》为核心的现有国际法律秩序的基础上，超越意识形态、社会制度、文化差异，与世界各国人民一道推动建设持久和平、普遍安全、共同繁荣、开放包容、美丽清洁的世界等国际法律规则。

人类命运共同体不仅是处理国与国之间关系的指导思想，同时还包含人类"要尊重非人类的生命，也要尊重无生命体"[2]的内涵。气候作为自然生态系统的重要组成部分，是人类赖以生存和发展的基本条件，也是经济可持续发展的重要资源。然而，当前由气候变化造成的不利影响给人类社会生存和发展带来的紧迫威胁正日益加大，人类当下的气候行动还不能很好体现对气候的尊重，各国在减排责任承担方面的分歧不断。人类命运共同体理念强调在追求本国利益时，应当兼顾他国合理关切。该理念给世界传递了一种与以往气候治理不同的价值理念，即"同舟共济，合作共赢"。在责任的划分上，人类命运共同体理念主张人类只有一个地球，人类是一个命运共同体，气候是人类的共同利益，各国应当对保护气候承担共同责任。1988 年联合国

---

〔1〕 "携手构建合作共赢新伙伴，同心打造人类命运共同体"，载人民网：2015 年 9 月 29 日，http://politics.people.com.cn/n/2015/0929/c70731-27644589.html，最后访问日期：2022 年 5 月 13 日。

〔2〕 张立文：《中国传统文化与人类命运共同体》，中国人民大学出版社 2018 年版，第 57 页。

大会通过的第 43/53 号决议宣布："为当代及后代人类维护全球气候是人类共同利益。在全球气候治理的框架下，国家不是孤立存在的，而是共荣共生，共同发展的，任何一个国家的发展高度都与其他国家的发展成果密切相连，实现本国利益的同时也必须兼顾他国的利益，只有这样才能实现共生发展。"[1] 人类命运共同体理念要求世界各国改变观念上的对立，进而维护国际环境保护的秩序与人类整体的共同利益，强调的是应对气候变化责任的"共同性"。"共同性"要求结合不同国家的具体情况确立同一时间（时期）不同的应对气候变化的具体行动安排。[2]虽然，世界各国无论大小、强弱、贫富、发展程度、社会制度、资源禀赋等皆有不同，但都应当以"人类命运共同体理念"为指导基于自身的经济发展水平为《巴黎协定》所确立的"将全球气温升幅限制在 2 摄氏度以内"的减排目标作出贡献，共同维护"全球气候"这一"人类共同利益"。因此，各个国家都要承担起减排责任，其中发达国家无疑要承担起切实的责任，同样，发展中国家也不能以发展不充分、资金技术不足为借口，提出形形色色的"不同责任"方案，推脱、规避应当承担的保护国际环境的责任。[3]当然，在应对气候变化责任分配中，应结合世界各国对全球气候变化的"贡献程度"及其所应承担的历史责任区分世界各国在应对气候变化责任中的"区别性"，即"在国际环境保护的特殊领域于特定时期所做的政策安排，并没有免除或忽略任何人保护环境的责任和义务"。[4]因此，各国都要积极履行减排义务，各国之间，主要是（但不限于）发展中国家与发达国家之间，在结果性责任的承担上是有所差别的。[5]

　　中国作为发展中国家，在不承担强制性减排义务的情况下，尽已所能，积极承担起全球减排的共同责任，不断践行人类命运共同体理念。例如，在 2010 年第四次联合国气候谈判天津会议上，中国在首次承办联合国框架下的气候谈判中便开始为推动构建人类命运共同体而努力。中国为了推动谈判沿

---

　　[1]　参见联大第 43/53 号决议。

　　[2]　林灿铃：《国际环境法》（修订版），人民出版社 2011 年版，第 171 页。

　　[3]　傅前明："论国际环境法'共同责任原则'"，载《山东师范大学学报（人文社会科学版）》2010 年第 4 期。

　　[4]　"国际环境法专家林灿铃教授谈应对气候变化"，载 https://www.ccchina.org.cn/Detail.aspx?newsId=16874&TId=57，最后访问日期：2022 年 3 月 31 日。

　　[5]　傅前明："论国际环境法'共同责任原则'"，载《山东师范大学学报（人文社会科学版）》2010 年第 4 期。

着正确轨道进行，为年底于墨西哥召开的坎昆会议取得全面、平衡的积极成果作出实质贡献，显示了中国推动气候谈判的诚意。中国于2020年9月22日宣布的"双碳"目标，不仅是中国积极承担大国责任的具体体现，更是践行人类命运共同体理念的生动诠释。中国先后将"人类命运共同体"写入党的十九大报告、党章和2018年《宪法修正案》，这体现了中国在全球气候治理中合作共赢的立场，表明了中国引领全球气候治理的坚定决心：要以中国的实际行动为全球气候治理注入新的动力，以中国改革开放以来的发展经验填补全球气候治理领域的不足，为不确定的全球气候治理提供坚强的理念支撑。[1]此外，中国在加快向可持续交通的转型方面亦倾注不少心血。2021年10月16日，在第二届联合国全球可持续交通大会上发布的《北京宣言》指出，全球温室气体排放中约1/4来自交通领域，如不妥善应对，预计排放量还将大幅增长，进一步加剧气候变化。[2]中国对此积极组织开展绿色交通省（城市）、绿色公路、绿色港口等示范工程，年节约量超过63万吨标准煤，与2015年相比，2020年中国交通运输二氧化碳排放强度下降7.5%。[3]

概括而言，人类命运共同体理念为全球气候治理问题贡献了中国智慧，提出了可行的中国方案，为从根本上解决全球气候治理问题、实现全人类共同合作、谋求共同发展提供了新思路，为人类构建起解决重大问题的一种全新思维模式，通过在国际社会倡导构建人类命运共同体、合作共生的全球气候治理理念，中国将以实际行动有力推动全球气候治理的大发展。[4]中国始终是"保护生态环境，构建人与自然生命共同体"的重要引领者和坚定行动者。

二、"两山"理论

20世纪80年代，国际社会对环境问题的认识向前迈进了一大步，在对传统粗放型发展方式进行反思后重新审视了人与自然的关系，提出了"可持续

---

〔1〕 王瑜贺："命运共同体视角下全球气候治理机制创新"，载《中国地质大学学报（社会科学版）》2018年第3期。

〔2〕《北京宣言》，载 联合国官网：https://www.un.org/sites/un2.un.org/files/gstc2_beijing_statement_16_oct_2021.pdf，最后访问日期：2022年4月2日。

〔3〕《中国交通的可持续发展》白皮书，载 中华人民共和国国务院新闻办公室网，www.scio.gov.cn，最后访问日期：2022年4月2日。

〔4〕 何志鹏、马文飞："领导全球气候治理中国何以可能"，载《河北法学》2020年第7期。

发展"战略思想。[1]在此背景下，中国提出了"两山"理论，即"既要绿水青山，也要金山银山。宁要绿水青山，不要金山银山。绿水青山就是金山银山"。

"两山"理论"超越了机械生态中心主义、扬弃了人类中心主义，既揭示人与自然、社会与自然的辩证关系，又蕴含人类社会发展进程中金山银山的'人为美'、绿水青山的'生态美'和绿水青山就是金山银山的'转型美'三重境界，为推进生态文明建设指明了方向和路径"。[2]由此揭示中国对于环境保护与经济发展不同阶段的不同认识，是中国在人与环境认识上的质的飞跃。首先，"既要绿水青山，也要金山银山"，表明中国尚处于经济发展的冲刺阶段，在此阶段将发展置于核心位置，突出强调发展的重要性；其次，"宁要绿水青山，不要金山银山"，人们开始逐渐意识到"金山银山"并不是通向幸福生活的唯一道路，强调应将环境保护置于核心位置，在持续发展中应将环境保护置于首位；最后，"绿水青山就是金山银山"，中国开始逐渐意识到环境保护与经济发展之间相辅相成，曾经焚林而田，竭泽而渔的行为模式将成为历史，未来势必将保护生态环境作为生态文明建设的重中之重。

在各国的国内法中，许多学者针对环境立法目的问题展开了所谓"一元论"与"二元论"之争。前者坚持环境立法的唯一目的就是保护人类健康抑或促进经济发展；而后者认为，环境立法的目的首先是保护环境，其次才是保障人类健康和促进社会的经济发展。其实，人类的生存、良好的环境和经济的发展是相互依存、互相促进的。倘若基本生存都无法保障，就很难顾及环境保护。而当生活水平达到一定的高度，对舒适且优美的环境的需求就会自然产生。因而，人为地将环境保护、人类健康与经济发展割裂开来或排列优先位次，都是毫无意义的，三者应有机统一于环境立法所要追求和实现的目标之中。对此，"两山"理论明确了这种观念，即绿了青了不代表就是金就是银，不能将放弃转换开发绿水青山的不作为当成是对绿水青山的保护，我们需要发挥自身的主观能动性。同时，重心应当在绿色生态生产力，阐释

---

[1] 参见世界环境与发展委员会：《我们共同的未来》，王之佳等译，吉林人民出版社1997年版。

[2] 中国社会科学院生态文明研究智库："开辟生态文明建设新境界（深入学习贯彻习近平新时代中国特色社会主义思想）"，载《人民日报》2018年8月22日。

中国发展经济、发展生产力，必须发展绿色经济、绿色生态生产力。[1]"两山"理论揭示了环境保护与经济发展之间辩证统一的关系，由于经济基础决定上层建筑，经济发展是每一个国家的首要任务与根本需求，一方面，抛开经济发展谈论环境保护是不切实际的；另一方面，一味强调发展经济而忽略环境保护亦将导致发展失去其应有意义。中国经验告诉世界，保护生态环境和发展经济完全可以并行不悖。

在全球应对气候变化领域，经济的稳步发展是参与全球气候治理的物质基础，是领导全球气候治理不可或缺的先决条件。[2]抛开经济发展空谈应对气候变化是不切实际的。对此，中国国家主席习近平从保障和维护人民生存发展需要的角度阐述了经济发展与气候治理的关系，指出"应对气候变化问题不应该否定发展中国家减少贫困和改善人民生活水平的合理需要"。[3]

中国"两山"理论的提出有助于拨开决策者的思想迷雾，使各国决策者意识到环境保护与经济发展如同一辆马车上的两个轮子，两者相辅相成，缺一不可。与美国特朗普政府优先考虑本国经济发展，直接退出《巴黎协定》，拒绝承担温室气体减排责任以及由此引发的国际连锁反应所造成的不良影响形成鲜明对比，中国在"两山"理论的指导下，确保了经济发展、环境保护以及承担减排责任中的兼容平衡。其中，中国致力于实现的经济发展与应对气候变化的有机结合将促使减排与发展相互协调，而数字经济、新能源等的发展也将为国家经济的发展带来新的增长点。截至 2021 年，中国单位 GDP（国内生产总值，下同）能源消费强度比 2012 年下降 26.2%，可再生能源装机突破 10 亿千瓦，全球新增绿化面积 1/4 来自中国。[4]除此之外，中国向国际社会作出的争取到 2020 年比 2005 年森林蓄积增加 13 亿立方米的目标已经提前完成。[5]在

---

〔1〕 赵卯生："马克思主义生态哲学视野下习近平生态文明思想探析"，载《马克思主义学刊》2019 年第 1 期。

〔2〕 何志鹏、马文飞："领导全球气候治理中国何以可能"，载《河北法学》2020 年第 7 期。

〔3〕 马常艳："习近平提气候治理'中国方案'彰显中国担当"，载中国网：http://www.china.com. Cn/news/2015-12/03/content_ 37224311. htm，最后访问日期：2022 年 3 月 17 日。

〔4〕《金砖国家应对气候变化高级别会议联合声明》，载生态环境部官网：https://www. mee. gov. cn/ywdt/hjywnews/202205/t20220515_ 982106. shtml，最后访问日期：2022 年 5 月 15 日。

〔5〕 转引自陈熹、刘滨、周剑："国际气候变化法中 REDD 机制的发展——兼对《巴黎协定》第 5 条解析"，载《北京林业大学学报（社会科学版）》2017 年第 1 期。参见《全国林地保护利用规划纲要（2010-2020 年）》，载中国政府网：http://www. gov. cn/zxft/ft205/content_ 1695019. htm，最后访问日期：2022 年 3 月 26 日。

中国向联合国提交的国家自主贡献减排目标中，提出了到 2030 年森林蓄积量增加 45 亿立方米的自主贡献减排承诺。到 2030 年，中国单位 GDP 二氧化碳排放将比 2005 年下降 65% 以上，非化石能源占一次能源消费比重将达到 25% 左右，森林蓄积量将比 2005 年增加 60 亿立方米，风电、太阳能发电总装机容量将达到 12 亿千瓦以上。[1]然而，在这种高强度减排任务下，2021 年中国国内生产总值比上年增长 8.1%，两年平均增长 5.1%。[2]在全球气候治理中，中国积极承担减排责任，充分展现大国担当，对部分发达国家试图逃避应对气候变化的共同责任而只顾自身经济发展利益的狭隘观念造成有力冲击，其中，"两山"理论的提出更为世界各国的气候治理提供了宝贵的发展经验和重要的参考价值。

"两山"理论为全球气候治理提供了坚实的理论基础，证明了减排责任和发展本国经济二者之间并行不悖。对此，国家的永续发展将助力各国在全球应对气候变化领域承担责任，并在科学研究、能力建设等方面与国际社会开展深入合作，共同推进全球气候治理进程向前发展；而气候变化问题的妥善解决亦能推动国家经济实现可持续发展转型，推动经济低碳绿色发展，让"绿水青山"与"金山银山"的和谐共存成为可能。

三、生态文明建设

生态文明是人类文明观的革命，是人类摆脱环境危机的唯一出路。生态文明是人类社会继原始文明、农业文明、工业文明后的新型文明形态，其核心即在于实现从"人统治自然"到"人与自然和谐发展"的自然过渡。

没有生态文明，物质文明和精神文明就不会是完善的。[3]20 世纪 80 年代，诸多学者开始表达出对生态化社会的愿景。生态文明概念一经提出便歧义不断，它批判并拓展了启蒙文明与发展主义，吸纳了多种矛盾立场，后被诸多学科所采用，随后逐渐传播开来。但生态文明概念所具有的争议并不妨

---

〔1〕 参见《中国应对气候变化的政策与行动》白皮书，载中华人民共和国国务院新闻办公室网：http://www.scio.gov.cn/zfbps/32832/Document/1715491/1715491.htm，最后访问日期：2022 年 3 月 10 日。

〔2〕《中华人民共和国 2021 年国民经济和社会发展统计公报》，载 国家统计局官网：http://www.stats.gov.cn/xxgk/sjfb/zxfb2020/202202/t20220228_ 1827971.html，最后访问日期：2022 年 3 月 26 日。

〔3〕 转引自夏永红："生态文明究竟是什么？——兼论第三次工业革命与生态文明"，载《绿叶》2014 年第 2 期。

碍它被学者和政治家所关注和讨论。21 世纪初，以生态文明为关键词的论文文献增长迅猛，成为各领域学者的主要研究对象。而在美国著名的生态城——加州克莱蒙举行的生态文明国际论坛上，学者们对"生态文明"的关注与回应，让"生态文明"作为由中国创制的概念正式成为具有国际影响力的学术话语。[1]随后，中国共产党第十八次全国代表大会将"生态文明"纳入中国"五位一体"总布局[2]，使生态文明建设的战略地位更加突出。2015 年 5 月，中共中央、国务院发布了中国生态文明建设的纲领性文件《关于加快推进生态文明建设的意见》，完整、系统地提出了生态文明建设的目标愿景、基本原则、主要任务、制度建设重点和保障措施等。时至 2017 年，中国国家主席习近平在中国共产党第十九次全国代表大会上指出，"生态文明建设功在当代、利在千秋。我们要牢固树立社会主义生态文明观，推动形成人与自然和谐发展的现代化建设新格局，为保护生态环境作出我们这代人的努力"。在 2018 年第十三届全国人民代表大会通过的《宪法修正案》中，共计21 条修订中有 5 处将"生态文明"和"美丽中国"写入《宪法》。同时，诸多法律法规也都依照"生态文明"要求完成制定或作出重大修改。此外，《中央生态环境保护督察工作规定》等多部党内法规和改革文件亦在生态文明建设的指导下相继出台，中央生态环境保护督察等一系列重大制度先后建立。就当下的中国而言，"生态文明"这一概念已经逐渐成为法律制度和整个社会的根本性语言。

　　坚持"人与自然是生命共同体"[3]的价值追求和坚持绿色可持续发展观是"生命共同体"理念的必然要求。近年来，中国在大气、固体废物、海洋、土壤等诸多生态环境领域取得立法修法成果。目前，国内与环境治理相关的法律有 13 部，与自然资源有关的法律有 20 余部，编撰《环境法典》的呼声

---

〔1〕 转引自夏永红："生态文明究竟是什么？——兼论第三次工业革命与生态文明"，载《绿叶》2014 年第 2 期。

〔2〕 "五位一体"总体布局是指经济建设、政治建设、文化建设、社会建设和生态文明建设五位一体，全面推进。

〔3〕 习近平总书记在党的十九大报告指出："人与自然是生命共同体，人类必须尊重自然、顺应自然、保护自然。"他指出，山水林田湖草是一个生命共同体，即"生态是统一的自然系统，是各种自然要素相互依存而实现循环的自然链条。人的命脉在田，田的命脉在水，水的命脉在山，山的命脉在土，土的命脉在树和草"，各种自然要素彼此作用，又相互依存，共同维系着生命共同体的正常运行。"生命共同体"理念诠释了实践基础上的人与自然辩证统一关系。

日隆。环境影响评价等重要的环境保护制度在水、气、固废、噪声几个环境要素法中重复出现，建设中的生态环境损害赔偿、环境强制责任保险、环境公益诉讼等制度也将成为各领域的"同类项"。[1]同时，生态环境系统建立了强有力的法律监督体系与监督机制，在依法落实各项污染防治目标方面积攒了丰富经验。

在国内司法实践中，"云南绿孔雀案"[2]是中国践行人与自然生命共同体理念与建设生态文明的典型案例。作为全球十大生物多样性案例之首，该案警示人类活动不得破坏珍稀野生动植物栖息地，强调保护生态系统完整性与稳定性的重要性，不仅是对被告所实施行为的否定评价，同时也体现了严格保护生态环境的司法理念，明确传达了保护生物多样性和自然生态系统完整性与稳定性的司法价值导向，进而引导社会公众树立正确的生态文明观，体现了每个人在推进生态文明建设进程中应承担的生态环境保护义务，彰显了环境公益诉讼的重大意义，以此警醒人们规范自己的环境行为，切实维护法律尊严。[3]该案判决不仅体现了中国的环境法治观，也彰显了中国生态文明建设的深入推进。

在建设生态文明过程中，中国为全球应对气候变化献出了立场鲜明的中国方案——"共同构建人与自然生命共同体"。面对全球气候变化带来的严峻挑战，世界各国应形成一种共识，即唯有实现人与自然的"和谐"才能达成人与自然的"合一"，最终达到"共同体"之"共存续"的状态。简言之，只有"天""地""人"三才一体才能促成真正的"和谐"。因此，世界各国均应在应对气候变化中考虑到代际公平与代内平等，考虑到人类对美好生活的向往和对优良环境的期待，以及为后代创造美好生活和优良环境的责任。

---

〔1〕 田丹宇：《应对气候变化立法研究》，电子工业出版社 2020 年版，第 40~41 页。

〔2〕 "云南绿孔雀案"又称"绿孔雀栖息地保护案"，是中国首例濒危野生动物保护预防性公益诉讼。2017 年 3 月，环保组织"野性中国"在云南恐龙河自然保护区附近进行野外调查时，发现绿孔雀栖息地恰好位于在建的红河（元江）干流戛洒江一级水电站的淹没区，于是向环保部发出紧急建议函，建议暂停红河流域水电项目，以挽救濒危物种绿孔雀最后完整栖息地。2020 年 3 月 20 日，昆明市中级人民法院对"云南绿孔雀"公益诉讼案作出一审判决：被告中国水电顾问集团新平开发有限公司立即停止基于现有环境影响评价下的戛洒江一级水电站建设项目。2020 年 12 月 31 日，"云南绿孔雀案"二审在云南省高级人民法院宣判，判决驳回上诉，维持原判。作为全国首例珍稀野生动植物保护预防性环境民事公益诉讼案件，该案的公开宣判具有极其重要的警示意义和实践价值。

〔3〕 "2021 年度人民法院十大案件'云南绿孔雀'公益诉讼案"，载 人民法院报官网：https://www.chinacourt.org/article/detail/2022/01/id/6471326.shtml，最后访问日期：2022 年 3 月 24 日。

这就对全球气候治理提出了新的要求，即在保护环境的同时，积极探索发展经济、创造就业和消除贫困的协同增效。中国在"积极参与全球环境治理，落实减排承诺"等方面做出了巨大努力，并在国际气候立法层面，积极促成国际气候治理相关国际条约的通过。例如，《格拉斯哥气候公约》是《联合国气候变化框架公约》第二十六次缔约方会议（COP26）达成的首份重要协议，100 多个国家的领导人于 COP26 领导人峰会上宣布并签署了该协议，承诺在 2030 年之前停止并扭转森林砍伐和土地退化的趋势，并投入 190 亿美元的公共和私人资金，用于保护和恢复森林。在生态文明思想的影响下，森林碳汇国际法律机制已经融入可持续森林管理，尤其是 REDD+机制[1]——《巴黎协定》中规定的从国际法层面对森林碳汇进行管控的国际机制[2]，已将可持续森林管理作为增加森林碳汇的一个重要方面。对此，中国积极修改《森林法》，努力增加森林碳汇功能的保障。同时，中国亦积极接受被称为"金融激励机制的预备机制"的 REDD+资金激励机制[3]，不仅将减轻国内排放企业的资金压力，还能够通过国内法来设定相关标准落实执行。此举不但对中国的"绿水青山"与"金山银山"起到了有效的保护作用，还为全球应对气候变化增加巨量碳汇，展现出中国积极履行减排责任的大国形象。此外，中国还将全面停止新建境外煤电项目，稳慎推进在建境外煤电项目，推动建成境外煤电项目绿色低碳发展，鼓励相关企业加强煤炭清洁高效利用，采用高效脱硫、脱硝、除尘以及二氧化碳捕集利用与封存等先进技术，升级节能环保设施，研究推动钢铁等行业国际合作绿色低碳发展。[4]截至 2021 年，中国单位 GDP 能源消费强度比 2012 年下降 26.2%，可再生能源装机突破 10 亿千瓦，全球新增绿化面积 1/4 来自中国。[5]2022 年 5 月 22 日至 24 日，中国代表团出席

---

〔1〕 REDD 机制最开始仅指 RED，即 Reducing Emissions from Deforestation，意思是减少因毁林造成的碳排放，只规制了毁林造成的碳排放，后又加入了促进森林保护和可持续管理，增强森林在发展中国家的碳储量行动的内容，即 REDD+机制。

〔2〕 参见《巴黎协定》第 5 条。

〔3〕 陈熹、刘滨、周剑："国际气候变化法中 REDD 机制的发展——兼对《巴黎协定》第 5 条解析"，载《北京林业大学学报（社会科学版）》2017 年第 1 期。

〔4〕 "国家发展改革委等部门关于推进共建'一带一路'绿色发展的意见"，载发展和改革委员会官网：https://www.ndrc.gov.cn/xwdt/tzgg/202203/t20220328_ 1320630.html？code＝&state＝123，最后访问日期：2022 年 5 月 1 日。

〔5〕《金砖国家应对气候变化高级别会议联合声明》，载生态环境部官网：https://www.mee.gov.cn/ywdt/hjywnews/202205/t20220515_ 982106.shtml，最后访问日期：2022 年 5 月 15 日。

2022 年世界经济论坛年会，并宣布中国响应世界经济论坛发起的"全球植万亿棵树"领军者倡议，力争 10 年内植树 700 亿棵。[1]这无疑是中国置身当今环境问题迭起的时代，向世界作出的庄严承诺。

　　生态文明建设是一个系统工程，需要系统治理。系统治理需要以生命共同体价值理念审视传统上被孤立看待的生态要素，从整体上把握山水林田湖草沙的内在联系和运行规律，强调治理过程的协调和均衡，最终实现生态系统整体循环能力的提升。系统治理则离不开系统思维。[2]在应对气候变化领域，需要运用系统思维来联动各个要素努力减缓与适应气候变化，需要统筹兼顾应对气候变化的各个要素来推进立法。中国积极将大气污染防治与气候防治协同治理结合，[3]协同推进环境效益、气候效益、经济效益多赢，并将其发展成为新的绿色生态生产力，走出了一条符合国情的温室气体减排道路。其中，生态文明体制改革为实现应对气候变化与环境污染治理的协同增效提供了体制机制保障，为系统性应对气候变化问题提供了有力保障。例如，1990 年中国政府设立了"国家气候变化协调小组"，指导参加有关国际谈判并制定和协调应对气候变化的政策措施。1998 年，中国成立"国家气候变化对策协调小组"作为部门间的议事协调机构，并于科技部、水利部、农业部、教育部、外交部、国土资源部、环保部、国家气象局、国家林业局、国家海洋局等国家部委设置了作为涉及气候变化问题管理机构的相应部门以处理与气候变化有关的问题。[4]2008 年 7 月将国务院直属机构"环保总局"升格为国务院组成部门"环境保护部"，2018 年 3 月进一步整合相关职能将"环境保护部"组建为"生态环境部"，并设置"应对气候变化司"。与此同时，为了切实有效协调各地方应对气候变化工作，各省级政府按照要求成立了地方

---

　　〔1〕　"中国气候变化事务特使解振华：中国力争 10 年内植树 700 亿棵"，载中国新闻网：http://www.chinanews.com.cn/cj/2022/05-25/9762841.shtml，最后访问日期：2022 年 5 月 24 日。

　　〔2〕　系统思维是指运用系统论的观点和方法认识事物，强调把事物放在普遍联系的系统中来把握，在系统与要素、要素与要素之间相互联系和作用的动态过程中探索规律，争取实现解决问题的最优思维方法。系统思维具有整体性、结构性、动态性、开放性和协同性等特点。

　　〔3〕　如《中华人民共和国大气污染防治法》第 7 条规定："企业事业单位和其他生产经营者应当采取有效措施，防止、减少大气污染，对所造成的损害依法承担责任。公民应当增强大气环境保护意识，采取低碳、节俭的生活方式，自觉履行大气环境保护义务。"

　　〔4〕　林灿铃："气候变化与中国法制对策"，载林灿铃：《荆斋论法——全球法治之我见》，学苑出版社 2011 年版，第 346 页。

应对气候变化领导小组，负责具体指导应对气候变化工作。凡此种种，都充分体现了中国应对气候变化的决心信心，以及对气候变化相关工作的高度重视。

应对气候变化作为生态文明建设的重要内容，随着生态文明被提升至宪法高度，应对气候变化这一重大艰巨的立法任务则有了坚实法律后盾。生态文明为全球环境问题的解决指明了方向，其提出的共同理念囊括了人类社会在内的整个生态系统，对全球应对气候变化与建设生态文明贡献了中国智慧。

第三节 中国的气候法治建设

当前中国虽然有与应对气候变化相关的法律，但是还没有应对气候变化的专门立法。在中国的气候法治建设中，应对气候变化立法应在明晰立法目标的基础上对立法模式与立法原则进行慎重选择，以达国内国际两极法治的和谐状态。

一、立法目标

"气候变化"是人类共同面临的一项长期挑战，是人类当前面临的关乎生死存亡的重大危机。对此，我们既要积极采取应对气候变化的国际行动，在全球气候治理中发挥积极作用，为全球应对气候变化贡献东方智慧，同时也要为中国和广大发展中国家争取公平的发展权，保障发展中国家的稳步健康发展。

中国需要将发展清洁能源技术、优化能源结构、促进中国经济向低碳经济转型的立法理念切实贯彻到法律规范中，以改善中国的能源结构并以此形成统一的立法思路和立法目标，指导具体的实践活动。为此，人类命运共同体、"两山"理论与生态文明建设于中国应对气候变化立法目标而言，其重大指导意义是不言而喻的。

首先，"人类命运共同体"要求我们在应对气候变化问题时，应以"人类共同利益"理念为指导，妥为顾及本国过量碳排放行为对他国乃至全球各个国家产生的不利影响。各国国内气候立法应以保障本国气候安全，约束本国相关气候行为为根本目标，将温室气体减排纳入各国国内气候立法，有效提升国家应对气候变化的履约能力，以法律强制力保障《联合国气候变化框架公约》各缔约方对于相关气候公约的履约水平，确保温室气体减排目标和责任实现从国际到国内的层层落实。对此，中国应以"人类命运共同体"理念为根本遵循，在气候法治建设中重点规定气候治理的政府问责机制；通过法律来约束政府管理人员行使气候管理权的执法行为；通过法律来落实企业的减排责任，等等。

其次，"两山"理论要求实现环境保护与经济协调发展。"两山"理论不仅要求应对气候变化，还要求促进经济转型升级。正如《全国人大常委会关于积极应对气候变化的决议》所言，"气候变化是环境问题，但归根到底是发展问题"。对此，中国应对气候变化立法目标必须保证环境保护与经济协调发展，在气候实践中不仅应积极推进减排和适应气候变化相关工作的顺利进行，还应努力推动国家发展模式向资源节约型、环境友好型转型。

最后，应对气候法治建设应以建设生态文明为目标，促进人与自然和谐发展。生态文明是人类社会发展的必由之路。对此，在未来气候法治建设过程中，中国必须加快推进生态文明法治建设，遵循"不断完善国内国际立法的同时进一步加强国内立法与国际立法相结合"以适应人类社会发展的客观要求。其中，"气候法治"作为生态文明建设的重中之重，中国亦应加快应对气候变化专门立法之立法进程。

总而言之，应对气候变化立法目标之间并非彼此独立，三者之间存在紧密的联系。其中，经济发展是根本，环境保护与全球治理则是对经济发展的切实保障。任何成功的应对气候变化方案都必须兼顾经济发展、环境保护和全球公平。[1]对以中国为代表的诸多发展中国家来说，（经济）发展就是最大的安全[2]，构成环境保护与全球治理的根本和基础。中国应对气候变化立法目标只有聚焦发展主题，推动中国经济发展质量和效益稳步提升，才能夯实安全根基，才能在全球气候治理中掌握更多话语权。

二、立法模式

立法模式是对现存立法形式的归纳总结，是在立法过程中通过对不同国家或一国不同时期、不同样态立法的选择，取舍、吸收和借鉴形成的法律规

---

〔1〕［德］乌尔里希·贝克："变化的气候——绿色现代社会如何成为可能"，载［德］哈拉尔德·韦尔策尔等主编：《气候风暴：气候变化的社会现实与终极关怀》，金海民等译，中央编译出版社2013年版，第29页。

〔2〕《习近平谈治国理政》，外文出版社2014年版，第356页。

范的外在形式。应对气候变化立法的功能是对影响大气温室气体含量的人类行为进行调整，即规范人（产业）的行为，控制温室气体的排放。其立法模式则是指在对人类影响大气温室气体含量的有关行为进行调整的基础上，通过选择、借鉴形成的立法形式。根据当前各国应对气候变化立法在外在表现形式上的同态性以及内部结构逻辑上的稳定性，可将立法模式划分为框架式立法、综合立法、单行立法三种模式。

第一，"框架式立法"模式在于强调应对气候变化立法作为应对气候变化领域的基本立法所具有的指示性和宣告性作用，首先指出应对气候变化不仅关系国家经济发展，也直接关系国家安全，关系国家国际义务的履行和国际形象的树立。它要求以法律形式将应对气候变化作为一项明确的国家职责确立下来，并对应对气候变化的目标、基本方针和原则、主要制度和措施等作出原则性规定和整体性部署，而各项主要措施和制度的具体安排和量化标准等细节问题，则应另行制订与之相配套的法律法规加以落实。

第二，"综合立法"模式通常具有多法合体的特点，不仅包括应对气候变化清洁能源发展机制、温室气体排放交易机制、碳税、碳捕获与碳封存技术发展机制等气候变化减缓制度群，还规定了监督检查机制、资金支持机制等气候变化适应制度群。整部法律以应对气候变化和能源问题为基点，对涉及上述领域的问题进行全面规范。

第三，在"单行立法"模式下确立的应对气候变化立法独立于已有能源法等相关环境立法，并作为应对气候变化领域中的基本立法，全面规定与应对气候变化相关的各项制度，为应对气候变化确立目标、理念、基本制度等最为基础同时也是最为核心的内容。

应对气候变化立法模式的选择需要考虑减缓、适应、资金、技术等四个方面。因此，在应对气候变化立法中需要考虑诸多要素，确保相关制度合理、有效运行。

从内容上看，各国气候立法表现出一定的趋同性。欧洲议会在有关报告中，总结其立法及其实施成功之处在于：清晰的量化和长期指标；强制性气候规划；定期（年度）报告和进度检查；向相关机构（部门和议会）分配职责；一个独立的科学咨询机构；公众参与等。[1]要顺利开展应对气候变化立

---

〔1〕 程多威："统筹推进气候立法，助力实现'双碳'目标"，载《科技日报》2021年10月18日。

法工作，处理和解决宏观和微观的各种问题，需要从上而下地建立一个强制性规范性的法律框架。因此，只有切实地规定具体的管理机制、法律责任，才能引导、指导、控制、监管政府、产业界、社会公众各个层面的行为和活动，使得各项工作有序、顺畅、有效果地进行。[1]

应对气候变化立法的本质是创建气候变化领域特有制度，借力其他领域既有制度，理顺制度之间的逻辑关系，搭建应对气候变化制度体系。[2]在此基础上，应将碳排放总量控制制度、核查制度、碳汇制度、适应基金制度、排放配额交易制度、国际合作制度、气候保险制度七项制度作为立法工作的核心，完成制度要素设计，支撑应对气候变化立法的独特法域；应将生态环境领域、资源能源领域、行政管理领域的制度运行机制理顺，增加气候变化内容，与生态文明建设制度协同融合，并坚持比例原则，顺应改革要求，搭建逻辑完整、有奖有罚、内部自洽、外部协调的应对气候变化制度体系。[3]

中国制定应对气候变化法已有相当的工作基础，已经开展了大量前期工作，部分内容已在《气候变化国家方案》、全国人大关于应对气候变化的决议等相关政策性文件中得到确立。为保证相关规则的有效执行，保证中国应对气候变化工作的有序开展和稳步推进，中国应对气候变化立法，需明确碳排放管理和控制主体的权责范围，有利于"双碳"目标的达成，构建统一的碳排放管理体制。同时，应进一步对低碳转型相关法律法规进行调整与完善，以改善我国的能源结构并以此形成统一的立法思路和立法目标，指导具体的实践活动。鉴此，采用框架式单行立法模式制定中国应对气候变化法是结合我国当前国情和客观需要的最佳选择。[4]

三、立法原则

应对气候变化立法的基本原则贯穿应对气候变化具体法律措施的全过程，是调整应对气候变化所产生的社会关系的根本的、主要的准则，是应对气候

---

〔1〕　韩缨：《气候变化国际法问题研究》，浙江大学出版社 2012 年版，第 217~218 页。

〔2〕　田丹宇：《应对气候变化立法研究》，电子工业出版社 2020 年版，第 40~41 页。

〔3〕　田丹宇："推动应对气候变化立法 形成系统法律制度合力"，载《中国环境报》2019 年 10 月 25 日。

〔4〕　参见 林灿铃："论我国应对气候变化的立法模式选择"，载《中国国际法学会 2012 年会论文集》2012 年 5 月 26 日。

变化立法的"灵魂"。从总体上看,中国应对气候变化立法的基本原则不仅突出体现了"应对气候变化"这一特定领域的基本特点,同时也将指导相关立法的具体规则的适用,适用于应对气候变化立法的各个领域。对此,中国应对气候变化立法需要把握以下几个原则:

第一,预防原则。所谓"预防原则",即在国际性、区域性或国内的环境管理中,对于那些可能有害于环境的物质或行为,即使缺乏其有害的结论性证据,亦应采取各种预防性手段和措施,对这些物质或行为进行控制或管理,以防止环境损害的发生。[1]基于人类对气候变化及其不利影响的科学认识本身所具有的不确定性以及气候变化本身的特殊性,应当采取预防措施,预测、防止或尽量减少引起气候变化的原因,并缓和其不利影响。当存在造成严重或不可逆转的损害的威胁时,不应当以科学上没有完全的确定性为理由推迟采取这类措施,同时考虑到应对气候变化的政策和措施应当讲求成本效益,确保以尽可能最低的费用获得全球效益。[2]作为发展中国家,于中国政府而言,摆脱贫困、提高人民生活水平乃是长期而艰巨的首要任务,将预防原则作为应对气候变化立法基本原则之一,从源头抓起,事先采取预防措施,以在发展过程中努力减少温室气体排放、防止气候变化的不利影响,实属当务之急。[3]

第二,发展与应对相协调原则。环境保护与经济发展乃是载着人类奔向美好生活的马车的两个轮子。牺牲任何一方都是错误的。[4]气候变化问题作为环境问题的有机组成部分,同样与经济发展问题紧密相关。发展是应对气候变化时代从未改变的主题,也是时代赋予中国的新的机遇。[5]"生态保护与经济发展和谐统一"是基本的立法理念,它包含了对自然资源的合理利用,对此,中国应在特定环境问题上坚持保护优先。其中,气候变化问题作为特定的环境问题,中国亦应坚持气候变化优先,并在此基础上不放松发展。与气候变化有关的环境与资源保护法规的实际效果有助于温室气体的减排,这

---

〔1〕 林灿铃:《国际环境法》(修订版),人民出版社 2011 年版,第 166 页。

〔2〕 参见《联合国气候变化框架公约》第 3 条第 3 款。

〔3〕 林灿铃:"论中国应对气候变化立法的基本原则",载《贵州省党校学报》2018 年第 5 期。

〔4〕 林灿铃:"国际环境法之立法理念",载高鸿钧、王明远主编:《清华法治论衡》(第 13 辑),清华大学出版社 2010 年版,第 200 页。

〔5〕 吴鹏:《"以自然应对自然"——应对气候变化视野下的生态修复法律制度研究》,中国政法大学出版社 2014 年版,第 161 页。

些相关法规与应对气候变化法是一种相辅相成的关系。因此，如何协调温室气体减排与产业发展的关系是一个关键问题。在中国应对气候变化立法中确立"发展与应对相协调"原则必将有助于更好地协调和解决应对气候变化行动与其他领域的关系。

第三，减缓与适应并重原则。尽管"减缓"和"适应"都是人类应对气候变化的对策，但"减缓"直指气候变化问题之根本，是积极举措，通过对温室气体净排放进行限制，从而将气候变化及其负面影响降到最低。"适应"相对而言是被动的，更多的是从人类自身角度出发，立足于使人类社会经济系统和生态系统在其功能、过程、结构等方面作出适应气候变化的调整，其本质是通过适应能力的增强以达到降低脆弱性。[1]当然，我们不能简单否认"适应"在应对气候变化领域所具有的必要性，对于"减缓"和"适应"问题，我们应站在地球一体和人类共同利益的立场上，应对气候变化立法在承认适应气候变化必要性的同时，更需坚持减缓气候变化的极端重要性，强调"减缓与适应并重"，"坚持减缓和适应气候变化同步推动。积极控制温室气体排放，遏制排放过快增长的势头。加强气候变化系统观测、科学研究和影响评估，因地制宜采取有效的适应措施"。[2]

第四，公众参与原则。应对气候变化是典型的人类公益问题，不仅在国际上需要世界各国的普遍参与，而且在主权国家范围内也需要最广泛的主体参与。这是公众参与原则的客观基础。公众参与原则在国际法上的依据可以追溯到1992年《里约热内卢环境与发展宣言》原则10，它不仅承认了公众舆论的重要性，而且还强调了公众了解和参与处理环境问题的意义。迄今各国在应对气候变化立法中规定"公众参与"亦几无例外。[3]在国内应对气候变化立法中贯彻公众参与原则意味着要赋予公众对应对气候变化的信息知情权、决策参与权、监督权，并以立法确认相关利益的保障和利益损害的正当救济权。这就需要以开放的公共管理和广泛的公众参与为特点的公共治理模式对传统公共事务中国家和公共管理模式的替代与更新，因而应对气候变化立法管制必须提供一种旨在形成全社会主体共同参与的机制，通过对相关主体权

---

〔1〕　林灿铃："论中国应对气候变化立法的基本原则"，载《贵州省党校学报》2018年第5期。

〔2〕　参见《国家应对气候变化规划（2014-2020年）》（2014年11月）"应对气候变化工作的基本原则"。

〔3〕　林灿铃："论中国应对气候变化立法的基本原则"，载《贵州省党校学报》2018年第5期。

力/利和义务的配置疏通各方贡献于立法价值实现的管道，在对立法目的的追求过程中形成合力。[1]基于应对气候变化与个人之间的密切关系，不断提高人们对气候变化和应对气候变化问题的认识和不断提高解决这一问题的能力，乃是势所必然的客观要求。每一个人的日常生活都与气候变化息息相关，所以，要求每一个人在日常生活中采取行动以保护气候系统，而且该行动必须是自由的、有意义的主体行动。为此，中国应对气候变化立法必须强调提高公众保护环境意识的重要性，强调应对气候变化需要全社会的广泛参与。

第五，地球一体原则。[2]目前，无人能逃离地球这颗蔚蓝星球而避开气候变化带来的不利影响。气候变化不仅对人类社会，还对整个生态系统造成致命一击。整个生态系统在面对气候变化问题时都具有稳定的、共同的利益。因此，人类整体因为气候变化问题而凝聚成了一个利益共同体。"地球一体"原则是人类命运共同体理念的具体体现，不仅有助于引导国内贯彻国际层面的立法精神，更有助于帮助各国政府充分理解温室气体减排的意义与内涵以共同落实减排目标。

第六，国际合作原则。在气候变化问题上，任何国家或国家集团都没有能力独自面对，所以，国际合作是必由之路。各国气候变化立法基本原则都包含国际合作。例如，日本的《全球气候变暖对策基本法》明确规定"在国际合作的基础上积极推进地球温暖化对策原则"，即"必须在考虑防止与适应地球温暖化是人类的共同课题，以及我国经济社会与国际社会的紧密相互依存关系的基础上，活用我国已积累的相关知识、技术与经验等，并在国际合作的基础上，积极推进与我国在国际社会中地位相适应的地球温暖化对策"。[3]国际合作原则不仅是应对气候变化的客观要求，也是"公平的全球伙伴关系"的要义之一。[4]中国应对气候变化立法中所确立的"国际合作原则"要积极开展全球应对气候变化领域的广泛合作；切实履行中国在现有气候变化国际法体系中的义务。对此，2018年中非合作论坛北京峰会上通过的《关于构建

---

〔1〕 韦大乐、马爱民、马涛："应对气候变化立法的几点思考与建议——日本、韩国应对气候变化立法交流启示"，载《中国发展观察》2014年第9期。

〔2〕 林灿铃："论中国应对气候变化立法的基本原则"，载《贵州省党校学报》2018年第5期。

〔3〕 罗丽："日本《全球气候变暖对策基本法》（法案）立法与启示"，载《上海大学学报（社会科学版）》2011年第6期。

〔4〕 林灿铃："论中国应对气候变化立法的基本原则"，载《贵州省党校学报》2018年第5期。

更加紧密的中非命运共同体的北京宣言》[1]就呼吁合作应对气候变化。

第四节　国内国际两级法治的和谐

应对气候变化是人类的共同事业。对此，全球各国不仅应不断健全完善应对气候变化的"国内法治"，更应摒弃"单边主义"，进一步加强国际合作，携起手来为完善和发展"国际法治"做出努力。

一、"双碳"目标的确立

《巴黎协定》构建了 2020 年后国际气候治理的总格局。根据该协定，各缔约方同意结合可持续发展的要求和消除贫困的努力，加强对气候变化威胁的全球应对，把全球平均气温升幅控制在工业化前水平以上低于 2 摄氏度之内，并努力将气温升幅限制在工业化前水平以上 1.5 摄氏度之内以减少气候变化的风险和影响。[2]此外，《巴黎协定》还要求全球温室气体排放尽快达到峰值，并在 21 世纪下半叶实现温室气体净零排放目标。为达此目标，该协定明确提出将"国家自主贡献"[3]作为应对气候变化的减排机制。

根据国家自主贡献的要求，各缔约方应结合自身国情作出国家自主减排承诺，为实现协定规定的温控目标做出最大努力。例如，韩国政府制定了《碳中和与绿色增长基本法》，并向《联合国气候变化框架公约》秘书处提交了"2030 国家自主贡献"减排目标，计划到 2030 年温室气体较 2018 年减排40%，高于此前设定的 26.3% 的目标[4]；2021 年 6 月欧盟通过的《欧洲气候法》规定了欧盟将于 2030 年将温室气体减排量在 1990 年水平上减少至少

---

　　[1]　《关于构建更加紧密的中非命运共同体的北京宣言》第 19.1 条规定：在 2018 年《联合国气候变化框架公约》第二十四次缔约方会议（COP24）上达成《巴黎协定》实施细则。我们根据第二十二次缔约方会议（COP22）上通过的《关于气候和可持续发展的马拉喀什行动宣言》，重申将坚定不移地共同应对气候变化问题。我们决定将坚持环境友好，合作应对气候变化，保护海洋生物多样性，加强海洋科学研究，发展蓝色经济，构筑绿色发展的全球生态体系，保护好人类赖以生存的家园，为小岛屿国家发展创造更好条件。呼吁发达国家尽快落实承诺，在资金、技术转让、加强能力建设方面支持非洲国家应对气候变化和保护环境。

　　[2]　参见《巴黎协定》第 2 条第 1 款第 a 项。

　　[3]　"国家自主贡献"是指基于各缔约国的不同国情，各缔约国应当根据自身情况，在秉持"共同责任"原则的基础上，确定应对气候变化的减排目标。

　　[4]　参见《人民日报》2022 年 1 月 26 日。

55%，到2050年实现碳中和。在《巴黎协定》的指导下，各缔约方纷纷制定符合自身国情的温室气体减排目标，截至2021年12月20日，协定现有的193个缔约方均根据协定的要求向秘书处提交了国家自主贡献报告，有12个缔约方提交的是第二次的国家自主贡献报告。[1]

中国作为全球应对气候变化的重要一员，不仅为促成《巴黎协定》的生效作出了重大的贡献，作出的国家自主减排承诺更是让世界"眼前一亮"，具有非比寻常的时代意义。2015年6月30日，中国政府向《联合国气候变化框架公约》秘书处提交了应对气候变化国家自主贡献文件《强化应对气候变化行动——中国国家自主贡献》；[2]2020年9月22日，中国国家主席习近平在第75届联大一般性辩论上发表的重要讲话中谈到，中国将提高国家自主贡献力度，并提出了"双碳"目标，即二氧化碳排放力争于2030年前达到峰值，努力争取2060年前实现碳中和。中国"双碳"目标的确立远远超出了《巴黎协定》中2摄氏度温升目标下全球将于2065年至2070年左右实现碳中和的要求。作为发展中国家，中国的双碳目标的窗口期仅为30年，相比美国、加拿大、意大利、英国、法国、德国等国家都短，以最短的时间承担最大幅度的减排义务，这将对于全球气候治理起到关键性的推动作用——将使全球实现碳中和的时间缩短5年至10年。在当前的国际经济社会发展趋势和政治格局背景下，中国主动顺应全球绿色低碳发展潮流，提出有力度、有显示度的碳达峰和碳中和目标，向国际和国内社会释放了清晰、明确的信号，对外树立了负责任大国的形象，彰显了大国责任和担当。[3]作为人类命运共同体理念的倡导者、生态文明的建设者和国际法治的践行者，中国必将继续以绿色低碳发展理念为指导破解资源环境约束的突出问题、实现可持续发展的迫切需要，力求推动国内高质量发展，摆脱对外能源的依赖与束缚、促进全球产业链的重构、推动国内的产业技术升级、创造更多的就业机会与推动循环经济的发展，以满足人民群众日益增长的对优美生态环境的需求、促进人与自

---

〔1〕 转引自柳华文："'双碳'目标及其实施的国际法解读"，载《北京大学学报（哲学社会科学版）》2022年第2期。

〔2〕 "强化应对气候变化行动——中国国家自主贡献"，载中华人民共和国中央人民政府官网：http://www.gov.cn/xinwen/2015-06/30/content_2887330.htm，最后访问日期：2022年4月22日。

〔3〕 "寰宇声音：畅谈碳中和目标"，载中国环境报网：http://epaper.cenews.com.cn/html/2020-10/09/content_98325.htm，最后访问日期：2022年4月23日。

然和谐共生。

在"双碳"目标的具体落实层面，由于《巴黎协定》的特殊性就在于它是基于自主贡献的多边安排，是以国家单方面行为为基础进行的多边安排，[1]因此，"双碳"目标的提出和落实，从减排的国际法义务来说，更主要的是源于国际法上的国家单方面的行为，是一种自我约束，依靠的是各国对于国际法的善意遵守。尽管如此，为了积极履行国际条约规定的国际减排义务，中国在参与应对气候变化的全球共同事业中，在积极促进国际气候合作、交流和援助等工作的同时，制定与履行国际条约配套的国家法律法规和政策规划，这充分体现了中国的负责任与担当。

第一，在《联合国气候变化框架公约》第二十六次缔约方会议（COP26）召开前夕，中国正式提交和发布了《中国应对气候变化的政策与行动》白皮书、《中国落实国家自主贡献成效和新目标新举措》等重要文件，不仅阐述了中国在人类应对气候变化共同事业中的基本立场和行动，而且为中国二氧化碳减排设定了更加细化的路线图和时间表。

第二，中国碳交易市场正式开市。碳交易市场是实现"双碳"目标的重要工具。2011年起中国开始设立碳排放权交易试点。2013年，深圳碳交易排放所率先成立，中国碳市场试点开始运行。2021年2月1日《碳排放权交易管理办法（试行）》施行，2021年7月16日全国碳交易市场正式开市。此外，为明确未来碳交易市场的建设要点、主体的权利义务以及各组成要素等内容，中国印发了包括《清洁发展机制管理暂行办法》《碳自愿减排交易管理暂行办法》等规章和规范性文件。与此同时，中国正努力构建"1+N"的全国碳排放权交易体系，[2]并为碳排放权交易的监督管理办法、核算指南、核算标准等方面进行了建章立制。2021年10月26日，生态环境部发布《关于做好全国碳排放权交易市场第一个履约周期碳排放配额清缴工作的通知》，要求基层生态环境部门要切实把数据质量摆在核心位置，全方位开展监督管理工作。在清缴过程中，若发现数据虚报、瞒报、数据造假等违规行为，要严格按照相关规定进行处罚并组织整改，决不让虚假数据进入市场。截至2022

〔1〕柳华文："'双碳'目标及其实施的国际法解读"，载《北京大学学报（哲学社会科学版）》2022年第2期。

〔2〕国务院发布的《碳排放权交易管理条例》《企业碳排放核算报告管理办法》《碳交易第三方核查机构管理办法》《碳排放权交易管理办法》等多个部委配套规章。

年 5 月 3 日，全国碳市场第一个履约周期配额清缴期限到期，一批重点排放企业因未按时足额清缴碳排放配额被处罚。碳交易通过总量控制和市场配置达到整体减排成本最低的目的，实现减排效益最大化，在保护环境的同时，实现发展经济、创造就业和消除贫困的协同增效。这不仅体现出生态文明建设的机制创新，更说明中国在建设美丽中国的过程中为推进生态文明建设理念走向全球，积极履行全球温室减排共同责任所作出的巨大贡献。

第三，积极探索与发展碳捕获、碳利用与碳封存（Carbon Capture, Utilisation and Storage, CCUS）技术。碳捕获、碳利用与碳封存（Carbon Capture, Utilisation and Storage, CCUS）是实现碳中和目标不可或缺的关键技术之一。将 CCUS 作为应对气候变化的科技保障，中国于 2012 年 3 月发布的《中国气候变化应对法（征求意见稿）》鼓励和支持 CCUS 技术发展。同时，还出台了《关于推动碳捕集、利用和封存试验和示范的通知》[1]。虽然中国 CCUS 技术起步较晚，但在"双碳"目标下对 CCUS 的探索与发展呈现出极为积极和进取的态势。

第四，建"库"。习近平总书记在参加首都义务植树活动时强调，森林是水库、钱库、粮库，现在应该再加上一个"碳库"。[2]森林和草原对国家生态安全具有基础性、战略性作用，林草兴则生态兴，要提升林草资源总量和质量，巩固和增强生态系统碳汇能力，为推动全球环境和气候治理、建设人与自然和谐共生的现代化作出更大贡献。[3]同时，中国还规划和实施了一系列生态环境修复工作加强生态系统的固碳能力，2016 年以来探索实施三批山水林田湖草生态保护修复试点工程 25 个，有效解决了生态退化问题；有序开展长江、黄河、京津冀及汾渭平原等重点区域历史遗留矿山生态修复，将治理修复矿点近 9000 个、面积约 2.5 万公顷，为山水林田湖草一体化保护修复、生态系统固碳能力发挥示范作用，积累实践经验。[4]在全球森林面积减少的背景下，中国的森林面积年均净增加量在近十年中位列全球第一并且远

---

〔1〕 郝海清、焦传凯："碳捕获与封存技术应用中的法律监管制度研究"，载《科技管理研究》2015 年第 23 期。

〔2〕 刘毅："让森林'碳库'储量持续增加"，载光明网：https://m.gmw.cn/baijia/2022-05/07/35715502.html，最后访问日期：2022 年 4 月 18 日。

〔3〕 "习近平参加首都义务植树活动"，载光明网：https://m.gmw.cn/baijia/2022-04/02/35632588.html，最后访问日期：2022 年 4 月 18 日。

〔4〕 参见《全国重要生态系统保护和修复重大工程总体规划（2021-2035 年）》。

超其他国家，更加说明中国在全球应对气候变化领域所做出的努力。联合国粮农组织在 2020 年发布的《全球森林资源评估》报告充分肯定了中国在森林保护和植树造林方面对全球的贡献。[1]

第五，减"源"增"汇"。中国诸多企业、社团以及个人等皆积极参与温室气体减排。例如，由中国基本建设优化研究会和中华环保联合会主办，北京绿色交易所和北京市圣大律师事务所承办的"首届碳中和中国法治论坛"[2]的成功举办充分彰显了中国的律师事务所为中国碳中和法治事业持续作出贡献的决心和信念；中国中信集团有限公司发布《碳达峰碳中和行动白皮书》，进一步明确集团为实现"碳中和"目标的具体行动路径，引发了其他大型企业纷纷效仿，形成了企业低碳减排的良好风尚。同时，诸多省份纷纷开展全民植树活动，不仅将助力"双碳"目标的实现，还将进一步推进国土绿化、改善生态环境。此外，由江苏省省绿委办印发的《关于统筹开展 2021 年全民义务植树工作的通知》，激发了人民群众广泛参与义务植树活动的热情，形成了群众性的绿化氛围，建成了一批景观优美、生态良好的绿化工程，走出了一条"有景必有林、有林必成景"的新时代平原绿化特色之路，为"双碳"达标添砖加瓦。

汇集企业、社团乃至每一个人的力量以实现"双碳"目标，不仅是中国统筹经济社会发展与促进生态文明建设的重大国家战略，也是中国对积极应对全球气候变化、实现全球温室气体减排所作出的庄严承诺。中国在应对气候变化领域所作出的突出贡献不仅让世界看到了全球应对气候变化的曙光，也充分展现了中国作为一个负责任大国的决心与担当。

二、接轨两级法治

"和谐"二字代表着中庸、平和、融汇与协调。在中国，和谐理念深耕于中国传统文化以及社会日常生活之中，中国人追求的"天人合一""求同存异"的状态，便是一种和谐的状态。在西方，一直以来也存有对和谐社会的构想，但是随着"文明"和"进步"概念不断被赋予新的含义，加之现代化

---

〔1〕 "全球森林资源评估主报告"，载联合国粮食及农业组织官网：https://www.fao.org/documents/card/zh/c/ca9825zh，最后访问日期：2022 年 4 月 26 日。

〔2〕 由中国基本建设优化研究会和中华环保联合会主办，北京绿色交易所和圣大律师事务所承办的倡导绿色公益行动的"首届碳中和中国法治论坛"于 2021 年 6 月 18 日在北京绿色交易所举行。

与工业化的冲击，军事对立、经济制裁、文化分歧、环境恶化、资源枯竭等导致整个西方社会距离和谐二字相去甚远。人类希望建设的和谐社会是兼具民主法治、公平正义、和谐相处、安定有序的社会。历史证明，和谐社会并不是自然形成的，只有充分发挥法治在保障、促进和实现社会和谐与稳定方面的重要作用，才能较好地处理各种社会关系，调整各种利益，解决纷繁复杂的社会矛盾。伴随着人类的法制建设不断完善，"法治"的出现应是必然的。

法治理念的提出可追溯到千年前的古希腊时期，学术界普遍认为法治的最初定义来自亚里士多德，但对法治最早的探索应从柏拉图便开始了，无论从其《政治家》还是《法律篇》中都可看到法治概念的萌芽。后来亚里士多德在此基础上又对法治做了详尽阐释："法治应包含两重意义：已成立的法律获得普遍的服从，而大家所服从的法律又应该本身是制订得良好的法律。"〔1〕法治的概念也便从那刻起走进了人类历史的舞台。〔2〕当下，对"法治"的描述一般包括"社会秩序状态"和"国家治理方式"。就"法"字而言，"法"追求的是合法与合理的平衡，强调符合一定的价值原则；而"治"则指的是一种治理模式，不仅包括对公共政治的管理，亦包括对政府权力的规范和约束。就"法"与"治"的结合而言，可以理解为主要以法律的形式对社会秩序加以维护。因此，"法治"是一种动态的，与人治相对应的概念，其基本意义在于其是一种社会调控方式，是治国的方略，是依法办事的原则，是具有特定价值基础和价值目标的法律秩序。除维护法律秩序以外，"法治"还强调保持一种理想的社会生活状态。而"和谐"就是人类不断追求的最为理想的状态。因此，"法治"是构建和谐社会的推动力量与重要保障。随着全球化发展日益深入，面对日益增多的全球威胁和挑战，无一国家能够独善其身。因此，各国之间必须加强国际合作以规避各式各样的风险，以建立一个和谐世界，实现各国共同发展、共同繁荣。

构建和谐世界应从横向和纵向两个维度进行。前者包含多元主体，尽管不同主体的行为方式各有差异，但应秉持求同存异、包容合作、协调促进的指导原则规避零和博弈、两败俱伤；后者则要求包括国家和个人在内的主体

---

〔1〕 转引自林灿铃：《国际环境立法的伦理基础》，中国政法大学出版社 2019 年版，第 436 页。

〔2〕 林灿铃：《国际环境立法的伦理基础》，中国政法大学出版社 2019 年版，第 423 页。

都应努力践行和谐稳定的理念和约定俗成的规则。与和谐社会相同，和谐世界亦应以"法制"作为支撑，并应在实现"法制"的基础上进而实现"法治"，最终实现构建和谐世界的横向和纵向维度的交汇。"法治"作为构建和谐世界的根基原点，以"法治"为原点延伸出的"横向轴线"和"纵向轴线"，即"国际法治"和"国内法治"，二者和谐统一是实现人类社会可持续发展的重要保障。

"国际法治"的概念可追溯到1945年的《联合国宪章》，但直到1992年，联大才正式将"法治"列为议程之一进行审议。2005年7月第59届联大高级别全体会议和世界首脑会议正式将"国际法治"概念写入会议成果文件中，提及"国家和国际的良治和法治，对于持续经济增长、可持续发展以及消除贫困与饥饿极为重要"。〔1〕此外，2006年联大通过的《国内和国际的法治》决议也对"国际法治"概念有所提及，规定"庄严承诺维护以法治和国际法为基础的国际秩序"。根据该决议的表述，"国际法治"所具有的特定价值目标应以联合国所追求的核心价值和原则——《联合国宪章》所确立的宗旨和原则为基础。与"国际法治"相对，"国内法治"具有其独立的法治体系，既包含国家处理国内事务的法治活动，也包含处理本国对外事务的法治活动。

国家对国内立法享有主权，同时也享有参与国际立法的权利。国家作为国际法与国内法的共同连接点，无论是国际立法还是国内立法势必在某一方面符合国家的意志和根本利益，具有一定的内在联系。尽管国际法与国内法在制定程序或其他若干程序中有诸多不同，但其根本目的是一致的，即调整主体之间的利益关系确保利益分配公平与公正。除此之外，国际法正是在吸收国内法制度及法律原理的基础上成长起来的，一国既有的国内法律规范可能会因国际法对相同事项的规定更加理性和正义而随之改变，而国内法规范的普遍性意义经过一定的法律实践后可以扩展为国家之间共同遵循的法律规范。〔2〕事实上，于国家而言，不论是国际事务还是国内事务都无法截然地一分为二，二者在实践中势必会相互作用与相互影响。这一客观事实，加强了国内法与国际法在实践中的联系，必然使两者在付诸实施过程中相互发挥作

---

〔1〕　参见《2005年世界首脑会议成果》第11段。

〔2〕　参见 李龙、汪习根："国际法与国内法关系的法理学思考——兼论亚洲国家关于这一问题的观点"，载《现代法学》2001年第1期。

用。[1]

其实，不论是"国际法"还是"国内法"，二者的根本目的都在于借由法律规范来协调主体之间的利益关系，维护良好的法律秩序，达到理想、和谐的社会状态。"国际法治"与"国内法治"亦是如此，本质均在于通过平衡、协调主体之间的利益关系来维护（国内/国际）社会秩序的正常运行。在"国际法治"和"国内法治"动态发展过程中，追求"国际"与"国内"两级法治的和谐发展尤为重要。尤其于气候变化所致损失损害责任而言，基于各气候集团之间利益诉求方面所具有的差异性，如若未能有效协调各气候集团之间的利益关系，各国国内乃至全球气候的有效治理就难以真正实现。在应对气候变化领域，当前国际社会迫切需要在推动实现"国际法治"的基础上促进各国"国内法治"接轨"国际法治"，以国内国际两级法治的和谐保障国内和国际社会的和谐稳定。

如上所述，"法治"的基本意义是依法办事，国际法治如此，国内法治亦是如此。

首先，于国家层面而言，各国应当诚意遵守业已缔结或加入的国际条约，善意履行业已承诺的国际义务。"条约必须信守"是国际法的一项重要原则，也是维护国际关系和法律秩序和谐稳定的根本基础。每一个主权国家都应遵守依据国家主权缔结和加入的国际条约，尽最大努力履行国家的国际义务。如此，"国际法治"才能得以实现。在国际环境法中，国际环境条约一般要求各缔约国在国内采取措施履行条约，同时，各缔约国亦应采取措施确保其国内救济手段可以被用来实施相关的国际环境规则。例如，《生物多样性公约》《南极条约》《防治荒漠化公约》《联合国海洋法公约》等国际环境条约的缔约国即应遵守条约中设定的相关国际规则中规定的国家义务。在国际应对气候变化领域更应如此。在应对气候变化国际立法层面，世界各国以《联合国气候变化框架公约》为基础处理有关气候变化问题，并在缔约国国内以制定和执行与气候变化相关的法律、法规以及其他法律文件，保证相关国内法制的健全完善。在此方面，中国以实际行动出发切实履行相关国际气候公约规定的国际义务，为推进全球气候治理作出了巨大贡献。尽管中国并非《联合国气候变化框架公约》附件一所列国家，并不需要承担量化的温室气体减排

[1] 梁西主编：《国际法》，武汉大学出版社 2003 年版，第 14 页。

义务，但为了有效履行公约义务，不断推动全球气候治理进程向前发展，中国在温室气体减排和诚实履行国际条约方面做了大量积极的工作，例如，制订并颁布《中华人民共和国节约能源法》《中华人民共和国清洁生产促进法》《中华人民共和国可再生能源法》等。此外，2009 年《全国人民代表大会常务委员会关于积极应对气候变化的决议》明确提出应加强应对气候变化的法治建设，2015 年《中共中央关于加快推进生态文明建设的意见》进一步明确要研究和制定应对气候变化等方面的法律法规。

其次，于国内法乃至个人层面而言，恪守"依法行政""依法办事"实属底线。当然，国内国际两级法治的和谐亦必强调"全民守法"。因为，"法治"是在制定了法律之后，任何个人或者组织的社会性活动均应当受到既定法律规则的约束，人人平等地依法办事是法治的基本要求和标志。[1]在此，需要加以强调的是，国内国际两级法治的和谐必须确保相关立法与司法公平公正的正义性和立法内容的明确性。一方面，国际立法与国内立法在制订过程中都应明确立法宗旨、规范用语、明确标准，以使立法能够准确发挥约束行为、指导实践的作用；另一方面，在国际法治和国内法治中皆应秉持善意解释等相关原则对相关法律条款作出尽可能统一的理解与解释。于此，作为促进国内国际两级法治接轨的必要环节，进一步普及和推进"法治观念"的教育尤为重要。

毋庸置疑，"和谐"不仅应包括国内社会秩序的和谐，也包括国际社会秩序的和谐，还更应包括人与自然的和谐。环境无国界。当前，环境保护与和平、发展一样，业已成为当今世界的主题。随着全球生态危机日趋严重，人类不得不开始从更为广泛的意义上看待人与自然的关系，积极探索保障生态环境的法治化途径以解决生态危机问题。将环境保护活动纳入法治轨道就是实行环境法治，就是争取实现人与自然的和谐。环境法治是法治理念和原则在环境资源开发利用与保护、环境治理领域的具体体现和贯彻，是环境法律制度及其运行的有机统一。环境法治以公共福祉为环境治理的价值取向，其根本目的是促进人类公共生态福祉的提升。[2]任何国家的环境法律、环境政策都必然对栖居于地球这颗蔚蓝星球上的人类的命运造成影响。因此，"环境

---

〔1〕　林灿铃：《国际环境立法的伦理基础》，中国政法大学出版社 2019 年版，第 436 页。
〔2〕　林灿铃：《国际环境立法的伦理基础》，中国政法大学出版社 2019 年版，第 436 页。

法治"应当成为各国进行国际合作的核心领域。当前,气候变化问题作为全球各国共同面临的最为紧迫的环境问题之一,不论在国际层面还是国内层面都应引起高度的重视。不论是国内法治还是国际法治都应不遗余力地推进"法治"进程,努力实现国内国际两级"气候法治"的和谐,促进国际和国内社会的和谐与稳定。

当前,在直面气候变化所致损失损害责任问题,在国际应对气候变化立法领域,从某种意义上说,各国陷入了集体行动的困境,[1]国际气候合作的广度与深度受到了限制。于此,中国呼吁并强调世界各国需进一步加强气候合作,且身体力行,不仅在推进国际气候立法进程中一如既往地给予他国充分的尊重,还尽最大努力尽可能促成各国之间的国际气候合作。

毋庸讳言,于应对气候变化这一人类共同事业中,中国所展现的国际形象是不仅积极主动推进"国际法治",而且努力构建和巩固和谐的"国内法治",大力地促进实现国内国际两级法治的和谐统一,致力于引领全球气候治理。正如中国国家主席习近平于 2015 年 9 月在巴黎联合国应对气候变化大会上发表《携手构建合作共赢、公平合理的气候变化治理机制》讲话中所作的特别强调:"我们应该创造一个奉行法治、公平正义的未来。要提高国际法在全球治理中的地位和作用,确保国际规则有效遵守和实施,坚持民主、平等、正义,建设国际法治。"[2]可见,在努力追求"国际法治""国内法治"两级法治和谐统一这一人类远大目标上,中国的努力是不懈的。

第五节　东方智慧

政府间气候变化专门委员会于 2021 年至 2022 年出版的第六次评估报告对未来几十年内超过 1.5 摄氏度的全球升温水平的可能性进行了新的估计,指出除非立即、迅速和大规模地减少温室气体排放,否则将升温限制在接近 1.5 摄氏度甚至是 2 摄氏度将是无法实现的。[3]因为,从未来 20 年的平均温

---

〔1〕 参见王瑜贺:"命运共同体视角下全球气候治理机制创新",载《中国地质大学学报(社会科学版)》2018 年第 3 期。

〔2〕 习近平:"携手构建合作共赢、公平合理的气候变化治理机制",载新华网:http://www.xinhuanet.com/world/2015-12/01/c_ 1117309642. htm,最后访问日期:2022 年 5 月 10 日。

〔3〕 参见 2022 年《联合国政府间气候变化专门委员会第六次评估报告》。

度变化来看，全球温升预计将达到或超过 1.5 摄氏度。评估报告认为，气候变化正给自然界造成危险而广泛的损害，由于日益受到热浪、风暴、干旱和洪水等带来的灾害以及海平面上升等的不利影响，气候变化已经在陆地、淡水、海洋生态系统以及对人类的健康、生活和生计以及财产和重要基础设施，造成了巨大的破坏和越来越不可逆转的损失，并影响着全球数十亿人的生活，最不具备应对能力的人群和生态系统受到的影响最为严重，这加剧了数百万人的水和粮食危机，尤其是在非洲、亚洲、中美洲和南美洲、小岛屿以及北极地区。更有甚者，已经有越来越多的证据表明，不适当的"适应"会造成意想不到的后果，例如损害自然、使人们的生命处于危险中或增加温室气体排放。

　　直面气候变化这一人类共同危机，加快采取公平的气候行动对可持续发展至关重要。气候恢复力发展不是单一政策所能决定的，需要整个世界在日常基础上集体作出选择。我们应当摒弃当前气候变化导致的诸多不公正甚至自私的观念，积极探索一种通过降低气候风险重建人与自然和谐关系的改善人类福祉的行动方式。对此，中国坚定地践行真正的多边主义，始终站在人类可持续发展的高度，以己为典范凝聚起推进全球生态文明建设的国际合力，推动各方维护多边共识，聚焦务实行动，为加强全球气候治理提出一系列重要倡议和主张，为共同建设美丽和谐的世界注入重要信心和力量。中国倡导的"绿水青山就是金山银山"、构建地球生命共同体等理念在国际社会日益深入人心，中国为应对气候变化国际立法化解人类共同的生存与发展困境所贡献的东方智慧是出类拔萃的。

参考文献 🔲

一、中文文献

1. 林灿铃：《国际法上的跨界损害之国家责任》，华文出版社 2000 年版。

2. 林灿铃：《国际环境立法的伦理基础》，中国政法大学出版社 2019 年版。

3. 林灿铃：《跨界损害的归责与赔偿研究》，中国政法大学出版社 2014 版。

4. ［德］狄特富尔特 等编：《哲人小语——人与自然》，周美琪，生活·读书·新知三联书店 1993 年版。

5. 王铁崖主编：《国际法》，法律出版社 1995 年版。

6. 周忠海主编：《国际法》（第 3 版），中国政法大学出版社 2017 年版。

7. 周鲠生：《国际法》（上册），商务印书馆 1976 年版。

8. 周忠海等：《国际法学述评》，法律出版社 2001 年版。

9. 李浩培：《条约法概论》，法律出版社 1987 年版。

10. 李祝等编著：《适应与减缓气候变化》，科学出版社 2019 年版。

11. 梁西主编：《国际法》，武汉大学出版社 2003 年版。

12. 方如康主编：《环境学词典》，科学出版社 2003 年版。

13. 裴广川主编：《环境伦理学》，高等教育出版社 2002 年版。

14. 林灿铃：《国际环境法》，人民出版社 2004 年版。

15. 林灿铃：《国际环境法》（修订版），人民出版社 2011 年版。

16. 林灿铃：《荆斋论法——全球法治之我见》，学苑出版社 2011 年版。

17. 林灿铃等编著：《国际环境法案例解析》，中国政法大学出版社 2020 年版。

18. 林灿铃主编：《国际环境条约选编》，学苑出版社 2011 年版。

19. 林灿铃、吴汶燕 主编：《国际环境法》，科学出版社 2018 年版。

20. 陈瑞华：《看得见的正义》，北京大学出版社 2013 年版。

21. 林煜：《环境公益诉讼目的论》，中国社会出版社 2021 年版。

22. 刘飞宇、王丛虎：《多维视角下的行政信息公开研究》，中国人民大学出版社 2005

年版。

23. 刘中民等：《国际海洋环境制度导论》，海洋出版社 2007 年版。

24. 蔡拓、杨雪冬、吴志成主编：《全球治理概论》，北京大学出版社 2016 年版。

25. ［苏］热科夫尼科夫主编：《国际法》，刘莎等译，商务印书馆 1985 年版。

26. 邵沙平主编：《国际法院新近案例研究（1990-2003）》，商务印书馆 2006 年版。

27. 史军：《中国参与国际气候合作的价值立场研究》，中国社会科学出版社 2018 年版。

28. 唐颖侠：《国际气候变化治理：制度与路径》，南开大学出版社 2015 年版。

29. 田丹宇：《应对气候变化立法研究》，电子工业出版社 2020 年版。

30. 庄贵阳等：《全球环境与气候治理》，浙江人民出版社 2009 年版。

31. 兰花：《多边环境条约的实施机制》，知识产权出版社 2011 年版。

32. 王曦主编：《国际环境法资料选编》，民主与建设出版社 1999 年版。

33. 王之佳编著：《中国环境外交》，中国环境科学出版社 1999 年版。

34. 吴鹏：《"以自然应对自然"——应对气候变化视野下的生态修复法律制度研究》，中国政法大学出版社 2014 年版。

35. 薛波主编：《元照英美法词典》，法律出版社 2003 年版。

36. 薛进军编著：《低碳经济学》，社会科学文献出版社 2011 年版。

37. 余耀军等：《环境信息公开制度的法律化研究》，华中科技大学出版社 2016 年版。

38. 张焕波等：《〈巴黎协定〉——全球应对气候变化的里程碑》，中国经济出版社 2017 年版。

39. 张立文：《中国传统文化与人类命运共同体》，中国人民大学出版社 2018 年版。

40. 郑斌：《国际法院与法庭适用的一般法律原则》，韩秀丽、蔡从燕译，法律出版社 2012 年版。

42. 中国社会科学院语言研究所词典编辑室编：《现代汉语词典》（第 5 版），商务印书馆 2005 年版。

42. 姜明安主编：《行政与行政诉讼法》，北京大学出版社、高等教育出版社 2011 年版。

43. 李浩培：《国际法的概念和渊源》，贵州人民出版社 1994 年版。

44. 韩缨：《气候变化国际法问题研究》，浙江大学出版社 2012 年版。

45. 朱守先、庄贵阳编著：《气候变化的国际背景与条约》，科学技术文件出版社 2015 年版。

46. ［苏］童金主编：《国际法》，邵天任译，法律出版社 1988 年版。

47. ［德］黑格尔：《法哲学原理——或自然法与国家学纲要》，范扬、张企泰 译，商务印书馆 1961 年版。

48. ［德］哈贝马斯：《在事实与规范之间——关于法律和民主法治国的商谈理论》，童世骏译，生活·读书·新知三联书店 2003 年版。

49. ［德］阿图尔·考夫曼、温弗里德·哈斯默尔主编：《当代法哲学和法律理论导论》，郑永流译，法律出版社 2013 年版。

50. ［德］哈拉尔德·韦尔策尔等：《气候风暴：气候变化的社会现实与终极关怀》，金海民等译，中央编译出版社 2013 年版。

51. ［美］芭芭拉·沃德、勒内·杜博斯：《只有一个地球——对一个小小行星的关怀和维护》，《国外公害丛书》编委会译校，吉林人民出版社 1997 年版。

52. ［英］J. G. 梅里尔斯：《国际争端解决》，韩秀丽等译，法律出版社 2013 年版。

53. ［英］J. G. 斯塔克：《国际法导论》，赵维田译，法律出版社 1984 年版。

54. ［英］劳特派特修订：《奥本海国际法》（第 1 卷第 2 分册），王铁崖、陈体强译，商务印书馆 1973 年版。

55. ［英］安托尼·奥斯特：《现代条约法与实践》，江国青译，中国人民大学出版社 2005 年版。

56. ［意］安东尼奥·卡塞斯：《国际法》，蔡从燕等译，法律出版社 2009 年版。

57. ［日］松井芳郎等：《国际法》（第 4 版），辛崇阳译，中国政法大学出版社 2004 年版。

58. ［美］P. 诺内特、P. 塞尔兹尼克：《转变中的法律与社会：迈向回应型法》，张志铭译，中国政法大学出版社 2004 年版。

59. ［美］J. R. 麦克尼尔：《阳光下的新事物：20 世纪世界环境史》，韩莉、韩晓雯译，商务印书馆 2013 年版。

60. ［美］安德鲁·德斯勒、爱德华·A. 帕尔森：《气候变化：科学还是政治?》，李淑琴等译，中国环境科学出版社 2012 年版。

61. ［古希腊］亚里士多德：《政治学》，吴寿彭译，商务印书馆 1965 年版。

62. 薄燕："环境治理中的国际组织：权威性及其来源——以联合国环境规划署为例"，载《欧洲研究》2007 年第 1 期。

63. 薄燕："中美在全球气候变化治理中的合作与分歧"，载《上海交通大学学报（哲学社会科学版）》2016 年第 1 期。

64. 杨博文："《巴黎协定》减排承诺下不遵约情事程序研究"，载《北京理工大学学报（社会科学版）》2020 年第 2 期。

65. 左佳鹭、张磊、陈敏鹏："全球应对气候变化的合作新模式——探析'气候变化三方合作'"，载《气候变化研究进展》2021 年第 1 期。

66. 曾亦栋："反思《京都议定书》不遵约机制"，载《法制与经济》2012 年第 3 期。

67. 常纪文、田丹宇："应对气候变化法的立法探究"，载《中国环境管理》2021 年第 1 期。

68. 陈虹、王志秋、李成日："海地地震灾害及其经验教训"，载《国际地震动态》2011 年第 9 期。

69. 陈文彬：“《卡塔赫纳生物安全议定书》不遵约机制研究”，载《福建师范大学福清分校学报》2016 年第 4 期。

70. 陈文彬：“国际环境条约不遵约机制的强制性问题研究”，载《东南学术》2017 年第 6 期。

71. 陈熹、刘滨、周剑：“国际气候变化法中 REDD 机制的发展——兼对《巴黎协定》第 5 条解析”，载《北京林业大学学报（社会科学版）》2017 年第 1 期。

72. 程玉：“论气候变化损失与损害的国际法规则”，载《太平洋学报》2016 年第 11 期。

73. 翟崑：“缅甸风灾与重大灾难的全球应对机制建设”，载《中国国际战略评论》2009 年第 2 期。

74. 冯蔚、李卫平、赵荣国：“2010 年全球地震活动性和地震灾害概要”，载《国际地震动态》2011 年第 10 期。

75. 傅前明：“论国际环境法‘共同责任原则’”，载《山东师范大学学报（人文社会科学版）》2010 年第 4 期。

76. 傅前明：“气候变化立法动向分析及中国对策——以国际民航业减排为视角”，载《北京航空航天大学学报（社会科学版）》2012 年第 5 期。

77. 高翔：“《巴黎协定》与国际减缓气候变化合作模式的变迁”，载《气候变化研究进展》2016 年第 2 期。

78. 高晓露：“国际环境条约遵约机制研究——以《卡塔赫纳生物安全议定书》为例”，载《当代法学》2008 年第 2 期。

79. 龚向前：“论气候变化背景下自然灾害的国际法应对与我国的选择”，载《可持续发展·环境保护·防灾减灾——2012 年全国环境资源法学研究会（年会）论文集》2012 年。

80. 苟海波、孔祥文：“国际环境条约的磋商机制介评”，载《中国国际法年刊》2005 年第 1 期。

81. 郭跃：“自然灾害的社会学分析”，载《灾害学》2008 年第 2 期。

82. 韩良：“论国际温室气体减排信息公开制度的构建”，载《南京大学学报（哲学·人文科学·社会科学版）》2010 年第 6 期。

83. 郝海清、焦传凯：“碳捕获和封存技术应用中的法律监管制度研究”，载《科技管理研究》2015 年第 23 期。

84. 何志鹏、马文飞：“领导全球气候治理中国何以可能”，载《河北法学》2020 年第 7 期。

85. 何志鹏：“国际经济法治：内涵、标准与路径”，载《国际经济法学刊》2012 年第 4 期。

86. 洪祎君等：“基于发展中国家自主贡献文件的资金需求评估”，载《气候变化研究进展》2018 年第 6 期。

87. 黄惠康："准确把握'涉外法治'概念内涵 统筹推进国内法治和涉外法治"，载《武大国际法评论》2022 年第 1 期。

88. 季华："《巴黎协定》实施机制与 2020 年后全球气候治理"，载《江汉学术》2020 年第 2 期。

89. 姜世波："国际救灾法中的人道主义与主权原则之冲突及协调"，载《科学·经济·社会》2013 年第 3 期。

90. 蒋佳妮、王灿："气候公约下技术开发与转让谈判进展评述"，载《气候变化研究进展》2013 年第 6 期。

91. 黎健："一项引人注目的气候变化应对措施——刍议碳处理技术的开发和应用"，载《自然灾害学报》2005 年第 3 期。

92. 李龙、汪习根："国际法与国内法关系的法理学思考——兼论亚洲国家关于这一问题的观点"，载《现代法学》2001 年第 1 期。

93. 李威："气候友好型技术转让国际法的冲突与协调"，载《南通大学学报》2011 年第 5 期。

94. 李昕蕾、王彬彬："国际非政府组织与全球气候治理"，载《国际展望》2018 年第 5 期。

95. 林灿铃："论跨界损害的国家责任"，中国政法大学 2000 年博士学位论文。

96. 林灿铃："环境法实施的立法保障"，载《比较法研究》2016 年第 1 期。

97. 林灿铃、杜彩云："环境伦理之于国际环境立法"，载《比较法研究》2019 年第 6 期。

98. 林灿铃："从康菲漏油事故看重大环境损害的归责与赔偿"，载《中国社会科学报》2011 年第 10 期。

99. 林灿铃："工业事故跨界影响的国际法分析"，载《比较法研究》2007 年第 1 期。

100. 林灿铃："国际环境法实施机制探析"，载《比较法研究》2011 年第 2 期。

101. 林灿铃："国际环境法之立法理念"，载《清华法治论衡》2010 年第 1 期。

102. 林灿铃："论中国应对气候变化立法的基本原则"，载《贵州省党校学报》2018 年第 5 期。

103. 林灿铃："气候变化所致损失损害补偿责任"，载《中国政法大学学报》2016 年第 6 期。

104. 林婧："蓝碳保护的理论基础与法治进路"，载《中国软科学》2019 年第 10 期。

105. 刘超、林亚真："政府环境信息公开的方式选择及其完善——以环境社会学为视角"，载《河南师范大学学报（哲学社会科学版）》2009 年第 6 期。

106. 刘海燕、郑爽："温室气体排放信息披露经验借鉴及政策建议"，载《气候变化研究进展》2021 年第 5 期。

107. 刘佳奇："论环境公共利益的识别"，载《中南大学学报（社会科学版）》2021年第6期。

108. 柳华文："'双碳'目标及其实施的国际法解读"，载《北京大学学报（哲学社会科学版）》2022年第2期。

109. 罗丽："日本《全球气候变暖对策基本法》（法案）立法与启示"，载《上海大学学报（社会科学版）》2011年第6期。

110. 马存利："全球变暖下的环境诉讼原告资格分析——从马萨诸塞州诉联邦环保署案出发"，载《中外法学》2008年第4期。

111. 马欣等："《联合国气候变化框架公约》应对气候变化损失与危害问题谈判分析"，载《气候变化研究进展》2013年第5期。

112. 闵婕："气候变化议题的全球司法化进程及展望"，载《中国审判》2019年第24期。

113. 潘俊武："解析国际争端解决机制及其发展前景"，载《法律科学（西北政法大学学报）》2009年第4期。

114. 蒲昌伟："作为国际法实施新机制的不遵约机制新探"，载《哈尔滨师范大学社会科学学报》2016年第4期。

115. 朴胜赞："中韩两国技术转移途径的实证研究"，载《中国软科学》2003年第7期。

116. 齐峰："改革开放30年中国环境外交的解读与思考——兼论构建环境外交新战略"，载《中国科技论坛》2009年第3期。

117. 秦天宝、侯芳："论国际环境公约遵约机制的演变"，载《区域与全球发展》2017年第2期。

118. 宋冬林："马克思主义生态自然观探析"，载《科学社会主义》2007年第5期。

119. 孙钰："应对气候变化技术转让期待进展"，载《环境保护》2008年第23期。

120. 邵莉莉："碳中和背景下国际碳排放治理的'共同责任'构建——共同但有区别责任的困境及消解"，载《政治与法律》2022年第2期。

121. 汤爱平等："自然灾害的概念、等级"，载《自然灾害学报》1999年第3期。

122. 田丹宇、徐婷："论应对气候变化信息公开制度"，载《中国政法大学学报》2020年第5期。

123. 田丹宇："应对气候变化信息公开制度研究"，载《中国经贸导刊》2015年第32期。

124. 王灿等："中国应对气候变化技术清单研究"，载《中国人口·资源与环境》2021年第3期。

125. 王晓丽："论《气候变化框架公约》遵约机制的构建"，载《武汉理工大学学报（社会科学版）》2010年第5期。

126. 王瑜贺："命运共同体视角下全球气候治理机制创新"，载《中国地质大学学报（社会科学版）》2018年第3期。

127. 韦大乐、马爱民、马涛："应对气候变化立法的几点思考与建议——日本、韩国应对气候变化立法交流启示"，载《中国发展观察》2014 年第 9 期。

128. 伍艳："论联合国气候变化框架公约下的资金机制"，载《国际论坛》2011 年第 1 期。

129. 夏永红："生态文明究竟是什么？——兼论第三次工业革命与生态文明"，载《绿叶》2014 年第 2 期。

130. 肖永平："全面依法治国的新阶段：统筹推进国内法治与国际法治建设"，载《武大国际法评论》2018 年第 1 期。

131.《毛泽东传》编写组："创造一个和平的国际环境——《毛泽东传 1949—1976》节选"，载《当代中国史研究》2003 年第 6 期。

132. 徐保风："习近平生态文明思想与中国应对气候变化的新态势"，载《长沙理工大学学报（社会科学版）》2019 年第 1 期。

133. 徐升权："适应和应对气候变化相关的知识产权制度问题研究"，载《知识产权》2010 年第 5 期。

134. 杨雪冬："全球化、风险社会与复合治理"，载《马克思主义与现实》2004 年第 4 期。

135. 叶辉华："气候变化背景下对技术转让的知识产权制度调适"，载《河北法学》2015 年第 3 期。

136. 尹锋林、罗先觉："气候变化、技术转移与国际知识产权保护"，载《科技与法律》2011 年第 1 期。

137. 于宏源："《巴黎协定》、新的全球气候治理与中国的战略选择"，载《太平洋学报》2016 年第 11 期。

138. 余淑均："对绿色技术内涵与类别的再思考"，载《武汉工程大学学报》2009 年第 5 期。

139. 郇庆治："'碳政治'的生态帝国主义逻辑批判及其超越"，载《中国社会科学》2016 年第 3 期。

140. 袁振华："国际气候谈判技术转让议题的最新进展和展望"，载《环境与社会》2015 年第 4 期。

141. 张海滨："气候变化正在塑造 21 世纪的国际政治"，载《外交评论》2009 年第 6 期。

142. 张建平："气候变化谈判框架下的国际技术转让机制研究"，载《国际贸易》2010 年第 5 期。

143. 张仁开："当代国际技术贸易发展的新态势与新格局"，载《对外经贸实务》2004 年第 10 期。

144. 赵俊："我国环境信息公开制度与《巴黎协定》的适配问题研究"，载《政治与法律》2016 年第 8 期。

145. 赵俊："我国应对气候变化立法的基本原则研究"，载《政治与法律》2015 年第 7 期。

146. 赵卯生："马克思主义生态哲学视野下习近平生态文明思想探析"，载《马克思主义学刊》2019 年第 1 期。

147. 周冯琦："应对气候变化的技术转让机制研究"，载《社会科学》2009 年第 6 期。

148. 周忠海："论危险活动所致跨界损害的国际赔偿责任"，载《河南省政法管理干部学院学报》2007 年第 5 期。

149. 朱靖、黄寰："自然灾害与经济增长之辨析"，载《西南民族大学学报（人文社会科学版）》2014 年第 6 期。

150. 宋冬："论《巴黎协定》遵约机制的构建"，外交学院 2018 年博士学位论文。

151. 田丹宇："国际应对气候变化资金机制研究"，中国政法大学 2014 年博士学位论文。

152. 徐闻："哈贝马斯的商谈民主论研究"，山东大学 2011 年博士学位论文。

153. 杨兴："《联合国气候变化框架公约》研究——兼论气候变化问题与国际法"，武汉大学 2005 年博士学位论文。

154. 朱鹏飞："国际环境争端解决机制研究"，华东政法大学 2009 年博士学位论文。

155. 梁晓菲："论《巴黎协定》遵约机制：透明度框架与全球盘点"，载《西安交通大学学报（社会科学版）》2018 年第 2 期。

156. 龚宇："气候变化损害的国家责任：虚幻或现实"，载《现代法学》2021 年第 4 期。

157. 郦莉："国际发展与全球环境治理中的公私合作——以中印 CDM 项目实践为例"，载《复旦国际关系评论》2016 年第 2 期。

二、外文文献

1. Daniel Bodansky, Jutta Brunnée, Lavanya Rajamani, *International Cli mate Change*, *Law*, Oxford University Press, 2017.

2. David Freestone, *Charlotte Streck*, *Legal Aspects of Implementing the Kyoto Protocol Mechanisms*: *Making Kyoto Word*, Oxford University Press, 2005.

3. Dieter Helm, Cameron Hepburn, *The Economics and Politics of Climate Change*, Oxford University Press, 2009.

4. Elias D'Angelo, *Global Climate Change*. Nova Science Publish ers, Inc., 2009.

5. Frank Biermann and Philipp Pattberg, *Global Environmental Governance Reconsidered*, Cambridge, The MIT Press, 2012.

6. Koh Kheng-Lian, Lye Lin-Heng, Jolene Lin, *Crucial Issues in Climate Change and the Kyoto Protocol*, World Scientific Publishing, 2010.

7. Marizo Ragazzi, *The concept of International Obligations Erga Omnes*, Clarendon Press, 1997.

8. Martin Dixon, *Robert McCorquodale*, *Cases & Materials on International Law*, Oxford University Press, 2003.

9. Pamela S. Chasek, *Earth Negotiations*: *Analyzing Thirty Years of En vironmental Diplomacy*,

UNU Press, 2001.

10. Philippe Sands, Jacqueline Peel, Adriana Fabra and Ruth MacKenzie, *Principles of International Environmental Law*, Cambridge University Press, 2012.

11. Roger Guesnerie and Henry Tulkens, *The Design of Climate Policy*, The MIT Press, 2008.

12. Steve Vanderheiden, *Polictical Theory and Global Climate Change*, The MIT Press, 2008.

13. Susan K. Sell, *Private Power, Public Law: The Globalization of Intellectual Property Rights*, Cambridge University Press, 2003.

14. Andrew K. Schnackenberg, Edward C. Tomlinson, "Organizational Transparency: A New Perspective on Managing Trust in Organization – Stakeholder Relationships", *Journal of Management*, Vol. 42, 2016.

15. Charles Leben, "The Changing Structure of International Law Revis ited by Way of Introduction", *European Journal of International Law*, Vol. 8, 1997.

16. Cinnamon P. Carlarne; J. D. Colavecchio, "Balancing Equity and Ef fectiveness: The Paris Agreement & the Future of International Climate Change Law", *New York University Environmental Law Journal*, Vol. 27, No. 2, 2019.

17. David Markell, J. B. Ruhl, "An Empirical Assessment of Climate Change In The Courts: A New Jurisprudence Or Business As Usual?", *Florida Law Review*, Vol. 64, 2012.

18. David T. Buente Jr., Quin M. Sorenson, Clayton G. Northouse, "A Reponse to What Change Can Do About Tort Law, Environmental Law Reporter", *News and Analysis*, Vol. 42, 2012.

19. E.·Emeseh, "Limitations of Law in Promoting Synergy between Envi ronment and Development Policies in Developing Countries: A Case Study of the Petroleum Industry in Nigeria", *Journal of Energy Natural Resources*, Vol. 24, 2006.

20. Edith Brown Weiss, "Strengthening National Compliance with Inter national Environmental Agreements", *Environmental Policy and Law*, Vol. 27, 1997.

21. Ehrmann, Markus, "Procedures of compliance control in international environmental treaties", *Colorado Journal of International Environmental Law and Policy*, Vol. 13, 2002.

22. Emma Schuster, "Class Action In a Changing Climate", *South African Journal on Human Rights*, Vol. 37, 2021.

23. George (Ròck) Pring, Catherine (Kitty) Pring, "Greening Justice: Creating and Improving Environmental courts and tribunals, Sustainability", *The Journal of Record*, Vol. 3, 2010.

24. Gunther Handl, "Compliance Control Mechanisms and International En vironmental Obligations", *Tulane Journal of International and Comparative Law*, Vol. 5, 1997.

25. H. Winker, Measurable, "Reportable and Verifiable: The Keys to Mit igation in the Copenhagen Deal", *Climate Policy*, Vol. 8, 2008.

26. Hari Osofsky, Jacqueline Peel, "Litigation's Regulatory Pathways, and the Administrative State: Lesson from U. S. and Australian Climate Change Governance", *Georgetown International Environmental Law Review*, Vol. 25, 2013.

27. Jo Elizabeth Butler, "The Establishment of a Dispute Resolu tion/Noncompliance Mechanism in the Climate Change Convention", *American Society of International Law Proceedings*, Vol. 91, 1997.

28. Joana Setzer, Lisa Benjamin, "Climate Litigation in the Global South: Constraints and Innovations", *Transnational Environmental Law*, Vol. 9, 2020.

29. Mann et al. , "Global-Scale Temperature Patterns And Climate Forcing Over The Past Six Centuries", *Nature*, Vol. 392, 1998.

30. Margaret Rosso, Grossman, "Climate Change and the Individual", *The American Journal of Comparative Law*, Vol. 66, 2018.

31. Mark Clarke et al, *"Climate change litigation: A new class of action"*, Vol. 32, 2018.

32. Markus Ehrmann, "Procedures of Compliance Control in International Environmental Treaties", *Colorado Journal of International Environmental Law and Policy*, Vol. 13, 2002.

33. Prosper Weil, "Towards Relative Normativity in International Law", *American Journal of International Law*, Vol. 3, 1983.

34. Richard O. Faulk et al. , "Climate Change Litigation", *Journal of Law Economics Policy*, Vol. 7, 2010.

35. Robert E. Lutz II, Stephen E. McCaffrey, "Standing on the side of the Environment: A Statutory Prescription for Citizen Particpation", *Ecology Law Quarterly*, Vol. 1, 1971.

36. Ronald G. Peresich, "Climate Change Litigation", Brief, Vol. 45, 2016.

37. Stuart Bell, Laurence Etherington, "The Role of Consultation in Making Environmental Policy and Law", *Nottingham Law Journal*, Vol. 8, No. 2, 1999.

38. Szoke Burke, S. , Cordes, Kaitlin. Y. , "Mechanisms for consultation and free, prior and informed consent in the negotiation of investment contracts", *Northwestern Journal of International Law & Business*, Vol. 41, 2020.

39. Thomas W. Merrill, "Global Warming as a Public Nuisance", *Columbia Journal of Environmental Law*, Vol. 30, 2005.

40. W. Hare, C. Stockwell, C. Flachsland, S. Oberthur, "The Architertuye of the Global Climate Regime: A Top-down Perspective", *Climate Policy*, Vol. 10, 2010.

41. Xueman Wang, "Towards a System of Compliance: Designing a Mechanism for the Climate Change Convention, Review of European", *Comparative & International Environmental Law*, Vol. 7, 1998.

42. Xueman Wang, Glenn Wiser, "The Implementation and Compliance Re gimes under the Climate Change Convention and its Kyoto Protocol", *Review of European, Comparative & International Environmental Law*, Vol. 11, 2002.

43. Zoe Pearson, "Non-Governmental Organisations and International Law: Mapping New Mechanisms for Governance", *Australian Year Book of International Law*, Vol. 23, 2004.

44. Burkett, Maxine, "Loss and damage", *Climate Law*, Vol. 4, 2014.